KB210974

틱낫한과 하나님
불교와 그리스도교의 만남

종교대화 학술총서1

틱낫한과 하나님
: 불교와 그리스도교의 만남

지은이   김종만
발행처   열린서원
발행인   이명권
초판발행일 2020년 1월 6일

주 소   서울특별시 종로구 창덕궁길 117, 102호
전 화   010-2128-1215
팩 스   02) 6499-2363
전자우편   imkkorea@hanmail.net
등록번호   제300-2015-130호

값 16,000원
ISBN 979-11-89186-02-9 93210

※ 잘못 만들어진 책은 구입한 곳에서 교환해 드립니다.

틱낫한과 하나님
불교와 그리스도교의 만남

추천사

두 분의 영적 거장을 통한 불교와 그리스도교의 지평융합

이 책은 "불교와 그리스도교는 인류 역사에 핀 가장 아름다운 두 송이 꽃"라고 힘 있게 말하는 틱낫한 스님과 그 동안 종교 간의 대화와 평화를 앞장서서 외치며 "붓다 없이 나는 그리스도인일 수 없었다"고 스스로를 '불교적 그리스도인'이라 자처하는 폴 니터 교수를 통해 불교와 그리스도교가 어떻게 서로 아름다운 관계를 가질 수 있는가, 그리고 그들의 생각이 어떻게 많은 그리스도인들을 종교적 우물에서 해방될 수 있도록 도와줄 수 있는가를 보여주는 책입니다.

이 책의 저자 김종만 박사가 저에게 이 책의 추천사를 써 달라고 부탁했을 때 저는 흔쾌히 승낙했습니다. 이 책에서 다루는 두 분이 저에게 아주 특별한 의미를 지니신 분들이기 때문입니다. 좀 개인적인 이야기일 수도 있지만, 이분들이 제게 얼마나 고마운 분들인가를 말씀드려 독자들도 이 책을 통해 이 분들과 특별한 인연을 맺으시기 바라는 마음으로 이분들과 제가 맺은 인연을 잠깐 말씀드려 볼까 합니다.

저는 일찍이 한국에서 틱낫한 스님이 별로 알려지기 전에 스님의 책 두 권을 우리말로 번역한 적이 있습니다. 처음 정념(正念)에 대한 영어 번역 'mindfulness'를 우리말로 어떻게 옮길까 고심하다가 '마음 다함'으로 옮긴 적이 있는데, 그 후 '마음 챙김'이라는 말이 많이 쓰이기도 하더군요. 제가 수업이나 강연을 하면서도 스님이 하신 말 중 "종이 속에서 구름을 보느냐"하는 질문을 인용해서 화엄 사상의 기본이 되는 상즉상입(相卽相入)과 사사무애(事事無礙)를 설명하기도 했습니다. 성인들의 가르침을 이야기할 때 학생들이나 청중 가운데 우리가 실행하지도 못할 이런 고매한 가르침을 알아서 무엇하느냐고 라고 반박하는 분들이 종종 있습니다. 그럴 때 저는 스님에게서 배운 많은 것들 중 하나를 인용하여 대답합니다. 우리가 북극성을 향해 발걸음을 옮길 때 비록 우리 발이 북극성에 닿지는 못한다 하더라도 우리의 발걸음이 그만큼 바른 방향으로 향하게 될 수는 있는 것 아니냐라고 말입니다. 예수님의 모습도 십자가에 달리신 안쓰러운 모습보다도 조용히 앉아서 혹은 걸으면서 명상하는 모습이 더 좋지 않을까 하는 말씀도 자주 인용합니다.

폴 니터 교수와는 '구원중심(soterio-centric) 다원주의'를 문제로 편지 교환도 하고, 일찍이 그분의 부탁으로 그 분의 논문을 번역해서 『기독교 사상』에 신기도 했습니다. 그분의 주요 저서들을 제가 캐나다 리자이나 대학교에서 가르치던 '종교 다원주의' 과목의 교과서로 채택했을 뿐 아니라, 제가 2001년에 초판을 낸 『예수는 없다』라는 책에 그분을 무려 10 페이지에 걸쳐 길게 소개한 적도 있습니다. 북미종교학회(AAR)가 토론토에서 열릴 때 코리아타운에 있는 한국 식당에 모시고 가서 같이 식사한 적도 있습니다. 그 때 나눈 이야기와 그 인자한 모습은 아직도 생생하게 기억됩니다.

두 분의 사상은 책에 자세히 나오기에 여기서 되풀이 할 필요는 없을 것입니다. 제가 보는 시각에서 요점만 말씀드리면 틱낫한 스님은 그의 기본 가르침인 interbeing과 mindfulness(이 말의 뜻은 책에서 아시게 되실 것입니다), 그리고 참여불교(Engaged Buddhism)를 통해 종교가 초자연적인 어떤 존재에 빌어서 복 받고 죽어서 어디 간다는 것 이상임을 밝히고 있습니다. 특히 모든 것이 서로의 관계에서 존재한다는 것을 가르치는 종교의 심층에서 보면 불교 안에 그리스도교가 있고 그리스도교 안에 불교가 있다고도 가르칩니다. 그의 제단에는 부처님과 예수님의 모상이 함께 있다고도 합니다.

한편 니터 교수는 존 S. 던이 말한 '넘어가 봄(passing over)'과 '되돌아 옴(coming back)의 변증법적 과정을 불교를 통해 스스로 체험하고 존재(being)를 바탕으로 하는 그리스도교의 유신론적(theistic) 가르침에서 출발하여 어울려 있음(interbeing)과 생성(becoming)을 함의하는 불교의 비신론적(nontheistic) 실재관으로 옮기고 거기서 다시 그리스도교로 넘어와 사랑 자체인 신, 관계의 신, 상호존재의 근거라는 새로운 신관으로 종래까지의 그리스도교 신관을 획기적으로 심화시키는데 크게 공헌하고 있습니다.

이 책의 저자 김종만 박사는 이 두 분의 여러 가지 가르침 중

특히 그들의 신관(神觀)을 분석하고 종합하면서 우리가 가질 수 있는 '상호존재신론(interbeing-theism)'이라는 새로운 신론을 제시해주고 있습니다. 그리고 이런 신론이 '기도'와 '예배'라는 그리스도교의 기본 가르침을 새롭게 이해하는데 어떻게 도움이 되는가 하는 문제를 차근차근 풀어가고 있습니다. 그의 안내를 따라 가다가 보면 그의 논의가 결국 배타주의로 특징 지워지는 오늘의 한국 사회에서 왜 그렇게 중요한가 하는 것도 알게 됩니다.

유명한 스위스 신학자 한스 큉은 종교 간의 대화가 없으면 종교 간의 평화가 있을 수 없고, 종교 간의 평화가 없으면 세계 평화도 있을 수 없다고 하였습니다. 틱낫한 스님과 폴 니터 교수의 훌륭한 두 분을 본보기로 한 불교와 그리스도교의 간에 어떤 대화와 이해와 평화가 가능한지 보여주는 이 책을 통해 한국 불자들과 그리스도인들 간의 더욱 깊은 차원의 대화와 평화가 이루어지기를 바라는 마음에서 이 책을 적극 추천하는 바입니다.

오 강 남 (캐나다 리자이나 대학교 종교학 명예교수)

독자들께

－ 고백과 경험 －

오랫동안 그리스도인으로서 살았습니다. 그렇다고 모태신앙은 아닙니다. 담 한 칸을 넘으면 외할머니를 모시고 사는 큰외삼촌 댁이었고, 반대 쪽 담 너머에는 둘째 외삼촌, 그 다음 담벼락 너머에는 셋째 외삼촌이 살았습니다. 동네 암자의 보살이셨던 외할머니의 영향으로 태어나면서부터 자연스레 사찰과 불교를 벗 삼아 지냈습니다. 부처님 오신 날이 되면 며칠을 암자에서 머물기도 했습니다. 그때 먹었던 밥맛은 지금도 잊혀지지 않습니다. 어릴 적, 나의 놀이터는 할머니가 다니셨던 산중 암자의 개울과 바위, 군데군데 흩어진 무덤 위였습니다. 거기서 벗들과 함께 술래잡기, 칼싸움, 담력 테스트를 하면서 놀았습니다. 알게 모르게 나에게는 불교문화가 스며있었던 것입니다.

그리고 우연한 기회에 남의 동네에 있는 교회를 다니게 되었습니다. 소위 말하는 '예수쟁이'가 된 것입니다. 외할머니를 비롯하여 집안에서 난리가 났습니다. 저 놈에게 예수 마귀가 붙었다고 말입니다. 나는 한 순간 집안에 서양 마귀를 몰고 온 역적이 되었습니다. 그렇다고 한 번 예수를 영접한 나도 물러설 수가 없었습니다. 갖은 핍박(?)을 참고 견디었더니 드디어 그 쪽에서 포기를 하더군요. 예수의 승리였습니다.

학창시절, 방학 때만 되면 소위 말하는 신령한 기도원으로 달려갔습니다. 기차와 버스로 4-5시간, 그리고 험한 산길을 걸어서 1시간 이상 올라가야 하는 힘든 여정이었습니다. 하지만 한 번도 그르지 않고 방학을 그 기도원에서 보냈습니다. 기도원 관계자들은 내가 반드시 신학을 공부해야 한다며 아낌없는 격려를 보냈습니다. 나의 미래는 다른 것을 생각해 볼 겨를도 없이 그들의 뜻에 맡겨졌습니다. 물론 아버지는 극구 반대했습니다. 아버지 표현에 의하면, "내 눈에 흙이 들어오기 전에는 너는 절대 신학 공부를 하면 안 된다"였습니다.

그러나 자식을 이기는 부모가 있나요? 우여곡절 끝에 신학교에 입학했습니다. 그러나 거기는 교회에서 배웠던 신앙과는 딴 세상이었습니다. 공든 탑이 무너지듯, 한 순간 신앙이 와해될 것 같은 여러 신학 이론들이 나를 혼란에 빠트렸습니다. 하지만 그 산란도 잠시, 나는 교회에서만 알게 됐던 편협한 그리스도교 신앙에서 참(?)그리스도교의 세계에 진입하는 것 같았습니다. 공부를 할 때 마다 신학의 등 뒤에 있는 정수를 발견하고 희열을 느꼈습니다. 교회에서 배웠던 '신앙의 앞'과 신학교를 통해 알게 된 '신앙의 뒤'를 함께 보게 된 것입니다.

어릴 적, 나의 형은 한국 역사에 많은 관심을 가졌습니다. 형의 역사 강의(?)를 어깨너머로 듣고는 곧잘 동네 벗들에게 달려갔습니다. 선생이나 된 듯 열변을 토하며 그 강의를 전달하곤 했습니다. 그게 자양분이 되었던 걸까요? 신학도 다른 과목보다 압도적으로 교회사에 끌렸습니다. 내친 김에 옛 기억을 되살려 본격적으로 한국 역사를 공부하자 싶어 한국사학과 학부로 다시 진학하였고, 앞으로 전문 교회사가가 될 요량으로 대학원에서 교회사를 전공하게 되었습니다.

공부를 마친 후 얼마 되지 않아 고향에서 비보가 전해집니다. 아버지가 심장마비로 돌아가셨다는 겁니다. 그 순간, 책으로만 보던 청천벽력이란 단어가 내 몸에서 살아 움직이는 것을 느꼈습니다. 숨을 놓으신 아버지의 시신을 보니 꿈인지 생시인지 분간이 되지 않았습니다. 아버지를 보내 드리고 한동안 얼빠진 사람처럼 살았습니다. 한편으로는 깊은 생각에 빠졌습니다. 도대체 죽음이란 무엇일까? 죽음이라는 두 글자가 나의 뇌리에서 떠나지 않았습니다. 그리고 결심을 했습니다. 죽음이란 놈이 도대체 무엇인지 연구를 해보겠다고 말입니다. 그래서 시작하게 된 공부가 종교학이었습니다.

죽음학을 공부하기 위해 들어간 종교학과는 내 인생의 방향을 완전히 뒤집어 놓습니다. 거기서 틱낫한 스님을 만나고 나면서부터 말입니다. 틱낫한 스님의 『내 손 안에 부처의 손이 있네 －틱낫한 스님의 법화경』라는 작은 책자는 나를 새로운 세상으로 이끌어 주었습니다. 이것이 죽음학을 버리고 불교로 입문하게 되는 계기가 되었습니다. 외할머니를 통해 숨어 있던 불교의 세계관이 다시 움틀 거리기 시작했습니다. 신앙적으로는 그리스도인이었지만 나에게 불교는 전혀 다른 종교처럼 느껴지지 않았습니다. 마치 오래 전, 가슴에 담아둔 첫 사랑을 만난 듯

묘한 떨림이 있더군요.

틱낫한을 공부하면서 눈물도 많이 흘렸습니다. 그가 베트남에서 겪었던 민족적 아픔과 한국 역사를 통해 알게 된 우리 선조들의 고통이 교차하는 걸 보면서 말입니다. 아픔을 종교적 영감과 실천력으로 현재화하고 그것을 쉬운 언어로 재생산해 내는 그의 필력은 과히 천재적이라 할 수 있습니다. 작은 체구를 가진 그는 고통에 공감하는 천재요, 행동하는 거인이며, 눈물을 닦아주는 어머니입니다.

나는 틱낫한을 통해 종교해방신학의 거장 폴 니터를 보았습니다. 그들은 세상의 모든 것들이 고통에서 해방되고 행복을 추구하도록 노력하는 행동가들입니다. 두 사람은 절간을 넘고 교회당을 떠나서 해방과 평화의 지대에서 만납니다. 여기서 나는 이들을 통해 그리스도교에서 말하는 신(神)이 무엇인지 곰곰이 생각해 보았습니다. 지금까지는 서구인들의 눈을 통해 그리스도교에 갇힌 신이 아니었을까요? 나는 이런 신을 해방시키고 싶었습니다. 왜 신은 서구 그리스도교라는 우물 안에 갇혀 있어야만 할까요? 그들에게는 그 우물 바깥세상이 정복과 타도의 대상이었습니다. 신을 독점한 서구인들의 종교적 안경은 다름과 차이를 용납하지 못했습니다. 그들에게 '다름'은 '틀림'이었고 여러 문화와 종교의 '상대'를 그리스도교의 '절대'로 통일하려는 획일주의였습니다. 그것은 선교의 탈을 쓴 폭력이었습니다. 그래서 '다른 것'을 '개종'이라는 명분하에 배척하고 비방하고 제거하려고 했습니다.

나는 이 문제의 중심에 신이 있다고 보았습니다. 그리스도교에서 말하는 신만이 절대요, 이 안으로 모든 것을 수렴해야 한다는 서구인들의 오만을 읽을 수 있었습니다. 과연 그럴까요? 신이 특정 시대의 역사적 맥락에서 만들어진 인간의 인식체계 안에 온전히 담길 수 있을까요? 그리고 그것만이 절대적이요, 보편적이라 할 수 있을까요? 그렇지 않습니다. 신을 어딘가에 담고 그것만이 전부라고 하는 것 자체가 어불성설입니다. 시공간의 역사적 환경 안에 제한 된 채 고작 100년도 살지 못하는 인간들이 신을 특정한 학문체계 안으로 점령하여 진리와 비진리를 가늠하려는 시도 자체가 신성모독입니다.

그래서 나는 서구의 우물 안에 갇힌 신을 해방하고 싶었습니다. 모든 문화권과 종교가 공유할 수 있는 신이 되도록 말이죠. 그러나 여기에도 한계가 있었습니다. 지구인 모두가 공유하자는 신이 되자면서도 그리스도교와 불교의 언어를 사용 할 수밖에 없었다는 점입니다. 불립문자(不立文字)라 하지만 언어를 떠난 인간이란 존재할 수 있을까요? 언어는 존재의 집이라는 하이데거의 명언으로 위안을 삼으려고 합니다.

그래서 애초, 신을 인간 이성과 언어의 틀 안으로 담으려는 시도 자체가 모순이요, 한계입니다. 그 점에서 나의 연구도 다르지 않습니다. 다만 나의 연구는 서구인들의 태도처럼 이것만이 진리요, 절대요, 보편이요, 모든 것이라는 배타적 입장에 있지 않습니다. 대신 어떤 문화권이나 종교를 통해서도 신에 대한 연구가 이루어 질 수 있다는 상대적 태도, 열린 태도를 지향합니다.

나는 이 책을 통해 한국의 그리스도인들이 다른 종교를 백안시 하고 갈등과 대립으로 일관하는 태도에서 조화와 원융의 모습으로 나아가기를 소망합니다. 그리고 다른 종교를 쉽게

우상이라고 폄훼하거나 한국의 전통 종교를 섬멸해야 할 대상
으로 간주하는 비이성적 태도가 지양되기를 바랄 뿐입니다.
끝으로 나는 이 책을 통해 모든 독자 분들이 교리와 이념의 포수
생활에서 벗어나 진정한 해방과 자유를 누리며 살아가는 아름
다운 인생이 되기를 바랍니다.

- 감사 인사 -

이 책은 서강대학교 종교학과 박사학위 논문을 일부 수정하여
만든 것입니다. 원래 출판 의도까지는 없었으나 작금의 한국
교회의 서글픈 상황이 출판을 결심하게 된 동기가 되었습니다.
역사의식의 결여, 맘몬의 우상화, 상식을 넘은 도덕적 빈곤과
타락, 내세 구원과 현세 기복 등 일그러진 교회의 자화상에
탄식하며 새로운 신관을 통해 교회의 기능을 상실한 교회로부터
그리스도인들을 구원하고 싶었습니다. 한국의 그리스도인들
에게는 왜곡된 신관의 프로그램을 벗겨내고 포스트 모던의 새로운
신관으로 재 프로그램화하여 진정한 그리스도교의 가르침을
전하고 싶었습니다. 한국 교회를 향해서는 신을 통해 유지되고
있는 교회가 사실상 신 없이 살아가는 실천적 무신론의 역설
을 제거하고 사회적 기능을 온전히 수행하는 교회다운 교회로
거듭나기를 요청하고 싶었습니다.

이 책이 나오기까지 감사 드려야 할 분들이 많이 있습니다.
우선 나의 박사학위 논문을 아낌없는 격려와 조언으로 지도해
주신 베르나르 세네칼(한국명 徐明源) 신부님, 종교학 연구의
사고 지평을 넓혀주신 박종구 총장님, 김성례 교수님, 김재영

교수님, 박병관 신부님, 정소이 교수님께 깊이 감사드립니다.
또한 연구 할 수 있도록 아낌없는 찬사와 도움을 주신 송재룡
교수님, 이명권 교수님, 김동건 교수님, 유광석 교수님, 안신
교수님께도 이 자리를 빌어 특별한 감사를 드립니다. 마지막
으로 지금까지 나에게 큰 힘이 되어준 사랑하는 가족들에게도
한없는 감사를 표하고 싶습니다. 나를 낳고 사랑으로 길러
주신 어머니, 든든한 형, 애정 어린 두 누나와 가족들, 그리고
장인어른, 장모님, 처형 식구와 처제, 그리고 지금까지 나를
믿어주고 아낌없는 배려를 다해 준 사랑하는 나의 아내, 우리
부부의 하나 뿐인 소중한 아들, 이 모든 분들께 고개 숙여 감
사를 드립니다. 마지막으로 저술의 의도를 알아주고 부족한
글을 책으로 낼 수 있도록 애써주신 열린서원의 모든 선생님
들에게도 감사드립니다.

2019년 10월 15일
사랑하는 아버지를 떠올리며

김 종 만

차 례

V. 상호존재신론의 그리스도교적 의의

한국 개신교는 세계에서 유례가 없을 정도로 큰 성장을 이루었다. 교인의 숫자로 보면, 세계 10대 교회 가운데 5개, 20대 교회 가운데 10개가 한국에 있고 10만 명이 넘는 신자를 보유한 교회도 모두 한국에 있다. 또한 전 세계에서 단일 교회 가운데 가장 규모가 큰 교회도 한국에 있다. 한국의 교회는 1970-80년대 군부독재 시절의 개발정책에 편승하여 발 빠르게 성장했으나 90년대 중후반부터 성장세가 멈추었다. 이제는 교회 절벽이라는 말이 나올 정도로 교회성장은 요원한 말이 되었고 '교회 살아남기'에 모든 힘을 쏟고 있다. 바야흐로 교회가 성장은 고사하고 살아남기에 주력해야 하는 이유에 대해 많은 분석들이 동원될 수 있다. 그러나 이 책에서는 교회 절벽의 주요 원인 가운데 하나인 교회의 '배타주의' 문제에 주목하고자한다. 한국 개신교의 배타주의의 뿌리는 오리겐에 의해서 작성되고 키프리안에 의해 적용된 "교회 밖에는 구원이 없다"(Extra ecclesiam nulla salus)는 명제에서 비롯된다. 여기서 한층 더 나아가 교회는 제 4차 라테란 공의회(1215)에서 "전혀"(omnino) 라는 말을 추가하여 "교회 밖에는 전혀 구원이 없다"(Extra ecclesiam nulla salus omnino)는 더 강한 배타주의로 진화한다.

그러나 요사이 한국 교회는 "교회 밖에는 구원이 없다"거나 "교회 밖에는 전혀 구원이 없다"가 아니라 "'우리 교회' 밖에는 '전혀' 구원이 없다"는 '우리 교회'와 '전혀'가 결합된 새로운 변종적 배타주의로 나아갔다. 이것은 그리스도인과 비그리스 도인을 구분하는 '양-염소 배타주의'에서 우리 교인(혹은 우리 교파)과 나머지를 구분하는 '진짜 양-가짜 양, 염소 배타주의' 로의 전환을 의미한다. 한국 교회는 우리 교회만 올바른 신앙을 가진다는 독점적 배타성에 바탕하여 자신들의 교회 가치의 상승을 위해 기업형 방식의 브랜드 교회로의 전환을 꾀하고 있다. 따라서 교회 안에는 우리 교회 혹은 우리 교파 외에는 모두 잘못 된 것이거나 불완전하다는 '우리주의'(weism)가 강하게 작동하고 있다. 이러한 '구별 짓기'는 오래 전 서양의 그리스도교가 다른 문화권의 종교를 서열화하면서 구별 짓기를 하던 방식과 유사한 메커니즘이다.

바야흐로 한국 교회는 다른 종교를 무시하거나 서열화 하던 '우월주의식 배타주의'에서 '생존경쟁식 배타주의'로 돌입하 였다. 과거의 한국 교회는 다른 종교를 상대로 '종교 외적인 배타적 호교론'에 몰입하였다. 하지만 이제는 다른 종교 뿐 만 아니라 같은 교회를 상대로 '종교 내적인 배타적 호교론'에 갇혀 있다. 같은 배타주의지만 한층 더 엄격하고 잔인한 방식의 배타주의로 돌변한 것이다. 이것은 한국교회가 교회 절벽 시대를 맞이하여 심각한 교회 존폐 위기 속에 있음을 방증한다.

이러한 '불안의 해석학'의 배후에는 인구 절벽 시대로 진입하고 고령사회로 나아가는 한국사회에서 교회 생존의 위기감 가운데 어떻게 살아남을 것인가에 대한 불안심리가 작동하고 있기 때문이다.

이 책은 이러한 원인을 신관에 대한 올바른 이해의 부족으로 진단한다. 그리스도인에게 신관은 신자의 신앙 양식에서 중요한 역할을 한다. 신자의 신앙 삶은 자신의 신관에 따라 구원관, 교회관, 선교관, 그리고 예배와 기도관 등이 달라진다. 신자의 신관이 자신의 모든 삶의 방향을 결정짓기 때문이다. 한국 개신교의 대부분의 신자들은 배타적인 신관에 빠져있다. 그렇기 때문에 그들의 신앙 양식이 배타주의로 나타날 수밖에 없다. 이들은 개신교에만 진짜 신인 하느님이 있고 나머지 종교에 있는 신은 거짓 신이거나 참신인 하느님에게 지배받는 아류적인 신으로 믿는다. 예를 들어, 보수적인 개신교 신자들은 다른 종교는 말할 것도 없고 개신교의 두 모태인 유대교와 로마가톨릭의 하느님도 자신들이 믿는 하느님과 다르다고 생각한다. 이들은 자신들이 신봉하는 신을 통해 복을 받는다는 안이한 의타적 신앙에 안착한 채, 새로운 존재로의 변화를 꾀하려 들지 않는다.

나는 이런 문제점을 의식하고 배타적 신관에 빠져있는 한국 교회에 새로운 유형의 신관을 제시하고자 한다. 구체적으로는 포스터모던 시대를 살아가는 한국의 그리스도인들에게 동양의 종교인 불교, 특히 대승불교를 통해서 서구 그리스도교의 신관을 재조명하는데 있다. 지금까지 신에 대한 이해를 논하는 그리스도교의 신관은 대부분 서양에서 만들어졌다. 그리스도교의 기원은 이스라엘에서 시작되었다. 이후, 그리스와 로마를 거쳐 라틴문화, 게르만 문화와 조우하고 서양 제국주의의 비호 아래 전 세계로 확산되었다. 히브리 사상이 헬레니즘 사상을 만난 결과 그리스도교가 세계화 된 것이다. 세계 종교로 성장한 그리스도교, 그 가운데 개신교는 미국과 캐나다, 호주 등 주로 영어권 국가에 의해 한국으로 수입되었다. 동양에서 시작된 그리스도교가 지중해를 거쳐 유럽으로 상륙하고 다시 아메리카로 건너 간 후, 마침내 동양으로 다시 유입된 것이다. 그리스도교는 서양종교라는 등식이 성립 할 정도로 그리스도교에서 서양 문화와 사상적 배경을 과소평가 할 수 없다. 이것은 신관에서도 마찬가지이다. 전 세계 그리스도교의 거개의 신관은 서양에서 양산된 신관 개념이 지배하고 있다. 신관의 영어 단어인 'theism'이라는 용어 자체도 서양적인 것임에 틀림없다. 그러나 진리의 다원화와 개별성의 주목도가 참구되는 포스터 모던 시대에는 서양 일변도로 점철된 신관의 보편화, 혹은 신관 제국주의가 지양될 필요가 있다. 그 필요성에 대한 자각이 이 책을 쓰게 만든 마음의 자양분이었다.

서양의 사상적 영양분을 공급받아 성장한 그리스도교는 전 세계로 확장되면서 여러 지역적 그리스도교로 토착화 되었다. 서방 라틴권, 동방 시리아권, 동방 희랍어권으로 구성된 고대 그리스도교는 시간이 흘러 서방 그리스도교와 동방 그리스도교로 양분되었다. 서방 그리스도교는 로마 가톨릭과 프로테스탄티즘(개신교)으로 양분되고 동방 그리스도교는 동방 정교회 (the Eastern Orthodoxy Church), 동방 독립교회(獨立敎會, the 'separated' Eastern Churches), 동방 귀일교회(歸一敎會,

Uniate Churches)로 나뉘어졌다. 동방 정교회는 다시 정통파에 속하는 그리스 정교회, 러시아 정교회, 비정통파에 속하는 여러 분파가 있다. 동방 독립교회는 서시리아 그리스도교, 동시리아 그리스도교, 콥트 그리스도교, 에디오피아 그리스도교, 아르메니아 그리스도교 등이 있다. 동방귀일교회는 동방 가톨릭교(Eastern Catholics)와 우크라이나의 루데니안(Ruthenians) 그리스도교, 그리고 인도의 말라바르(Malabar)그리스도교가 있다.1)

이처럼, 서양에서 확산된 그리스도교는 서양 그리스도교의 사상체계에 각 지역의 종교와 문화가 접목된 독특한 그리스도교로 토착화되어 재탄생하였다. 예를 들어, 한국의 개신교는 다른 지역의 개신교에서는 나타나지 않는 산기도, 새벽기도, 철야기도 등과 같은 한국 개신교만의 독특한 요소들이 형성되었다. 그리고 전통 샤머니즘과 유불도의 신앙 체계위에 세워진 중층적인 개신교의 신앙체계가 현재의 형태로 토착화되었다. 포스터모던 시대에는 토착화된 그리스도교가 정초된 것처럼, 각 지역의 토착화된 신관이 새롭게 대두될 필요가 있다. 왜냐하면 그리스도교는 이스라엘식으로 탄생했고 유럽식으로 전파되었으며 이제는 각 지역에 맞게 재표현되었던 것처럼,2) 바야흐로 신관 또한 그에 걸맞게 동양이라는 지역의 종교-문화의 습성에 어울리는 신관으로 재조명 되어야 하기 때문이다.

이 책에서는 중요한 두 인물을 제기한다. 한 사람은 세계 2대 성불로 존경 받는 베트남 승려 틱낫한이고, 또 다른 사람은 종교신학과 해방신학을 결합하여 종교해방신학을 창출한 폴 니터이다. 여기서 주목되는 두 인물은 각 분야에서 독특한 특징을 가진 종교관을 형성하였다. 틱낫한은 불교에서 고전적으로 사용되던 연기와 공을 현대인들의 이해에 맞게 새롭게 해석하여 'Interbeing'[3]이라는 대중지향적인 현대어로 재탄생시켰다.

폴 니터는 자신을 두 종교 전통에 속한 자로 고백한다. 그는 그리스도교에서 불교로 '유월'(passing over)하고 다시 '회향'(coming back)하는 과정을 통해 스스로 불교적 그리스도인으로 부른다. 그는 만일 불교가 없었다면 올바른 그리스도인이 될 수 없었을 것이라고 말한다. 불교적 그리스도인으로 자칭하는 니터의 종교 사상의 정점은 그리스도교의 하느님을 불교의 공인 '상호존재'(Interbeing)와 등치하는 것이다. 니터는 불교의 고전적인 핵심 사상인 공과 연기에 대한 틱낫한의 현대적 표현인 '상호존재'(Interbeing)에 주목한다. 그리고 하느님을 '존재'(being)로 이해하는 서양의 고전적 신론인 초월적 유신론을 비판하고 하느님을 존재가 아닌 '상호존재'(Interbeing)로 파악한다.

나는 틱낫한이 불교의 연기와 공을 '상호존재'(Interbeing)로 해석하고 니터가 하느님을 '상호존재'(Interbeing)로 이해하는 것에 착안하였다. 그리하여 불교의 공관과 그리스도교의 신관을 창조적으로 접목하여 새로운 신관인 '상호존재신론'(Interbeing-theism)을 제시하였다. 그러나 여기서 제시된 '상호존재신론'은 하나의 신관에 대한 단순한 조어에 그치지 않는다. 오히려 상호존재신론은 동양의 대표 종교인 불교와 조우하여 탄생한 토착화된 동양적인 대안적 신관이라는 의의를 지닌다.

따라서 나는 이 신관을 통해 두 가지 목적을 지향하고자 한다. 첫째는 토착화된 동양적인 대안적 신관인 '상호존재신론'의 정의(定義)와 특징을 통해 이 신관과 가장 유사한 범재신론과의 차이점을 기술한다. 둘째는 전술한 문제제기에서처럼 '상호 존재신론'을 통해 신관에 대한 패러다임의 전환을 기점으로 새로운 신앙의 가능성을 제시한다. 특히 상호존재신론을 통해 한국 개신교의 중요한 신앙적 요소인 기도와 예배에 대한 신념 체계를 환기하고 재조명한다. 그리고 나는 불교의 공관과 그리스도교의 신관을 접목하여 상호존재신론을 제시하는 과정 에서 두 가지 항목에 기초하여 연구 가설을 설정하고자 한다. 하나는 불교에 궁극적 실재 혹은 신이 있다는 가설이다. 일반 적으로 불교에서는 유신론 보다 무신론에 더 무게를 두면서 신의 존재를 부정한다. 영국 출신의 성공회 사제이자 종교 철학자인 워드(Keith Ward, 1938-)는 하느님 개념에 대한 연구에서 무신론적인 종교로 규정되는 불교를 포함시키는 것은 이상하게 보일 수 있다고 본다. 또한 대중 불교에서는 수천 가지의 신들과 악령들이 있지만 대부분의 불교에서는 인격적 하느님이나 하느님에 대한 개념에는 전혀 관심이 없다고 말한 다.4) 종교학자 유병덕은 무신론에 대한 자신의 불교적 입장을 다음과 같이 밝힌다: "교리 체계에 있어서 불교와 근본적으로 다른 점을 지적한다면 기독교(그리스도교)의 교리는 유신론적 (有神論的) 타력신교(他力信敎)라면 이와 정반대로 불교는 무신론적(無神論的) 자력신교(自力信敎)라 말할 수 있다."5)

그러나 나는 신을 상정하지 않는 불교의 일반적 논점을 차치 하고 불교에서도 신의 존재를 인정하는 입장6)에 의거하여 불교에 신이 있다는 첫째 가설을 세우고자 한다. 다음의 설명은 이를 잘 나타낸다.

흔히 기독교인들은 신이라고 부를 수 있는 궁극적 실재에 대응할 수 있는 하나의 체계화된 God-talk 또는 God's-talk, 곧 신학이 불교에 없다는 것 때문에 성급하게 무신론이라고 비난하였다. 그러나 불교가 말하는 열반(涅槃)이나 법(法)은 비인격적인 개념이기는 하지만 하나의 초월적 실재를 열어 보여주고 있다. 태국의 고승 붓다다사(Buddhadasa)와 대승불교 학자 아베 마사오(阿部正雄)와 이기영(李箕永)은 기독교의 인격신론의 한계를 분명히 알면서도 불교도 신을 믿는다 ⋯ 우리는 불교에서도 신의 개념이 존재한다고 볼 수 있다고 한다. 아베는 자신이 이해하고 있는 궁극적 실재를 신이라고 부를 수는 없지만 자기의 철학의 중심개념인 '절대무'는 궁극적 실재의 속성을 가진다고 한다.[7]

다른 하나는 불교에 신이 있다는 가설을 전제로, 불교의 공(空)이 그리스도교의 신(神)과 통섭 가능하다는 가설이다. 이 가설 설정은 비트겐슈타인(Ludwig Josef Johann Wittgenstein, 1889-1951)의 후기 사상인 '언어놀이(language game)'에 근거한다. 비트겐슈타인에 의하면, 모든 언어놀이에는 인간의 총체적인 삶의 양식-풍습, 제도, 역사, 문화-이 반영된다. 언어는 그 언어가 사용되는 언어놀이 안에서만 의미를 갖는다. 언어놀이가 변하면 개념이 변화하고 그러면 단어들의 의미도 변한다. 그는 삶의 양식을 '문법'이라고 명명하고 문법은 하나의 세계에 대한 단순한 정보만 제공하는 것이 아니라 그 세계에 대한 삶의 통찰을 제공한다. 그는 "언어놀이를 바꾸는 것은 하나의 사고 차원에서 다른 사고 차원으로 옮겨가는 것이자, 하나의 삶의 형식에서 다른 삶의 형식으로 옮겨가는 일"된다고 말한다.[8] 즉, 언어놀이는 자신이 속한 나라의 언어와 문화를 포기하지 않고서도 한 사람이 여러 종류의 언어놀이를 할 수 있고 다른 나라의 언어나 문화를 이해할 수 있다. 그러면 이해와 진보를 통해 타인과의 의사소통이 원활해진다.[9]

그런 점에서 이 책은 그리스도교적 문법에서 이해되어온 신에 대한 개념을 불교적 문법으로 묘사되는 상호존재와 통섭이 가능하다고 본다. 나는 위와 같은 두 가설을 전제하여 상호존재신론을 제시하였고 그럼으로써 기존의 그리스도교 문법으로 이해되어온 신관에서 파생된 그리스도교의 신학적 개념들을 불교적 문법으로 읽어내면 어떻게 달라질 수 있는지를 고찰한다.

이 책은 종교학의 여러 유형들 가운데서 특별히 종교 신학적 방법으로 연구되었다. 종교 신학(theology of religions)은 종교적 다양성을 존중하면서 그리스도교의 관점에서 다른 종교를 파악하는 방식이다. 그리스도교와 불교의 비교 연구의 차원에서 보면 하느님 나라와 열반, 예수와 보살, 그리스도의 몸과 보신불, 그리고 그리스도교의 신과 불교의 공을 비교하여 연구 할 수 있다. 그러나 나는 두 종교의 비교연구가 아닌 불교의 공과 그리스도교의 하느님에 주목하여 종교 신학적 방법에 범위를 제한하여 신관에 대한 논의를 펼쳤다. 사실 신관에 대한 다양한 논의도 불교의 공관에서 뿐만 아니라 유교의 천(天)이나 태극, 힌두교의 브라만 그리고 한국의 자생종교인 천도교의 한울님, 원불교 일원상(一圓相) 등을 통해 접근할 수 있다. 하지만 상술한 종교와의 비교를 통한 그리스도교의 신관 연구는 필자의 범위를 벗어나므로 불교와의 접근법에만 논의를 집중하였다.

앞서 말한 대로, 이 책은 그리스도교의 신관과 불교의 공관을 접목하는 것이다. 여기에는 두 가지 주의가 요청된다. 첫째는 종교 신학적 연구 방법론이다. 주지하다시피, 종교 신학은 그리스도교의 관점 혹은 입장에서 다른 종교를 바라보는 것이기 때문에 이 과정에서 다른 종교에 대한 '해석학적 오류'에 노출될 수밖에 없다. 다시 말해 종교 신학은 이미 바라보는 주체의 선입관이 개입된 행위이기 때문에 행위 주체의 제한성이라는 역설적 한계를 지닌다. 그러므로 공에 대한 불교의 다차원적 조망 없이 대승불교 가운데 선불교 수행자인 틱낫한이라는 한 인물에 의해 파악된 공에 천착하여 신관을 접목했다는 점에서 공에 대한 제한된 해석의 가능성이 내포될 수 있다.

둘째는 '상호존재신론'의 동양적인 대안적 신관이다. '상호존재신론'이 종교 신학적 접근에서 창출된 동양적인 신관이라고 해서 모든 동양의 신관을 대변하는 신관이 될 수 없고 그런 점에서 유일한 대안적 신관일 수 없다.10) 상술하였듯이, 그리스도교의 신관 논의는 불교 외에도 아시아와 한국의 다른 종교들을 통해서도 새로운 신관 제시가 가능하기 때문이다. 따라서 상호존재신론이 동양적인 대안적 신관이라 해서 아시아의 종교적 신관을 대표하는 신관이거나 유일한 대안적 신관이 아니라는 사실을 분명히 해두고자 한다.

그럼에도 불구하고 이 책은 나름의 의의가 있다. 지금까지 그리스도교와 불교의 신관을 중심으로 연구 된 주제들은 다석의 동양적이고 한국적인 토착화된 신 이해에 대한 용어를 제외하고 대부분 서양에서 만들어진 신관을 토대로 논구되었다. 그러나 다석의 신 이해도 그만의 독특한 창조적 술어 기법으로 하느님을 진술했을 뿐이지 신관이라는 조어제시에 이르지는 못했다. 특히 한국에서 비교 종교와 종교 신학적 관점에서 연구된 입장은 거의 대부분 서양에서 조어된 범재신론을 차용하여 동양의 종교를 고찰한다. 그러나 여기서 제시된 상호존재신론은 이와는 다른 변별적 의의가 있다. 그것은 기존의 연구에서처럼 서양에서 만들어진 신관으로 그리스도교의 신학입장을 서술하는 방식이 아니라 토착화된 신관 창출의 필요성과 역사 상대주의(Ernst Troeltsch)에 입각하여 새로운 신관을 통해 그리스도교의 주요 사상을 제시하였다는 점이다. 그 점에서 상호존재신론은 기존의 다른 신관 연구와 달리 한국 그리스도교의 신관 연구 분야에 작은 기여가 될 수 있다고 판단한다.

·

1. 틱낫한의 출생과 상호존재

진정한 종교적 삶은 자신이 어떤 종교에 속해 있느냐가 아니라 자신의 종교적 태도가 '표층 구조'(surface structure)에 있느냐, 아니면 '심층 구조'(depth structure)에 있느냐에 따라 판가름 된다.11) 어떤 사람들은 자기 종교의 표층 구조에만 사로잡혀 있다. 반면, 또 다른 사람들은 거기에 깊이 들어가 그 종교의 심층 구조까지 파악한다. 전자의 사람들은 닫힌 종교적 태도를 지닌 사람들이다. 그들은 내 종교 중심으로 사고하는 경향이 짙다. 후자의 사람들은 열린 종교적 태도를 지닌 사람들이다. 그들은 다른 종교를 존중하는 성향이 강하다. 표층 구조에 빠져 있는 그리스도인은 불교를 미신이나 우상 숭배에 빠진 종교로 보고 가까이 하면 재수가 없는 것으로 오해한다. 반대로 표층 구조에 빠진 불자들은 그리스도교를 유치하고 저돌적이며 공격적인 종교로 오해한다.

이에 대해 한 스님은 말이나 관념이나 개념에 빠진 표층 종교인이 되지 말고 종교를 깊이 보라고 권고한다. 즉, 종교의 심층 구조를 지향하라는 뜻이다. 그는 스스로 부처님과 예수님에 대해 이 두 분은 내면에 언제나 계시면서 매우 평화롭고 서로가 한마음이며 자신의 마음속에는 부처님과 그리스도가 서로 아무런 갈등이 없는 한 형제요, 영적 조상들이라고 주장한다. 부처와 예수의 관계에 대해 그는 다음과 같이 술회한다.

> 한번은 누가 내게 물었다. "오늘 붓다와 예수가 만난다면 서로에게 뭐라고 말할까요?" 붓다와 예수가 날마다 모든 곳에서 만나고 있다는 게 내 대답이었다. 불교인은 붓다의 연장(延長)이고 그리스도인은 예수의 연장이다. 그러니 두 분이 오늘도 각처에서 만나고 있는 것이다.[12]

그는 "불교와 그리스도교는 인류 역사에 핀 가장 아름다운 두 송이 꽃"이라며 두 종교가 어떻게 아름다운 관계를 맺을 수 있는지를 여실히 보여준다.[13] 종교의 표층 구조가 아닌 종교의 심층 구조에서 지행합일의 정신을 몸소 보여준 이 스님은 달라이 라마와 더불어 세계 불교계의 두 송이 아름다운 꽃으로 불리는 틱낫한 스님이다.

틱낫한은 1926년 10월 11일, 베트남 중부 후에(Huế)지방의 불교 집안[14]에서 태어났다. 그의 속명(俗名)은 응엔 쑤언 바오 (Nguyen Xuan Bao), 법명은 틱낫한(Thich Nhat Hanh)[15]이다. 표층 구조의 종교인이 아니라 심층 구조의 종교인으로 평생을 산 그의 인생 여정은 16세가 되던 해인 1942년, 투 히에우 사찰 (Tu Hieu Temple)로 출가하면서 시작된다. 거기서 틱낫한은 탄 쿠이 찬탓(Chan That)스님을 은사로 받아들이고 행자로서의 삶을 살아간다. 행자시절 그는 물통에 물을 길어오는 일, 현미를 백미로 만들기 위해 무거운 절굿공이로 방아를 찧는 일, 척박한 땅에 소똥을 비료로 사용하기 위해 소치는 일 등으로 그의 불교 인생을 시작한다.16)

그러나 틱낫한은 소년 행자시절 불교 사상의 심층수가 되는 사건을 경험한다. 그는 이 사건을 통해 위대한 불교 사상을 관념이나 종교적 신념이 아닌 생활과 실천으로 연결된 살아있는 유기체적 생물로 경험한다.

> 매일 정오게 붓다게 밥을 올리는 공양을 맡았을 때의 일이다. 어느 날 도마뱀이 그릇 가장자리에 있는 밥알을 한 입 물고 달아나는 것이었다. … 붓다게 올리는 공양을 도마뱀이 축내는 게 그의 마음에 걸렸다. 다음날에도 또 다음날에도 같은 일이 일어나자 그는 아예 뚜껑을 열지 않겠다고 마음먹었다. 다음 날 예불을 올리는 동안 그는 예불에 집중 할 수가 없었다. 도마뱀에 온 신경이 쏠려 있었기 때문이다. 결국 도마뱀은 닫힌 뚜껑 덕에 밥을 먹지 못하고 그냥 돌아갔다. 처음에는 기분이 좋았지만 금방 틱낫한의 마음은 후회로 가득 찼다. 그는 깊은 생각에 빠졌다. 그리고 붓다게 공양을 올리는 것은 붓다께서 밥을 드시기 때문이 아니라 마음의 정성을 올리는 것임을 상기했다. 결국 모든 존재에게 공양을 올리는 것은 바로 붓다게 공양을 올리는 것과 같음을 기억해냈다. 세상의 고통을 더는 것은 붓다게 기쁨을 올리는 것과도 같은데 자신은 도마뱀이 겨우 밥알 몇 개 먹는 걸 막다니 이제부터는 공양 그릇 옆에 도마뱀 밥을 따로 놓아주리라 결심했다. 그런데 다음날 그 도마뱀은 죽어버리고 말았다. 이 경험으로 인해 그는 자비심이 무엇인지 그리고 생명의 수명이라는 것이 거대한 바다의 포말처럼 얼마나 부서지기 쉬운 것인지 실감했다.17)

틱낫한은 이 사건으로 예불의 대상이 되는 고귀한 붓다와 한낱 보잘 것 없는 미물에 불과한 도마뱀이 이원론적 세계에 있는 차별된 두 실체가 아님을 깨닫는다. 그는 고통 가운데 있는 만물에 대한 자비심을 느낀 후, 그 자비심의 근거는 모든 만물이 상의 상존하여 함께 존재하므로 미물과 붓다가 아무런 차이가 없음을 자각한다. 이른바 비이원론적 연기법칙을 각성한 것이다.

틱낫한은 행자시절 몸소 체험한 연기에 대한 깨달음으로 자신의 가장 중요한 종교사상의 핵심 가운데 하나인 '상호존재'(Interbeing)가 발원한다. 상호존재(Interbeing)는 틱낫한의 불교적 신념하에 형성 된 것으로, 그는 기존에 사용되고 있는 '존재하다'의 영어 동사 'to be'는 존재론을 설명하는데 부적절하고 완벽하지 않은 것으로 간주한다. 그러면서 '존재하다'가 온전하게 되려면 접두사 'inter'(…사이의, 상호간의)와 동사 'to be'가 결합되어 새로운 동사인 'inter-be'가 되어야 한다며18) '존재하다'(to be)의 새로운 동사 'inter-be'에 '-ing'를 결합하여 'Interbeing'(상호존재)이라는 새로운 신조어를 만든다.19) 틱낫한은 '존재'인 'being'은 '아'(我)가 스스로 존재하는 자존적 실체를 전제하므로 이를 거부하고 대신 '상호존재'인 'Interbeing'을 선호한다. 왜냐하면 상호존재는 모든 존재의 무실체성을 나타내므로 일체 사물과 현상의 연기론적 의타성(paratantra)을 대변하기 때문이다.

요컨대, 상호존재는 존재하는 모든 것은 서로 연관되어 있고 상호 침투하면서 다른 것들과 공생(共生)을 바탕한다는 뜻의 불교의 연기론을 틱낫한이 현대적 형태로 재조명한 용어이다. 틱낫한은 자신의 종교사상을 관통하는 핵심인 상호존재를 통해 어려운 불교 개념인 연기론을 알기 쉽게 풀어 쓴다. 그럼으로써 모든 대중들에게 게토화된 종교언어를 탈 게토화된 대중언어로 재생산하여 불교의 각 종파뿐 아니라 세계의 모든 종교권 내에서도 두루 통할 수 있는 언어로 전달한다.

이후 틱낫한의 모든 삶의 행보는 그의 연기적 삶의 현대적 표현인 상호존재에 근거하여 펼쳐진다. 틱낫한의 종교사상의 핵심인 상호존재는 모두를 향한 자비심으로 이어지고 나라와 종교를 초월한 초국가주의자, 초종교주의자로서의 열린 종교인의 태도를 지향하는 동력이 된다. 한국의 틱낫한 사상 연구가로 알려진 진우기는 다음과 같이 진술한다.

> 틱낫한은 이 시대가 요구하는 초교파주의를 일찍부터 실천해왔다. … 토마스 머튼 신부는 '틱낫한은 내 형제다. 그는 다른 어떤 사제보다도 나와 공통점이 많은 사람이다'라고 했다. 종교간 심포지엄이 열렸을 때 진행자는 다양한 종교에 대한 발표가 있겠지만 그들을 섞어 과일샐러드를 만들려는 것은 아니라고 변명 비슷한 언급을 했다. 그러자 틱낫한이 자기 차례에 이렇게 말했다. '과일 샐러드가 어때서요? 저는 여러 과일이 섞여 독특한 맛을 내는 게 아주 새롭고도 맛있던데요. 실은 제가 얼마 전에 대니얼 베리건 신부의 만찬성사에 참석했었는데 정말 좋은 체험이었습니다. 그가 그렇게 할 수 있었던 것은 불교의 공사상과 인연의 개념을 그리스도교와 세상 모든 것에 두루 적용했기 때문이다.[20]

틱낫한의 상호존재는 자비심, 초국가주의, 그리고 초종교주의를 넘어 평화활동가의 삶으로 귀결된다. 그는 고통과 아픔이 있는 곳이면 세계 어디든 달려간다. 거기서 아픈 자들의 상처를 치료하고 서로를 평화적으로 화해시키기 위해 최선을 다한다.

그는 2001년 미국에 9.11테러가 발생하자 9월18일에 한 메시지를 발표한다. 폭력을 폭력으로 대항하는 것은 불의한 것이니 용서와 자비심으로 대하자는 내용이었다. 이어서 틱낫한은 9월21일부터 30일까지 기도와 명상을 하면서 단식을 감행한다. 9.11테러 사건으로 사망한 사람과 고통 받는 사람들 모두를 위해서였다. 그리고 9월25일, 뉴욕의 리버사이드 교회에서 분노를 수용하는 법에 관한 강연회를 개최한다.[21]

틱낫한은 9.11 사건을 통해 자비심에 근거하여 종교와 문명을 초월하고 고통 받는 자들을 위한 치유 활동가로 활약한다. 그는 어느 수련회에서 무명의 한 국회의원에게 두 가지 어려운 질문을 받는다. 국회의원은 틱낫한에게 9.11 사태이후 아랍계 미국인에게 퍼져가는 인종차별과 서로를 인정하지 못하는 편협한 마음을 없애기 위해 인종과 국적이 다른 사람들이 무엇을 할 수 있는지에 대해 묻는다. 그리고 9.11 이후 함께 살아온 아랍계 미국인들마저 적개심으로 거리를 두고 대하도록 한 이 두려움에 대해 어떻게 대처해야 하는지에 대해 질문한다. 틱낫한은 이 질문에 의외로 간단한 비유로 다음과 같이 대답한다.

> 모든 것은 서로 연결되어 있다는 사실에 대해 인식해야 합니다. 요즘 세상에서 안전과 행복은 더 이상 개인적인 수준에서 지켜야 할 문제가 아닙니다. 만일 상대방이 안전하지 않다면 우리도 안전 할 수 없습니다. 그들의 안전을 유지하는 것이 동시에 우리의 안전을 유지하는 것입니다. 그들의 행복을 지키는 것이 곧 우리의 행복을 지키는 것입니다. 모든 증오와 폭력의 근본은 차별과 분리, 그리고 소외에 있습니다. … 어느 날 못질을 하고 있었는데 내 오른손이 흔들리더니

끝내 왼손을 치고 말았습니다. 오른손은 망치를 내려놓고 왼손을
어루만집니다. 오른손이 왼손에게 "왼손아, 내가 너를 돌본 사실을
잊지 말고 나중에 이 빚을 꼭 갚아야 한다."라고 말하지 않았습니
다. 또 왼손은 "오른손, 넌 나를 망치로 쳐서 고통을 줬어. 이건 나를
차별하는 행위야. 나는 공정함을 원한다!"라고 말하지 않았습니다.
내 두 손은 내 몸의 일부입니다. 모든 것이 연결되어 있다는 인식은
바로 이런 것입니다.[22]

틱낫한은 모든 사람들—미국인이든 무슬림이든 불교인이든
그리스도인이든 피해자이든 가해자이든—에게 자비의 중요성
을 부각한다. 왜냐하면 모든 이들이 고통 속에서 아픔을 겪고
있기 때문이다. 그는 종교와 문명과 국적을 초월하여 모두가
상호존재에 있다는 각성에서 단식과 기도, 명상, 그리고 강연
회를 펼친다. 또한 틱낫한은 평화운동가로서 상호존재의 자각
가운데서는 모든 폭력도 저지할 수 있다는 단호한 태도를 보인다.

어떤 이유에서든 폭력은 정당화될 수 없습니다. 분노와 폭력은 또
다른 분노와 폭력을 낳을 뿐이며, 결국 모두를 공멸에 이르게 합니다.
폭력과 증오를 불식시킬 수 있는 것은 오직 자비심과 사랑뿐입니다.
분노와 자비심을 잠재우기보다 현명한 대처방법을 찾을 수 있습니다.
우리 모두는 상호 존재이기 때문에 누군가에게 폭력을 가하면 결국
그 폭력이 나에게 돌아온다는 것을 알아야 합니다.[23]

틱낫한의 결연한 태도의 이면에는 그의 종교 사상의 한 핵심인
상호존재가 자리 잡고 있다. 틱낫한의 상호존재는 범인(凡人)
들이 근접하기 힘든 열린 종교인으로서의 삶을 지향하는 원동력
으로 작동한다. 그 원동력은 평범한 사람들과 달리 어린 시절
부터 생성된 자신만의 특별한 종교적 감수성에서 비롯된다.

그는 심오한 종교적 진리를 세속과 구별된 특정한 공간이나 시간에 있는 것으로 보지 않는다. 오히려 그것은 남들이 일상 가운데 경험할 수 있는 보통의 사건들 가운데 존재하는 것으로 보았다.

그는 석가모니가 보리수 아래에서 깨달음을 얻어 부처가 되었듯이 모든 사람은 역사적 차원의 일상에서 궁극적 차원의 진리와 자유를 찾을 수 있다고 본다. 그렇기에 궁극적 가치를 찾기 위해 다른 곳을 헤맬 필요 없이 산과 나무, 풀, 언덕, 그리고 사람이라는 역사적 차원의 삶과 죽음의 세계 가운데 생과 사를 초월한 궁극적 차원으로 들어갈 수 있다고 설파한다: "삶에는 두 가지 차원이 있다. 우리는 두 차원 모두에 닿을 수 있어야 한다. 하나는 물결과 같은데, 우리는 그것을 '역사의 차원'이라고 부른다. 다른 하나는 물과 같다. 그것을 '궁극의 차원' 또는 '니르바나'라고 부른다."24)

틱낫한은 평범함 가운데 심오한 종교적 이치를 깨닫는데 탁월하고 특별한 감수성을 지닌 사람이었다.25) 불교 집안에서 태어난 그에게 불교는 자연스러운 것이었지만 그가 아홉 살 되던 무렵, 잡지에서 우연히 본 붓다의 모습은 특별한 느낌으로 소년 틱낫한의 마음을 사로잡았다.26) 그것은 그로 하여금 스님이 되고자 하는 결심을 굳히는 결정적 사건에서도 드러난다. 진우기는 이 날의 경험이 그가 스님이 되고자 하는 최초의 동기가 되었다고 주장한다.

아홉 살 때 나는 한 잡지의 표지에서, 풀밭에 편안히 앉아 있는 불상을 보았습니다. 그 순간 나도 저렇게 평화롭고 행복한 사람이 되고 싶다는 마음이 간절하게 들더군요. 2년 뒤, 나중에 커서 무엇이 되고 싶냐는 얘기를 나누는 자리에서 형인 호가 "나는 수도승이 되고 싶다"고 말

했는데 아주 근사한 꿈이라고 생각했어요. 그래서 나도 수도승이
되고 싶다고 말했지요. 아마도 잡지에서 보았던 그 평화스런 부처님
때문이었을 겁니다.[27]

소년 틱낫한은 불교문화에 익숙한 평범한 불자들이 쉽게
간과할 수 있는 붓다의 사진 한 장도 예사로 보지 않았다. 그
역시 불교 집안 태생이었음에도 불구하고 붓다의 사진 한 장을
아주 특별한 영적 감수성으로 꿰뚫어 본 것이다. 그로부터 7년 후,
틱낫한은 1942년 16세의 나이로 임제종 법맥 계통의 사원인
투 히에우 사원으로 출가한다. 그리고 1947년, 21살 때 비구
계를 받는다.[28] 이후 그는 자비와 평화를 위한 범종교적인
활동을 펼치다 망명 생활을 하게 되고 프랑스의 한 시골 마을에
정착하여 수행 공동체인 플럼 빌리지를 설립한다.[29] 틱낫한은
세계 곳곳을 돌아다니며 평생을 반전, 인권, 화해, 그리고
평화를 위해서 힘쓴다.
  전술한 바와 같이 틱낫한의 종교사상의 핵심은 상호존재이다.
틱낫한이 종교의 표층 구조에 속한 닫힌 사람이 아니라 심층
구조에 속한 열린 종교인으로 활동하게 하는 원동력은 그의
사상적 근저를 형성하고 있는 상호존재 때문이다. 달라이라마
와 더불어 세계 2대 종교 지도자로 평가받는 이유 또한 상호
존재에 기반 한 모든 자비와 화해, 그리고 평화 활동 덕분이다.
이처럼, 틱낫한에게 상호존재는 자신의 종교적 삶과 사회-정치
적인 모든 삶을 생성하는 기본토대이다. 다음 장에서는 틱낫한의
종교 사상의 핵심인 상호존재가 어떻게 형성되었는가에 대해
고찰하고자 한다.

2. 상호존재의 형성계기와 만남들

1) 어머니

틱낫한은 다섯 남매 중 한 명으로 태어나 부모님과 함께 베트남 중부 후에(Huế)지방에서 살았다. 아버지는 하급공무원이었다는 것 외에 전하는 기록은 거의 없다. 그의 형은 1938년, 틱낫한이 출가하기 4년 전에 이미 출가한 것으로 전해진다. 어머니를 향한 틱낫한의 표현은 매우 애정 어린 방식으로 묘사된다. 그는 엄마를 생각하면 사랑에 대한 개념과 엄마의 이미지를 따로 떼어놓을 수 없을 정도라며 어머니를 매우 온화하고 인자한 분으로 기술한다. 왜냐하면 사랑은 엄마의 달콤하고 부드러운 음성의 자연스러운 일부였기 때문이다.30) 그래서 어머니를 향한 틱낫한의 사랑은 남달랐고 어머니는 자신의 모든 종교 사상이 배태된 자궁과 같은 역할을 하게 된다.31)

틱낫한에게 어머니는 처음으로 사랑을 가르쳐 주신 분이고 삶을 이끌어 주시는 가장 중요한 사람이었다. 그는 어머니에 대해 만일 엄마가 계시지 않았다면 사랑하는 법을 전혀 알지 못했을 것이라고 고백한다. 틱낫한은 어머니 덕분에 이웃과 모든 살아 있는 존재를 사랑 할 수 있게 되었고 어머니를 통해 이해와 자비를 알게 되었다며 그에게 모든 사랑의 바탕은 어머니였음을 부인하지 않는다. 어머니를 향한 그의 마음을 들어보자.32)

우리가 세상에서 태어나 가장 먼저 접하게 되는 사랑이 바로 어머니의 사랑이다. 그래서 모성애는 모든 사랑의 감정의 근원이 되는 것이다. 어머니는 우리에게 삶에서 가장 중요한 사랑이라는 요소를 최초로 가르쳐주는 스승이다. 어머니가 없었다면 나는 사랑하는 방법을 몰랐을 것이다. 어머니 덕분에 나는 내 이웃을 사랑 할 수 있다. 세상 만물을 사랑할 수 있는 것도 어머니 덕분이다. 어머니를 통해 나는 이해와 자비의 개념을 받아들였다. 어머니는 모든 사랑의 토대다.[33)]

그러나 첫 사랑의 여인[34)] 어머니는 1956년 10월, 틱낫한이 서른 살 되던 해에 생을 마감한다. 틱낫한은 어머니를 여읜 자신의 신세를 채 익지 못하고 떨어진 과일처럼, 버려진 어린 고아와 같은 사람으로 비유한다. 그는 이미 출가한 상태임에도 불구하고 어머니를 잃은 자신의 심경을 일기장에 솔직하게 고백한다. "내 생애 가장 큰 불행이 닥쳤다. 나이가 아주 많은 사람이라도 어머니를 잃는 순간, 아직도 어머니 없이는 살 수 없을 것 같다는 생각이 든다. 아직도 충분히 성숙하지 못했음을 느낀 나는 갑자기 너무나 버림받은 듯한, 천애고아가 된 듯 한 느낌에 빠졌다."[35)]

틱낫한은 자신의 일기장에 어머니를 잃은 그의 심경을 인생의 가장 큰 비극으로 묘사한다. 어른으로 살면서도 어머니를 잃은 어린 고아와 같은 신세의 감정을 느끼는[36)]비통한 심정은 틱낫한이 어릴 적 들었던 엄마를 잃은 슬픈 시가에서 비롯되었다.

아직 어린 시절
엄마가 날 남겨두고 떠나신 그날,
이제 고아란 것을 깨달았네.
주변의 모든 이들이 울부짖고
난 말없이 괴로워하였네. ……

철철 눈물이 흘려
괴로움을 덜었다네.
황혼이 엄마의 무덤을 덮었는데
절 탑 종소린 곱게 올리네.

엄마를 잃는다는 건
우주 전체를 잃는 것.37)

　그는 엄마를 잃는 것은 우주 전체를 잃는 것이라는 말에 감
정이입이 되어 아비를 잃은 천붕지통의 마음을 어머니의 죽음
을 통해 느낀다. 그리고 어머니를 떠나 승려가 된 것을 후회하
지 않지만 그런 선택을 한 것이 아직까지도 마음 한 구석이 아
프다며 어머니에 대한 그의 사랑이 얼마나 깊고 진정어린 것
인지를 보여준다. 틱낫한은 모든 사랑의 근본 모태인 어머니
의 사랑을 자궁과 탯줄로 비유하며 자신의 종교사상의 핵심인
상호존재를 구체화한다.

　당신에게 가장 행복했던 시간은 엄마 뱃속에 있던 바로 그때였습니다.
　세상에서 나온 후, 엄마와 힘겨운 시간을 보냈더라도 혹은 엄마가
　당신을 기르지 않았더라도 말입니다. 그 안에서는 먹고 마시는 일을
　걱정할 필요가 없었습니다. 더위와 추위를 피하고 숙제나 집안일
　따위는 더더욱 안중에도 없었지요. 어떤 위험에서든 보호 받았기에
　당신은 안전했고 평온함을 느꼈습니다. 걱정거리라고는 전혀 없는,
　그저 좋은 그곳이 바로 엄마의 자궁입니다. … 가장 평안하고 더할
　나위 없이 훌륭한 극락에서 살았던 때를 말입니다. … 그런데 자궁의
　뜻을 아시나요? '자궁(子宮)'은 '자식들의 궁궐'이라는 뜻입니다.
　극락은 바로 엄마 뱃속이었던 것입니다. 엄마는 자궁 속에 있는 당신을
　보살폈습니다. 당신을 위하여 음식을 먹고 물을 마셨습니다. 당신을

위하여 숨을 내쉬고 들이쉬었습니다. … 엄마가 꿈을 꾸면 자궁 속
당신도 꿈을 꾸었겠지요. 엄마가 괴로운 꿈에 소리를 지르면 당신도
소리를 질렀고, 엄마가 웃으면 덩달아 웃었지요. 당신과 엄마는 한
몸이기에 좋은 꿈도, 나쁜 꿈도 함께 했던 것입니다. 신체적으로도
당신과 엄마는 탯줄로 이어져 있습니다. 엄마는 탯줄을 통하여 모든
것을 베풀었습니다.[38]

틱낫한은 엄마의 자궁은 자녀들의 궁궐이자 극락이라며 인
간은 이 극락으로 되돌아가고 싶다고 말한다. 우리가 엄마의
사랑을 자각하면 엄마의 탯줄이 나 자신과 전 우주와 연결되
어 있고 존재하는 모든 생명체와 식물과 광물과 공기와 물과
땅에 의존하고 있음을 깨달을 수 있다는 것이다. 이처럼, 틱낫
한의 상호존재는 인드라 망(帝釋天)처럼 온 생명이 엄마의
탯줄과 연결되어 있다는 자각에서 비롯된다.

혹 엄마와 떨어져 홀로 어려움에 놓였을 때, 엄마와 맞섰을 때, 당신과
엄마는 서로 다른 두 사람이라고 애써 굳게 확신합니다. 하지만 절대
그렇지 않습니다. 당신은 부모와 이어진 존재입니다. 명상을 하면서,
저는 아직도 엄마와 이어진 탯줄을 봅니다. 더 깊이 들여다보면, 나를
다른 현상과 연결해 주는 탯줄들 역시 바로 거기 있음을 깨닫습니다.
매일 아침 태양은 떠오릅니다. 태양 덕분에 빛과 열을 누립니다.
태양 없이는 살아가지 못합니다. 지금 한 탯줄은 당신을 태양과 연결해
주고, 다른 탯줄은 하늘의 구름과 맺어주고 있습니다. 구름이 거기
존재하지 않는다면, 비도 마실 물도 없지요. 구름이 없다면 우유도,
차도, 커피도, 아이스크림도 그 어떤 것도 존재하지 못합니다. 탯줄은
당신을 강과 맺어주고, 다시 숲과도 이어줍니다. 계속 명상한다면
당신이 이 모든 사람들, 그리고 우주의 삼라만상과 관계를 맺고
있음을 깨닫습니다. 당신의 삶은 존재하는 모든 생명체뿐 만 아니라
식물과 광물과 공기와 물과 땅에 의존하고 있습니다.[39]

상호존재에 대한 자각은 '정념'(mindfulness)수행을 통해 이루어진다. 틱낫한은 지금 여기에 현존함을 깊이 들여다보는 정념 수행을 통해 상호존재를 깨달을 수 있다고 본다. 그리고 미국 청년 리차드의 편지를 소개한다: "엄마, 할머니가 이제 살아 계시지 않는다고 생각하지 마세요. 할머니는 아직 엄마와 제 안에 살아 계세요. 제가 엄마를 언제든 만날 수 있는 것처럼 저는 원할 때마다 할머니를 만날 수 있어요. 저는 할머니와 엄마의 이어진 몸입니다."40) 틱낫한은 우리가 어머니와 다른 사람이라고 생각하는 사고방식을 버리고 우리는 어머니, 아버지, 조상들의 연속이라며 상호존재의 중요성을 다음과 같이 상기시킨다.

> 우리는 자라면서 어머니와 자기는 다른 사람이라고 생각한다. 그러나 진실은 그렇지 않다. 우리는 어머니의 연장(extensions, 延長)이다. 우리는 자신이 어머니와 다른 존재인 줄 잘 못 알고 있다. 우리는 어머니, 아버지의 연속(continuation, 連續)이며, 우리 조상들의 연속 이다. … 나와 나의 어머니는 같은 한 사람이 아니다. 그렇다고 서로 다른 두 사람도 아니다. … 누구도 혼자서는 존재할 수 없다. 우리는 모든 사람과 서로 안에 있어야 하는 존재들이다.41)

상호존재의 관점으로 보면, 할머니는 엄마를 통해 나와 연결되어 있다. 엄마는 물론이고 돌아가신 할머니도 지금 여기에서 정념 수행으로 나와 교통할 수 있다. 틱낫한은 이런 수행이 붓다의 가르침과 꼭 들어맞는 것이며 우리 모두가 이러한 수행을 해야 한다고 역설한다. 그러면 진정한 상호존재에 대한 의식에 다다르게 된다는 것이다. 그는 계속해서 지금 여기에 있는 모든 존재는 모든 조상의 존재가 되기도 한다며 우리 조상들은 우리의 마음속에 여전히 살아 있다고 말한다. 우리가 웃으면 모든 조상들과 아이들과 미래의 후손들, 즉 우리의 마음속에 존재하는 모든 사람이 따라 웃는다. 그러면서 틱낫한은 우리는 우리 자신을 위해서가 아니라 모든 이를 위해서 수행하는 것임을 강조한다.42)

뿐만 아니라 틱낫한은 지금의 나 자신의 현존은 이전의 조상들의 존재 때문이라고 본다. 내 안에는 엄마도 아버지도 돌아가신 조부모님도 그리고 이전의 모든 조상들의 요소들이 고스란히 함께 내재한다. 우리는 그들과 완전히 똑같은 사람은 아니지만 그렇다고 해서 완전히 다른 사람도 아니다. 틱낫한에게 이런 관점은 서로 의존하고 조건이 되면서 관계를 맺는 연기(緣起)의 진리인 상호존재이다. 곧, 어떤 사람도 홀로 존재하지 못하고 우리가 존재하기 위해서는 서로 깊은 관계를 맺고 의존하고 품어주는 상호존재이어야 한다. 이와 같이, 틱낫한의 상호존재에 자각은 그의 모든 삶의 시작이자, 사랑의 바탕인 어머니를 향한 깊은 애정을 통해 구체화 되었다고 볼 수 있다.

2) 찬콩 스님

이후 틱낫한은 자신의 인생에서 가장 큰 벗이자 조력자인 한 여인을 만나면서 상호존재에 대한 그의 종교적 사상이 깊어진다. 그녀의 속명(俗名)은 카오 응옥 푸옹(Cao Ngoc Phu-ong), 법명은 찬콩(Chan Khong)43)이다. 그녀 또한 틱낫한처럼 고통 받는 자들에 대한 연민과 자비가 그 누구보다 뛰어난 사람이 었다. 그녀의 이런 특징은 어린 시절 그녀를 둘러싼 환경에서 비롯된다.

찬콩은 1938년 논과 코코넛 밭이 무성한 남베트남 메콩강 델타 지역, 벤트레(Bến Tre)의 한 마을에서 태어났다. 그녀의 집은 크게 부유하지도 그렇다고 가난하지도 않은 중산층 가정 이었다.44) 부모님은 매우 인자하고 마음에 평화로 가득 찬 사람 들이었다. 찬콩의 가족은 보기 드물 정도로 대가족이었다. 그 이유는 부모님의 비범한 인자함 때문이었다. 그녀의 가족은 찬콩의 9명의 남매45) 외에도 12명의 조카들이 있었다. 거기다 입양된 가난한 가정의 한 아이에 부모님까지 합하여 모두 24 명이 한 가정을 이루고 살았다. 하지만 그의 부모님은 자신을 비롯하여 그녀의 남매와 조카들, 그리고 입양한 한 아이를 전혀 차별하지 않고 공평하게 키웠다.

부모님의 인자함은 가정에서 뿐만이 아니었다. 마을 주민, 특히 가난한 민중을 향한 부모님의 따뜻한 연민과 실천적 사랑은 온 마을을 통해서 나타났다. 아버지는 농부들에게 경작할 땅을 빌려 준 후 가뭄이나 홍수가 있을 때는 임대료를 받지 않았고, 어머니는 가난한 이웃들이 장사 할 수 있도록 돈을 빌려주고 성공할 때만 상환하게 하였다. 한 마디로 가난한 자들에 대한 그들의 인심은 타의 추종을 불허할 정도였다.46)

훗날 찬콩 스님의 모든 종교적 사상과 실천 정신은 평화롭고 자비심 가득한 이런 가정환경 속에서 배태되었음이 분명하다. 이런 환경 가운데서 자란 찬콩에게 하루는 가슴 깊숙이 뿌리 박힌 자비심이 융기되는 사건을 경험한다.

십대 시절, 찬콩은 소매치기를 하려든 한 소년을 붙잡았다. 그 소년은 소매치기를 할 수 밖에 없었다고 했다. 소년의 어머니는 그가 빈손으로 집에 올 때마다 매질을 했기 때문이다. 찬콩이 "아버지는 어디 계시니?" 라고 묻자, 그 소년은 아버지가 계시지 않는다고 말했다. 그리고는 빈민가에 있는 소년의 집으로 함께 가서 공부는 하느냐고 물었다. 그러자 소년은 "먹을 것도 넉넉지 않은데, 어떻게 학교를 다니느냐? 고 대답했다.47)

찬콩은 이 사건을 계기로 가난한 이웃에 대한 깊은 연민을 느낀다. 그리고 소년과 같이 가난한 가족들을 도울 방법을 찾기로 결심한다. 그녀는 자신의 특기를 살려서 수학에 어려움을 겪는 부자 학생들을 가르치며 기금을 모은다. 이후 1958년 사이공 대학에 입학하면서 불교에 기초한 실천적 삶을 시작한다. 그녀는 사이공 대학 생물학과에 입학한 후 공부에만 전념하지 않고 사이공의 빈민가에 있는 가난한 이들과 병자들을 돕는데 많은 시간을 할애한다. 그리고 이때 학생 대표가 되어 정치적이고 실천적 사건에 깊이 연루 된다.

그녀는 빈민가의 사람들을 도우러 갈 때도 재치 있는 지혜로 연민의 정을 드러낸다. 빈민가로 갈 때 일부러 헤진 옷을 입고 친척이 거기에 사는 것처럼 행동했다. 왜냐하면 중산층의 여자가 빈민층을 도우러 왔다고 하면 자신들을 동정하는 것으로 오해하여 배척당할 거라고 생각했기 때문이다.48) 아마도 타인을 도우려는 그녀의 이와 같은 행동은 이미 무주상보시(無住相布施)의 정신이 내재되어 있었는지도 모른다.

이후 찬콩 스님은 인생 일대의 대전환기를 맞게 될 만남을 갖는다. 그녀는 1959년 사이공에서 틱낫한의 한 강좌에 참여하여 깊은 감명을 받는다. 다음해인 1960년에는 틱낫한과 서신을 주고받으면서 자신이 찾는 그 선생이 바로 틱낫한 임을 알고 함께 불법을 공부하고 가난한 자들을 돕는 여러 가지 사회 사업을 진행한다.49) 1963년, 그녀는 다시 한 번 새로운 각성을 하게 되는 사건을 목도한다. 그녀는 디엠 정권이 들어와 불교를 박해하고 가톨릭으로 국민들을 개종하려는 불교 탄압 운동이 한창이던 당시 우연히 틱광둑(Thích Quảng Đức, 1897–1963) 스님의 소신공양50)을 목격한다. 그녀는 불타는 화염 속에서도 의기양양하고 평화로운 스님의 모습을 보면서 "나도 스님처럼 부드럽고 아름다운 방법으로 인간의 존엄성을 위해 일하겠다는 맹세를 한다."51)

그리고 1년 후, 디엠 정권이 무너지면서 틱낫한과 함께 꿈꿔왔던 실험적인 마을을 통해 비폭력적 방식으로 사회를 변화시키기 위한 일련의 사회사업에 헌신한다. 그 사이 소르본느 대학에서 생물학 박사학위를 취득하고(1964년) 틱낫한과 함께 학교 설립(Thao Dien, Tra Loc), 원예, 의료, 아동 보호 등의 사회봉사를 본격적으로 시작한다.52)

이렇게 시작된 사회사업의 성공을 발판으로 1965년에는 틱낫한과 함께 사회봉사청년학교(SYSS)53)를 건립한다. 그리고 2년 후인 1966년 2월 15일에 최초의 접현종 회원 6명 가운데 한 사람으로 계를 받는다. 3년 후인 1969년에는 그녀의 거처가 바뀌면서 새로운 삶의 여정이 펼쳐진다. 그녀는 틱낫한이 파리 평화협상(Paris Peace Accords)의 비공식 불교평화대표단의 대표로 참석하게 되자 틱낫한과 함께 파리로 둥지를 옮긴다. 그리고 틱낫한과 함께 1975년에 파리에서 남동쪽으로 150킬

로미터 떨어진 퐁바네즈에 작은 집을 구매하여 고구마 농장(Sweet Potato Farm)[54]을 세우고 1982년에 프랑스 남서부 보르도 근처에 플럼 빌리지(Plum Village: 자두마을)[55]를 설립한다.[56]

찬콩은 틱낫한을 만난 1959년 이후 줄 곧 그의 곁을 지키며 50년 이상 모든 일에 협력자가 되어 친밀하고 주도적으로 일을 추진한다. 그녀는 틱낫한에게 없어서는 안 될 매우 중요한 존재였다. 왜냐하면 주위의 사람들이 둘의 관계에 대해 만일 찬콩 스님이 없었다면 오늘의 틱낫한 스님이 없었을지도 모른다고 말할 정도였기 때문이다. 하지만 틱낫한의 오랜 동료이자 제자이기도 한 찬콩은 모든 스님들이 틱낫한을 진심으로 좋아하고 가르침과 실천을 지지했지만 수많은 보수적 원로 스님들은 그의 혁신을 지지하지 않았다고 진술한다.[57]

틱낫한도 찬콩 스님에 대해 그녀는 나에게 학생으로 왔지만 또한 나에게 선생이 되었다고 술회한다.[58] 틱낫한은 계속해서 "나의 동료 찬콩은 오랫동안 빈자와 고아, 배고픈 이들을 위해 함께 일했고 수 없이 많은 사람들이 그녀의 도움으로 고통이 줄어들었다. 이로 인해 그녀는 큰 기쁨을 얻고 삶의 의미를 찾는"다며 그녀에 대한 칭송을 아끼지 않는다.[59]

이제 그녀는 자신이 가장 중요하게 생각했던 일을 펼쳐 나간다. 우선 그녀는 사이공 대학에 입학(1958년)한 후 빈민가의 빈자들을 돕기로 결심한다. 하지만 그녀의 돕는 방식은 내가 무엇을 누구에게 베풀었다는 자만심이 아닌 자비심으로 가득한 무주상보시(無住相布施)와 같은 것이었다. 그녀는 당시의 상황을 이렇게 고백한다.

만일 내가 중산층의 여자로서 빈민가에 가서 그들을 도우려 한다면 그들은 자신과 다른 처지에 있는 나를 믿지 않고 오히려 나를 속이려 들거야. 그래서 나는 항상 허름한 옷을 입고 친척이 거기 인력거로 일하는 사람처럼 행동했어. 그리고는 그들의 고충에 귀를 기울이고 그들을 도울 수 있는 방식을 생각했지.60)

그녀의 이러한 정신을 알고 있던 첫 번째 스승은 관대한 업으로 부유한 집안에 공주로 태어날 것이라고 칭찬한다. 하지만 그녀는 이러한 칭찬에 아랑 곳 하지 않는다. 왜냐하면 그녀의 관심은 죽은 이후 다음 세상이 아니라 오로지 지금 이 순간에 있었기 때문이었다. 배고픈 사람들에게 음식이 필요 하고 병자들에게 치료가 필요한 것처럼 그들에게는 지금 당장 그것을 필요로 하는 이 순간이 중요했다.61) 그녀는 내세가 아닌 지금 이 순간을 직시하기 위해서 정념 수행이 필요하다고 강조한다.

그녀에 따르면, 몸과 정신이 하나가 되지 못하면 깊이 들여다 볼 수 없다. 형제 앞에 있으면서 마음이 다른 곳에 있다면 진정으로 그 형제를 바라 볼 수 없다. 정념수행으로 우리는 하루 종일 우리의 마음, 우리의 몸, 우리가 먹는 음식, 우리의 친구들, 그리고 하는 일 등 모든 것에 이르게 하면 진정으로 보게 되고 결국 참 이해와 참 평화에 이를 수 있게 된다. 그래서 일평생 평화를 만드는 것이 아니라, 평화롭기, 이해하기, 사랑하기에 하루 24시간을 체현하는 것이 중요하다고 역설한다. 참여불교는 단지 사회사업이나 전쟁을 중단하는 것이 아니라 외부에 있는 전쟁을 중단하는 것과 동시에 우리 자신 안에 있는 전쟁을 중단 하는 것이라고 말한다.62)

이와 같이 그녀에게 중요한 것은 고통 받는 모든 자들이 자신의 안과 밖으로 진정한 평화를 얻는 것이었다. 진정한 평화를 위해서는 지금 현재를 깊게 직시 할 수 있는 정념 수행이 필수적이었다. 그녀의 이런 사상적 배경에는 지금 이 순간 모든 것이 연기의 법칙에 의해 상호 연결되어 있어 그것과 하나 되는 것이 중요하다는 상호존재 때문이었다. 그녀에게 상호존재의 의식이 없었다면 지금 이 순간 평화하기, 이해하기, 사랑하기를 통해 그 많은 사람들을 구제하고 도와주고 가르치는 자비의 실천이 불가능했을 지도 모른다. 틱낫한은 찬콩과 거의 평생을 함께 하면서 그녀를 통해 상호존재를 재차 각성한다. 이를 틱낫한은 다음과 같이 묘사한다.

> 베트남 전쟁이 한창 일 때, 나는 어떻게 전쟁을 끝낼 수 있을까라는 생각에 정신이 사로잡혀 거의 먹을 수 가 없었다. 하루는 찬콩이 나에게 쌀국수를 대접하기 위해 허브를 준비하면서 나에게 "태이는 허브차를 알아볼 수 있느냐?"라고 물었다. 나는 그녀가 크고 아름다운 접시에 정성스레 준비한 허브를 바라보면서 깨달았다. 그녀는 허브에 집중 할 수 있는 능력을 가졌구나. 나는 단지 전쟁을 끝낸다는 생각을 멈추고 이 좋은 허브에 집중하는 법을 배워야 하겠다.[63]

틱낫한은 이 짧은 순간에 찬콩을 통해 몸과 마음이 분리된 채, 전쟁 중단에 사로잡힌 자신의 현실을 깊이 들여다본다. 그리고 자신은 지금 허브와 둘이 아니라 하나라는 사실, 자신이 진정한 허브라는 사실을 깨닫는 상호존재의 의식에 이르러 마음의 평화를 되찾게 된다. 이처럼, 틱낫한의 종교사상의 핵심인 상호존재는 자신의 가장 충실한 제자이자 협력자, 도반(道伴), 그리고 선생인 그녀를 통해 더욱 구체화되었다고 볼 수 있다.

3) 토마스 머튼

틱낫한의 삶에서 빼놓을 수 없는 사람들은 그리스도인들과의 만남이다. 그 중에 대표적인 사람은 토마스 머튼(Thomas Merton, 1915-1968)이다.[64] 이 둘의 역사적인 만남은 1966년 5월 26일, 미국 켄터키의 게세마니(Gethemani) 성모 대수도원에서 국제 평화운동 조직인 화해연맹(Fellowship of Reconciliation, FOR)의 주선으로 이루어진다.[65]

틱낫한은 이때 미국에서 무명인[66]이나 다름없었지만 머튼은 이미 『칠층산』(The Seven Storey Mountain)으로 세상에 알려진 유명한 종교사상가였다. 머튼은 수도원을 방문한 자신보다 어리고 거의 무명에 가까운 틱낫한을 정성스럽게 환대한다. 그러자 틱낫한은 머튼을 매우 따뜻하고 불교에 대한 이해가 깊고 대화할 수 있는 능력을 지닌 사람으로 묘사한다. 머튼 또한 틱낫한에 대해 훗날 '내 형제'라고 칭하면서 조용하고 겸손한 참 수도승이라고 칭송한다.[67]

그들은 짧은 만남에도 불구하고 수도승으로서의 영적 교감으로 한 길, 한 방향을 향하고 있는 선승이자 활동가임을 직감한다. 머튼은 틱낫한의 평화활동을 여러 방면으로 지지한다. 틱낫한이 베트콩과 정부의 어떤 편도 들지 않고 살해될 위험에 처하자, 그를 위해 기도해야 하며 미국 정부 안에 그를 보호해 줄 영향력 있는 인물이 있을 것이라고 말한다. 머튼은 더 적극적으로 틱낫한을 지원한다. 그는 1966년 6월 9일, 뉴욕시 타운홀에서 화해연맹 주관으로 열린 한 모임[68]에서 틱낫한에게 직접 쓴 서신을 발표한다.[69] 머튼은 거기서 미국의 대중 앞에

틱낫한을 적극적으로 소개하고 전쟁 종식을 위한 그의 노력을 아낌없이 지원한다.70)

그러나 그들은 1966년 첫 만남 이후 서신을 교환하며 영적 교류는 이어갔지만 다시는 만나지 못할 운명에 처한다. 머튼이 자신의 새로운 거처를 위해 아시아 여행을 하던 1968년 12월 10일, 태국 방콕의 숙소에서 선풍기에 감전되어 53세에 생을 마감하기 때문이다. 틱낫한은 가톨릭 친구의 안타까운 비보를 듣고 조사(弔辭)를 통해 답례를 전한다.

> 토마스 머튼은 수도원에 있었지만 그러나 그것에 갇혀 있지 않았다. 당신이 평화의 사람이면, 비록 산 속에 숨어 있다 해도 당신은 평화를 위해서 일하고 있는 것이다. 만일 당신이 평화롭지 못하면서 평화를 위한 시위나 행진에 참여하는 사람보다는 평화로이 산 속 암자에 머물러 있는 사람이 평화에 기여하는 바가 클 것이다. … 토마스 머튼은 - 그의 인생, 느낌, 가르침 그리고 그의 행실로 - 자신의 모든 결단과 지혜를 충분히 보여주신 것이다. 바깥 세상에 있는 많은 사람들보다 평화를 위해 더 큰 일을 하셨다.71)

틱낫한은 머튼에 대해 평화를 위해 누구보다 자신을 헌신한 사람으로 평가한다. 그러나 틱낫한은 평화를 위해 일하는 평화운동가들에 대해서는 비판적입장을 보인다. 왜냐하면 틱낫한은 그들을 미국 정부에 적대감을 가지고 베트남을 점령한 공산당과 똑같은 주장으로 오히려 상황을 더 악화시킨 장본인으로 간주하기 때문이다.72) 틱낫한이 보기에 그들의 내면에는 평화가 없다. 로버트 H. 킹의 표현을 빌리면 그들의 "맹목적 사회활동은 선의(善意)를 위해 필요한 실제적인 힘의 내적 근원을 상실"한 운동이었다.73)

그들이 내적 근원을 상실한 이유는 만물이 서로 안에 있고 서로 의존하고 있음을 깨닫지 못하기 때문이다. 그들은 자타를 분리해서 보는 이원론적 사고방식에 경도되어 있다. 그들에게 미국은 평화를 위해 제거해야 할 대상이지 서로 의존하고 있는 상호존재의 또 다른 나 자신이 아니다. 그들은 자기와 타인이 다르고 분리되어 있으며 하나임을 깨닫지 못하는 미망으로 가득 차 있다. 결국 이것은 그들에게 모든 고통의 뿌리가 된다.

그러나 틱낫한은 내적근원이 상실된 평화 운동가들과 달리 보트피플74)을 돕던 시절 쓴 『진정한 이름들로 나를 불러 달라』(Call Me by My True Names)는 시(詩)에서 상호존재에 대한 심오한 가르침을 전한다.

> 내일 내가 떠날 것이라고 말하지 말라.
> 오늘도 나는 여전히 여기에 도착하고 있으니까.
>
> 자세히 보라. 나는 매순간 도착하고 있다.
> 봄날 나뭇가지에 움트는 싹
> 새로 만든 둥지 안에서 노래 연습을 하는
> 아직 어린 날개를 가진 새
> 꽃의 심장부에 있는 애벌레
> 돌 속에 숨어 있는 보석
> 그것들이 바로 나 자신이다.
>
> 나는 지금도 이곳에 도착하고 있다.
> 웃기 위해, 울기 위해
> 두려워하고 희망을 갖기 위해,
> 내 뛰는 심장은
> 모든 살아 있는 것들의 탄생과 죽음.

나는 강의 수면 위에서 알을 깨고 나오는 하루살이다.
나는 봄이 올 때 그 하루살이를 먹기 위해 때맞춰 날아오는 새다.

나는 맑은 연못에서 행복하게 헤엄치는 개구리,
또한 그 개구리를 잡아먹기 위해 조용히 풀섶에서 다가오는 풀뱀.

나는 대나무 막대기처럼 다리가 가늘고
가죽과 뼈만 남은 우간다의 어린이,
또한 나는 그 우간다에 치명적인 무기를 파는 무기상이다.

나는 해적에서 성폭행을 당하고 바다에 뛰어든
그 작은 보트에 탔던 열두 살 난민 소녀,
그리고 나는 가슴에 사랑하는 능력을 지니지 못한 그 해적.

나는 손에 권력을 움켜쥔 독재 정권의 일원,
또한 강제 노동 수용소에서 서서히 죽어 가는 내 백성들에게
피의 값을 갚아야만 하는 그 사람.

내 기쁨은 봄과 같아
그 따뜻한 온기로
생명의 모든 길목에서 꽃들이 피어나게 한다.
또한 내 고통은 눈물의 강,
온 바다를 눈물로 가득 채운다.

그 모든 진정한 이름들로 나를 불러 달라.
내가 나의 웃음과 울음들을 동시에 들을 수 있도록.
내 기쁨과 슬픔이 하나임을 볼 수 있도록.

진정한 이름으로 나를 불러 달라.
내가 잠에서 깨어날 수 있도록

내 가슴의 문이 열릴 수 있도록
그 자비의 문이.75)

 틱낫한은 자기 자신이 우간다 어린이이자, 우간다에 살생
무기를 팔아먹는 무기상이며 해적에게 겁탈당하는 소녀이자,
겁탈하는 해적으로 본다. 틱낫한에게 우간다 어린이와 소녀는
친구이고 무기상과 해적은 원수가 아니다. 이 극단에 있는 둘의
실체는 둘이 아니고 다름 아닌 자기 자신이다. 틱낫한은 희생자와
범법자를 구분하지 않는다. 영양실조에 걸린 아이와 강간당한
12살 아이의 고통을 동등하게 보는 것은 그들의 삶을 존중하고
무자비한 폭력에 맞서는 자비의 몸짓이다.

 틱낫한은 억압자들과 자신을 동일시하는 이유를 "만일 우리가
무기상이나 해적의 삶이나 사회적 조건하에서 태어났다면
무기상이나 해적이 될 수" 밖에 없었다고 말한다. 그리고 범법
자들이 존재하는 것도 수많은 상호 의존적 원인들이 연계되어
있고 거기에는 그들의 가족과 모든 사회가 연대 포함되어 있기
때문이다.76) 틱낫한은 피아간(彼我間)구별이 없고77)우리
모두는 개별적 자아로 구성된 독립적 실체가 아니라 모든 존재는
서로 기대어 있고 우주적 관계망 속에 있는 상호존재로 본다.
그는 우리 모두가 서로 함께 어울려 있는 존재라는 사실에 눈
뜨게 되면 우리 안에 모든 존재를 포괄하는 참자아를 깨달을
수 있다고 말한다.

 상호존재에 대한 틱낫한의 이해는 머튼에게서도 여실히 드러
난다. 그것은 고인이 된 머튼에게 보내는 틱낫한의 조사(弔
辭)에서 엿볼 수 있다. 거기서 머튼은 진정한 내적 평화가 없는

세속의 평화 운동가들과 달리 수도원에 머무는 명상가로서 진정한 내적 평화가 있는 평화 활동가로 묘사된다. 머튼의 삶은 자신의 종교적 신념과 무관하지 않았다. 왜냐하면 머튼은 틱낫한처럼 내적 근원이 상실되지 않은 종교가였기 때문이었다. 이것은 머튼의 아시아 여행 중 한 체험에서 예증된다. 그는 스리랑카 중북부에 있는 플로나루와의 석조불상 앞에서 상호존재를 마주한다.

> – 전략– 그 석상들을 바라보다가 갑자기, 거의 강제적으로, 사물을 보는 습관적이고 반쯤 굳어져 있는 시각에서 나는 벗어났다. 그리고 내적인 명료함과 투명함이 마치 바위에서 뛰쳐나오기라도 한 듯 분명해졌다. 누워 있는 석상의 오묘한 증언, 웃음 팔짱을 끼고 서 있는 아난다의 슬픈 미소(너무나도 단순하고 간결해서 다빈치의 모나리자 보다 훨씬 더 위엄 있는)이 모두가 말한다. 세상에는 수수께끼도 없고 문제될 것도 없고 그리고 신비할 것도 없다고. 무엇이 문제인지가 밝혀졌기에, 모든 문제가 해결되었고 모든 것이 분명하다. 바로 바위와 모든 물질과 모든 생명이 법신으로 충만하다. … 모두가 공(空)이요 모두가 자비이다. 과거 내 인생에서 지금처럼 단 한 번의 미적 조명(照明)으로 뒤섞여 흐르는 아름다움과 영적 가치를 느껴본 적이 있었던가 모르겠다. –후략–78)

로버트 H. 킹은 머튼의 이런 신비스런 체험이 그에게 일어난 유일하고 특별한 경험이 아니라 그동안 다른 종교들과의 만남 가운데 구체적으로 실현된 종교 경험의 발현이라고 말한다.79) 석조 불상 앞에서 만물의 공(空)함에 대한 머튼의 체험은 다른 아닌 삼라만상의 상호존재성에 대한 인식이었다. 그들의 종교적 인식에 대한 공통점 때문일까? 틱낫한은 머튼을 일컬어 "대화

할 수 있는 능력"을 지닌 사람으로 간주하고 머튼은 틱낫한을 향해 "그와 나는 모든 현상을 거의 똑같은 방식으로 보고 있 기에 그는 민족과 국적에 의해 나와 가까워진 많은 사람들보다 훨씬 더 가까운 형제"라고 말한다.[80] 결국 그들의 사상적 공통 점은 종교간 대화의 창구 역할로 이어진다. 이는 머튼이 행한 "희망의 작은 메시지"라는 제하(題下)의 강연에서 증명된다.

> 언제나 용감하게 사회의 변두리를 찾아 나가는 사람들이 있다. 사회에 용납되기를 기대하지 않고, 사회의 틀에 얽매이지 않고, 위험한 상황 에서도 자유로이 떠다니는 존재가 되기를 원하는 사람들이 있다. 그런 사람들 가운데 자신의 소명과 사명이 무엇인지 알고 하느님 이 자기에게 주신 말씀을 신뢰하는 이들이 있다면, 깊은 차원의 통교(通交)가 가능할 것이다. 그리고 통교의 가장 깊은 차원은 대화 (communication)가 아니라 친교(communion)다. 그것은 다른 말로 표현될 수 없다. 언어를 초월하고 개념을 초월한다. 우리가 발견하는 것은 새로운 하나 됨이 아니다. 우리는 오래된 하나 됨을 발견한다. 사랑하는 형제들, 우리는 이미 하나다. 그러나 우리는 그렇지 않다고 생각한다. 우리가 회복해야 하는 것은 본래부터 하나였던 하나 됨 이다. 우리가 되어야 하는 것은 본디 그대로의 우리다.[81]

머튼은 우리가 새로운 하나 됨이 아니라 오래된 하나, 즉 우리는 이미 혹은 원래 하나임을 역설한다. 이는 틱낫한이 설파한 우리는 파도이면서 다름 아닌 물이라는 비이원적 무분별지와 상통한다. 틱낫한에게 파도의 실체는 물이다. 파도는 물이 되기 위해서 죽을 필요가 없을 뿐만 아니라 파도는 물의 외부에 있지 않다. 파도는 이미 물이기 때문이다. 파도를 만지는 법을 알면 물을 만질 수 있다. 역사적 차원에서 이것과 저것이라는 개념에 사로잡히면 존재와 비존재, 시작과 끝, 태어남과 죽음 등 모든 사물을 이원론적으로 인식하는 역사적 차원에 갇히게 된다.

하지만 개념이 사라진 궁극적 차원으로 세상을 보면 존재와 비존재, 태어남과 죽음의 이원성이 극복되고 물과 파도는 둘이 아니라 물이 곧 파도요, 파도가 곧 물이 되는 불이론(advaita)을 인식하게 된다. 틱낫한은 삶과 죽음, 존재와 비존재의 이원론적인 개념과 감정의 소멸, 즉 개념의 완전한 침묵, 모든 존재의 근원을 다름 아닌 니르바나(涅槃)라고 말한다. 모든 파도의 본질이 물인 것처럼 니르바나는 우리 존재의 근원이다. 틱낫한은 무상과 무아, 각각 분리되어 있지 않은 니르바나를 상호존재라고 주장한다.82)

그러므로 머튼이 언급한 하나 됨은 틱낫한에게 물과 파도는 둘이 아니라는 불이론적 니르바나, 즉 상호존재를 가르치는 것이다. 이처럼, 틱낫한은 서양의 뛰어난 그리스도교의 영성지도자인 머튼을 통해서 혹은 머튼과 상통함으로써 상호존재를 이어나갔다. 상호존재에 대한 그들의 종교적 공명은 수도원에 갇혀 개인적 각성에만 몰두하는 '닫힌 영성'이 아니라 평화와 정의를 외치는 '참여영성'으로 나아가게 만들었다. 틱낫한의 참여영성은 상호존재에 근거하여 베트남 전쟁과 인간의 황폐화, 폭력, 불의라는 역사적 차원 속에서 배태된다. 이것은 결국 고통과 절망에 빠진 사람들을 치유하고 진정한 평화를 얻기 위한 참여불교(Engaged Buddhism)83)로 탄생한다.

틱낫한은 참여불교에 대한 신념이 확고하다. 그는 불교가 산속의 담장 너머로 나와서 세상으로 들어가야 하고 불교와 평화 중 하나를 선택해야 한다면, 평화를 선택해야 한다고 단언한다. 그는 세상의 아픔과 단절된 채, 산속에서 깨달음만 추구하는 것은 부르주아적 영성인 '깨달음 지상주의', '깨달음 만능주의'84)에 불과한 것으로 치부한다. 이것은 틱낫한의 실천적 종교사상과 정면으로 위배된다.

> 그 당시 베트남은 외세의 통치를 받고 있었습니다. … 나는 불교 학교를 떠났습니다 … 나는 마음이 맞는 친구들과 함께 명상을 하고 매 순간을 평화롭게 사는 실천을 할 수 있는 작은 공동체를 만들었습니다. … 우리는 참여불교의 창시를 도왔으며, 전쟁과 억압으로 인해 고통 받고 있는 사람들을 도왔습니다. 실천하지 않는 자비로운 말과 생각은 화려하지만 향기가 없는 꽃과 같습니다. 자비를 실천하는 것은 평화를 실천하는 것입니다. 자비를 실천하는 것은 우리를 변화시키고 나아가 세계 전체를 변화시키는 일입니다. 우리는 개인적으로, 더 나아가서는 우리가 맺은 관계 안에서 평화를 실천해야 합니다. 그리고 배우자와 아이들, 친구들, 이웃들과 함께 평화를 실천해야 합니다. … 유대교이건 이슬람교이건, 기독교이건 불교이건 상관없이 자신의 정신적 전통으로부터 그 지혜로움을 끌어낼 수 있습니다. … 평화가 지금 이곳에 … 평화는 바로 그대 곁에 있습니다.85)

상호존재에 근거한 자각은 화려하지만 향기 없는 꽃과 같은 말과 생각이 아니라 실천하는 자비이다. 자비는 언어와 관념 속에만 있는 명사로서의 자비가 아니라 동사로서의 자비이다. 전자가 닫힌 세계라면 후자는 열린 세계요, 전자가 움직이지 않고 행동이 없는 말이나 생각의 자비라면 후자는 행동과 실천이 약동하는 현실과 조응하는 에너지이다. 그래서 틱낫한은 매일의 삶, 즉 사람들을 만나는 방식, 소비하는 방식, 일하는 방식에서 사랑하는 마음, 깨어있는 마음으로 화해와 평화, 비폭력으로 살아갈 때 새로운 세기에 직면한 어려움을 극복할 수 있고 다음

세대에 희망을 가질 수 있는 진정한 평화가 이루어 질 수 있다고
강조한다.[86]

　요컨대, 틱낫한은 우리에게 육신의 조상과 가르침의 조상이
공존하고 있음을 깨닫는다. 그는 육신의 몸을 통해 자신이 만난
모든 사람들이 어머니의 탯줄처럼 서로 깊이 연결되어 있음을
직시한다. 그는 특히 어머니, 찬콩 스님, 토마스 머튼과의 진정한
만남으로 불교의 주요 사상인 연기와 공사상을 현대적 용어인
상호존재(Interbeing)로 재탄생시켜 자신의 종교사상의 핵심
으로 삼는다. 그럼으로써 상호존재 뿐만 아니라 정념 수행으로
자비와 사랑에 기초하여 삶에 참여하는 불교, 모든 이들의 고통을
덜어주는 실천적 사회운동을 펼쳐 나간다.

3. 상호존재와 불교적 근거

1) 틱낫한 종교사상의 두 기둥

　틱낫한은 스님 외에도 시인, 사회 활동가, 학자, 수행지도자,
그리고 평화운동가 등의 다양한 별칭을 지닌다. 그는 범인들
이 쉽게 접할 수 없는 모험적이고 다채로운 인생을 경험한다.
틱낫한의 이러한 삶의 원동력은 자신의 전 인생을 관통하는
종교사상의 한 기둥인 상호존재 때문이다. 앞서 살펴본 대로
상호존재는 불교의 연기론을 틱낫한이 현대적 형태로 새롭게
창안한 용어이다. 그는 자신이 직접 설립한 종파를 접현종(接
現宗), 혹은 상즉종(相卽宗, Order of Interbeing, Tiep Hien)

이라 할 만큼 상호존재는 그의 종교사상에서 빼놓을 수 없는 핵심사상이다.[87] 틱낫한의 상호존재는 석가모니가 득도 후 처음 설파한 사성제(四聖諦)가운데 하나인 고통의 문제에 천착하여 형성되었다. 그는 베트남 전쟁을 목도한 후 "고통은 모든 인류의 문제다. 그러므로 고통을 치유하는 방법도 모든 인류가 공유하는 언어로 설명해야 한다"[88]는 종교적 신념을 갖게 된다.

상호존재는 자신의 종교사상의 또 다른 기둥인 '정념'(mindfulness)[89]을 통해 이루어진다. 틱낫한은 상호존재, 즉 만물이 상호 연관되어 있음을 바라보는 방법은 정념수행을 통해서 가능하다고 본다. 정념은 상호존재와 더불어 틱낫한의 종교사상의 두 기둥 가운데 하나로서 붓다의 팔정도(八正道) 가운데 일곱 번째 길에 해당한다.

정념은 마음이 현재에 머물 수 있도록 붙잡아 주는 수행이다. 그것은 '기억하다'의 뜻인 산스크리트어 '스므르티'(smriti)에서 유래한 것으로 현재 순간으로 돌아왔음을 기억한다는 의미이다. 정념(正念)의 한자어 '념'(念)은 두 가지로 구성되어 있다. 윗부분은 지금(now)을 뜻하는 '금'(今), 아래 부분은 '마음'(mind, heart)을 뜻하는 '심'(心)으로 이루어져 있다. 요컨대, 영어로 'mindfulness', 즉 '깨어있는 마음'이라고도 번역되는 정념(正念)은 마음(心)이 현재(今)에 바르게(正) 머물 수 있도록 하는 수행을 일컫는다.[90] 틱낫한은 한 대담에서 '정념이 무엇인가?' 라는 질문에 대해 다음과 같이 일목요연하게 답변한다.

> 베트남에서 정념은 'chanh niem'으로 진정으로 순간에 있는 것을 의미한다. 내가 무언가를 먹을 때 먹고 있다는 것을 알고, 길을 걸을 때 내가 길을 걷고 있다는 것을 알고 있음이다. 정념의 반대말은 망각이다. 내가 먹고 있을 때 나의 마음이 딴 곳에 있으면 내가

먹고 있다는 사실을 알지 못한다. 지금 여기 일어나고 있는 것에 우리의 마음이 있으면 그것이 정념이다. 정념은 삶의 많은 부분에 즐거움과 기쁨을 가져다준다. 오렌지 하나를 먹는 단순한 행위에서도 만일 걱정과 분노와 절망에 사로잡혀 먹는 것 보다 정념으로 먹으면 수천 배 더 즐거울 수 있다.[91] 그래서 정념은 무엇이든지 바로 거기에 완전히 있을 수 있도록 도움을 주는 에너지이다.[92]

틱낫한은 주위의 소음까지도 정념의 대상으로 이용할 수 있다고 본다. 그는 숨을 들이쉬면서 많은 소음을 들을 수 있고 숨을 내 쉬면서 이 소음에 미소를 보내면 소음을 일으킨 사람들이 평화롭지 않음을 알고 그들에 대해 자비를 느낄 수 있다고 말한다. 정념으로 숨을 쉬는 수행을 하고 우리 주위의 고통을 정념의 대상으로 이용하면 이해와 자비의 에너지가 우리 속에 생긴다는 것이다.[93]

그러나 우리가 정념 없이 일상을 보내면 우리 주위에 수많은 독성을 지닌 것들 - 예를 들어 매일 TV에서 보는 것들과 잡지에서 읽는 것들 - 에게 분노와 절망의 먹이를 주는 꼴이 된다. 틱낫한은 우리가 이러한 독성의 소비를 중단할 수 있는 방법이 정념으로 사는 것이라며 숨쉬기 정념 수행을 제안한다.[94]

숨을 들이쉬면서, 나는 숨을 들이쉬고 있다는 것을 안다.
숨을 내쉬면서, 나는 숨을 내쉬고 있다는 것을 안다.
숨을 들이쉬면서, 나는 나의 숨 들이쉼이 더 깊어지고 있다는 것을 알아차린다.
숨을 내쉬면서, 나는 나의 숨 내쉼이 더 천천히 되었다는 것을 알아차린다.
숨을 들이쉬면서, 나는 고요해진다.

숨을 내쉬면서, 나는 편안함을 느낀다.

숨을 들이쉬면서, 나는 미소 짓는다.[95]

숨을 내쉬면서, 나는 해방된다.

숨을 들이쉬면서, 나는 지금 이 순간에 있다.

숨을 내쉬면서, 나는 경이로움을 느낀다.[96]

우리는 위와 같이 정념으로 살지 못하면 일상에서 몸은 이곳에 있고 마음은 저 곳-과거나 미래-에 있게 된다.[97] 틱낫한은 이러한 안타까운 모습에 대해 진정어린 조언을 한다: "일상에서 우리는 육체적으로 현존하지만 정신적으로는 현존하지 않는 일이 종종 있습니다. 우리의 정신은 현재에 있지 않고 과거 혹은 미래, 걱정 혹은 계획으로 바쁘게 움직입니다. 어떻게 우리가 몸과 마음을 다시 합일시킬 수 있을까요? 그것은 정말 단순합니다. 숨을 들이쉬면서 당신이 숨을 들이쉬고 있음을 안다면, 당신은 불과 몇 초도 되지 않아 정신과 육체의 조화를 이루게 됩니다."[98]

하지만 몸과 마음을 연결해 주는 다리와 같은 우리의 숨을 통해 정념으로 숨을 내어 쉬고 들이쉬면 우리의 몸은 마음으로 돌아가고 우리의 마음은 몸으로 돌아와 몸과 마음이 하나임을 깨닫고 우리는 지금 여기 완전히 살 수 있게 된다. 어려운 순간도 숨쉬기 정념 수행을 계속하면 고통이 사라진다. 틱낫한은 숨쉬기 정념 수행은 어렵지 않게 누구나 할 수 있는 것이라고 말한다.[99]

요컨대, 정념은 "주변에서 일어나고 있는 일과 나를 100% 함께 할 수 있게 해주는 힘으로 나를 매 순간 온전히 살아있게 해 주는 기적"이다.[100] 정념은 자신의 100%를 다해 현재에

머무는 능력으로 지금 여기 있는 것들을 인식하게 해주는 힘
으로 작용한다. 틱낫한은 지금 여기 있는 것은 다름 아닌 우리
자신이며 우리가 사랑하는 사람들이라고 여긴다. 하지만 우리가
지금 이 순간 이곳에 머물 수 없으면 우리 자신 뿐 아니라
우리의 고통마저도 깨닫지 못한다.101)

뿐만 아니라 틱낫한은 나를 전적으로 현재에 머무는 능력으로
사는 것은 '기적'이며 나아가 매 순간순간을 깨어 있는 마음으로
사는 것이 다름 아닌 '부활'이라며 정념의 중요성을 이렇게
피력한다.

> 우리 안에는 지금 이 순간에
> 뿌리를 내리지 못하도록 우리를 채근하는 에너지가 있습니다.
> 그것은 우리가 지금 이 순간과 만나는 것을 방해하는 에너지입니다.
> 하지만 삶은 지금 여기에서만 현존합니다.
> 우리가 지금 이 순간을 벗어난다면
> 우리는 삶을 깊이 체험할 수 없습니다.
> 현재를 놓쳐 자신의 삶을
> 진정으로 향유하지 못하는 사람들이 많습니다.
> 프랑스의 소설가 알베르 까뮈(Albert Camus)가 말했듯이,
> 그들은 죽은 사람과 그다지 다르지 않습니다.
> 깨어있는 마음으로 호흡하기, 깨어있는 마음으로 걷기,
> 깨어있는 마음으로 미소 짓기와 같은 수행을 통해
> 우리는 마음을 몸 안으로 다시 가져올 수 있고
> 매 순간순간 진정으로 살 수 있습니다.
> 이런 명상 방법을 '부활 수행'이라고 부릅니다.102)

틱낫한은 자신의 100%를 다해 현재에 머무는 능력으로 살면
그 순간이 곧 행복이라고 말한다. 왜냐하면 행복은 과거나 미래가

아닌 지금 이 순간에만 가능하다고 보기 때문이다: "우리는 행복이 미래에만 가능하다고 생각합니다. 이것은 우리가 가장 자주 범하는 잘못된 생각 중 하나입니다. 우리는 종종 이런 생각을 합니다. '이럴 수가! 나를 행복하게 해 줄 것이 충분하지 않아. 내가 행복해 지기 위해서는 더 많은 것들이 필요해.' 그래서 우리는 미래를 위해 현재를 희생합니다. 하지만 우리가 현재에 완전히 현존하고 몰두한다면, 행복하게 존재하기 위한 충분한 조건 그 이상을 갖추고 있음을 알 것입니다. ...."103)

그러나 틱낫한은 우리가 지금 현재의 알아차림인 정념으로 살지 않으면 행복은 요원할 뿐만 아니라 사랑하는 사람을 살인 하는 것과 마찬가지라고 말한다. 같은 자동차 안에서 옆 자리에 동석한 아내의 모든 것을 안다고 여기고 당신의 생각에 빠져 있으면 아내는 서서히 죽어간다. 하지만 정념을 통해 아내가 여기 내 옆에 있다는 사실을 알아차리면 그것은 시들어가는 꽃에 물을 주는 것이다. 그는 정념으로 새롭고 아름다움 깃- 아내의 기쁨, 재능, 가장 깊은 곳의 열망-을 발견하게 되고 정념이 없이는 아내를 사랑한다고 볼 수 없다고 역설한다.104)

그리고 틱낫한에게 정념은 행위가 결여된 고요한 명상이 아니라 참여하는 것이다: "베트남에 있을 때 수많은 마을이 포격 당했다. 나는 수도원의 동료들과 무엇을 할지를 결정해야 했다. 수도원 에서 수행을 계속해야만 할까? 아니면 수도원을 떠나 폭탄으로 고통 받고 있는 사람들을 도와야만 할까? 주의 깊게 생각한 후 우리는 둘 다 하기로 결심했다. 나가서 정념 수행으로 사람 들을 돕는 것이었다."105) 그는 정념을 단지 자리에 앉아서 수행 하는 것에 한정하지 않는다. 수도승들의 수행은 옷을 입고,

설거지를 하고, 걷고, 서고, 허리를 구부리고, 몸을 펼치고, 물을 나르고, 나무를 베는 등의 움직임을 통해서 이루어진다. 그들은 전쟁 가운데 사방으로 떨어지는 폭탄의 위력을 보면서 명상 센터에만 앉아 있을 수 없었고 난민과 고아와 부상자들을 도우면서 수행을 한다. 이것이 1960-70년대 베트남 전쟁 기간 중 수도승들이 행한 참여불교(Engaged Buddhism)이다.106)

틱낫한에게 정념은 반드시 참여가 동반되어야하며 보고 행동하지 않는다면 보는 것은 아무런 소용이 없는 것이다.107) 틱낫한은 붓다의 핵심 가르침이 도그마 혹은 절대적인 진리의 숭배가 아니라 실천이기에 정념을 통한 참여와 실천의 중요성을 역설한다. 정념을 통해 지금 현재 완전히 그곳에 있으면 자와 타의 구별이 사라지는 상호존재를 깨닫게 되고 그것은 결국 타인의 고통을 치료하는 기적 같은 치료제가 된다. 왜냐하면 상호존재를 깨달은 사람들은 한 개인이란 존재하지 않고 개인은 수많은 비개인적인 요소로 만들어져 있다는 사실을 알기 때문이다. 그것이 바른 견해이다. 정념을 통해 존재(being)가 아닌 상호존재(interbeing)의 관점으로 세상을 바라보면 자와 타, 긍정과 부정, 친구와 원수는 사라지고 모든 이들이 불성을 지닌 한 형제요, 자매이며 그들이 다름 아닌 '나'라는 사실을 자각하게 된다.

틱낫한은 자신이 쓴 시 「권유」에서 불이(不二)를 각성하면 증오를 물리치고 비폭력적으로 죽을 수 있다고 할 만큼 정념을 통한 상호존재의 깨달음을 강조한다.

나와 약속해 달라.

오늘 나와 약속해 달라.
태양이 바로 머리 위에 떠 있는 동안.
비록 그들이 산 같은 증오와 폭력으로
그대를 내리칠지라도
기억하라, 형제여
우리의 적은 인간이 아님을.
단지 그대의 연민
그대의 증오
물리칠 수도 없고 끝도 없는.
증오는 결코 그대로 하여금
인간 속에 있는 그 야수를 깨닫게 할 수 없다.
그리고 어느 날 그 야수를 깨닫게 할 수 없다.
그 야수와 홀로 마주 볼 때
그대의 자비로운 눈
그대의 미소로부터
한 송이 꽃이 피어날 것이다.
그리고 그대를 사랑하는 이들은 탄생과 죽음의 일만 세계를 뛰어넘은
그대를 바라보게 될 것이다.
－후략－108)

　정념을 통한 상호존재는 만물의 불이(不二)를 깨닫게 한다.
그것은 우리가 인드라 망처럼 온 생명이 엄마의 탯줄과 같이
연결되어 있어 그 누구도 홀로 존재하지 못하고 서로 깊은
관계를 맺고 의존한다는 사실에 대한 각성이다. 그렇다면 상호
존재는 어떤 불교적 근거에서 나오게 되었을까? 틱낫한의 상호
존재는 불교의 핵심 개념인 연기(緣起), 무(無), 공(空)과 상통
하는 용어이다. 상호존재는 틱낫한에게 우주의 상호연관성을

묘사하기 위한 새로운 용어이다. 그는 우리가 우주의 본질을 깊이 들여다보면 만물이 심오하게 상호 의존되어 있음을 알 수 있다고 본다. 상호존재는 전통 불교에서 연기(dependent co-arising)로 불리었다.

연기는 불교 가르침의 핵심으로 모든 현상의 상호의존적 본질이다. 이것은 우주의 모든 것은 계속해서 유동하고 변하는 상태여서 독립된 자아가 없이 비어 있다는 것을 의미한다. 그러므로 상호존재는 곧, 무아이며 공이다. 틱낫한은 이 가르침이 이론적이거나 추상적으로 들린다면 창문을 열고 밖을 보면서 숨을 쉬고 현재의 순간으로 전 존재를 맡겨보라고 권면한다. 그는 연기와 공, 그리고 무아인 상호존재에 대한 깨달음은 우리 자신이 연속의 일부이자, 자연 존재의 일부임을 경험할 수 있게 해주는 것으로 이러한 경험이 다름 아닌 지혜라고 주장한다. 그러나 지혜는 과거와 미래, 저 너머에 있지 않고 지금 여기, 일상의 경험에 정초해 있다.109)

지금까지 틱낫한의 종교 사상의 두 핵심인 상호존재와 정념에 대해서 살펴보았다. 상호존재는 존재와 자아라는 관념에서 벗어나 만물 일체의 자성이 없다는 것에 대한 자각이다. 또한 상호존재는 우리 모두는 다른 생명체와 연결되어 있기 때문에 '나는 존재한다'가 아닌 '나는 연기적으로 존재한다'는 말의 의미이다. 이러한 상호존재에 대한 각성은 정념 수행을 통해 에너지를 얻게 된다. 다음 절에서는 상호존재가 나오게 된 불교적 근거인 석가모니의 깨달음과 연기(緣起), 무(無), 공(空)에 대해 살펴 볼 것이다.

2) 싯다르타의 깨달음

기원전 600년에서 기원전 400년경, 쿠루-판찰라에 정착해 있던 인도-아리아인들은 점차 동쪽으로 이주하여 갠지스강 상류에 정착했다. 당시 이곳은 비옥한 토지에서 발생하는 잉여 물질로 무역이 성행하고 상인계급이 부상하여 정치적, 경제적, 사회적 변동이 일어났다.110) 이에 따라 종교 사상계도 변화가 시작되었다. 그 무렵 종교계는 전통 베다를 신봉하는 브라만 계급과 베다의 절대 권위를 인정하지 않는 새로운 사상가인 사문(沙門, samana 또는 sramana)111)으로 양분 되었다. 전자는 브라만의 종교적 제식을 주관하고 세습을 통한 혈통의 순수성을 중시한 반면 후자는 브라만교에 대항하는 혁신적인 사상가들이었다. 사문은 갠지스 강의 신흥 도시민과 국왕과 거사들의 지지와 후원을 받으면서 세력을 키웠는데,112) 그 가운데 한 사람이 싯다르타였다.

싯다르타는 기원전 566년 현재 네팔의 카필라바스투 근처의 룸비니 동산에서 석가족(Sakya, 釋迦)의 고타마(Gotama) 가문인 왕족의 아들로 태어났다.113) 그는 왕자로 살면서 16세 또는 19세에 석가족인 야소다라(뜻: 명예yaso를 지닌dhara 여인) 공주와 결혼하여 아들 라훌라를 낳지만 삶에 만족하지 못하고 출가를 결심한다.

> 내가 출가한 것은 늙음이 없고, 죽음이 없고, 근심·걱정·번뇌가 없고, 지저분함이 없는 가장 안온한 행복의 삶(涅槃)을 얻기 위해서이다.(『中阿含經』 卷 66, 「羅摩經」)

이 세상에 만약 늙고 병들고 죽는 이 세 가지가 없다면, 여래(如來)는 세상에 출현하지 않았을 것이다.(『雜阿含經』 卷 14, 「346經」)114)

싯다르타는 노·병·사의 괴로움과 번뇌를 해결하기 위해 29 세에 출가한다. 그는 보편적인 늙음, 병듦, 죽음의 모습과 귀족의 화려한 장례행렬과 일반 대중의 버려진 시체를 보면서 부자와 빈자의 차이, 사성계급, 사회의 불평등한 의식에서 발생하는 현실의 엄청난 차별에 형이상적인 충격을 받는다.115) 이것은 싯다르타의 출가에 대한 내적 동기를 밝힌 사문유관 (四門遊觀)116)에 나타난다.

이후 그는 출가 수행자가 되어 6년간 구도의 삶을 이어간다. 혁신적인 종교와 사상이 성행하던 수도 라자그리하에서 수정주의(修定主義)와 고행주의(苦行主義)117)를 수행한다. 우선 그는 당시 유행하던 명상법인 수정주의를 알라라 칼라마 (Alara Kalama, 阿羅羅迦蘭摩)와 웃다카 라마푸트라(Uddaka Ramaputta, 鬱頭羅監子)에게 가르침을 받는다. 그는 알라라 칼라마에게 다음과 같은 가르침을 받는다.118)

고오타마여! 수행하고자 하는 … 출가 … 의식에 따라 걸식하고, … 계행을 지키며 … 분수에 맞는 완구를 마련하고, 고요한 곳에 홀로 거닐거나 앉습니다. … 탐진치의 허물을 보고 멀리 떠나며, 모든 욕망의 쾌락을 싫어하고, 모든 근을 조복하여 선정에 듭니다. … 초선 재선 삼선 사선 무소유처정을 증득합니다. 『불본행집경』

싯다르타는 알라라 선인의 지도를 받고 열심히 정진하여 최고의 경지인 무소유처정(無所有處定)에 도달하지만 무소유처정이 존재의 실상을 밝히는 궁극의 경지가 되지 못한다고 비판한다.

> 그 행은 정할 수 없으면 형상을 다할 수 없습니다. 그러나 무상사,
> 선정주가 세운바이니 대범천이 이것입니다. 『불본행집경』

알라라 선인은 이에 대해 궁극의 세계는 대범천에 의해 건
립된다며 함께 지도자로 지내자는 제안을 한다. 하지만 싯다
르타는 알라라의 제안을 거절하고 웃다카 선인을 찾아 다음의
가르침을 받는다.

> 고오타마여! 무릇 상과 상 아님을 취한다면 그것은 큰 근심이요. …
> 크게 어리석고 어두움이니, … 만약 미세하게 생각하면 곧 미세한
> 체를 받으며, … 그 과로서 비상비비상처에 이르는데, … 나는 가장
> 뛰어난 묘한 법을 행한다오. 『불본행집경』

싯다르타는 웃다카의 지도를 받고 비상비비상처(非想非非
想處)를 체험한다. 하지만 이것이 궁극의 경지가 아니며 여전히
답답한 삶의 문제를 해결하지 못한다고 비판한다. 그러자
웃다카 선인은 비상비비상처정(非想非非想處定)이 궁극의 경지
라며 함께 지도자로 지낼 것을 제안한다. 하지만 싯다르타는
웃다카의 제안도 거절한다. 싯다르타는 무소유처정과 비상비
비상처정이라는 두 번의 종교적 체험을 통해 어느 정도 마음의
평화와 희열을 누린다. 하지만 둘 다 궁극의 경지가 아니라고
판단하여 마침내 우루벨라 네란자라 강변에 자리를 잡고 고행을
시작한다.119)

그러나 육체적인 고행을 감당할 수 없었던120)그는 극도의
고행으로는 깨달음에 이룰 수 없다고 생각한다. 그래서 중도

(中道)를 택하기로 결심하고 수자타라는 여인에게서 우유죽을 공양 받고 기운을 차린다. 이후 싯다르타는 보리수 아래에 좌정하여 도를 깨닫지 못하면 자리에서 결코 일어나지 않겠다는 각오로 마지막 구도를 행한다. 구도 도중 마군(魔軍)의 유혹을 극복하고 드디어 2월28일 새벽 금성이 반짝일 무렵 깨달음을 얻어 붓다(Buddha)가 된다.121)

3) 상호존재의 다른 이름

붓다가 보리수 아래에서 얻은 깨달음의 내용은 연기사상이다. 붓다가 얻은 깨달음인 연기(緣起, 범어 pratitya-samutpada, 팔리어 paticca-samuppada, dependent co-arising)122)는 문자로 그대로 무엇을 연하여(pratitya) 함께(sam) 일어난다 (utpada)는 뜻이다. 모든 사물이 어떤 조건과 원인에 의하여 결과가 생겨나고 그 결과는 다시 다른 것의 원인이 되어 다른 결과를 낳은 것으로 어느 것도 홀로 생성되지 않는다는 것을 의미한다.

즉, 연기는 인연(因緣)에 의해 일어나는 것으로 인(因)은 결과를 만드는 직접적인 원인이고 연(緣)은 인(因)으로 말미암아 얻을 간접적인 힘으로써의 원리이다. 연기란 여러 조건에 의해 현상이 일어나는 원리로 이것에 인연이 되는 것과 서로 의지하는 성질, 즉 현상의 상호 의존 관계를 가리킨다.123) 잡아함경(雜阿含經) 권 12, 15에서는 연기를 각각 다음과 같이 설명한다.

나는 그대들에게 인연법을 말하겠다.
무엇을 인연법이라는 하는가?
그것은 곧 이것이 있기 때문에 저것이 있다는 것을 말하는 것이다.

이것이 있기 때문에 저것이 있고,(此有故彼有)
이것이 일어나기 때문에 저것이 일어난다.(此起故彼起)[124]

연기는 모든 현상이 선행하는 조건에 의해 일어난다는 개념으로 "이것이 있으므로 저것이 있고, 이것이 없으므로 저것이 없다. 이것이 생겨서 저것이 생기고 이것이 멸해서 저것이 멸한다." 그래서 무엇에 연하여 생성한다는 것은 사물이 독립적으로 존재하지 않고 서로 의존하여 성립하고 상주불변하는 것이 아니라 서로 원인이 되고 결과가 되는 연관성 가운데 성립된다는 것을 의미한다. 따라서 존재하는 모든 현상은 조건적 원인과 결과를 뜻하는 인과관계 가운데 성립하므로 모든 것은 인과적으로 상호 관련되어 있다. 그러므로 존재하는 어떤 것도 분리되어 독립적으로 존재하지 않고 상호 연결된 인과적인 관계적 그물로 존재한다.[125]

가지야마 유이치(梶山雄一, 1925-2004)는 연기를 철저한 상호의존관계로 이해한다. 그는 "원인이나 결과 상대적인 관계에 있는 두 사물 각각을 자립적 불변불멸의 실체로 생각했을 때는 인과관계나 상대관계는 결코 성립하지 않"고 또한 "원인이 결과와 독립적으로 원인일 수 없으며 또 원인을 실체로 본다면 원인이 결과로 변화할 수" 없는 것으로 간주한다.[126]

초기경전의 율장이나 불전문학에서도 붓다의 깨달음을 '연기의 자각'으로 그 의의를 요약한다. 도올 김용옥은 고타마가 깨달은 것의 전부는 연기라는 두 음절로 집약할 수 있다고 말한다. 그는 팔리장경 『중니까야』(中尼柯耶)제 28「상적유대경」(象跡喩大經)을 인용하여 "연기를 보는 자는 곧 법을 보는 것이요, 법을 보는 자는 곧 연기를 보는 것이다. 연기를 보는 자는 법을 본다, 법을 보는 자는 곧 나 부처를 본다"[127] 고 역설한다.

연기는 불교의 핵심사상 가운데 하나이다. 붓다가 완전한 깨달음에 이른 무상정등정각(無上正等正覺, 아뇩다라삼먁삼보리)[128]은 논리적 추론 과정에서 나온 연기설이다. 나가르주나(龍樹, Nāgārjuna, 150-250)는 중관학파의 경전인 중론 송의 서두에서 연기의 교설을 가르친 석존의 위대성을 "완전한 붓다 내가 경배하는 모든 교사들 가운데 가장 뛰어난 분, 그는 모든 것이 상대적이라는 원리를 선언하셨네"[129]라며 숭앙한다.

붓다가 연기설에 이르게 된 배경은 당시의 종교적 환경과 밀접하게 관련된다. 붓다 당시 인도의 종교계는 두 계통이 양립했다. 하나는 정통종교인 브라만 계통과 다른 하나는 '육사외도'로 불리는 신흥사상가들인 사문계통이다. 소운은 붓다가 연기설에 다다른 사상적 배경을 이와 같이 언급한다.

> 브라만 계통에서는 우주와 인간의 존재를 전변설(轉變說)로 설명한다. 이는 베다와 우파니샤드에 의거해 우주의 근본 원리인 브라만 자체가 질료인도 되고 동력인도 되어 현상계가 생성했다고 주장한 것이다. 또한 근본 원리인 브라만은 인간 개개인에 내재되어 있는 아트만과 동일한 것으로 인간도 결국 브라만의 일부에 지나지 않는다고 본다. 반면에 근본원리인 브라만의 존재를 인정하지 않는 사문계통에서는 브라만교의 전변설을 부정한다. 이들은 우주와 인간의

생성을 적취설(積聚說)또는 직접설(集積說)로 설명하는데, 이는 유일의 원리에서 다양한 현상인 세계가 성립된 것이 아니라, 독립된 많은 원리와 요소들이 결합하여 이 세계가 구성되었다는 주장이다. 따라서 이들 사문 계통은 유물론적 사고가 강하고 업과 인과응보, 윤회사상을 부정하는 경향을 띤다.130)

브라만교 계통에서는 정신을 중요시한다. 그러므로 선정을 통해 아트만과 브라만이 일치되는 범아일여로 해탈을 얻는다고 주장한다. 이에 반해 사문 계통에서는 육체를 중요시한다. 그들은 육체적 감각을 제어하고 육체를 고통스럽게 해야지 정신이 속박에서 벗어 날 수 있는 고행으로 해탈을 얻을 수 있다고 본다. 붓다는 사실상 그 당시 유행하던 두 사상 체계 모두를 수용한다. 그래서 처음에는 전변설에 기초한 수정주의를, 나중에는 집적설에 기초한 고행주의를 행한 것이다. 하지만 그는 결국 구경의 경지에 다다르지 못하고 보리수 아래서의 명상을 통해 "우주와 자아는 모든 존재가 상호 의존하는 관계에 의해 생성하고 소멸하는 과정일 뿐이라는 연기의 법칙을 발견"한다.131)

요컨대, 불교의 세계관은 모든 사물이 공존하고 서로 관계하며 상호 의존하는 사상이다. "이는 나와 타자, 지구, 자연, 우주에 이르기까지 생물과 무생물을 포함하는 모든 것의 상호 의존적 관계로, 연기설은 고정된 실체적 자아를 부정하고 '나'를 통해 '나'의 타자에의 의존적 실상을 부각"한다. 그것은 이 세상의 모든 사물이 어떤 예외도 없이 모두가 다른 무엇, 즉 상호 의존과 상호 연관 관계에서 생성하고 존재할 뿐 독자적인 자존적 실체가 없다는 연기론인 우주의 보편적인 법칙임을 강조한다.132)

붓다가 불교의 핵심 세계관인 연기에 다다른 사상적 배경은 독립적 실체로서의 '나'란 존재하지 않는다는 '무아'(無我, anatman)133)에 근거한다. 그는 깨달음을 얻은 후 최초로 다섯 수도승들에게 사제(四諦) 팔정도(八正道)를 가르친다. 이때, 콘단냐는 깨침을 얻어 아라한이 되었고 붓다는 나머지 네 명을 깨우치기 위해 '무아'의 가르침을 설파한다. 당시 브라만교에서는 영원히 변치 않는 실체로서의 '나'가 궁극 실재인 브라흐만과 동일하다는 범아일여를 가르쳤다. 그 내용은 이와 같다.134)

> 브라만이 객관적 중성적 원리임에 비해서 아트만은 물론 주체적 인격적 원리이다. 아트만은 원래 '숨쉼'을 의미하는 말이었지만 변해서 '생기(生氣)' '신체'에서 다시 '자신'을 의미하게 되었고 드디어 철학적 개념으로 '생명의 원리' '자아' '영혼'이 되어 '본체' 또는 '만물에 내재하는 영묘한 힘'을 의미하는 술어가 되었다. 이리하여 아트만과 함께 세계창조가 이루어짐과 동시에 아트만을 인식해야 한다고 강조하게 되었다. 이렇게 아트만을 절대시함과 동시에 아트만은 브라만과 동일시하게 되었다. 이것이 범아일여(梵我一如)의 사상이다.135)

우파니샤드의 철학사상은 형상 세계의 현상의 근저에 최고 원리로서 유일자가 존재한다는 전변설(轉變說)에 기초한다. 그것은 하나(一)가 전변하여 많은 것(多)이 되고 그 하나가 많은 것 속에 들어가 본질이 되었다는 입장으로 원인(一)속에 결과(多)가 이미 존재하고 있다는 뜻에서 인중유과론(因中有果論)이다. 이것은 현대 철학적 용어로는 일원적 범신론이라고도 한다. 그러나 붓다는 보편적 영혼이나 궁극적 실재를 가르치는 브라만은 아트만이라는 피조물의 개별 영혼에 깃들어 있는 보편적 영혼이라는 범아일여를 부정한다. 대신 실체로서의 나는 존재하지 않는다는 무아(無我) 혹은 그런 것은 진정한 '나'가 아니라는 비아(非我)를 설파한다.136) 오강남은 붓다가 무아를 가르친 이유를 윤리적 요청과 이론적 귀결로 상정하여 다음과 같이 설명한다.

> 첫째 윤리적 요청이란 무엇인가? 부처님은 일상적인 나를 영구불변하는 실체로 보고 떠받드는 것이 집착, 증오, 교만, 이기주의 등 모든 윤리적 문제의 근원이라고 보았다. '나'라는 생각, 나를 떠받들려고 애쓰는 것이 결국 괴로움으로 이끄는 근본 원인이다. … 이것은 내 것이 아니다 이것은 내가 아니다 이것은 나의 것이 아니다. 그리하여 나에 대한 염증을 느껴야 거기서 물러설 수 있고, 물러서야 참으로 자유로울 수 있느니라고 했다. … 무아는 윤리적 출발점이자 귀결점이라고 할 수 있다. … 지금의 자기, 지금의 자기 목숨에 대한 집착에서 벗어나야 참 자유를 얻을 수 있다. … 둘째 논리적 귀결로서의 무아란 무엇인가? 영원불변의 실체로서의 나는 불교에서 가르치는 다음의 두 가지 기본원리로 보아 있을 수 없다는 뜻이다. 그 기본원리 중 첫째가 오온(五蘊)이다. 우리가 생각하는 자아란 결국 물리적 요소(色,rupa), 느낌을 가능하게 감수작용 (受, vedana), 물리적 지적 대상을 알아보는 인지 작용 (想,samjna), 정신적 상태나 성향을 꼴 지우는 정신작용, 사물을 판단하는 식별작용(識,vijnana)이라고 하는 색·수·상·행·식(色受想行識) 다섯 가지 존재 요소들의 일시적 가합(假合)일뿐, 그 자체로는 독립된 실체가 없다는 것이다.137)

무아는 윤리적으로도 논리적으로도 타당하다. 하지만 중생은 고(苦)와 집(集)에 집착하기 때문에 진정한 깨달음에 도달하지 못한다. 틱낫한은 이에 대해 금강경을 해설하면서 무아의 자각이 다름 아닌 보살의 삶이지만 아상(我相), 인상(人相),

중생상(衆生相), 수자상(壽者相)에 집착하면 진정한 보살이 아니라고 말한다. 그러면서 다음과 같이 무아에 대한 각성을 촉구한다.

> 아상(我相)은 자아에 대한 개념으로 영원하고 불변하는 실체를 말합니다. 불교에서 영원한 것은 없습니다. 우리가 흔히 아라고 일컫는 것은 모두 무아(無我)의 요소로 이루어져 있기 때문에 사실상 자아라고 불릴만한 실체는 없는 것입니다. '자아'라는 개념은 '자아가 아닌 것'이라는 개념을 가질 때 생겨납니다. … 인상은 인간에 대한 개념입니다. 아상이 무아의 요소들로 이루어진 것과 마찬가지로, 인상은 태양이나 구름, 밀가루, 공간 등과 같은 인간이 아닌 요소들로 이루어져 있습니다. 이러한 요소들 덕분에 우리가 인간이라고 부르는 어떤 것이 존재합니다. 만일 '우리가 우주는 인류를 만들었고, 동물이나 식물, 달과 별 등은 인류를 위해서 존재한다'라고 말한다면 이는 인상이라는 개념에 집착하는 것입니다. 이러한 개념에 갇히면 자아와 무아를 구별하고, 인간과 인간이 아닌 것을 구분하게 되는데 이는 큰 잘못입니다. … 중생상은 생물에 대한 개념으로, 생물과 무생물을 분리하는 순간 생겨납니다. … 무생물이 있기에 생물이 존재할 수 있습니다. 만일 무생물을 없앤다면 생물 또한 사라질 것입니다. … '나는 살아 있는 중생과 살아 있지 않는 중생 모두를 해탈케 하기 위해 온 마음으로 수행할 것을 맹세합니다.' … 이렇게 행함으로써 생물과 무생물 사이에 차이가 없음을 깨달을 수 있습니다. … 우리는 흔히 수명(壽命)을, 태어나는 순간 시작되어 죽을 때 끝이 나는 일정한 길이의 개념으로 생각합니다. … 태어나는 순간부터 삶이 시작되고 죽는 순간 그것이 끝난다는 생각은 잘못된 견해입니다. 이는 수명에 대한 수자상에 집착하는 것입니다. 반야바라밀의 지혜에 따르면 삶과 죽음은 하나입니다. 우리는 매 순간 태어나고 매 순간 죽습니다. 하나의 수명 속에는 무수히 많은 삶과 죽음이 있습니다. ….138)

틱낫한은 붓다의 말씀을 빌려 아상, 인상, 중생상, 수자상에 대한 올바른 지각(知覺)이 결여된 잘못된 인식이 중생의 고통의 원인이고 이것으로부터 자유로운 사람이 보살이라고 설명한다. 틱낫한은 타일이나 시멘트로 지어진 화장실조차 생명이 없는 것이 아니라 생명을 지닌 경이로운 존재이기 때문에 소변을 보는 일 또한 우주에게 보내는 경이롭고 놀라운 선물로 여긴다.139)

이러한 종교적 신념은 불교적 깨달음에 근거한 관계적 사유체계, 즉 연기에 기초한 무아의 자각에 대한 결과이다. 그래서 틱낫한은 무아(non-self)를 어떤 것도 세상에 독립적으로 홀로 존재할 수 없고 모든 것은 다른 모든 것과 함께 구성되어 존재하기 때문에 상호존재(Interbeing)이고 무아는 모든 것이 다른 모든 것을 포함하고 있기 때문에 상호침투(interpenetration)이며, 무아는 모든 것이 다른 모든 것에 의존하여 존재하기 때문에 상호의존(interdependence)으로 규정한다: "사람이든 물건이든, 그 자체로 독립적으로 생겨나 지속되는 것은 없다. 이것은 저것에 의존하며, 하나의 것은 일어나고 지속되기 위해 또 다른 것에 의존해야 한다. 이를 '연기성'이라 하며, 다른 말로 '어울려 있음Interbeing' 또는 '무아'라고도 한다. '무아'(無我)는 '독립적으로 존재하는 영원한 실체는 없다'는 뜻이다."140) 결국 현상세계에서 영원한 자성을 가진 영원한 나(permanent identity)는 존재하지 않는 빈 상태라는 뜻에서 무아는 공(空)인 것이다.141)

이와 같이 틱낫한의 연기와 무에 대한 술어인 상호존재의 가르침을 다른 이름으로 바꾸면 공(空)이 된다. 공은 나가르주나가 붓다 사후 600여년 후 불교의 무, 니르바나, 무아에 해당하는 연기론을 대승불교의 맥락에서 재해석하여 발전시킨 것이다. 김용표는 나가르주나의 공 사상을 세 가지 차원으로 진술한다.142)

첫째, 존재론적인 측면에서 공은 실체가 없는 연기이며 무자성을 의미한다. 원인 조건에 따라 생겨난 모든 현상들은 인연에 따라 변화하고 사라지는 연기적인 것들이다. 우리가 눈으로 보는 모든 형상들은 실체와 존재가 없는 가유(假有)이며 단지 조건적 과정이기에 존재론적으로 공하다.143) 연기론에 기초한 이러한 공의 의미를 공의(空義, sunyatartha)라 한다. 둘째, 인식론적인 차원에서 공은 우리가 인식하고 얻을 수 있는 진리를 가리키지 않는다. 왜냐하면 인식의 주체도 객체도 전적으로 공하기 때문이다. 우리가 인식하고 소유해야 할 공은 없다. 이를 일러 무소득공(無所得空) 또는 불가득공(不可得空)이라 한다. 그 때문에 공이라고 하는 것 그것도 공하다. 연기론적 사고에 따르면 공은 고정된 실체의 존재의 개념을 부정한다.144) 공의 이러한 중도의 특성을 공성(空性, sunyata)이라고 한다. 셋째, 하나의 종교인 불교의 실천적 관점에서 공은 고통과 무명의 언어의 실체적 사용을 적멸시키는 훈련방법이다. 이러한 공의 인식을 통하여 사람은 형상을 형상으로 인식하지 않음으로 여래를 볼 수 있고, 그 어디에도 머무름이 없는 마음으로 걸림이 없이 살아간다. 결과적으로 공의 인식을 통하여 인식의 주객도식이 사라진 나와 너의 하나이다(自他不二). 즉 연기법문의 공의 의미를 인식한 사람은 대승불교의 보살이거든 보살도의 무한한 자비를 실천하며 살아간다(同體慈悲, 혹은 無緣慈悲).

공(空, sunyata)은 어원적으로도 산스크리트어의 '슌야'(sunya)로 '증가한다'(to swell), '확장한다'(to expand)는 의미의 어원 '슈비'(sbi)에서 비롯된 단어이다. 이것은 존재론적으로 없다는 것을 의미하는 무(無)가 아니라 모든 상이 상호 연계된 상태

에서 끊임없이 운동, 변화하는 존재의 성격을 가리킨다.[145]

요컨대, 공은 독립된 개체가 분리되어 자존적으로 존재하지 않고 만물이 관계성의 그물을 이루며 언제나 끊이지 않고 유전, 생성한다는 뜻이다. 그러므로 연기의 다른 얼굴은 곧 공이다. 레너드 스위들러(Leonard Swidler, 1929-)에 의하면, 나가르주나는 "연기하지 않고 발생한 것은 아무것도 없기 때문에 공이 아닌 사물은 아무 것도 없다"고 본다. 나가르주나는 어떤 자존적인 실체를 분명히 거부하고 시공의 어떤 순간에 존재하는 모든 것은 조건 관계로 이루어져 있고 의존적으로 함께 일어나는 것으로 파악한다. 그리고 의존적으로 일어나는 것을 공이라고 부르고 공은 단순히 아무것도 없다는 것을 의미하는 것이 아니라 모든 실재의 궁극적 원천이라는 매우 적극적인 의미를 띄고 있는 것으로 이해한다.[146]

가지야마 유이치도 공성을 연기라고 한 것을 대단히 중요한 선언으로 본다. 그러면서 연기하지 않고 발생한 것은 아무것도 없기 때문에 공이 아닌 사물은 아무 것도 없다고 말한다. 그는 모든 관계는 사물에 실체나 본질이 없을 때, 즉 모든 것이 공이기 때문에 성립하는 것으로 이해한다. 가지야마에 따르면, 세간의 모든 언어나 관행은 공에서만 있을 수 있다. 이때, 모든 것에 실체나 본질이 없다고 하는 것이 공성이다. 그는 공의 의미와 작용에 대해 전자인 공은 사물이 실체를 갖지 않고, 원인 조건에 의존하여 생성 하는 것, 곧 연기한 것이라는 사실로 파악하고 후자인 공의 작용은 사물의 공성이 모든 세간의 언어나 관행을 실체로서가 아니라 임시적인 현상으로서 성립시킨다는 것으로 공의 효용(空用)이라고도 한다. 가지야마는 공의 작용에서는 "세간의 언어 관행을 실체로서 긍정하는 것도 아니고 임시적 존재 현상으로서 부정하는 것도" 아니기 때문에 "공의 입장은 중도라고 할 수 있다"고 말한다.147) 스트렝(Frederick J. Streng, 1933–1993) 역시 "연기를 우리는 모두 공이라고 말한다"148)며 연기를 공의 다른 이름으로 표현한다.

전술한 바와 같이 연기와 공은 이름만 다를 뿐 같은 의미를 함의한 개념이다. 길희성은 연기의 다른 이름인 공에 대해 매우 중요한 의미를 부여하며 불교를 바르게 이해하느냐 못 하느냐의 준거점이 공(空)사상이라고 말한다. 그는 "공을 알면 불교를 다 이해했다 해도 과언이 아니며 공을 모르면 불교를 전혀 모른다고 해도 좋을 만큼 불교에서 중요한 개념"이라며 한국 불자들이 많이 암송하는 『반야심경(般若心經)』이나 『금강경(金剛經)』 같은 경전의 중심사상도 공이고 중국의 천태종, 화엄종, 그리고 선불교도 사상적으로 공을 토대로 하고 있다고 역설한다.149)

요컨대, 연기(緣起)는 곧 공(空)이다. 공은 무(無)를 나타내는 정적 상태의 고정된 실체150)나 관념이 아니라 만물이 끊임없이 변화하고 운동하면서 모든 것을 그 자체로 포함하고 비게 하는 상호의존성을 함의한 역동적인 힘이다.

4) 상호존재의 특징

틱낫한은 만물의 생성과 상호의존성을 뜻하는 공(空)사상을 상호존재라고 말한다. 그는 반야심경 강연151)을 통해 공

사상이 불교에서 차지하는 중요성을 간과하지 않고 대중 친화
적인 언어로 상호존재의 특징을 밝힌다. 그는 공인 상호존재
를 통해 하나 속에 우주의 모든 것이 함께 존재한다는 사실을
깨닫는다.

한 장의 종이에는 구름이 떠다니고 있다. 만일 구름이 없으면 비는
존재할 수 없을 것이고 비가 없다면 나무가 자랄 수 없게 되고, 나무가
없으면 종이를 만들 수 없다. 종이가 존재하기 위해서는 구름은 필
수적이다. 구름이 여기 없으면 한 장의 종이 또한 여기에 존재할 수 없다.
그래서 구름과 종이는 함께 존재(inter-are)한다. 한 장의 종이를
더 깊이 들여다보면 거기에는 햇빛이 있고 숲도 함께 존재한다. 종이와
햇빛은 함께 존재(inter-are)한다. 그리고 더 깊이 들여다보면 한 장의
종이 안에 나무를 잘라내어 종이를 만들기 위해 제지소로 운반하는
벌목꾼을 볼 수 있다. 거기서 밀을 볼 수 있다. 벌목꾼은 매일 먹는
밀 없이는 존재할 수 없다. 그러므로 한 장의 종이 안에 벌목꾼의
빵이 된 밀이 있다. 그리고 벌목꾼의 아버지와 어머니가 한 장의 종이
안에 존재한다. 이런 방식으로 보면 이 모든 것 없이는 한 장의 종이가
존재 할 수 없다. 좀 더 깊이 종이를 들여다보면 우리 역시 종이 안
에 있음을 알게 된다. 우리가 한 장의 종이를 볼 때 종이는 우리의
지각(perception)의 일부이다. 너의 마음이 종이에 있고 나의 마음
또한 종이에 있다. 모든 것이 여기 종이 한 장에 있다. 시간도, 공간
도, 땅도, 빗물도, 광물도, 햇빛도, 구름도, 강도, 열기도 모든 것이
종이 한 장과 함께 존재한다. 존재한다는 것은 상호 존재하는 것이
다(To be is to inter-be). 다른 모든 것이 존재하기 때문에 종이
한 장이 존재하듯이 우리는 스스로 홀로 존재할 수 없고 다른 모든
것과 함께 상호 존재하지 않을 수 없다.152)

틱낫한은 상호존재에 근거하여 한 장의 종이 안에 함께 존
재하는(inter-be)구름과 햇빛, 숲, 벌목꾼, 빵과 밀, 부모님,

그리고 나와 너가 없이는 한 장의 종이가 존재할 수 없음을 꿰뚫어 본다. 종이는 독자적인 존재성을 갖고 있기 때문에 존재하는 것이 아니라 종이 아닌 다른 수많은 요소들로 가득 차 있기 때문에 존재한다. 이에 대해 틱낫한은 종이 안의 수많은 요소들 가운데 하나를 그 근원으로 돌려보내면 한 장의 종이는 존재할 수 없다고 말한다. 그는 햇빛을 태양에게 돌려보내면 어떤 것도 존재할 수 없고, 벌목꾼을 어머니에게 돌려보내면 한 장의 종이 역시 존재할 수 없다고 본다. 종이는 종이 아닌 다른 수많은 요소들로 구성되어 있기 때문에 종이 아닌 요소들을 그 근원으로 돌려보내면 종이는 전혀 존재할 수 없게 된다. 그러므로 이 얇은 한 장의 종이 안에 우주의 모든 것이 포함되어 있다.153)

틱낫한은 한 장의 얇은 종이 안에 우주의 삼라만상이 모두 존재한다는 사실을 깨닫고 "온 우주를 하나의 머리카락 위에 둘 수 있고 태양과 달은 하나의 겨자씨 안에서 볼 수 있다"154)고 말한다. 그러면서 하나가 존재하기 때문에 모든 것이 존재한다고 보고 베트남 리 왕조의 한 선승의 게송을 인용한다: "만일 그것이 존재하면 먼지 한 톨 까지도 존재한다. 만일 그것이 존재하지 않으면 전 우주가 존재하지 않는다."155)

틱낫한은 사람들이 하찮게 여기는 먼지 한 톨에도 모든 것을 포함하고 있다며 현대 과학에서 물질과 에너지, 물질과 공간이 하나임을 인식했다고 역설한다. 그래서 물질과 공간이 하나라면 마음은 물질과 공간 속에 존재하기 때문에 물질과 공간과 마음이 하나라는 사실을 자각한다.156) 바꾸어 말하면, "정신과 물질, 몸과 영혼, 인간과 자연의 구별은 있어도 이원적 대립은 있을 수 없으며, 사물들 간의 차이와 다양성은 있어도 단절"은 존재하지 않는다.157) 이런 이해는 중국 화엄철학의 사사무애 (事事無碍)로 환언된다. 길희성은 사물이 상호 의존적이기 때문에 그 자체의 존재를 갖고 있지 않다는 말은, 사물 사이의 차이와 거리가 궁극적으로 존재하지 않는 것이라고 말한다. 그는 사물과 사물 사이에 아무런 막힘이나 장애가 없다며 "'A' 라는 사물 안에는 그것을 존재하게 하는 B, C, D등 다른 수많은 요소가 들어 있으며, 'B' 또한 그러하므로 결국 모든 사물은 서로가 서로를 물고 있고 그들 사이에 단절과 막힘이 없다"고 본다. 그는 이것이 '일즉다 다즉일'(一卽多 多卽一)로 표현된 다며 "하나의 사물 속에 온 우주가 들어 있고 온 우주에 하나의 사물이 들어 있기" 때문에 존재하는 모든 것은 귀하지 않은 것이 없다고 주장한다.158) 그는 사사무애의 사상을 설명하기 위해 흔히 인용되는 두 시를 소개한다.

한 송이의 국화꽃을 피우기 위해
봄부터 소쩍새는 그렇게 울었나 보다.
　　　　　　서정주 「국화 옆에서」 중

오늘도 신비의 샘인 하루를 맞는다.

이 하루는 저 강물의 한 방울이
어느 산골짝 옹달샘에 이어져 있고
아득한 푸른 바다에 이어져 있듯
과거와 미래와 현재가 하나다.

이렇듯 나의 오늘은 영원 속에 이어져
바로 시방 나는 그 영원을 살고 있다.
　　　　　　구상 「오늘」 159)

길희성은 사물과 사물이 막힘이 없는 사사무애의 세계에서는 과거, 현재, 미래가 시간을 초월하여 영원한 현재 속에 하나로 오늘을 살고 있는 것으로 본다. 그래서 유한과 무한, 시간 속에 영원이 현존하기 때문에 개체의 소외나 외로움이 있을 수 없다. 그 이유는 개념적이든 존재적이든 홀로 성립되지 않고 다른 것과의 관계성 속에서 성립하는 공인 상호존재 때문이다.160)

공 개념에 해당하는 틱낫한의 상호존재는 그 자체의 본질적 존재를 갖고 있지 않은 무자성(無自性, nihsvabhava)이기에 사물이 다른 것에 의존하는 의타적 존재이며 다른 존재를 조건으로 하여 생기는 연기적(緣起的)존재이다.161) 그러므로 상호 존재인 공은 상호 의존적 관계이므로 사물과 사물 사이의 차이나 거리가 존재하지 않고 막힘이 없는 말 그대로 사사무애이다. 이렇듯, 상호존재인 공은 하나 속에 모든 것이 상호 존재하고 모든 것 속에 하나가 존재하는, 즉 하나 속에 우주적 삼라만상의 공존이 함의되어 있음을 가리킨다.

따라서 하나의 존재가 가능하려면 하나 속에 삼라만상이 공존할 때 가능하다. 틱낫한의 표현에 의하면, 결국 종이가 종이라는 존재로의 가능성을 갖기 위해서는 햇빛과 구름과 벌목꾼 등, 우주의 모든 것들이 상호 존재할 때이다. 왜냐하면 종이는 분리되고 독립된 자아가 없이 그 자체로 비어있기 때문이다.162) 그러므로 틱낫한은 "종이는 햇빛과 구름과 숲과 벌목꾼과 마음과 다른 모든 것들과 상호 존재하지 않으면 존재할 수 없"는 분리된 자아가 비어 있으면서도 동시에 "분리된 자아가 비어 있다는 것은 다른 모든 것으로 가득 차 있다는 것을 의미"163)한다고 주장한다.

그래서 공 개념인 상호존재의 분명한 특징을 깨닫기 위해서는 통찰이 우선적으로 선행되어야 한다. 사물이 독자적으로 홀로 존재하는 것이 아니라 모든 것이 상호 연관되어 함께 존재하는 것으로 이해하기 위해서는 통찰에 이르는 방법 밖에 없다. 틱낫한은 진정한 이해를 위해서 통찰을 외부의 관찰자의 입장에서 사물의 밖에 서서 사물을 바라보는 것으로 여기지 않고 무언가에 깊숙이 들어가 그것과 하나 되는 것으로 이해한다. 그는 통찰에 대한 바른 인식을 위해 한 영어 단어의 어근을 비유로 제시한다.

> 'comprehend'는 '마음이 하나가 되는' 이라는 라틴어 어근 'com'과 '움켜쥐다' 혹은 '들어 올리다'는 'prehendere'로 구성되어 있다. 무언가를 이해하기 위해서는 그것을 끄집어 올려 하나 된다는 것을 의미한다. 무언가를 이해하기 위해서는 다른 방법은 없다.[164]

참된 이해의 기초는 방관자의 입장에서 종이를 보는 것이 아니라 우리 자신이 구름과 햇빛, 벌목꾼이 되는데 있다.[165] 그것을 가능하게 하는 근거는 공인 상호존재 때문이다. 왜냐하면 비었다는 것은 분리된 자아가 비었다는 것이고 분리된 자아가 비었다는 것은 모든 것으로 가득 차 있는 것이므로 결국 그것은 모든 생명으로 가득 차 있기 때문이다.[166] 다시 말하면, 모든 개체적 자아는 비어있기(空=Interbeing)에 나는 다름 아닌 종이, 햇빛, 구름, 비, 벌목꾼, 한 알의 밀, 그리고 그의 부모님인 것이다. 곧, 하나 됨의 근거는 공인 상호존재로 인함이다.

따라서 불교에서 연기, 무아, 공의 다른 이름인 '상호존재' (Interbeing)는 '그것이 되는 것', 나아가서 '그것이 바로 그것이다'를 말하는 것이다.167) 그러나 여기서 '상호존재'는 '그것이 되는 것' 혹은 '그것이 바로 그것이다'고 해서 범아일여(梵我一如)와 같은 존재의 일치를 뜻하는 것이 아니다. 오히려 사물이 그 자체의 독자적 본성 없이 상호 의존적이기에 사물과 사물 사이에 어떤 장애나 막힘이 없고 거리와 차이가 존재하지 않는 사사무애(事事無礙)와 불이(不二)를 의미한다.

II. 폴 니터의 신관

1. 폴 니터의 사상 여정

주지하다시피 폴 니터(Paul F.Knitter)는 윌프레드 캔트웰 스미스(Wilfred Cantwell Smith, 1916-2000), 존 힉(John Hick, 1922-2012), 라이문도 파니카(Rimundo Panikar, 1918-2010), 조지 린드벡(George A. Lindbeck, 1923-2018), 레너드 스위들러(Leonard Swidler, 1929-), 그리고 존 캅(John B. Cobb, Jr, 1925-) 등과 더불어 대표적인 종교다원주의자 가운데 한 사람이다.168) 특히 니터는 종교신학과 해방신학을 결합해 '종교해방신학'(Liberation Theology of Religion)이라는 기념비적인 신학을 창출한 인물이다. 니터는 한국에서 변선환 교수가 1985년 출간된 『No other Name?: Critical survey of Christian Attitude』를 1992년에 『오직예수이름으로만?』으로 번역 출간함으로써 세간의 주목을 받는다.

본 단원에서는 니터의 신학 사상 가운데 신관에 대해서만 다룰 것이다. 그에 앞서 "신학자의 '삶'에 대한 고찰 없이 그의 '신학사상'을 이해하려는 것은, 생물학자가 생태환경에 대한 고려 없이 생물을 연구하려는 것과 다르지 않다"169)고 언술한 니터의 입장에 따라 그의 삶과 사상적 여정을 일별해 봄으로써 니터의 신관을 살펴 볼 것이다. 왜냐하면 니터의 말처럼 "모든 신학은 신학자의 전기에 뿌리박고"170)있기에 시 · 공간의 삶의 자리가 없는 사상이란 존재할 수 없고 모든 사람들은 특정한 시간과 일정한 장소를 점유하고 사라지는 멸절적인 '시대의 아들'이기 때문이다. 대부분의 사상가들이 그렇듯이 사상이라는 열매는 삶이라는 땅을 기초로 형성 된다. 니터의 신관이라는 열매 또한 그의 삶의 여정이라는 땅을 기초로 한다는 점에서 예외가 아니다.

일반적으로 니터는 초기 니터와 후기 니터로 양분된다.171) 전자는 존 힉의 영향을 받아 형성된 신중심적 다원주의의 시기, 후자는 신중심적 다원주의를 넘어선 구원중심적 다원주의시기를 말한다. 그러나 본 논문에서는 니터를 초기와 후기로 나누는 통상적 구분을 지양한다. 그 대신에 니터의 삶을 총 다섯 단계, 1) 대체 모델 단계, 2) 완성 모델 단계, 3) 관계 모델 단계, 4) 구원 중심주의 단계, 5) 불교적 그리스도인 단계로 나누고자 한다.172)

그 이유는 두 가지이다. 첫째는 니터의 삶을 전기와 후기와 나누는 구분은 니터 연구에 있어 대체로 초기 연구 방법론에 해당되는 생애와 사상 구분법이기 때문에 최근 혹은 니터의 황혼기에 해당하는 불교와의 관계에서 형성된 사상적 면모가 드러나지 않는다는 약점이 있기 때문이다. 둘째는 첫 번째 이유와 연동하여 니터의 신학이 전 생애를 걸쳐 변천을 겪었지만 특히 그의 신관은 인생 후반기에 불교와의 만남을 통해 명확히 드러났기 때문이다. 그런 점에서 본 논문은 니터의 생애와 사상을 전·후기로 구분하지 않고 다섯 단계로 나누어 니터의 신관이 과정적으로 발전 혹은 변화되고 있음을 밝히면서 생애 말년에 구체화된 그의 신관을 고찰해 보고자 한다.

1) 대체 모델 단계

니터는 1939년 2월 25일, 미국 시카고 교외의 독실한 로마 가톨릭 가정에서 태어났다. 니터는 초기 그리스도교의 신앙 단계에서는 대부분 그러하듯 자신의 어린 시절 신앙을 매우 근본주의적으로 이해하고 다음과 같이 고백한다.

> 나는 미국 시카고 교외의 변두리에서 독실한 로마 가톨릭 그리스도인이자 근면한 노동자 계급인 부모 밑에서 자랐고, 〈성 프란치스코 교육 수녀회〉가 운영하는 성요셉 초등학교에서 교육을 받았다. 나는 하느님[173]이 어디에나 계시다는 것, 예수가 하느님의 아들이라는 것, 그리고 금요일에 고기를 먹거나 일요일 미사를 빠뜨리면 하느님과 예수님에게 큰 벌을 받는다는 것을 한 순간도 의심하지 않았다.[174]

그의 고백에서 드러나듯이, 니터의 어릴 적 신앙은 매우 근본주의[175]적인 신앙의 형태를 벗어나지 못한 상태였다. 교회의 가르침대로 생활하지 않으면 하느님께 벌을 받는다는 율법적인 신앙에서 13살에는 사제로 부르심을 받고 집에서 150마일 가량 떨어진 위스콘신주(Wisconsin)의 이스트 트로이에 있는

〈말씀의 선교 수도회〉 신학고등학교(Divine Word Minor Seminary)에 진학한다. 니터는 이때 까지만 해도 사랑의 아버지인 초월적이고 인격적인 타자 하느님이 인간 개개인과 세상의 모든 일에 대해 일일이 간섭하고 특정한 계획을 가진 분으로 믿었다.176)

그는 사랑의 아버지인 초월적 · 인격적 타자인 하느님이 모든 인간과 세상을 위해 원대한 계획을 가지고 있다는 설교를 자주 듣곤 했다. 하느님에 대한 니터의 고백은 담백하다: "나는 어렸을 때 하늘에 계신 아버지는 내가 자라서 무엇이 될지 분명히 알고 계시다고 믿었다. … 만약 내가 하느님의 뜻을 행하지 않으면 심지어 죄가 될 수도 있는 큰 문제가 생길 수 있었다.177) 하느님에 대한 이러한 인식은 니터 뿐만 아니라 믿음에 충실한 가톨릭 신자였던 부모님도 마찬가지였다.

그러나 니터의 근본주의적 신앙은 고등학교를 졸업하고 뉴욕 커네서스(Conesus)의 〈말씀의 선교 수도회〉 신학교(Divine Word Seminary)에 입학 하면서 약간의 변화를 겪는다. 신학교 시절 니터는 근본주의와 신정통주의 신학의 핵심인 대체 모델(배타주의)적 신앙과 여기서 한 발 나아간 완성 모델(포괄주의)적 신앙을 동시에 경험한다. 신학교 재학 초기에는 자신들은 말씀과 성령을 가지고 그들은 죄와 우상에 빠져 있다는 이분법적 신앙 논리인 대체 모델적인 신앙에 경도되어 있었다. 그는 "죄인의 어둠과 이교도의 밤을 말씀의 빛과 성령의 은총으로 없애 주소서"라고 기도하며 다른 종교 전통에 있는 사람들과 진지한 대화를 하지 않고 그들을 회개시키고 개종시키려는 '독백'적 신앙에 머물렀음을 시인한다.178)

2) 완성 모델 단계

니터는 신학교 재학 후기인 1950년대 후반부터는 다른 종교
전통에 그리스도교적 구원을 다소 인정하는 당시의 신학계의
분위기에 따라 타종교의 가치를 긍정적으로 받아들이는 완성
모델(포괄주의)적 신앙을 수용한다. 이때가 니터의 종교 사상의
두 터전이라 할 수 있는 '종교적 타자'와 '고통 받는 타자' 가
운데 첫째인 '종교적 타자'에 대한 각성이 시작된 시기이다.
이후 종교적 타자에 대한 본격적 각성은 1958년 신언회(the
SVDs or Societas Verbi Divini,)[179]의 정회원이 되면서 부터
이다.[180] 그는 신학교 재학 시절 휴가 차 돌아온 선교사들을
만나면서부터 타종교를 향한 자신의 열린 태도가 점화되기 시작
했다고 술회한다.

> 각처의 신언회 공동체에서는 그들의 선교 체험과 향후 선교 전망에
> 관해 이야기 하고들 했다. 힌두교도, 불자, 토착 신앙인과의 만남
> 을 다룬 슬라이드 강의와 선교사들의 생생하고 다채로운 체험담을
> 접하면서, 나는 이들이 앞의 기도와는 전혀 다른 세상을 만나고
> 있음을 알 수 있었다. 이 선교사들은 '죄인의 어둠, 이교도의 밤'
> 보다는 힌두교의 아름다움, 뉴기니 고산지대 원주민의 통찰력, 불교
> 미술과 명상의 심원한 풍요에 대해 많은 이야기를 들려주었다.[181]

니터는 특히 그리스도교 교리를 인도의 춤 형태로 승화하여
힌두교식 신비감으로 표현된 신 인식과 자신이 직접 체험한
일본 불교의 깨달음(悟, satori)의 체험은 이전 그리스도교에서
체험할 수 없었던 매혹적인 종교체험이라고 고백한다. 니터는
1962년 신학교를 졸업할 무렵, 자신이 견지한 오랜 대체 모델

주의가 빛바랜 구시대적 종교사상임을 깨닫는다. 그리고는 자신의 사상여정을 '타자와의 여행' 혹은 '대화 여정'이라며 관계성 속에서 삶을 변화 시키는 '타자'의 중요성을 인식한다.[182]

니터가 타자와의 중요성을 강조하며 대체 모델적 신학 단계를 버리고 본격적으로 완성 모델적 단계로 들어선 계기는 제2차 바티칸 공의회가 개막되던 1962년 10월 11일 2주 전인 로마 교황청 그레고리오 대학교(Pontifical Gregorian University)에 입학하면서 부터이다. 당시 로마가톨릭은 칼 라너(Karl Rahner, 1904-1984)의 신학적 입장에 따라 타문화를 인정하고 타종 교를 합법적 구원의 길로 수용하는 개방적 자세를 취하였다. 니터는 이러한 신학 사상의 분위기에 편승하여 그리스도교 너머 종교 세계를 바라보는 통찰과 그리스도교만 참된 종교라는 오만 에서 벗어났다고 고백한다.[183]

이후 니터는 로마 교황청 그레고리오 대학교에서 석사과정을 마친 후 독일 민스터 대학교(University of Münster)에서 라 너의 지도로 타종교에 대한 가톨릭의 입장을 연구하게 된다. 하지만 이미 같은 주제의 학위논문이 있다는 사실을 알고 난 후, 마르부르크 대학교(University of Marburg) 프로테스탄트 신학과로 옮겨 가톨릭 신학이 아닌 프로테스탄트 신학을 연구 한다.[184]

여기서 니터는 라너의 가톨릭적 관점과 틀에 근거하여 기존 칼 바르트 중심적인 신정통주의적 대체 모델이 타종교의 가치를 인정하지 않는다는 점을 비판한다. 그러면서 라너의 '익명의 그리스도인'(anonymous Christians)[185]이론에 의거하여 비 그리스도인들도 그들 종교에서 익명으로 활동하는 그리스도의 은총과 현존으로 구원받을 수 있다는 새로운 종교 신학적 입장을 펼친다.

이와 같이 니터의 완성 모델적 신학 사상이 태동하게 된 배경은 다른 종교들에 대한 그리스도교적 태도의 중요한 분수령이 된 제 2차 바티칸 공의회의 개척자인 라너의 신학 사상에 기초한다. 라너의 주요 신학적 입장은 신은 보편적 구원의지로 전 인류를 구원하려는 의지를 가지고 있기 때문에 구원에 절대적으로 필요한 은혜는 모든 사람들에게 제공되어야 한다는 것이다. 라너의 이런 태도는 이른바 '구원의 낙관론'으로 집약된다.186)

라너에 의하면, 그리스도인들은 세상에 아무리 많은 오류가 있고 악한 것처럼 보여도, 그리스도교 밖의 구원의 가능성들을 비관적이 아니라 낙관적으로 보아야 한다는 것이다. 왜냐하면 인간을 비관적으로 보는 것은 신의 사랑과 은혜를 과소평가하는 것으로187)신은 인간 본성이나 교회보다 크고 그리스도의 은혜는 제한될 수 없기 때문이다.188) 이러한 라너의 신의 보편적 구원의지는 우리의 실존을 초자연적인 것으로, 자연을 인간 본성 이상의 것으로 보는 '초자연적 실존'에 근거한다.189) 라너는 "지금 여기 우리의 현존은 자연 상태를 넘어선 '초-자연' 상태의 현존"이며, 우리는 우리의 생각보다 "우리의 존재 방식을 훨씬 뛰어넘어 현존한다"고 말한다. 그러면서 "그 어떤 것도 '순수 자연 / 본성'(natura pura) 상태로 존재하지 않고" 우리는 인간이지만 인간 이상으로 "우리의 참 존재는 신성 · 하느님의 영을 만나며, 신성 · 하느님의 영이 만나게 해주는 것을 느낀다"고 주장한다.190)

그것은 인간 본성 안에 이미 "선험적 계시"인 하느님의 실존과 하느님의 사랑과 능력이 지금 여기 우리의 본성 안에 들어있음을 의미한다. 그러므로 선은 악보다, 은총은 죄보다 강하고 구원받을 가능성이 타락한 현실보다 크게 된다.[191] 하지만 니터는 라너의 신학으로 자신이 자유롭게는 되었지만 하느님의 보편적 구원의지와 교회의 필연성 사이에 흐르는 긴장과 모호성에 의구심을 가진다. 그러면서 제 2차 바티칸 공의회(1962-1965)의 완성 모델적 태도에 비판적 입장을 드러낸다.

> 가톨릭의 신념은 '교회 밖에는 구원이 없다'는 주장에서 '교회 없이는 구원이 없다'는 주장에로 바뀌었다. 보편적인 구원 가능성이 분명이 인식되었으나, 20세기 전반부의 가톨릭 신학자들은 교회 '밖의' 모든 구원의 흔적을 교회 '안에' 포괄하려는 독창적인 개념들을 제안했다. 그렇다고 비그리스도인들이 교회의 '영혼'에 속하다는 것은 아니었다. 그들은 교회에 '배속되고', '연결되고', '관계되었다'. 그들은 '불완전하게', '경향성으로', 보아 '잠재적으로' 교회 회원이 되었다.[192]

니터는 로마 가톨릭 신학이 "교회를 은혜의 유일한 통로로 보는 배타적 이해에서 포괄적 이해"로 발전했다며 로마 가톨릭 신학은 20세기까지 "신의 보편적 사랑과 교회의 필수적 통로를 동시에 긍정하려는 '묵시적 욕망'의 관념"을 이교도들에게 보여 왔다고 비판한다.[193] 그러면서 타종교에 대한 로마 가톨릭의 입장이 불완전함을 인지하고 종교적 타자에 대한 더욱 더 폭 넓은 첫 단계를 제시한다.

3) 관계 모델 단계

관계 모델 단계는 신중심주의적 다원주의에 해당된다. 니터는 타종교를 다양성의 차원에서가 아니라 잠재적 대화상대자들로 보고 타종교들의 다양성과 고유성을 넘어 종교 간 대화를 촉진하고자 하는 의미에서 다원주의적 모델 이라는 표현 대신 관계 모델로 명명한다. 니터에게 종교적 타자에 대한 폭 넓은 첫 단계의 출발은 존 힉(John Hick)에게서 비롯된다.

힉은 영국 버밍엄에서 태어났으나 미국에서 오랫동안 살았다. 그는 예수를 인류의 구원자, 육화한 하느님의 아들, 살아계신 주님으로 고백하고 장로교회 목사가 되기로 결심할 정도로 충실한 복음주의자 이자 근본주의자였다.194) 그러나 힉은 고향 버밍엄의 다원적인 종교적 분위기와 종교학을 탐구하려는 지적인 열망에 사로잡혀 자신의 신앙의 뿌리인 복음주의적 신앙을 혁파한다.195) 뿐만 아니라 힉은 복음주의적 개신교에서 드러난 대체 모델과 엘리트 의식에서 그리스도교를 해방하려는 로마 가톨릭의 완성 모델 단계 제안에 찬사를 보내면서 로마 가톨릭 모델을 더 이상 수용 불가능한 옛 관점과 새 관점 사이의 심리적 교량으로 간주한다. 그러나 힉은 이러한 시도를 천동설의 학자들이 지동설 학자들의 자료로부터 천동설적 우주관을 옹호하고 위해 주전원(epicycles)이론을 끌어들인 것과 유사한 것으로 본다. 그는 옛 관점과 새 관점 사이의 교량 역할을 하는 완성 모델의 긍정적 요소에도 불구하고 이 모델의 불완전함에 만족하지 않는다. 그러면서 조만간 이 다리를 건너 건너편으로 가야 한다며 "신학의 코페르니쿠스적 혁명"을 제창한다.196)

이것은 여러 신앙들이 공존하는 세계와 그 세계 안에서의 우리 자신의 종교의 위치에 대한 우리의 개념에 있어서 똑같이 철저히 변혁이 있어야 함을 함축한다. … 그것은 제 신앙의 개념에 대한 그리스도교 중심적 혹은 예수 중심적 모델에서 신 중심적 모델에로의 패러다임의 전환을 요구한다. 이때에 우리는 위대한 세계 종교들을 하나의 신적 실재에 대한 서로 다른 역사적, 문화적 환경 속에서 형성 된 서로 다른 자각들을 구체화 한 것으로 보게 된다.197)

힉은 1970년대에 그리스도교의 '코페르니쿠스적 전환'이라 할 만한 이론을 구축하고 자신의 신앙의 뿌리였던 복음주의와 근본주의를 타파하면서 로마가톨릭의 완성 모델까지 불완전하다고 선언한다. 그러면서 영국의 종교다원주의를 대변하는 철학자이자 신학자로 등극한다. 힉의 종교적 태도에 대한 일대 전환은 혁명이라 불릴 만큼 지구 중심적인 프톨레마이우스적 우주관에서 태양 중심적인 코페르니쿠스적 우주관으로의 선회를 의미한다. 이것은 가톨릭교회의 그리스도 중심에서 하느님 중심으로의 생각의 전이를 나타내는 종교관의 새로운 변천과 혁명을 뜻한다.198) 이와 같은 급진적 선회의 배경은 다원적인 영국 버밍엄의 종교적 상황에서 비롯된다.199)

오늘날 우리는 신적인 것에 대한 인간의 보다 넓은 관계 영역을 의식하지 않을 수 없으며, 기독교는 그 영역 안에 여럿 가운데 한 개의 중요한 역사적 지류를 대변할 뿐이다. 이 나라(영국)의 경계 바깥을 굳이 여행하지 않는다 하더라도, 오늘날 우리는 여러 대도시에서-내가 살고 있는 버밍햄과 같은 - 신앙심이 깊은 많은 신도들을 포함하고 있는 수많은 이슬람교도, 시크교도, 힌두교도들을 만날 수 있으며, 그들의 존재는 세계의 다른 종교들을 - 무시하지는 않았다 하더라도 - 근본적으로 의식하지 못한 채 발전해 온 기독교 신학에 도전이 되고 있다.200)

다종교 상황을 경험한 힉의 종교에 대한 코페르니쿠스적 전환은 결국 하나의 중심이 있다는 공통 근거 혹은 공통 기반으로 귀결된다. 그 하나의 중심은 그리스도교나 예수 중심이 아니라 하느님 중심으로 종교의 중심에 대한 생각의 전이(轉移)가 교회나 예수 중심에서 하느님 중심으로 이동해야 한다는 것을 의미한다. 결국 힉은 "신중심주의", 즉 관계 모델을 하나의 공통 기반으로서 자신의 종교적 신념으로 채택한다.201)

그러나 힉은 교회나 그리스도로 대체된 하느님이라는 중심 이동은 그리스도교 안에서만 통용되고 불교 같은 종교들은 하느님이나 신적 실재라는 말이 무의미하다는 비판적 입장202)을 수용한다. 그러면서 하느님을 '실재'(the Real), 혹은 '참 실재'(really Real)203)라는 용어로 대체한다. 힉은 사람들이 실재를 완전하고 명확하게 알지는 못하지만 하나의 중심이 있다는 사실을 전제하고 "실재가 하나로 상징화된다 할지라도 사람들이 지각하고 표현해 온 상징들은 무수"히 많다고 언급한다.204)

> 신성 자체는 하나이지만 종교적 현상들은 많다. … 인간이 신적 실재의 현존을 표현해 온 방식이 자유자재하고 무진장하며, 각기 다른 표현들을 담고 있는 종교적 상징들이 빚어낸 인간 문화가 다양하기 때문이다. … 실재는 인격적 형태인 아버지나, 어머니, 시바나 크리슈나로 상징화되는 동시에 비인격 형태인 공이나 도나 힘으로도 상징화된다. 어떤 종교는 인간 자아가 영원을 그리워하며 살아간다고 보고, 다른 전통은 인간이 실재라는 바다에서 자기를 궁극적으로 잃을 때 참자아를 발견하는 에너지에 합류한다고 이해한다.205)

이는 각각의 종교들이 하나의 동일한 실재를 인식하고 경험하는 서로 다른 길이기 때문에 종교 간 만남에서 더 이상 개종을 불필요하게 만든다. 힉에 의하면, 우리가 종교의 특정 교리·실천·운동을 평가할 수는 있지만 위대한 세계종교들은 너무나 다양하고 복잡해서 종교를 완전히 알 수도 없고 따라서 전체를 판단하는 것은 도저히 불가능하다. 우리는 모두가 여전히 산 중턱을 오르고 있고 "산 정상에 올라 모든 것을 바라보지 않는 한 전체 종교에서 하나의 종교적 길이 다른 길보다 우월하다고 말할 수 없다." 그리스도교가 실재 전부를 보여준다거나 힌두교나 불교보다 더 조화로운 삶을 제공한다는 것은 가능하지 않다. 우리는 단지 지금 다른 길들과 함께 서로 도와주면서 걸어갈 뿐이다.[206]

따라서 하나의 실재에 대한 풍부한 깨달음을 위해 '상호 성숙'이 중요한 테제가 된다. 이에 대해 니터는 힉의 표현에 동의하며 "종교가 전체적이고 인격적인 기투를 요구하고 우주적인(보편적인)의미를 요청하는 한, 자기 자신을 절대 종교로 간주할 수 있지만 이 절대성은 배타적이거나 포괄적"이지 않고 합리적 절대성이라고 정의한다.[207] 그러면서 "그 절대성을 위한 증거는 다른 종교를 배척하거나 침해하는 능력에 있지 않고 다른 종교들과의 관계 속에서 다른 종교들을 가르치고, 그 종교들에게서 배우며, 다른 종교들을 간섭하고, 그 종교들로부터 간섭받는 능력에 있다"고 주장한다. [208]

전술한 바와 같이, 초기에는 니터도 힉과 같이 관계 모델을 긍정한다. 니터는 로마가톨릭 신학이 하나의 종교로서 그리스도교의 자기 이해에서 촉발된 발전을 계속 수행해야 한다고 역설하며 "교회중심주의에서 그리스도중심주의를 넘어 신중심주의에"로의 진화적 발전을 강조한다.209) 이에 대해 니터는 신 중심적 접근으로 나아간 자신의 입장을 밝힌다: "『오직 예수이름으로만?』에서 종교 체험의 공통 토대에 기초하여 대화의 무규범적·신 중심적 접근을 제안했다. 신학적 언어를 분명히 하려면 교회나 예수가 아닌 하느님을 중심으로 삼아야 하고, 그리스도인은 더 이상 예수에게만 모든 종교 진리의 유일하고 최종적인 규범이 있다고 주장해서는 안 된다. 그리하여 모든 종교인은 하나의 궁극적 실재인 하느님을 각기 다르게 체험한다고 보고 여기에 기초하여 그들을 한데 모으려 했다."210) 그는 신중심주의가 교회와 그리스도의 보편적 의미를 긍정하게 하며 그러한 진화로 인해 그리스도교는 하나의 참된 종교가 될 수 있을 것이라고 단언한다. 그러나 김승철은 힉과 니터의 신중심주의, 즉 관계 모델을 이렇게 비판한다.

> 신 중심주적인 모델은 포괄주의가-배타주의는 말할 것도 없고-고수하려고 하였던 구원의 가능성의 그리스도적인 일성(一性)을 신중심적인 일성으로 대체한 것에 불과한 것은 아닌가? 모든 종교는 그리스도라는 유일한 통로를 통해서만 구원을 받는다는 것은 배타주의와 포괄주의의 주장이 조금 각도를 달리해서 모든 종교는 기독교와 똑같은 유일한 실재를 지향하고 드러냄으로써만 구원을 제공하는 종교가 된다는 주장으로 위장된 것은 아닌가? 왜 기독교는 타종교가 지향하는 궁극적 실재가 자신의 그것과 다를 수 있고, 또 그러한 차이를 통해서 기독교가 환골탈태 될 수 있다는 것을 원천적으로 봉쇄하고 타종교도 기독교와 동일한 목표에 이른다는 식으로 타종교를 어떤 식으로든 '포괄'하려는 것일까?211)

김승철은 라너류의 완성 모델을 '기독교적 제국주의'라 한다면 니터의 관계모델(신 중심적 다원주의)은 '신론적 제국주의'라 할 수 있다고 지적한다. 김승철 뿐만 아니라 캅과 파니카 또한 관계 모델이론의 핵심인 공통 기반의 가설적 전제에 대해 비판적 입장을 드러낸다. 그들은 진정한 다원주의적 수용의 자세는 보편적 이론이나 종교의 공통 근거, 나아가 모든 종교 내에서 하나의 하느님에 대한 탐색을 포기하는 것이라고 본다.212)

캅은 관계 모델 단계에 있던 니터 뿐만 아니라 힉과 스미스에 대해서도 "이들 자유주의적 유신론자들이 참으로 개방적이기를 원한다면, 그들은 그저 개방적이면" 된다며 이들의 문제는 공통적인 것에 대한 탐색의 논구라고 지적한다.213) 즉, 관계 모델의 공통 기반의 전제는 교회 중심의 대체 모델과 그리스도 중심의 완성 모델과 다르지 않은 겉옷만 바꿔 입고 등장한 또 하나의 제국주의적 이론에 불과하다는 것이다. 니터는 캅의 이러한 비판에 대해 모든 세계 종교에서 하나의 궁극자란 존재하지 않을 것이라며 자신의 이론적 결점을 다음과 같이 인정한다.

> 그는 우리가 대화를 위한 공통 근거로서 교회나 그리스도 대신 하느님을 제안함으로써 우리는 내적으로, 무의식적으로, 그러나 여전히 제국주의적 타신앙들에게 하느님이나 궁극자에 대한 우리의 견해를 강요하고 있다고 비판하는데, 이는 내가 분명히 시인할 수밖에 없는 사실이다.214)

또한 니터는 공통 기반을 필요로 하는 관계 모델은 다른 종교들에 실재라는 공통 기반을 무작위로 상정함으로써 각 종교가 지닌 역사적 특수성을 침해하여 오히려 다원주의가 비다원주의로 전락했다는 비판에도 동의한다. 그러면서 "특정한 공통 기반이나 일치 원리로 모든 것을 뭉뚱그리려는 시도는 다양성을 손상시킬 것"이고 "다(多)를 아우르는 하나만이 정당하다는 논리에 의해 다(多)는 하나 안에서 사라진다"고 말한다.215)

니터는 두 가지 점에서 관계 모델의 단점을 비판적으로 성찰한다. 첫째는 관계 모델의 공통 기반이다. 니터에 따르면, 모든 사람들은 문화적·종교적 망원경을 통해서 신성을 바라보고 이해하려 하기 때문에 진리 그 자체를 볼 수 없다. 그러나 관계 모델 지지자들은 이 점을 망각하고 하나의 실재에 관해 말할 때는 '~로서 체험된 것'이라는 사실을 인지하지 못하고 "모든 다양한 방식을 초월하여, 모든 사람이 하나를 망원경 없이 체험했다"고 착각한다.216) 특히 힉이 제안한 모든 종교 안에 숨어 있다고 말한 '실재' 혹은 '신적 실체'는 인간이 상상해 낼 수 있는 신성과 하느님의 이미지에 불과하고 모든 종교의 역사적 현상을 뛰어넘는 것으로 인간이 접근 할 수 없는 아주 초월적인 것이다. 힉은 궁극적인 것을 인격적 혹은 비인격적으로 이해하여 공통 기반이 모든 것을 빨아들이는 늪과 같이 만들어 버렸다.217)

니터는 우리 인간은 초월할 수도 없고 자신의 망원경을 벗어버릴 수도 없으며 한꺼번에 여러 망원경으로 볼 수도 없다며 나의 망원경을 통해서만 보편적 실재나 공통 기반을 볼 수 있다고 단언한다. 이 주장에 따르면, 모든 것에 동일하게 적용된다는 힉의 기반은 공통기반이 아니라 특정 개인의 기반이 된다. 그러므로 관계주의자는 제국주의자로 바뀔 수밖에 없는 것이다.218)

둘째는 관계 모델의 대화 방식이다. 그들은 대화에 있어 공통 기반 뿐 만 아니라 공통 규칙이 있다고 믿고 대화 자리에 절대적 주장이나 배타적인 주장을 하면 안 된다는 규칙을 전제한다. 그러나 이러한 공통 규칙에 대한 관계 모델의 전제는 모든 종교 에는 종교 간 토론을 위해서 포기할 수 없는 경계와 요지부동의 측면이 있다는 사실을 간과한다. 그러므로 이러한 요구는 오히려 많은 신앙인들을 불쾌하게 만드는 것임을 인지하지 못한다.219)

니터는 이와 같은 관계 모델의 입장이 온화한 얼굴 뒤에 감춰진 제국주의적 속성임을 간파하고 관계 모델이 유럽과 미국과 같은 '근대성'을 띠면서 18세기 계몽주의의 특징처럼 "자기를 증명 하는 진리로 모든 종교를 개종시키려는 서구 문화 복음 전도 사들"이라고 주장한다.220) 니터는 결국 서양 주류 문화에서 생산된 이와 같은 정교(正敎, orthodoxy) 중심적인 신학적 입 장을 비판적으로 성찰하고 자신의 새로운 사상의 단계, 즉 구 원중심주의로 나아간다.

4) 구원중심주의(soteriocentrism) 단계

니터는 신학의 코페르니쿠스적 혁명이라 할 만한 관계 모델 의 신중심주의가 또 다른 제국주의라는 비판을 긍정적으로 수 용한다. 그러면서 관계 모델(신 중심적, 혹은 일원론적 다원 주의)지지자들이 관계 지향적이지 않고 오히려 다양성을 침 해한다며 이렇게 비판한다.

이들은 대화에 함께하는 것에 치중한 나머지 서로 얼마나 다른가는 보질 않는다. 종교들로 이루어진 하나의 숲은 보지만, 나무 한 그루 한 그루는 놓쳐 버리거나 잘라 버리는 식이다. 대화를 활성화시키려는 이 그리스도인들이 본디 품었던 선한 의도와는 반대로 제국주의자처럼 타종교의 고귀하고 자기 헌신적인 가치를 악용한다. 관계 모델의 비열한 제국주의적 방식 두 가지는 대화에 공통 기반이 필요하므로 이를 찾아내야 한다는 주장과 대화 규칙을 세우고 밝혀야 한다는 주장에서 나타난다.221)

니터는 다양성이 무시된 종교 간 대화는 빈곤과 전쟁의 참상을 간과한 채 산꼭대기에서만 이루어지는 피안적이고 초학문적인 대화로 전락된 제 1세계 신비주의자들이나 학자들의 흥미로운 소일거리가 될 수 있다고 지적한다. 종교의 역할은 함께 말하고 함께 행동함으로써 세계를 오염시키고 있는 억압을 제거하는 데 있기 때문에 신중심주의자들의 종교 간 대화가 종교 유산 계급자들을 위한 사치품이 되어서는 안 된다는 것이다.222)

니터는 이러한 비판적 성찰에서 두 가지 결론을 도출한다. 하나는 관계 모델이 개인의 단순한 이론적 사색으로 끝나서는 안 된다는 것과, 다른 하나는 서구적인 입장에 서 있는 신 중심적 다원주의를 초극하는 일이다. 니터는 이런 관점에서 종교의 신학과 해방의 신학이라는 서로 다른 신학적 모티브를 조화롭게 결합해 종교해방신학(Liberation Theology of Religion)223)을 창출한다. 그럼으로써 기존 신중심주의 단계에서 벗어나 새로운 신학적 단계, 즉 구원 중심주의 단계로의 사상적 전이를 맞게 된다.224) 그는 스스로 『오직 예수이름으로만?』에서 논구된 관계 모델이 다른 신앙에 대한 그리스도인들의 태도의 발전에 불완전한 것으로 간주하고 한층 진보된

입장을 피력한다: "지금까지 기독교인들의 태도가 교회 중심
주의로부터 그리스도 중심주의로, 그리고 하느님 중심주의로
발전해 왔다면, 이제는 기독교의 상징 가운데서 '하느님 나라
중심주의'라고 불릴 수 있는 데로, 더 일반적으로는 '구원 중심
주의'로 나아가야만 한다."225)

그 이유는 니터가 오늘날 교회와 그리스도인들에게 도전이
되는 특별한 두 가지 문제에 주목했기 때문이다. 하나는 다수의
가난한 자들에게 대한 경험이고 다른 하나는 다종교 경험이다.
니터는 오늘날 그리스도인들이 가장 중요시해야 할 두 사안은
세계에 만연한 고통과 불의에 대응하는 해방신학과 종교적
다원주의의 문제에 응답하는 종교 신학으로 본다.226) 곧, 니터의
구원 중심적 단계의 첫 출발점은 종교의 신학과 해방의 신학에
대한 각성에서 비롯된다.

니터의 구원 중심적 단계에서의 구원(Soteria)은 해방신학에
근거한 것으로 구원의 다른 그리스도교적 표상은 하느님 나라
이다. 하느님 나라인 구원 혹은 구원인 하느님 나라는 종교간
대화와 상호 이해, 협력, 그리고 종교 간 실천을 결합하게 하는
공통 근거로 작동한다. 이는 기존 배타주의에서처럼 그들이
어떻게 교회와 관계를 맺는가, 포괄주의에서처럼 그들이 어떻게
그리스도와 관계를 맺는가, 신 중심적 다원주의에서처럼 그들이
하느님을 어떻게 이해하고 응답하는가에 있지 않고 "그들이
얼마만큼 인간의 복지를 증진시켰고 가난한 자들과 존재 없는
자(non-person)들을 위해 또한 그들과 더불어 어느 정도의
해방을 가져 왔는가"에 있다.227)

이것은 에드워드 스힐레벡스(Edward Schillebeekx, 1914-2009)

가 역사적 예수를 연구하고 하느님의 다스림인 하느님 나라에 대한 정의를 밝힌 데서 예증된다. 스힐레벡스에 따르면, 하느님 나라는 구원의 하느님이 현존한다는 사실을 모든 사람들이 적극적으로 긍정하는데 있다며 "하느님의 구원은 우선 사람들 사이에 정의롭고 평화로운 관계를 세우고, 질병과 불의와 억압을 없애며, 이미 죽었거나 죽어 가고 있는 모든 생명을 되살리는 구체적 모습 속에 있다".228) 하느님의 다스림인 하느님 나라는 자비와 정의이기 때문에 이 세상에 사랑과 정의를 실천하는 문화·사회·정치가 실현되는 것이다. 니터의 구원 중심주의, 즉 하느님 나라인 구원은 칼이 비판한 하느님 중심주의에 대한 대응에서 비롯된 것으로 환언하면 하느님 나라 중심주의이다. 하느님 나라인 구원은 세계 종교들에 대한 공동의 추진력으로 작동된다.229)

무엇보다 니터가 구원 중심 단계에서 구원을 중요한 신학적 테제로 차용한 이유는 서양 주도의 종교 신학이 가진 한계와 라틴 아메리카나 제 3세계 주도의 해방신학이 지닌 한계, 그리고 그 포괄성에 대한 자각에 있다. 여기서 종교 신학과 해방신학의 만남에 대한 필연성이 대두된다. 왜냐하면 두 신학의 이론 체계에 각각의 약점이 내포되어 있지만 니터가 보기에 두 신학이 가진 각각의 약점들이 서로의 장점들로 인해 보완되고 상쇄될 수 있다고 보기 때문이다.

니터에 의하면, 종교 신학의 약점은 실천이 거세당한 채, 이론적 사색에만 매달려 정교 중심적인 부르주아적 신학으로 귀결될 위험성이 내포되어 있다. 종교 신학의 일차적 관심이 대화와 다원주의가 되어서는 안 되며 종교 신학자들이 세계에

만연한 억압과 고난에 무관심하고 정의를 내세우지 않는다면 이들의 종교는 참다운 종교가 되지 못한다. 그래서 니터는 해방 신학자들의 주장을 수용하여 이들이 타자들을 만나기 위해서 밖으로 나와 다른 종교들을 만난 이유는 일차적으로 다양성과 대화를 즐기기 위해서가 아니라 고난과 억압을 제거하고 자비 뿐만 아니라 정의를 실천하기 위해서라며 이들의 목적이 종교 신학자들처럼 이론이나 사색에만 매몰되어 있지 않음을 밝힌 다.230)

> 우리 세계의 현 상태를 고려해 볼 때 대부분의 종교의 구원론뿐만 아니라 기본적인 인도주의적 관심들도, 가난한 자들과 존재 없는 자들을 위한 우선적 선택이 종교 간의 대화의 필연성과 일차적인 목적을 구성하고 있음을 주장하고 있는 듯하다.231)

반면, 해방신학은 정교(正敎, orthodoxy)에 대한 정행(正行, orthopraxis)의 지나친 우선성을 강조함으로씨, 종교 상호간, 문화 상호간 협력이 상실될 수 있다. 그리스도교적인 해방신 학은 하느님 나라에 대한 하나의 비전만을 수용하고 이끌어내는 위험한 한계를 지닌다. 니터는 세군도(Juan Luis Segundo, 1925-1996)와 소브리노(Jon Sobrino, 1938-)같은 라틴 아메리카의 해방신학자들이 비그리스도교적 종교들의 해방적, 혁명적 잠재력에 대해 마음을 열고 있지 않다고 지적한다. 그러면서 범세계적인 종교 운동은 범세계적인 종교 간의 대화232) 를 요청한다며 종교 신학이 해방신학을 만나야 할 당위성을 강조한다233): "특히 라틴 아메리카의 해방 신학자들이 좀 더 분명하게 인식해야 할 사실은 정작 해방 운동이 필요로 하는 것은 올바른 종교가 아니라 다종교라는 사실이다. 정치적·경제적 해방, 더 나아가 핵으로부터의 해방은 한 국가나 문화, 혹은 한 종교가 감당하기에는 너무 큰 과제다."234)

콕스(Harvey Cox, 1929-) 또한 해방 신학이 서구 그리스도교의 지역적인 한계를 깨고 나올 때 그리고 토착민들의 종교 체험 뿐만 아니라 세계 종교들의 체험을 좀 더 심각하게 받아들일 때 종교와 문화 상호간의 협력과 해방 실천의 과제를 완수 할 수 있다고 말한다. 같은 맥락에서 피에리스(Aloysius Pieris, 1934-)는 해방신학자들에게 만일 해방신학이 라틴아메리카가 아니라 아시아에 정착하려 한다면 동양 종교들과 대화하기 위해 자신을 개방해야 한다며 종교 신학과의 대화와 협력의 필연성을 다음과 같이 환기시킨다.235)

> 제 3세계의 등장은(해방을 위한 요구와 더불어) 비기독교 세계의 등장을 의미하기도 한다. 하느님의 가난한 자들의 절대 다수는 비기독교적 종교와 문화의 용어로서 그들의 궁극적 관심을 인식하고, 해방을 위한 그들의 투쟁을 상징화하고 있다. 그렇기 때문에 이들 비기독교적 대중들(그리고 그 종교들)을 향하여 말하지 않는, 또는 그들을 통하여 말하지 않는 신학은 기독교적 소수의 사치품이다.236)

전술한 바와 같이, 종교 신학과 해방신학의 필연적 만남의 당위성은 종교 신학이 가난한 자들의 우선적 선택과 사회적 자비와 정의를 실천하는 신학과의 만남을 통해 보충되어야 하고 반대로 해방신학은 라틴아메리카나 제3세계에서만 의미를 갖는 지역적 한계를 극복하고 세계 종교와 협력 교류, 대화에 참여해야 한다는데 있다.

하지만 니터는 구원 중심주의의 근거가 되는 종교 해방신학의 선구자로서 해방신학의 주요 테제인 해방 혹은 구원에 무게 중심을 둔다.237) 니터가 '해방'을 핵심 테마로 삼는 이유는 모든 종교들에 만연한 '고통'의 현실을 공통의 근거로 보기 때문이다. 그는 이 공통의 근거를 신중심주의처럼 확고한 실체론으로 제시하지 않는다. 그 대신 흔들리는 터전을 창조하기 위한 대화 가능성을 위해 공통의 접근 방법(common approach)이나 컨텍스트(common context)로 강조한다.238)

니터는 모든 종교 공동체가 가난한 자, 억압 받는 자, 소외 된 자, 소수자, 주변인, 그리고 생태계를 포함하여 아픔을 겪는 모든 지구 생명체에 고통을 안겨 주는 것들을 공통의 문제로 인식하고 그러한 죄악들을 제거하기 위해 공통의 헌신 혹은 공통의 관심사를 가져야 한다고 말한다. 왜냐하면 이것이 모든 종교들의 비교 불가능함과 차이점들을 가로지르는 근거가 되기 때문이다. 니터에 의하면, 인간과 지구에 대한 공통의 관심사인 고통에 대응하는 전 지구적 책임성(global responsibility)이 종교 간에 상존하는 현격한 차이에도 불구하고 윤리적이고 실천 적인 다리(ethical-practical bridge)가 되어 효과적인 대화를 통한 깨우침을 제공하게 된다.239)

따라서 니터는 자신의 사상적 여정이 신중심주의에서 구원 중심주의로 전이 될 수밖에 없었던 이유를 다음과 같이 밝힌다: "우리는 이제 모든 종교에서 '한 하느님' '하나의 궁극적인 것' '공동 본질' 또는 '신비적 중심'을 추구하는 대신에, 모든 세계 종교가 이용 할 수 있는 종교 체험의 공유된 자리를 인식할 수 있다. 각기 다른 종교 신자들은 억압당하는 다른 많은 그룹들을 위해 또 그들과 함께 해방과 정의를 위한 투쟁을 할 때 그들의 결심을 가능하게 하고, 그들의 희망을 고취시키고, 불의를 극복하고 일치를 추구하도록 그들의 행동을 지시했던 것을 공동으로 그러나 서로 다르게 체험 할 수 있다."240)

5) 불교적 그리스도인 단계

니터는 가난과 소외 그리고 억압으로부터 해방과 구원을 테마로 하는 남미의 해방신학과 다양한 종교적 세계관을 신학적 관점에서 이해하려는 서구의 종교 신학을 결합하여 종교해방신학을 창출했다. 여기서 니터는 오랜 "사회적 속박과 경제적 소외로부터의 해방에서 구원의 사회적 측면이 드러나고, 그 해방적 실천에서 다양한 종교들이 만난다"는 사실을 강조한다.241)

그러나 니터는 인생 황혼기에 자신의 학문적 사상 여정을 가장 잘 드러내주는 저서, 『붓다 없이 나는 그리스도인일 수 없었다(Without Buddha I Could not be a Christian)242)』를 출판한다. 니터는 이 책을 통해 자신의 사상의 두 축이라할 수 있는 정의와 평화를 위한 해방적 관심과 교리적 이해를 넘어 불교에 대한 실천적 관심을 보인다. 그럼으로써 니터는 학자이자 실천가로서 인생 말년을 보낸다.

그는 스스로 붓다 없이는 그리스도인이 될 수 없었다며 자신을 그리스도교적 불자가 아니라 불교적 그리스도인이라고 부른다. 자신을 그리스도교적 불자라 하지 않고 불교적 그리스도인이라고 하는 이유는 전자가 그리스도교적 잔재를 청산하지 않고 적재하고 있는 불자라면, 후자는 불교의 도움으로 자신의 정체성을 더 깊이 이해한 그리스도인이기 때문이다.

니터는 이러한 자신의 종교적 태도를 일컬어 "두 종교전통 (Double-religious-belonging)에 속한 자"라고 말한다.243) 니터는 이러한 자신의 종교적 태도를 '종교적 문란'으로 비판하는 자들에 대해 모든 인간은 혼종일 수밖에 없다고 변증한다. 니터의 주장은 문화적, 사회적 자아가 순종이 아니라 혼종인 것처럼 종교적 자아도 혼종(hybrid)이라는 것이다. 니터는 인간의 종교적 정체성은 순종이 아니라 혼종이며 단일한 것이 아니라 복수적인 것이라며 "종교적 정체성은 하나의 삶의 자리에서 다른 삶의 자리로 이동하고, 하나의 자아를 형성한 후 다른 자아들을 만나면서 본래의 자아를 확장하거나 수정하는 지속적인 과정을 통해 형성된다"고 주장한다.244)

이러한 주장의 배경은 불변하는 자아가 존재 할 수 없다는 불교의 무아론에 입각한다. 그래서 명료하게 정의되는 불변의 정체성 혹은 '순종(純種)적 정체성' 같은 것은 없다. 그 대신 우리는 매우 다른 타자들과 상호작용하는 혼종화 과정으로 끊임없이 변화하고 있기 때문에 지속적 과정에서 다른 것들과 섞이는 것을 통해 존재하고 번성하는 '혼종(混種)적 정체성'이다.245) 니터는 이런 혼종적 정체성이 서로의 상호작용과 도움 없이는 불가능하다고 판단하고 다음과 같이 단언한다.

> 모든 종교의 손가락들은 같은 달을 가리키고 있지만, 그 손가락들은 달의 부분들을 가리키고 있다고 말할 수도 있다. 불교의 손가락이 없다면 그리스도인들은 달의 어떤 부분을 결코 보지 못할 것이다. 마찬가지로 그리스도교의 손가락이 없다면 불자들은 달의 어떤

부분을 보지 못할 것이다.246)

니터는 불교와 그리스도교의 두 전통에 속한 혼종화 과정이 오히려 다른 종교적 정체성이나 전통과 혼종 관계에 들어갈 때 하나의 핵심적인 종교적 정체성을 갖는다고 본다. 니터는 그 핵심적인 종교적 정체성이 자신이 성장한 그리스도교라고 말하면서도 그 핵심적 정체성은 불교로 건너가는 것에 지대한 영향을 받았음을 고백한다. 그럼으로써 자신의 종교적 태도가 '종교적 문란'이라는 일각의 비판을 다음과 같이 불식 시킨다: "자신의 전통을 살아있게 하는 핵심적 체험으로 더 깊이 들어갈수록 더 넓게 다른 전통의 체험으로 들어갈 수 있고 그렇게 하고 싶은 마음이 생기게" 되고 "자신의 종교적 진리에 더 깊이 들어갈수록 더 넓게 다른 진리들을 이해하고 배울 수 있게" 된다.247)

니터는 불교가 그리스도교 전통의 먼지 쌓인 선반에서 간과되었던 상징들과 가르침들이 회복되고 재발견되는 손전등과 같았고 그리스도교적 우물에서 불교적 두레박을 사용하여 그리스도교의 진리의 생수를 더 잘 길을 수 있게 되었다고 말한다.248) 니터는 결국 자신이 불교적 도움을 통해 그리스도교의 세계관이 더 깊고 풍성해졌음을 느끼면서도 불교에 머무르지 않고 다시 그리스도교 전통으로 돌아왔음을 밝힌다: "가능한 한 개방적이고 신중하고 인격적인 방식으로 다른 전통으로 건너갔다가 자기 종교전통으로 돌아오는 것이다."249)

이찬수는 이에 대해 니터의 사상적 여정이 신학의 변질이나 타락이 아니라 온전한 신학으로의 전환이라고 평가한다. 그는 니터의 신학 여정이 "신학적 세계관에서 불교적 세계관으로 건너갔다가 다시 신학의 세계로 되돌아오는 과정에서 신학적 의미와 언술이 불교로 인해 얼마나 달라질 수 있는지를 적절히 보여"250)주었다고 말한다.

이처럼, 불교적 세계를 여행한 니터의 신학 사상은 단순한 종교간 대화에 머무르지 않는다. 니터는 불교에 대한 이론적 연구뿐만 아니라 위파사나(Vipassanā)나 선(禪)과 같은 오랜 불교적 수행을 통해 결국 '실천적 평화'라는 사상적 종착지에 도달한다. 평화를 추구하는 니터의 행보는 학자로서의 단순한 사색적인 탐구에만 그치지 않는다. 그는 1980년대 이후 자신의 지적 추구가 사회 · 정치적 참여로 이루어 졌음을 밝히고 평화에 대한 사상적 기반이 사회운동의 경험에서 비롯되었음을 고백한다.

> 나는 미국의 한 시민이자 한 정당의 책임 있는 당원으로 활동하며 지내오는 한편 지난 수 십 년 동안 〈엘살바도로의 평화를 위한 그리스도인들^{크리스파즈, CRISPAZ}〉 과 〈국제종교평화위원회〉 에서 사회운동가로 활동하며 살아왔다. … 아내 캐시와 나는 1980년부터 2002년까지 크리스파즈 이사회의 이사로 활동했다. 한편 평화위원회는 세계 주요 종교전통의 영향력 있는 지도자들로 구성된 단체로, 분쟁을 평화롭게 해결하는데 범종교적으로 기여하기 위해 매년 모임을 개최한다. 나는 1996년부터 평화위원회의 이사로 활동해 오고 있다.251)

니터는 현장의 왕성한 평화 활동가로 참여하여 여러 불자들과 만나면서도 자신이 하고 있는 평화 활동에 무언가가 부족함을 감지한다. 그것은 자신이 하는 일이 옳은 일임을 알지만 그 옳은 일을 하는 방식이 옳지 않다는 불안감이었다. 그는 자신의 활동 방식의 태도와 그 활동을 수행하는 분위기가 좋은 일을 하는 선한 사람과 악한 일을 하는 악한 사람이라는 흑백 논리의 구조에서 촉발된 적개심과 이원적 분류라는 사실을 알게 된다.

> 우리는 해방신학의 방법을 따랐고 '사회적, 정치적 분석'을 시도했다. 우리는 고통과 폭력의 원인인 불의한 경제 정책을 알고 있었고, 그 기본적인 해결책이 정치적 의제와 정부의 구조적 변화에 있다는 것도 알고 있었다. 우리는 누가 좋은 사람이고 누가 나쁜 사람인지도 알고 있었다. 좋은 사람들은 투쟁하고 있는 가난한 사람들, 그리고 그들과 함께 투쟁하고 있는 '우리'였고, 나쁜 사람들은 '그들', 곧 독재자 군부, 레이건 행정부, 암살부대였다.252)

니터는 자신의 평화 활동에서 드러나는 나쁜 이들을 향한 강한 경멸과 분노가 리버데일 선(禪)센터의 글래스먼 선사(禪師)와 참여불자 틱낫한을 만나면서 무언가가 잘못 되었음을 느낀다. 니터는 글래스먼을 통해 암살부대를 저지해야 하지만 동시에 암살부대와 하나임을 깨달아야 한다는 메시지를 받는다. 그리고 틱낫한을 통해서는 정의를 위해 일하는 것보다 평화를 위한다면 '평화로워라'는 주장에 매료된다.253)

그는 세상을 평화롭게 만드는 유일한 길은 우리의 자아 정체성을 초월해 불성 혹은 그리스도 예수 안에 있음으로 본다. 그것은 곧, 우리의 중심이자 근원인 우리가 그 안에서 살고 움직이고 존재하는 공(空) 혹은 영(靈)과 만나고 그것으로 돌아가야만 평화를 가져오는데 필요한 자질을 갖게 되는 것을 뜻한다. 뿐만 아니라 우리의 행동은 그럴 때 자아의 욕구가 아닌 우리의 참 본성인 지혜와 자비로부터 나오게 된다.254)

그래서 틱낫한과 달라이라마 같은 참여불자들은 우리가 먼저 스스로 평화로우면 세상을 평화롭게 만들 수 있다며 "내적 · 인격적 변화를 통해 우리가 평화로워지면 필연적으로 외적 · 사회적 변화를 통해 평화가 만들어질 것이라고 제안한다."255) 따라서 니터는 평화를 위한 '평화롭기'의 전제를 우리의 진정한 본성이 무아 혹은 무아적 자아, 나아가 상호연관 된 자아에 대한 깨달음에 있다고 본다. 이것은 어느 한 쪽을 편들거나 맞서지 않게 되는 행동, 즉 자비심의 행동으로 이어진다.256)

그러나 니터는 불자들의 이해와 인식에 만족하지 않고 다시 그리스도교로 '되돌아가기'를 통해 평화롭기는 '그리스도 되기' 라고 말한다. 그러면서 하느님의 공동체가 평화롭기를 원한다면 우리가 먼저 그리스도가 되어야 한다며 불교적 그리스도인으 로서의 정체성을 확증한다. 니터에 의하면, 신비적, 합일적 체험인 그리스도-예수 안에 있기라는 '그리스도 되기'는 평화를 만드는데 가장 큰 장애가 되는 인정받고, 성공하고, 지배하고, 우월해 지려는 자아 바이러스의 감염을 현저히 줄여준다. 뿐만 아니라 우리 안에서 발현된 자비와 사랑의 에너지가 자기중심 성에서 타자 중심성으로 흐르게 해준다. '그리스도 되기'는 지혜와 자비에 의해 어떤 것에도 집착하지 않고 모든 것에 개방 하게 하고 우리가 모든 세상의 상호존재의 일부임을 인식하게 한다. 그럴 때 우리는 성공에 집착하지 않는 자유와 실패에 좌절 하지 않는 자유를 얻게 된다.257)

하지만 니터는 여기서 멈추지 않는다. 불자들이 이해하는 평화가 전제되고 사회가 변화되기 위해서는 단지 개인의 변화 만이 아니라 현존하는 사회적, 정치적, 문화적 불의와 구조가 극복되어야 한다. 그는 고통을 일으키는 사회구조의 궁극적 원인이 개인의 마음과 행동에서 비롯되지만, 인간의 마음을 변화시키기 위해서는 사회구조도 동시에 변화되어야 한다고 주장한다.258) 무엇보다 개인의 변화와 사회구조의 변화에 잠재되어 있는 니터의 실천적 평화 사상은 모든 사람들과 세상이 상호적으로 깊이 연결되어 있고 관계되어 있다는 상호존재의 각성에 기인한다.

요컨대, 니터는 자신의 인생 황혼기에 불교를 체화함으로써 자신의 그리스도교적 삶과 신학 안에 적절히 녹여내고 창조적으로 불교를 소화한다.259) 그는 생애 말년을 두 종교 전통 안에 속한 불교적 그리스도인으로서 실천적 학자, 평화 활동가로서의 불교적 그리스도인 단계로 살아간다. 그러나 우리는 니터가 자신의 삶의 황혼기를 불교적 그리스도인으로서 마지막 단계로 정리할 것인지, 아니면 다시 다른 단계로 진입하여 살아갈 것인지 알 수 없다. 왜냐하면 그는 아직도 끊임없이 연구와 실천에 역동적으로 몰두하고 있기 때문이다.

지금까지 니터의 사상적 여정을 살펴보았다. 독실한 로마 가톨릭 집안에서 태어나고 성장한 니터의 사상은 근본주의자나 복음주의자들처럼 대체 모델 단계에서 시작되었다. 그리고 신언회와 당시 로마 가톨릭의 타 종교에 대한 개방적 입장에 따라 완성 모델 단계를 거치고 이후 훨씬 더 급진적인 관계 모델 단계를 체험한다. 그리고 니터는 관계 모델에서 한 층 더 발전적으로 다 종교 상황에 응답하는 종교 신학과 세계의 고통과 불의에 대응하는 해방신학의 필연적 당위성에 안착하여 종교 해방신학을 통해 구원 중심적 단계로 나아간다. 마지막으로 인생의 황혼기에 접어든 니터는 구원 중심주의 단계에 안주하지 않고 두 종교 전통에 속한 불교적 그리스도인으로서 생애 말년의 최종 여정을 보낸다. 따라서 니터의 신관은 오랜 사상적 여정을 통해 형성되었지만 마지막 불교적 그리스도인 단계에서 종교 신학적 사상이 완숙(完熟)되어 그의 최종적인 신관이 명확히 드러났다고 볼 수 있다.

2. 폴 니터의 신관

니터의 신관을 살펴보기에 앞서 니터의 신관이 어떤 방법론을 통해 정립되었는가를 먼저 고찰하는 것이 중요하다. 전술한 바와 같이, 니터는 그리스도교의 복잡한 문제는 최종적이거나 완전하지는 않지만 불교의 도움을 통해 해답을 찾을 수 있다고 보고 자신을 두 종교전통(Double-religious- belonging)에 속하는 "불교적 그리스도인"260)으로 서술한다.

그는 하나의 종교적 안경으로 하나의 특정한 규범과 입장에서 다른 세계관을 평가하려는 시도를 지양한다. 그 대신 실천적 종교다원주의 신학자답게 불교와의 오랜 대화와 수행을 통해 각자 고유한 문화적·종교적 안경을 가지면서 새로운 안경도 써 볼 것을 권한다. 그는 1970년대 존 던(John S. Dunne, 1929-2013)처럼 개방적이고 인격적인 방식으로 다른 이의 종교적 구두를 신고 다른 종교 전통으로 건너갔다가 다시 자기 종교 전통으로 되돌아오는,261)즉 불교라는 새로운 안경인 해석학적 관점으로 그리스도교 전통을 고찰하는 방법론을 따른다.

니터의 방법론은 두 종교를 단순히 병렬하여 서술하거나 혹은 두 종교를 혼종하지 않고 대승불교와의 접촉을 통한 세 단계에 따라 이루어진다. 첫째는 그리스도인으로서 가졌던 '갈등을 제시'하고, 둘째는 '불교로 건너가기'(passing over), 셋째는 '그리스도교로 되돌아오기'(coming back)라는 변증법적 순환 구조의 과정으로 전개된다. 이는 불교의 신발을 신고 불교의 세계를 여행 한 뒤 과거와는 완전히 달라진 모습으로 다시 그리스도교로 되돌아오는 여정이다. 이를 통해 니터는 불교로 인해 자신의 신학적 담론과 입장이 얼마나 달라질 수 있는지 분명히 보여준다.262) 한 마디로 니터의 신관은 불교의 필터로 그리스도교의 하느님을 재조명함으로써 구성된 것이다. 이제 구체적으로 그의 방법론을 따라가 보자.

1) 갈등제시

여기서는 우선 첫 번째 방법인 그리스도인으로서의 갈등에 기초하여 니터가 가진 기존의 신관에 대한 갈등과 그것에 대한 문제제기로써 그의 신관에 대하여 살펴보고자 한다. 니터는 미국인들의 종교교육과 학교교육의 괴리를 문제 삼는다. 학교교육은 신체와 지성에 따라 성숙하여 성인상태에 이르지만 종교교육은 십대 청소년 수준을 벗어나지 못한다고 일갈한다.263) 그는 종교교육에서 종교적 유년기에서 종교적 성인기로 넘어가는 가장 큰 장애물은 하느님을 하늘 위에서 세상을 다스리는 전제 군주처럼 느끼게 만드는 하느님에 대한 문제의

식에서 비롯된다고 본다.264)

즉, 니터의 신관은 초월적 타자로서의 하느님에 대한 문제 의식에서 출발한다. 이는 전형적인 서양의 실체론 철학265)에 기반 한 초자연적 유신론에 대한 비판적 성찰로써 이원론적인 신에 대한 문제제기이다. 그는 초월적 타자로서의 하느님에 대한 문제를 이렇게 진단한다.

> 칼 구스타프 융은 그의 환자들을 치료한 경험에 근거해 종교적인 사람들은 중년에 접어들면서 하느님을 '저 위' 또는 '저편' 하늘에 있는 초월적 타자로 보는 것에 대해 문제를 느끼기 시작한다고 했다. 그것은 확실히 내가 겪었던 문제이다. … 이십대 중반이 되자 타자 하느님이라는 묘사를 마음뿐만 아니라 머리로 받아들이는 것도 점점 더 어려워졌다. 그런데 이 문제와 씨름하면서 하느님의 타자성 자체는 진정한 문제가 아니라는 것이 더 분명해졌다. 우리의 삶이 건강하고 풍요로워지려면 타자들이 있어야만 하고, 특히 어떤 '중요한 타자'가 있어야만 한다.266)

여기서 니터는 '타자로서의 하느님'이 아니라 '초월적 타자 로서의 하느님'에 대해 문제를 제기한다.267) 그는 그리스도교 신학의 일반적 이해인 초월적 타자 하느님 교리는 두 가지 터전 위에 기초해 있다고 본다. 첫째는 '자존적 존재 그 자체'라는 교리이다. 하느님은 유한한 인간을 무한히 넘어선 전적인 타자이다. 전적인 타자로서의 하느님은 무한히 완벽하고 무한히 완전하고 홀로 행복하며, 아무것도 필요치 않는 자존적 존재이다. 또한 하느님은 "자신에게서 비롯되고 자신에게만 의존하며, 혼자만으로 행복할 수 있는 존재"이다.268)

둘째는 초월적 타자 하느님은 희랍철학의 유산에서 연유한다.

하느님은 자족성으로 인해 타자로부터 전혀 영향을 받지 않고 심지어는 자족하기에 타자를 전혀 필요치 않는다. 하느님은 피조물에 전혀 의존할 필요가 없는 것이다. 하느님이 피조물에 의존하거나 그 자신 아닌 어떤 것에 영향을 받는다는 것은 하느님의 무한한 타자성의 결함을 의미하고 완전성과 자족성을 훼손하는 행위이다. 니터는 하느님의 완전성을 자족성으로 이해하는 것은 희랍적이고 남성적인 관념의 소산에서 비롯된 것으로 본다.269) 따라서 문제가 되는 '초월적 타자로서의 하느님'은 그 어떤 것에도 영향을 받지 않는 완벽한 자족성을 지닌 존재이다. 이에 대해 길희성은 하느님이 타자에 영향을 받지 않는 자존적 존재라면 신과 세계와의 관계에서 다음과 같은 심각한 문제가 발생한다고 지적한다.

> 구약성서에 뿌리를 둔 인격신관은 하느님이 자유로운 의지에 따라 세계를 창조했다고 본다. … 창조가 신의 자유의지에 따른 행위라면, 신이 세계를 창조하지 않았을 가능성도 있었다는 말이 되기 때문에, 세계의 존재는 그야말로 우연성을 띄게 된다. 존재하지 않았을 수도 있지만 존재하기 때문이다. 그렇다면 다시 제기되는 문제는 아무 부족함이 없는 자족적인 신이 무엇 때문에 세계를 창조했는가 하는 물음이다. … 신학자들은 흔히 사랑을 창조의 이유로 들지만, 이것은 답이 될 수 없다. 창조 이전에는 사랑의 대상이 존재하지 않기 때문이다. 그리고 만약 세계 창조의 원인이나 동기 같은 것이 없다면, 세계는 무신론자들이 주장하듯이 그야말로 아무 이유나 목적이 없이 존재하는 무의미한 것이 되는 결과가 따른다.270)

길희성의 지적대로 자존성을 지닌 초월적 타자로서의 하느님이 갖는 문제는 신과 세계의 관계성에서 창조된 세계가 필연성이 아닌 우연성을 띈다는 점이다. 신이 완전하고 자족적이기에 세계를 창조할 동기나 원인이 없었는데도 불구하고 창조가 이루어졌다는 것은 우연한 사건의 일환이다. 그럼에도 불구하고 신학자들의 말대로 신이 세계를 창조한 이유는 세상에 대한 사랑 때문이라는 주장에 대해 창조 이전에는 사랑할 대상자체도 존재하지 않는데 창조가 세상을 향한 하느님의 사랑의 결과라고 하는 것은 모순이라는 주장은 설득력이 있다.

뿐만 아니라 니터는 초월적 타자로서의 하느님에 대해 또 다른 문제를 제기한다. 하느님에 대한 그리스도교의 가르침에는 초월적 타자로서의 하느님과 무한한 사랑의 하느님 이라는 두 가지 축이 있다. 여기서는 두 가지 문제가 발생한다. 첫째는 이 세상 너머의 초월적 존재로서의 하느님이 이 세상에서 어떻게 내재적으로 결합하는지에 대한 문제이다. 하느님은 사랑이고 창조는 그 사랑의 표현이라면 이 세상과의 내재적 결합에 문제가 있는 초월적 하느님이 어떻게 그 사랑을 표현할 것인가에 대한 논리적 모순이 생긴다. 이에 대해 신학자들은 삼위일체의 관계 속에서 하느님의 무한한 사랑이 표현된다고 변증한다. 그러나 니터는 내적인 자기 사랑으로만 충족되고 표현되지 않는 사랑은 병적인 사랑이라며 초월적 하느님의 자족성을 신랄하게 비판한다.271)

둘째는 무(無)로부터의 창조 교리이다.272) 여기서는 창조 세계에서의 하느님의 사랑과 초월적 타자로서의 하느님 사이에 조화의 문제가 발생한다. 무로부터의 창조는 창조이전에는 아무것도 없었다는 것과 세계를 하느님과 같은 수준에 놓지 않기 위해서 하느님이 세계를 자기 자신으로부터 방출 하지 않았다는 것을 증명하기 위한 교리이다. 이 교리는 하느님과 창조 세계의 경계선을 분명히 하고 "생산자와 생산품 사이, 전적으로 완전한 무한자와 전적으로 유한한 존재사이, 초월적 존재와 내재적 존재 사이의 심연을 가르고"있다. 전통신학은 초월과 내재를 가로지르는 하느님의 역사개입, 즉 역사 속에 육화한 성육신 교리를 통해 하느님의 초월성이 창조세계에 내재적으로 나타났다고 본다. 이에 대해 니터는 하느님의 역사 참여 방식이 한쪽으로만 치우친 편파성과 일방성, 유일회적인 성육신 형태라고 비판한다.273)

> 역사 속에서 하느님의 활동은 일방통행로인 셈이다. 그런데 또한 그 길은 어떤 곳에서는 만들어지고 다른 곳에는 만들어지지 않는다는 점에서 '편파적'인 길로 보인다. … 그는 여기서는 활동하지만 저기서는 활동하지 않고 유대인의 역사에서는 활동하지만 가나안인의 역사에서는 활동하지 않는다. 이는 다시 우리에게 하느님과 세계의 초월적 단절이라는 문제를 제기한다. 하느님과 세계는 완전히 다른 영역이고 하느님이 모든 것을 주관하므로 역사와 세계 속에서의 그의 활동을 위해서는 하느님이 그 단절을 건너야만 한다.274)

하느님은 자신과 세계의 초월적 단절을 메우기 위해 다리를 놓아야만 한다. 하지만 그 다리는 자연스러운 사건이 아니라 개입이다. 문제는 그 개입이 하나의 선택인데, "초월적 하느님이 초월적 천국에서 '내려와' 피조물과 하나"가 되는 그러한 선택이 매우 놀랍고 기적적이지만 그리스도인들에게 "하느님이 인간이 되는 기적은 단지 특정한 시간, 특정한 사람에게서 일어나는 것일 뿐만 아니라, 그 누구도 아닌 오직 예수에게서만 유일회적으로 일어난다"는 것이다. 니터는 하느님이 세계의 일부가 되기 위해 '내려와야' 한다는 것과 왜 그가 특정한 시간과

장소에 단 한번만 내려왔는지에 대해 이의를 제기한다.275)

길희성은 니터가 제기한 초월적 단절을 메우기 위해 유일회적으로 한번만 내려와야 하는 사건에 대해 '구멍 메우기식 하느님'(God of gaps)이라고 주장한다. 길희성은 피콕(Arthur Peacocke, 1924-2006)의 제안을 받아들여 "신이 자신의 뜻을 이루기 위해 특정 개인이나 집단에 산발적으로 개입하기보다는 세계 전체를 경영하는 일반섭리를 통해 세계와 지속적인 관계를 맺으면서 부분들에게도 영향을 미친다"는 견해에 찬동한다.276)

이와 같이 니터가 제기하는 초월적 타자로서의 하느님의 문제는 이원론(dualism)이다. 서론에서 밝혔듯이 서양 그리스도교의 주류 신관은 '고전적인 철학적 신론'(classical philosophical theism)으로 개체의 독립성을 인정하는 실체론과 실체로서의 신이 초자연적으로 초월해 있다는 이원론에 기반 한다.277) 이원론(dualism)이란 "어떤 것이 종종 서로 반대인 두 다른 부분이나 양상을 가지고 있는 상태"를 말하는 것으로 어떤 연관도 전제될 수 없는 완전한 분리를 뜻한다.278) 요컨대, 니터가 비판하는 신은 실체로서 존재하는 이원론적인 신관이다. 이에 대한 니터의 설명을 들어보자.

> 이원론은 두 실재 사이의 차이를 너무 강조하고 그 둘을 너무 분리시켜 두 실재가 만날 수 없게 한다. 그래서 그 두 실재가 서로에게 속하고, 서로를 보완하고, 서로를 필요로 하고, 서로 진정한 관계를 형성하는 것을 보여주지 못한다. … 그리스도교의 이원론은 하느님과 세계의 차이를 지나치게 과장한 나머지 그 둘이 어떻게 합일을 이루는지를 보여 줄 수 없는 것이다. … 그리스도교의 믿음과 영성의

상당히 많은 부분은 하느님과 세계의 이원론이라는 부담을 지고 있는 것이다. … 칼 융이 말한 것처럼 '완전히 저편에 계신 하느님'이나 '위에 계시는 하느님' 또는 '내게로 내려오시는 하느님'을 믿는 게 너무 어렵다는 것을 알게 되었다.279)

뿐만 아니라 그 분리는 수평적 차원의 분리가 아니라 위계적 차원의 분리로 한쪽이 다른 쪽 보다 우월하고 지배하려는 분리이다. 이러한 서양의 이원론적인 신관에 의해 서양과 동양, 역사와 자연사, 남성과 여성, 영혼과 물질, 하느님과 세계라는 이원론이 파생한다.280) 니터는 이원론적인 신관에 의존한 하느님과 피조물의 무한한 거리를 하느님과 피조물이 같은 운동장의 양 쪽 끝에 있는 것이 아니라 전혀 다른 두 개의 운동장에 따로 떨어져 있는 것으로 묘사한다. 그러면서 하느님이 피조물과 얼마나 다르게 존재하고 얼마나 현격하게 초월하는지를 지나치게 강조함으로써 하느님과 피조물을 상호 연관시키려는 인간의 시도를 매우 인위적이고 부적절한 것으로 파악한다.281) 그럼으로써 니터는 자신의 문제의식의 천착에서 비롯된 이원론의 문제를 다시 상기시킨다.

2) 불교로의 유월(passing over)

니터는 자신의 신관 정립을 위한 첫 번째 방법론에서 그리스도인으로서 가졌던 갈등, 즉 초월적 타자로서의 이원론적인 신 개념에 대한 불편과 갈등에서 비롯된 문제를 제기한다. 그리고는 두 번째 방법론인 '불교로 건너가기'를 통해 이원론의 문제를 상기시키면서 동시에 어떻게 이원론적인 신관이 극복될 수 있는지를 고찰한다.

우선 니터는 불교에 신이 없다는 생각에 동의하지 않는데서 출발한다.282) 이것은 붓다의 신에 대한 이해로 뒷받침 된다. 붓다는 당시 힌두교 안에서 수많은 신적인 요소를 알고 있었으나 그런 사색들은 깨달음에 이르는 길을 제시하기보다 장애와 혼란을 야기하는 것으로 보고 오랜 사유를 통해 신이라는 말도 방해가 될 수 있음을 인지한다. 그는 신이나 힌두교의 절대적 실재인 브라흐만에 대해 말하는 것보다 체험이 더 중요함을 직시하고 신의 존재를 부정하기보다 신을 포함해서 모든 인습적 종교 관행 자체를 부정한다.283)

즉, 붓다의 부정은 신의 존재 유무에 대한 부정이 아니라는 점에서 신이 있다고 여기는 유신론(theism)도, 신이 없다고 여기는 무신론(atheism)도 아니다. 그렇다고 해서 신이 존재해서는 안 된다고 주장하는 반신론(antitheism)도 아닌 비신론(nontheism)이라 할 수 있다.284) 비신론에 대한 아래의 설명을 들어보자.

보통 그리스도교에서는 종교를 유신론이냐 무신론이냐를 따지면서 유신론이면 인격신이고 인격신이 아닌 것은 전부 무신론이라고 하는데, 불교인들의 입장에서는 그렇다면 불교는 무신론적인 종교라고 밖에 할 수 없다. 이런 이야기를 그리스도교인들이 들을 때는 부처님은 무신론자라고 받아들일 것이다. 그런데 적어도 부처님의 초기 사상에 있어서는 무신론, 유신론의 경지까지도 벗어나는 것으로 안다. 그래서 유신론과 무신론의 분류에 첨가해서 비신론(nontheism)이라는 어휘를 사용한다. 무신론이라는 것은 절대 신이 존재하지 않는다는 뜻이고, 유신론이라는 것은 절대 존재한다는 입장이다. … 부처님의 초기 설법 같은 것을 보면 신은 절대 존재하지 않는다는 뜻이라기보다는 현상학에서 말하는 지향적인 존재라고 할 수 있다. 지향적인 존재란 존재할 수도 있고 존재하지 않을 수도 있지만 그 존재가 꼭 문제가 되는 것은 아니라는 뜻이다.[285]

위의 사실을 통해 알 수 있듯이, 불교는 신을 인정하지 않는 무신론적 종교라는 견해는 붓다의 가르침과 맞지 않다. 붓다는 당시 브라만 종교에서의 일원론적 형이상학에 기초한 신과 사제 중심의 독점적 종교권력에서 발생되는 비인간화 등의 종교 관행을 부정한 것이지 신을 부정한 것이 아니었다. 니터는 불교가 신의 존재를 절대 부정하는 무신론의 입장이 아니라는 사실을 인지하고 불교의 무상(無常, anicca)개념에 착안하여 자신의 신관을 펼쳐 나간다. 그는 만약 신이 존재한다면 신까지 포함해서 그 어떤 것도 불변하는 무엇으로 존재하지 않고 항상 움직이고 유동하는 것으로 이해한다. 그렇기 때문에 세계의 근본적 사실이나 본질은 대부분의 서양 철학자들과 신학자들의 주장처럼 '존재'(being)가 아니라 '생성'(becoming)이다.[286]

니터와 마찬가지로 엔도 슈사쿠(遠藤周作, 1923-1996)도 신을 '존재하는 신'이 아닌 '움직이는 신'으로 묘사한다. 그는 생애 말년에 쓴 소설 『깊은 강』에서 나루세 미츠코와 오오츠의 대화에서 움직이는 신을 이렇게 서술한다.

"많이 변한 것 같아요."
"그럴지도 모릅니다. 그러나 내가 변한 것이 아니고 마술사인 신이 나를 변하게 한 것이지요."
"이봐요. 그 신이라는 소리 그만 둘 수 없어요? 짜증스럽고, 실감도

나지 않아요. 나로선 실체도 못 느끼는 얘기니까요. 대학 시절부터
외국인 신부들이 쓰던 그 신이라는 단어하고는 인연이 멀었으니까요."
"죄송합니다. 그 단어가 싫다면 다른 이름으로 바꿔도 좋습니다.
토마토라도 좋고 양파라도 좋고 그래요, 신이라는 말이 기분 나쁘면
양파라고 불러도 좋습니다.
"좋아요, 그럼 양파라고 해두지요. 그럼 당신한테 양파는 뭐지요?
옛날에는 자신도 모른다고 얘기하더니. 신은 존재하느냐고 누군가가
당신에게 물었을 땐. …."
"죄송합니다. 솔직히 그때는 잘 몰랐지요. 그러나 지금은 나 나름대로
압니다."
"신은 존재하기 보다는 움직입니다. 양파는 움직이는 사랑의 실체
입니다."
(중략)
"여하튼 양파는 어딘가에 버려져 있는 나를 어느 틈엔가 다른 장소
에서 살아나게 해주셨습니다."287)

황필호는 『깊은 강』에서 묘사된 신의 개념을 계속 생성하
고 계속 변하는 신, 고정 불변하는 '존재로서의 신'이 아니라
인간 역사의 소용돌이 속에서 직접 활동하는 '생성의 신'으로
서술한다.288) 존재하는 것은 생성하는 것이며, 움직이고 있을
때만 '존재'할 수 있다. 이처럼, 모든 것이 끊임없이 변하는 무
상인 이유는 다름 아닌 연기(緣起)때문이다. 니터는 그 이유가
만물의 무상성 때문이라고 진술한다.289)

왜 모든 것은 무상하고 끊임없이 변하는가? 그 대답은 무상과 짝하는
연기(緣起, pratitysamutpada)의 진리와 관련이 있다. 더 단순하게
말해, 모든 것이 상호 연관되어 있기에 모든 것이 변하는 것이다.
모든 것은 다른 것을 통해서, 다른 것과 함께 생겨나고 계속 존재하게
된다. 붓다는 그 자체로 존재하는 것은 아무것도 없다는 것을 보았다.

붓다가 인간의 자아 또는 어떤 것의 자아/정체성을 사용할 때 사용한
용어는 무아(無我, anatta)이다. 우리는 각자 개별적이고, 분리되어
있고, 독립적인 존재라는 의미에서의 자아가 아니다. 그보다는 우리가
항상 상호 연관되어 있기 때문에 우리는 항상 변하고 있는 것이다.
그러므로 붓다가 보기에 우리는 존재가 아니라 생성이다. 우리는
함께 생성(becomings- with)하는 것이다.290)

니터는 만물의 상호연관성을 나타내는 연기의 법칙에 따라
신을 존재가 아닌 생성으로 파악한다. 그러므로 니터의 신 이
해는 "연기론적 관점에서 보면 나의 행위와 무관하게 저 홀로
닫혀있는 물자체로서의 신과 세계는 존재하지 않는다"291)는
민중불교의 입장과도 맥을 같이한다. 이처럼, 니터의 신관을
이해하기 위한 핵심 관건은 연기에 대한 깨달음이다. 니터에
의하면, 깨달음은 어떤 것을 체험하는 것으로 어떤 '것'은
일반적으로 말하는 사물이 아니라 만물이 존재하고 작용하는
방식을 의미한다.292) 이 진술은 니터가 신을 이원론적인 실체
론적 존재로 이해하지 않음을 보여주는 중요한 단서이다.

니터는 대승불교에서 공의 산스크리트어 '순야타'(sunyata)의
어근 '수'(su)에 착안하여 아이디어를 얻는다. 그는 공의 어원
인 '수'(su)가 '비어있다'와 '가득하다'의 두 의미를 포괄하는
'부풀은'이라는 점에서 "공의 비어 있음이란 '아무 것도 없는
빈 방' 같이 비어 있는 부정적 의미에서의 비어 있음이 아니라
'채워 질 수 있는 빈 방' 같이 무엇이든지 받아들일 수 있는 의
미에서의 비어 있음"이라고 정의한다.293) 그러면서 공에 대한
자신의 생각을 이와 같이 구체적으로 진술한다.

이는 풍선의 비어 있음과 같은 것을 의미할 뿐만 아니라 임산부의 부풀어 오른 배와 같은 잠재성도 의미한다. 공은 모든 사물은 그 자체로서 존재하는 것이 아니라 타자에게 열려있고, 타자에게 의존하며, 따라서 타자에게 기여할 수 있다는 실상을 입증한다. 그런 의미에서 공은 열반의 문자적 의미 '불어 꺼지다', 즉 자신의 존재가 불어 없어져 타자의 존재 속으로 불어 넣어 간다는 뜻을 나타낸다.[294]

니터는 공을 있음에 반대되는 없음으로서의 유가 아니라 만물의 작용 방식을 나타내는 열반과 동일시한다.[295] 또한 선불교 불자들에게 공은 모든 생명 안에 내재하는 불성이기도 하다. 여기서 니터는 공을 상호존재로 번역하는 틱낫한의 입장에 따라 상호 관련된 사물의 상태로서 끊임없이 새로운 연관을 통해 새로운 가능성과 새로운 생명을 만들어 내는 것으로 파악한다. 니터는 열반, 공, 그리고 무근거성(Groundlessness)[296]이라 불리는 상호존재는 다른 모든 것들이 존재하는 방식대로 '존재하는' 어떤 것(thing)이 아니라 무(nothing,無)임을 강조한다. 그러면서 틱낫한이 사용한 공의 표현인 상호존재를 이렇게 설명한다.

> 이 무는 대승불자들이 사용하는 또 하나의 용어이다. 사물들이 상호 연관성 안에서, 그리고 상호연관성을 통해 존재하는 데 반하여, 공과 열반은 그 사물들의 연관되어 있음 자체이다. 불교 경전에는 없지만 현대 불자들이 채택한 용어를 사용해서 말하면 공과 무근거성은 어떤 과정, 실로 그것에 의해, 그것 안에서, 그것을 통해, 모든 것이 존재하고 생성하는 과정 자체라고 할 수 있다.[297]

니터는 공인 상호존재를 각각의 사물들이 어떤 것으로 존재하는 것이 아닌 사물들의 연관되어 있음 자체, 만물의 생성 과정으로 표현한다. 이에 대한 니터의 설명을 다시 들어보자.

> 공을 나타내는 또 하나의 이미지는 에너지 장이다. 모든 존재는 이 장
> 안에서, 그리고 이 장에 의해 상호작용할 수 있고 상호 생성할 수
> 있는 에너지를 얻는다. 에너지 장은 그 안의 모든 활동과 함께, 그
> 안의 모든 활동을 통해 '존재'한다. 그런 활동이 없다면 에너지 장은
> 존재할 수 없다. 그렇지만 이 에너지 장은 그런 활동들로 환원되거
> 나 귀결될 수 있는 것이 아니다. 공 / 상호존재는 부분들의 합이지
> 만 모든 부분들을 더한 것보다 더 큰 것이다.298)

니터에게 공인 상호존재는 모든 것들이 존재하는 사물 같은
어떤 것이 아니라 그것을 통해 그것 안에서 모든 것이 존재하고
생성하는 에너지 장(場)299)이다. 하지만 공간적인 이미지를
담지하고 있는 장(場)이라는 표현 때문에 그것을 거대한 용기
(vessel)와 같은 것으로 생각해서는 안 된다. 장(場)은 만물을
성립, 실재시키는 힘이며, 거기에서부터 모든 것이 태어나고
현실화되는 무한히 풍부한 힘의 원천이다.300)
그러므로 니터는 상호존재의 에너지 장(場)인 공(空)은 개별적
형상인 색(色)없이 존재할 수 없고, 반대로 개별적 형상인 색
(色)은 상호존재의 에너지 장(場)인 공(空)없이는 존재할 수
없는 것으로 파악한다. 그것은 대승불교의 "공은 곧 색이고,
색은 곧 공이라는 공즉시색(空卽是色), 색즉시공(色卽是空)"을
의미한다. 이는 상호존재의 에너지 장인 초월적 실재로서의
공은 인간과 동식물, 그리고 모든 사건들 가운데 구체적 형상을
띄고 표현된다는 것이다. 이는 색이 개별성을 유지하면서도
각각이 분리될 수 없는 상호연관성으로 결합된 세계인 진공묘
유(眞空妙有)로서의 불이(不二)를 의미한다.301)

이와 같이, 니터가 말하는 공인 상호존재의 에너지 장은 마태복음 6장 10절 하반절, 뜻이 하늘에서 이루어진 것 같이 땅에서도 이루어진다는 구절과 맥락적으로 유사하다. 즉, 하늘을 표현하는 공과 땅을 나타내는 색은 분리된 둘이 아니며 그렇다고 해서 하나도 아니다. 뜻이 하늘에서와 같이 땅에서도 이루어진다는 표현은 공즉시색, 색즉시공처럼 각각의 개별성을 유지하면서도 모든 존재는 상호존재의 에너지 장에서 생성되는 불이의 원리를 나타내는 것과 다르지 않다. 니터는 이러한 불이의 실상을 대승불자들은 열반이 곧 생사라고 한다며 그들의 열반, 생사, 공, 상호존재의 체험은 그리스도교 신비주의에서의 체험과 부합하는 것으로 이해한다. 그러면서 이것을 '그리스도와 하나 됨', '신적 내재', '신적 본성에서의 참여자'와 같은 것으로 간주한다.[302]

요컨대 니터는 첫째, 그리스도인으로서 가졌던 이원론적인 신에 대한 '갈등을 제시'하고, 둘째, '불교로 건너가기'를 통해 새로운 종교적 안경으로 신관을 관망하고, 셋째 '그리스도교로 되돌아오기'를 통해 전통적인 그리스도교 문법과는 다른 신관을 펼쳐나간다. 다음 절에서는 3단계 과정을 관통하여 생성된 니터의 신관을 고찰 해 볼 것이다.

3) 그리스도교로의 회향(coming back)

니터는 첫 번째 방법인 자신이 가진 하느님에 대한 갈등과 문제를 초월적인 이원론적 신이라는 문제의식에서 출발한다.

그리고 두 번째 방법인 '불교로 건너가기'(passing over)에서는 불교의 도움을 받아 공이 만물의 무상성과 연기로 인한 상호존재의 에너지 장이라는 깨달음을 확증한다. 니터는 이제 세 번째 방법으로 '그리스도교로 되돌아오기'(coming back)를 통해 불교적 렌즈로 조명된 그리스도인으로서의 신관을 확립한다. 니터는 자신의 신관을 정립하기 위해 "하느님은 상호존재인가?"라는 자문(自問)으로 시작한다. 니터는 자신의 물음에 대해 하느님에 대한 적절한 상징은 상호존재이고 상호존재의 하느님은 그리스도교 신비가들이 하느님 체험을 묘사할 때 사용하는 하느님과 매우 가까운 것으로 답한다. 그러면서 하느님은 사랑하는 하느님이 아니라 '하느님은 사랑'(요한1서 4:8)이라는 신약성서 본문을 인용하여 하느님의 참된 본성을 밝힌다.

니터에 의하면, 하느님은 사랑하는 아버지가 아니라 사랑이다. 사랑하는 아버지와 사랑인 하느님과는 어떤 차이가 있을까? 전자는 하느님을 하나의 인격체로 묘사한다. 이것은 초월적 유신론에서 나타나는 이원론적인 신관의 또 다른 얼굴이다. 이와 반대로 후자는 하느님을 상호존재의 신비로 이해한다. 이것은 니터가 전자의 하느님 이해를 비판하고 새로운 신관을 제시한 것이다. 전자의 신관은 하느님을 사랑하는 아버지로 봄으로써 일부 그리스도인들이 하느님을 저 하늘 위에 있는 수염 난 백인 남자, 혹은 어머니, 친구, 그리고 구원자라는 하나의 인격체로 묘사하는 신인동형론(anthropomorphism, 神人同形論)303)의 신 이해와 같다. 이것은 니터의 신관에 대한 문제제기에서 제기한 바와 같이 초월적 타자로서의 하느님의 존재방식에 관한 또 다른 서술로 "초월적인, 전능한, 완벽한 하느님+인격체=초월적이고 전능하며 완벽한 존재인 '초월적인 인격체'로서의 하느님을 말하는 것이다.304)

이에 대해 니터는 이런 방식의 신 이해는 하느님을 초월적, 타자적, 대상적으로 상대화 한다며 아래와 같이 비판적 입장을 드러낸다.

> 하느님이 나의 반대편 혹은 바깥에 있는 하나의 인격체가 된다면 내 안의 하느님, 생기를 불어넣은 에너지로서 체험되는 하느님의 그 특성을 잃어버릴 위험이 있다. 하느님이 '나-당신' 관계의 일부가 될 때, 이 '당신'으로서의 하느님은 내가 하느님에게 느끼거나 느끼기를 바라는 친밀함에 맞지 않는 어느 정도의 타자성을 띄게 된다. 내가 말하는 것은 '당신으로서의 하느님'이 '타자로서의 하느님'이라는 이원론으로 너무 쉽게 빠져든다는 것이다.305)

니터가 제기하는 문제의 핵심은 초월적이고 전능한 인격적 타자로서의 이원론적인 사랑의 하느님은 진정한 상호성의 관계가 파괴된다는데 있다. 니터가 보기에 초월적이고 전능하며 인격적 타자로서의 사랑의 하느님은 세 가지 문제가 있다. 첫 번째 문제는 하느님의 분노이다. 하느님은 인간적인 결점을 가진 부모의 사랑과는 달리 완벽하고 전능하고 무한한 사랑을 가지고 있다. 그런데 그런 하느님이 어떻게 자신의 요구가 받아들여지지 않으면 굉장히 화를 내거나 심지어 사람을 죽일 수 있는가 하는 문제이다. 구약성서의 하느님은 이집트에서 첫째로 태어난 사내아이들을 모두 죽였고(출애굽기11:5), 신약성서의 하느님은 교회에 내는 헌금에 대해 거짓말을 했던 부부를 죽였는데(행 5:1-11), 이런 하느님이 어떻게 사랑하는 아버지인 하느님과 부합할 수 있겠느냐는 것이다.

두 번째는 초월적 인격체로 세상을 내려다보는 하느님은 모든 것을 알고 계신 예지(豫知)의 하느님으로 인간은 그의 뜻에 주체적으로 반응을 할 수 없다는 문제이다. 주체적 책임감을 소멸한 사람들은 모든 것을 하느님의 뜻으로 정당화함으로써 자신의 이기적 결정을 하느님의 뜻으로 합리화하거나 남을 착취하는 수단으로 하느님의 뜻을 악용하는 경우도 발생한다. 뿐만 아니라 모든 일을 하느님의 뜻으로 환원함으로써 인간이 할 수 있는 일을 스스로 제한하는 비주체성과 의타성, 그리고 현실 도피적인 측면도 보일 수 있다.

세 번째는 아직 그리스도교 내에서 완전히 해결되지 않은 매우 난해한 문제로 사랑과 전능의 하느님이 왜 세상에 악을 허용하는가라는 신정론에 대한 문제이다. 사랑과 전능의 하느님이라면 왜 인간의 자유를 지나치게 허용하여 육백 만 명의 유대인을 학살하는 등과 같은 도덕 악 혹은 인간의 악을 허용하고 지진, 화재, 홍수, 가뭄과 같은 자연 악에 대해 막지 않고 혹은 막지 못하고 침묵하여 인간에게 고통을 허락하는가이다.306)

니터는 초월적이고 전능하며 사랑하는 아버지인 신적 인격체로서의 하느님은 바람직하지 못한 것으로 본다. 이런 하느님은 인간이 책임을 다하는 상호성의 관계로서 나와 하느님이 함께 하는 쇼가 되지 못하고 상호성의 관계가 파괴 된 하느님 혼자만 하는 쇼로서의 하느님이기 때문이다.307) 그럼으로써 니터는 실체론적인 인격체로서 혼자 하는 쇼로서의 하느님이 아니라 상호성의 관계가 파괴되지 않은 상호존재로서의 하느님을 이렇게 밝힌다.308)

나는 문제의 핵심은 인격적(personal)인 하느님이 아니라 하느님을 인격체(person)로 보는 것과 관련이 있다고 생각하게 되었다. 내가 말한 갈등의 대부분은 하느님을 '나-당신' 관계의 모델에 따라 신적인 '인격체'로 생각하는 일반적인 이해에서 비롯된다. 따라서 나의 문제는 내 앞에 서 있는 하느님이라는 인격체와 관련된 것이다. 그런데 하느님의 이미지를 인격체가 아니라 인격적 특성을 지닌 실재 혹은 에너지로, 모든 것에 스며들어 있는 영으로 이해한다면 어떻게 될까?309)

여기서 니터의 신관이 두드러지게 나타난다. 니터는 하느님을 '나'라는 개체와 '너'라는 개체, 즉 나와 너라는 인격 대 인격의 관계 방식의 기제로 존재하는 하나의 초월적인 타자적 인격체로 보지 않는다. 이것은 하느님을 인격체라고 하는 또 다른 실체 론으로 환원시키는 것과 같다. 하느님은 개인이 만날 수 있는 사랑 많고 인자한 신적 인격체, 혹은 "만물의 움직임 하나하나를 철저하게 지배하는 세계의 절대 군주 같은 통치자"가 아니라 삼라만상이 서로 얽히고 연관되어 있는 상호존재이다.310) 다시 말하면, 하느님은 상호존재라는 방식으로 관계하는 실체론적인 인격체가 아니라 상호존재인 하느님이 세상에 인격적인 방식 으로 임재 한다.311)

하느님은 전능하고 사랑 많은 '누구'가 아니라는 것, 내가 다른 사람 들과 맺는 관계와 본질적으로 동일하게 인격적 관계를 맺을 수 있는 인격체가 아니라는 것이다. 그보다는 하느님은 전에도 지금도 나를 감싸고 살게 하는 상호존재의 신비이다. 하지만 하느님은 또한 내게 인격적으로 임재 하는 신비이다. '인격적으로 임재 하는'이라고 말하는 것은 이 신비가 인격적인 방식으로 나를 감동시키고 내게 영향을 주는 것을 느끼기 때문이다.312)

캔트웰 스미스도 하느님을 하나의 인격체로 환원하는 것에 반대한다. 그는 사람들이 인격적인 어떤 실체를 하느님으로 믿었던 것이 아니라 초월적 실재를 인격적 하느님이라는 상징을 통하여 인식해 왔다고 본다.313) 니터는 하느님이 하나의 인격체가 아니라 인격적으로 임재 하는 상호존재인 이유를 이렇게 설명한다.

> 요한의 첫째 편지의 저자는 "하느님은 사랑"(4:8)이라고 선포한다. 그는 하느님을 사랑하는 아버지라고 말하지 않고 사랑이라고 말하고 있다. … 왜 그런가? 아버지에 대한 경험과 이해가 사람마다 다를 수 있긴 하지만, 그래도 일반적인 아버지 이미지대로라면 아버지 하느님의 참된 본성은 사랑이기 때문이다. 사랑한다는 것은 자아를 떠나는 것, 자아를 비우는 것, 타자와 연관되는 것이다. 사랑이란 이 비우고 연관시키는 에너지이고, 그 에너지로부터 새로운 연관성과 새로운 생명이 생성한다. 단테가 "달과 별들을 움직이는 사랑"이라고 말한 하느님은 별들과 우주의 상호존재인 것이다.314)

니터는 요한일서 4장8절을 토대로 하느님이 왜 상호존재인가에 대해 해명한다. 하느님이 상호존재인 이유는 하느님은 사랑이라는 속성을 가진 인격체가 아니라 하느님은 사랑이기 때문이다. 사랑의 본질은 자신을 비우는 것으로 존 힉의 표현을 빌리면 "'자아 중심성'으로부터 '타자 중심성'으로 옮겨가는 것"315)이다. 이렇게 될 때 타자와의 연관이 가능하고 연관시키는 에너지로 인해 새로운 연관과 생명이 창출된다. 하느님은 사랑이기 때문에 이기심을 버리고 내어줌으로써 다른 모든 존재와 상호작용의 편재하는 에너지316)의 근원, 즉 상호존재로서 실재하는 것이다. 그러면서 니터는 하느님을 상호존재로 이해하는 신학 이론이 삼위일체론으로 반영되었다고 본다.

삼위일체의 하느님을 믿는 것은 '관계적' 하느님을 믿는 것이다.
하느님의 본성은 오직 '관계 안에' 그리고 '관계로부터' 존재하는 것
이다. 그리고 하느님에게 '존재하기'는 오직 '관계하기' 일 뿐이다.
… 그것은 서로 관계하는 세 개의 에너지, 세 개의 운동, 세 개의 위
격이다. 성부와 성자와 성령, 즉 부모와 자식과 영이다. 이는 하느님
의 본질, 존재, 정체성은 관계, 더불어 존재함, 상호존재로 이루어져
있다는 의미이다.317)

니터는 상호존재로서의 삼위일체가 하느님의 내적 본성으
로서 내적 삼위일체라고 말한다. 그는 동시에 내적 삼위일체
뿐만 아니라 나사렛 예수에게서 나타난 '관계'를 통해 세계 속에
존재하고 세계를 창조하는 하느님으로서의 외적 삼위일체도
언급한다. 이 관계는 하느님의 본질에 있는 관계와 같은 것으
로 생명과 존재를 낳고 내어주는 사랑의 관계이다. 이처럼, 삼
위일체로서의 하느님은 '관계'로 존재하기 때문에 우리 인간
도 사랑의 관계를 통해 존재한다. 니터는 이를 이유로 틸리히
(Paul Johannes Tillich, 1886-1965)가 말한 '존재의 근거'
하느님이 '상호존재의 근거' 하느님으로 변경되어야 한다고
주장한다.318)

삼위일체의 하느님을 체험하고 믿는 것은 틸리히가 말한 존재의 근
거가 아니라 상호존재의 근거인 하느님을 체험하고 믿는 것이다!
내어 줌과 받아들임, 앎과 사랑, 죽음과 삶의 활동인 하느님은 우리
모두와 모든 피조물을 품고 채운다. … 우리가 하느님에 대해 말한
다면, 하느님은 명사도 아니고 형용사도 아니다. 하느님은 동사다!
하느님이라는 말로 우리가 가리키는 것은 어딘가에 있는 존재가 아

니라 모든 곳에서 계속되고 있는 활동이다. 하느님은 사물이라기보다는 환경인 것이다.319)

이와 같이 니터의 신관인 상호존재의 하느님은 불자들이 사용하는 공(空), 구체적으로 틱낫한의 상호존재의 상징인 에너지 장이 하느님과 완전히 부합한다는 것에 착안한 것이다. 니터는 "하느님도 한 분이십니다. 그분은 만물 위에 계시고 만물을 꿰뚫어 계시며 만물 안에 계십니다"(에베소서6:4)는 성서의 구절을 통해 하느님을 "위에, 꿰뚫어, 안에"있는 에너지 장의 상징에 매우 적합한 것으로 간주한다.320)

니터는 틱낫한의 상호존재와 어울리는 그리스도인들의 하느님에 상응하는 말은 영(Spirit)321)이라며 하느님을 "연관시키는 영"으로 표현한다. 니터는 이것이 초기 그리스도교 공동체가 하느님과 예수의 관계를 묘사할 때 가장 먼저 사용한 단어였으나 곧 아버지와 아들의 이미지에 밀려났고 자신이 상호존재를 통해 새롭게 하느님에 해당하는 영의 이미지를 회복하게 되었다고 말한다. 그러면서 상호존재의 역동적 에너지로서의 하느님을 이렇게 기술한다.322)

공으로 건너갔다가 영으로 돌아온 후 나는 영이 더 의미 있게 가리키는 것은 특정한 '존재'가 아니라 편재하는 '에너지'라는 것, 영은 어떤 것에도 구속되지 않으면서 많은 것들에게 활력을 준다는 것, 영은 내재하기 보다는 상호 침투하는 방식으로 그것이 활력을 주는 것과 하나 된다는 것을 … 영은 실로 창조의 도구 또는 힘이다. 영은 태초부터 우리와 함께 있으면서 모든 생명, 모든 존재에게 근거를 만들어 주고 서로를 연관시켜 준다. … 완전히 신비롭고, 모두지 예측할 수 없으며, 사랑과 자비로 충만하고, 그 사랑과 자비에 지배되

는 영은 내가 그 안에서 쉴 수 있는 자궁이다. 나는 매 순간마다 영
으로부터 태어난다.323)

니터에 의하면, 하느님을 상호존재의 역동적 에너지 장으로
묘사한 연관시키는 영(Spirit)은 모든 생명 현상의 근거이고,
어디에나 작용하는 힘이며, 우리 주변에 있는 모든 실재의 비
물질적인 층, 수준, 혹은 차원이다. 곧 신은 있지 않은 곳이 없는
무소부재(無所不在)이다.324) 같은 맥락에서 길희성은 신을
인격적 뜻이나 의지를 가진 행위의 주체(agent)나 어떤 실체적
존재로 보지 않는다. 오히려 신을 세계와 인간에 작용하는 거대한
힘, 무한한 에너지, 혹은 생명의 영으로서 동양의 기 개념에
더 가까운 실재로 파악한다.325) 길희성에 의하면, "에너지 혹은
생명의 영은 신의 속성이나 소유가 아니라 신 자체"이며 "신은
영을 소유한 주체나 실체라기보다는 영 그 자체가 신"이다. 신에
대한 좀 더 구체적인 그의 진술을 들어보자: "물질계와 생명계와
정신계는 이 무한한 에너지의 다층적 변현(transformative
manifestation)으로서, 신은 모든 유한한 사물과 생명체들의
존재와 생명의 근원이다. (…) 다시 말해서 신은 만물의 기
(氣)뿐 아니라, 이(理)이기도 하다. 신은 이가 내재된 기 혹은
이를 내포하고 있는 기라고 할 수 있다."326)

니터는 신에 관한 위와 같은 진술을 하느님의 성령이 모두
에게 있고 영은 나와 함께 있고 내 안에 있고, 나로서 살고 있는
편재하는 에너지로서의 상호 침투하는 영으로 이해한다. 그는
2003년 3월 로마서 8장 9절을 성찰하면서 쓴 일기에서 상호
존재의 하느님을 이렇게 고백한다.

"하느님의 성령께서 여러분 안에 계십니다." 이 말을 믿는 것은 보통의 삶과는 너무 다른 삶을 사는 것이다. 바로 이 실재로 인해 나는 모든 것을 직시하고, 모든 것을 대하고, 사랑과 미움에 반응하고, 책을 쓰고 가르치는 일을 계속 할 수 있다. 그 실재는 현실적인 것이다. 영은 진실로 나와 함께 있고, 내안에 있고, 나로서 살고 있다. 그것이 페마 초드론이 말한 '광대한 개방성'이다. 그것은 자애(maitri)의 원천이며, 나는 이 자애로 나 자신과 내 인생에서 함께 하고 만나는 모든 이들에게 진실하고 자비로울 수 있다.327)

위의 내용은 니터의 신관을 집약하는 것이기도 하면서 동시에 그리스도교 신학의 이원론을 감염시킨 중요한 해독제라 평가하는 그의 실존적인 신앙고백이기도 하다. 그 이유는 "나와 함께 있고 내안에 있고 나로서 살고 있는" 상호존재의 하느님 때문이다. 하느님이 내 안에서 나와 함께 나로서 살고 있다는 표현은 저 너머에 존재하는 초월적이면서도 전능한 인격체적 타자로 분리된 이원론적 실체로서의 하느님이 아니다. 하느님까지 포함해서 모든 것은 존재(being)의 상태로 불변하지 않는 실체가 아니라 무상하여 생성(becoming)328)하는 상호존재이다. 그렇기 때문에 하느님과 나는 다른 두 존재로 분열되어 있지 않고 거리와 차별이 없이 내 안에서 나와 함께 나로서 살고 있는 것이다. 니터의 신관인 나로서 살고 있는 연관시키는 상호존재의 영인 하느님은 전술한 틱낫한의 표현으로 환언하면 "그것이 바로 그것이다"가 된다. 이는 니터가 불이(不二)의 하느님을 체험하며 일기장에 고백한 신 이해와 일치한다.

에페소서 4장 6절은 '그 분은 만물 위에 계시고 만물을 꿰뚫어 계시며 만물 안에 계십니다'라고 고백한다. 실로 하느님이 우리를 통해 활동한다면, 그것은 하느님이 우리를 '통하지' 않으면 우리 '안에' 계실 수 없다는 것을 의미한다. 따라서 하느님이 단지 내 안에서 활동한다는 정도가 아니라, 하느님이 세상 안에서 활동할 때 내가 곧 하느님이라는 것이다.329)

여기서 니터가 고백한 "내가 곧 하느님"이라는 것과 틱낫한의 상호존재의 특징인 "그것이 바로 그것이다"라는 두 진술은 상호존재의 편재하는 영과 상통한다. 왜냐하면 영은 단지 저기 어딘가에 있는 것이 아니고 우리를 살아있게 하는 우리의 일부이기에 나의 정체성으로부터 영을 구분하는 것은 매우 어렵기 때문이다. 그러므로 하느님의 영은 우리의 일부이다. 이런 신관은 하느님이 상호 침투하여 일체의 구별과 차별, 거리가 존재하지 않는다는 사사무애(事事無碍)의 차원을 말하는 비이원론적 신관이다.

종합하면, 틱낫한에게 '존재'(being)는 자존적 실체에 근거한 '나'(我)이다. 그러므로 불교의 연기와 공의 법칙에 정면으로 위배된다. 그런 점에서 틱낫한은 모든 존재의 무실체성에 근거한 사물과 현상의 연기인 '상호존재'를 역설한다. 상호존재는 유한과 무한, 생과 사, 열반과 생사, 나와 너라는 이분의 법칙을 해체한다. 결국 니터는 틱낫한이 제시한 공과 연기의 새로운 조어인 '상호존재'(interbeing)를 그리스도교의 하느님과 완전히 부합하는 것으로 이해하면서 비이원론적인 신관을 제시한다. 니터의 신관은 그리스도교에서 인지된 갈등을 시작으로 그리스도교에서 불교로, 다시 그리스도교로 돌아오는 긴 종교적 여행을 마친 후 내린 실존적이며 구도적인 자각이다.

그 점에서 이 책에서는 연구의 주요 핵심어가 되는 틱낫한의

'상호존재'와 니터의 신관인 하느님은 상호존재 혹은 상호존재는 하느님이라는 개념, 즉 '상호존재-하느님'의 도식에 착안하여 새로운 신관인 '상호존재신론'(Interbeing-theism)을 제시한다. 상호존재신론은 아래의 연구 방식을 토대로 구성되었다. 첫째는 '신관'(神觀)의 영어 단어인 'theism'은 그리스어의 '신'에 해당하는 'theos'와 '이론'에 해당하는 'ism'의 합성어이다. 서양에서는 이 단어를 토대로 다양한 신관의 유형이 형성되었다. 예컨대, 부정접두사 'a'와 'theism'이 결합된 '무신론'(atheism), 접두사 'pan'과 'theism'이 결합된 '범신론'(pantheism), 접두사 'pan'과 'en'과 'theism'이 결합된 '범재신론'(panentheism), 접두사 'poly'와 'theism'이 결합된 '다신론'(polytheism), 그리스어 'henos'와 'theism'이 결합된 '단일신론'(henotheism), 그리스어 'monos'와 'theism'이 결합된 '유일신론'(monotheism) 등이다. 이 책에서는 위와 같은 방법으로 '상호존재'(Interbeing)와 '신관'(theism)을 결합하여 '상호존재신론'(Interbeing-theism)[330)] 으로 조어했다.

둘째는 전술한 바대로 'Interbeing'은 'inter'(사이의, 상호간의)와 'being'(존재)의 합성어이다. 'inter-'는 접두사로서 형용사나 명사를 연결하여 두 가지 이상의 장소나 사물, 그리고 사람을 지칭하는 형용사적 의미로 사용된다. 틱낫한은 접두사 'inter-'에 'being'을 결합하여 'Interbeing'이라는 용어를 만들었다. 'Interbeing'은 그 자체로 명사도 되지만 'being'이 형용사적 역할을 하는 분사구문으로 쓰일 수 있기 때문에 'Interbeing'에 신론을 의미하는 'theism'을 결합하여 'Interbeing-theism'이라고 사용할 수 있다.

셋째는 '상호존재'(Interbeing)와 '신관'(theism)을 결합하여 만든 '상호존재신론'(Interbeing-theism)의 조어 방법은 "접목모델"331)에 따른 것이다. 접목은 대목(臺木)에다 품종을 접순시키는 것을 일컫는데, 상호존재신론은 서구의 학술어인 '신관'(theism)이라는 대목에 불교의 공관인 '상호존재'(Interbeing)라는 품종을 접목시켜 형성된 동-서의 주요 종교적 개념이 결합되어 만들어진 신관이다.

따라서 '상호존재신론'(Interbeing-theism)은 다케다 류세이(武田龍精)의 "진정한 실재는 모든 것이 과거· 현재· 미래에 걸쳐서 유기적이고 비실체적인 연관의 그물망 속에서 존재한다는" 한층 더 진보된 다원주의와 맥을 같이 한다. 그러나 '상호존재신론'은 존 힉이 일자(一者)로서 궁극적 실재를 전제하는 일원적 다원주의에 근거하거나 아니면 다케다와 같이 존 힉의 '일원적 다원주의'를 비판하는 '다원적 다원주의'를 표방하지 않는다. 단지 다케다가 존 힉의 궁극적 실재로서의 '하나'를 모든 종교에 "선재적(pre-existent)으로 통저(通底)하는 전재적(前提的) 비전으로 설정하는 것은 결국 포괄주의가 되기 때문에 진정한 세계 종교 간의 대화가 무의미 하다고 보는 다케다의 존 힉의 다원주의에 대한 비판에 대해서는 동감할 수 있는 신관이다.332) 이제부터 이 책에서 새롭게 제시된 상호존재신론에 관해 본격적으로 고찰해 보자.

Ⅲ. 상호존재신론의 정의와 특징

1. 상호존재신론의 정의

한때 영국 런던의 버스 광고에 "신은 없을 테니 걱정 말고 인생을 즐겨라"라는 문구가 유행했다. 이는 옥스퍼드 대학의 진화 생물학자 도킨스(Clinton Richard Dawkins, 1941-)가 주도해서 이루어진 광고 문구로서 신이 있다는 주장을 비판하는 것이었다. 도킨스는 유신론에 반대하여 무신론의 입장을 대중화 하려는 시도를 펼쳤다. 하지만 신이 존재하지 않는다는 그의 주장은 맞지 않다. 종교평화학자 이찬수에 따르면, 신이 있다는 그리 스도인들의 입장이나 신이 없다는 무신론자들의 주장은 맞는 말이 아니다. 신이 있다느니, 없다느니 하는 논쟁은 "모두가 신 을 인간의 범주 안에 가두어 두는 일"로 귀결되기 때문이다. 따라서 무신론자인 도킨스의 견해는 신을 상대적인 영역에 감 금하는 신에 대한 피상적 이해에 불과한 것으로 치부한다.333)

시공의 관점에서 보면 지구를 둘러싼 공기는 전체를 나타내는 신으로 가정할 수 있다. 이때, 신을 존재와 비존재라는 개념에 감금하려는 시도는 모든 곳 혹은 항시적으로 편재한 공기를 특정한 장소와 시간에 가두려는 것과 같다. 신을 공기로 비유하여 설명하는 이찬수의 생각은 폴 니터와 틱낫한의 하느님 이해와 맥락적으로 유사하다.

니터에게 하느님은 하나의 존재(자)가 내재하는 방식이 아니라 어떤 것에도 구속되지 않고 모든 것에 활력을 주며 상호 침투하는 편재하는 에너지로서의 영이다. 틱낫한도 하느님을 존재의 근원으로 이해하는 시도는 불편한 것으로 간주한다. 그는 "'만일 존재의 근원이 신이라면 비존재의 근원은 누구인가?'라며 존재는 비존재의 반대개념이며, 이는 오로지 개념과 상(nimitta)에 불과"한 것으로 단언한다.334)

틱낫한에게 개념과 상(想)은 겉모습일 뿐이다. '존재한다'에서 '존재'라는 개념이나 상은 하나의 겉모습에 불과할 뿐 만 아니라 존재하지 않는다는 '비존재' 또한 하나의 개념이나 상에 불과한 겉모습이다. 반대로 신은 존재와 비존재를 뛰어넘는다. "신이 존재한다고 말하는 것은 옳지 않고 신이 존재하지 않는다고 하는 것 역시 옳지 않다. 왜냐하면 신의 실재는 존재와 비존재라는 두 개념을 뛰어넘기 때문"이다.335)

틱낫한은 신을 존재의 근원이나 혹은 비존재의 근원으로 상(像)에 한계지우는 행위는 신에 대한 적절한 이해가 아니라고 본다. 이러한 언술들은 신에게 이름을 부여하지 않는 성서적 이해와 상통한다. 성서는 신에게 이름을 갖지 않는 무규정성 혹은 무한계성인 스스로 있는 자(출 3:14), 만유를 통일하고 만유 가운데 있는 자(엡 6:4)로 정의하기 때문이다.

길희성 또한 무소부재의 무한한 하느님에게는 안 혹은 밖이라는 것이 존재할 수 없다는 입장을 취한다. 그런 표현들은 하느님과 세계의 관계를 이해하기 위한 하나의 공간적 메타포에 불과하다.336) 틱낫한은 자신의 아미타경 해설에서 이런 입장을 분명하게 피력한다.

처음에 우리는 부처님을 바깥에 계신 분으로 여긴다. 한동안 수행을 하고 나면 우리는 부처님은 우리 안에 계시는 분이라는 사실을 깨닫는다. 더 정진하여 수행하면 우리는 부처님은 우리 안에도 밖에도 없는 분이라는 사실을 알아차리게 된다. 안팎이라는 것은 다만 두 가지 관념에 지나지 않는 것이고 진리는 두 관념을 넘어서는 것이다. … 안은 정해진 장소를 의미하는가? 실로 부처님, 열반, 정토, 그리고 하느님의 나라는 안에 있다거나 밖에 있다거나 또는 안팎의 사이에 있다고 말할 수 없다. 그러한 관념들은 다만 사고의 산물에 지나지 않는다.337)

이 메타포는 무한과 유한, 하느님과 세계가 구별은 되지만 불가분적 관계를 지닌다는 것을 의미한다. 하느님은 항상 세계 안에 있고 세계 또한 언제나 하느님 안에 있으면서 하느님께 의존한다.338) 길희성은 하느님에 대한 이러한 표현을 구체적 유한성을 초월하면서 동시에 다양한 사물에 즉(即)해서 함께 움직이는 역동적인 신관이라며 이렇게 설명한다.

우리는 하느님을 이 세계와 동떨어진 어떤 예외적 존재 혹은 '초자연적 존재'(a supernatural being)로 생각하기보다는 사물에 즉(即)한, 사물과 불가분적인 초월의 존재로 볼 필요가 있습니다. 무한한 하느님을, 모든 유한한 사물을 감싸면서 그 안에 존재하는 '내재적 초월'의 시각에서 파악한다는 말입니다. … 하느님을 만물

의 존재를 가능하게 하면서도 세계와 떨어져 있기 보다는 만물에
내재하면서 만물의 존재를 가능하게 하는 실재로 생각해야 합니다.339)

하느님은 시공, 개념, 언어 등 모두를 넘고 관통하고 있어
없지 않은 데가 없다. 다시 말해 신은 있지 않은 곳이 없는 무
소부재(無所不在)이다. 바꾸어 말하면 신이 없는 곳이 없다는
뜻은 신과 세계를 분리할 수 없다는 뜻이다. 하느님을 존재와
비존재, 안과 밖으로 규정될 수 없는 색즉시공, 공즉시색, 사
사무애, 그리고 무규정성과 무한계성을 지닌 편재하는 영의
이미지로 표상하는 신관이 상호존재신론이다. 상호존재신론은
신과 세계를 둘로 나누는 이원론적인 신관, 즉 정태적이고 형이
상적인 신관, 초자연적주의적 신관인 서양 그리스도교 신관과
대치된다. 그러므로 "하느님이 존재하지 않는다면 모든 것이
허용된다"340)는 도스토예프스키의 진술은 상호존재신론에서는
무색하게 된다. 왜냐하면 신과 세계의 분리를 토대로 하는 초
월적이고 인격체적인 타자로서의 이원론적 신을 전제로 하는
신관이기 때문이다.

하느님을 이와 같이 파악하는 상호존재신론의 이론적 전제는
두 가지 토대 위에 근거한다. 하나는 대승불교의 특징이고, 다른
하나는 아인슈타인의 새로운 물리학이다. 우선 대승불교의 특징
에서 보면 통상 종교와 철학에서는 영원과 시간, 성과 속, 초
자연계와 자연계, 그리고 본질계와 현상계를 엄격하게 구분하
거나 전자를 후자보다 존재와 가치론적으로 더 높게 평가하는
것이 일반적이다.

그러나 상호존재신론과 상응하는 대승불교는 양자를 둘로

분리하거나 전자가 후자보다 우월하다는 계급적 지위를 부여하지 않고 양자는 불가분리적인 '하나'로 보고 진여로서의 실재가 나타나는 두 가지 면으로 파악한다. 「대승기신론소」에서는 그 양자를 진여문(眞如門)과 생멸문(生滅門)으로 부르는데 그 관계는 이러하다.341)

> 마하야나의 가르침은 다음과 같다. 즉 마음은 하나이지만 그것은 두 개의 상이한 측면에서 파악될 수 있다는 것이다. 그것을 각각 '실재의 측면에서 파악되는 마음'(心眞如門)과 '현상의 측면에서 파악되는 마음'(心生滅門)이라고 부를 수 있다. 이 두 측면은 그 각각이 '총체'(總體)로서 각각 일체의 사물과 현상을 포괄한다. 이것은 곧 이 두 측면이 오로지 개념상으로만 구분될 뿐 각각 별도로 존재하는 것은 아니라는 뜻이다.342)

이러한 대승기신론소의 서술이 『반야심경』의 주제인 "색즉시공 공즉시색 색불이공 공불이색"(色卽是空 空卽是色 色不異空 空不異色)의 기신론적 표현으로 『반야심경』에서 색계는 생멸문, 공계는 진여문에 해당한다.343) 이것을 틱낫한은 색계에 해당하는 생멸문을 역사적 차원으로, 공계에 해당하는 진여문을 궁극적 차원으로 정의한다.

틱낫한은 역사적 차원과 궁극적 차원은 분리된 세계가 아니라 석가모니가 보리수 아래에서 깨달음을 얻어 붓다가 되었듯이 모든 사람은 역사적 차원의 일상에서 궁극적 차원의 진리와 자유를 찾을 수 있다고 본다. 그는 궁극적 가치를 찾기 위해 다른 곳을 헤맬 필요 없이 "나무와 풀, 언덕, 산, 그리고 사람"이라는 역사적 차원의 삶과 죽음의 세계 가운데 생과 사를 초월한 궁극적 차원으로 들어갈 수 있다고 말한다. 우리가 역사적 차원에만 머물러 있다면 고귀한 진리와 자유의 세계 없이 욕계와 색계에 구속되어 살아 갈 수밖에 없다. 그렇기 때문에 역사적 차원, 즉 우리의 일상 속에서 일상 너머에 있는 궁극적 차원에 들어가 열반의 기쁨을 맛보아야 한다는 것이다.

그러나 틱낫한은 궁극적 차원에 있으면서 그 궁극적 삶의 깨달음이 다시 우리의 일상에서 실천으로 구체화 되지 않으면 궁극의 깨달음이 추상적이고 형이상학적인 차원으로 격하된다고 말한다. 그래서 틱낫한은 역사적 차원과 궁극적 차원을 넘어 실천적 차원을 제안한다. 역사적 차원에서 궁극의 차원으로 들어가고 다시 그 궁극성이 역사적 차원으로 환원되어 우리의 삶에 실천적 차원으로 구체화되는 부단한 생성의 과정으로 나타나야 한다.344) 이처럼, 상호존재신론은 대승불교가 색계와 공계, 역사적 차원과 궁극적 차원을 분리해서 보지 않는 전제에서 이론적 근거를 찾을 수 있다.

상호존재신론의 또 다른 이론적 토대는 뉴턴(Isaac Newton, 1642-1727)의 우주관을 뒤집고 나온 알버트 아인슈타인(Albert Einstein, 1879-1955)의 '새로운 물리학'에 근거한다. 여기서 실재는 분리된 부분들로 정교하게 연결되어 짜여 진 기계이거나 탄탄하게 세워진 구조나 존재물이 아니라 계속되는 움직임이며 끝없는 과정이다. 세상은 끊임없이 변하며 서로 얽힌 운동과정이자, 생성과정이기에 전자든 인간이든 독자적으로 존재할 수 없다.

현대물리학은 '원자의 구성 요소들인 아원자적 입자들이 독립된 실체로서 존재하는 것이 아니라, 여러 상호 작용들의 불가분한 그물

(網)의 불가결한 부분들로서 존재한다는 것을 보여주었다. 이러한 상호 작용들은 입자들의 교환으로써 그 자신을 나타내는 끊일 줄 모르는 유동(流動)을 포함한다. 즉 그것들은 에너지 모형의 연속적인 변화를 통해 입자들이 끝없이 생겨나고 소멸되는 역동적인 상호 작용이다. 입자 상호 작용들은 물질세계를 형성하는 안정된 구조를 낳게 하지만, 그 물질계는 정적(靜的)으로 머물러 있는 것이 아니라 율동적인 운동을 하며 진동하고 있다. 그리하여 전 우주는 끊임없는 운동과 활동을, 즉 에너지의 지속적인 우주적 무도(舞蹈)를 하고 있다.345)

현대 물리학은 우주를 상호 연결된 역동적인 그물망으로 제시한다. 그러므로 이 그물의 어느 부분의 특성도 근본적인 것이 될 수 없고 모든 다른 부분들의 특성으로부터 이어져 나온다. 그 결과 그것들 서로의 상호 관계의 전체적 조화가 그 그물 전체의 구조를 결정짓는다. 즉, 현대 물리학은 신이 자연 속에 불변의 법칙을 부여했다는 개념을 더 이상 인정하지 않는다.346)

그러므로 모든 사물과 모든 사람은 근원에서부터 서로 역동적으로 관계한다. 그렇기 때문에 "우리는 생성과정에서 존재할 수 있고 관계 안에서만 생성될 수 있다." 그러나 니터는 우리 인간은 사물을 사건으로 보지 않고 실체로 보기 때문에 우리가 관계 안에 있다는 말을 포착하기 힘들다며 이원론으로 바라보는 것을 금(禁)하라고 역설한다.347)

우리 언어 구조는 우리가 관계 안에 있다는 것을 포착하지 못하게 막는다. 우리는 명사를 가지고 생각과 말을 시작하고 거기에서 동사를 갖다 붙인다. 보통 주어가 술어 앞에 있다. … 우리는 먼저 개별 인간 이고 나서 그 다음에 관계 맺는 것이 아니라, 맺고 있는 관계, 곧 우리가 누군가와 관계 맺고 무엇과 연결되는가로 개인이 된다. 관계가 우리의 모습을 틀지어 주는 것이다. 우리는 그저 생성되고 있는 것이 아니라 '~와 더불어 생성되고 있는 것'이다. '~와 더불어'를 제거해 버리면 우리는 죽고 만다.348)

니터는 만물이 구조나 존재물처럼 하나의 실체로 존재하는 것이 아니라 관계나 생성, 즉 ~와 더불어 존재하는 것으로 이 해한다. 이것을 대승불교와 새로운 물리학에 근거한 상호존재 신론의 관점에서 보면 만물은 독립된 실체의 분리가 아니라 상호생성 과정 가운데 있는 것이 된다. 그 이유를 신학용어로 표현하면, 니터가 하느님을 영으로 이해한 것처럼 하느님은 영이기 때문이다. 여기서 영은 히브리어의 '바람'이나 '숨결'(רוח), 헬라어의 '프뉴마'(πνεῦμα)에 해당하는 것으로 철저히 비물 질적이다. 영은 전혀 물질이 아니고 물질로부터 어떤 작용도 받지 않는 스스로 움직이는 신적 원리이며 의지이다. 그래서 영은 모든 것을 관통하며 포괄한다. 김용규는 신에 대한 이러한 이해를 안셀무스의 표현을 인용하여 이와 같이 설명한다.

> 안셀무스는 신이 모든 것을 관통하며 포괄한다고 표현했는데, … 내재 하면서도 동시에 초월한다는 뜻이니까요. 관통하며 포괄한다는 말은 물 위에 떠 있는 어떤 사물(예를 들어 축구공)을 물이 포용하듯이 밖에서 포괄한다는 게 아닙니다. 그것은 마치 물 위에 뜬 물방울들을 물이 포용하듯 안팎으로 침투해서 포괄한다는 뜻입니다. 이를 안셀 무스는 '유지하고, 뛰어넘고, 감싸 안고, 관통 한다'고 묘사했어요. …349)

이에 대해 화이트헤드는 물 위에 떠 있는 어떤 사물을 물이 포용 하듯 밖에서 포괄한다는 개념을 '외인적 관계'(external relation)로, 물 위에 뜬 물방울들을 물이 포용하듯 안팎으로 침투해서 포괄한다는 개념을 '내인적 관계'(internal relation)라고 정의한다. 아리스토텔레스의 『오르가논』에서는 이 차이가 '包涵'(포함)과 '包含'(포함)으로 구분된다. "전자는 그릇에 물이 담기는 것과 같이 전체와 부분이 분명하게 나누어지는 관계이고 후자는 물과 차(茶)의 관계와 같이 상호 침투하는 관계이다." 다시 말하면 전자는 '부분과 전체가 서로 담김'의 유형이고, 후자는 '부분이 전체에 담김'의 유형을 띈다.350) 계속해서 안셀무스는 이를 다음과 같이 설명한다.

> 이런 사유를 바탕으로 그는 신이 모든 장소에 있다고 하기 보다는 (모든 공간에 내재하며 동시에 초월한다는 뜻으로)신이 '어디에나' 있다고 말해야 한다고 했습니다. 또한 신이 모든 시간 안에 있다고 하기 보다는(모든 시간에 내재하며 동시에 초월한다는 뜻으로) '항상' 있다고 표현해야 한다고 주장했지요.351)

이것을 다른 말로 표현하면, 신은 '어디에나' '항상' 있는 홀론적 존재와 같다는 말이다. 홀론holon이란 '전체'나 '온전'이라는 희랍어 '홀로스holos'에서 나온 것으로 전체와 부분의 관계를 지칭한다. 인간은 신과 별개의 존재로 있지만 사실 신과 분리되어 있는 존재는 아무것도 없다. 왜냐하면 인간은 신이라는 전체 속에 있는 홀론이고 그 인간 속에서는 전체인 신이 내재하기 때문이다.352) 이에 대해 이정배의 설명을 들어보자.

> 이 점에서 홀론적 존재는 불이적 존재와 다르지 않다. 한마디로 신과 나(개체)사이에 어떠한 간격도 없다는 말이다. 그렇다면 홀론적 신은 단순이 있는(be) 존재가 아니라 무한한 우주적 에너지 형성의 장일 수밖에 없다. 다시 말해 하느님은 유한 속에서 활동하시는 무한한 힘으로서 영이라는 것이다.353)

상술한 인용문에 따르면, 홀론적 신은 무한한 우주적 에너지 장이다. 이는 하느님을 상호존재의 에너지 장으로 이해하는 니터의 입장과 맥을 같이한다. 그러나 니터는 하느님을 세상에 편재하는 영으로 내재하지만, 하느님은 세상보다 더 크다는 표현으로 하느님의 초월성을 규정한다. 이것은 신이 세상에 내재하지만 신은 세상보다 크다는 범재신론적 입장과 유사하다.354) 하지만 상호존재신론은 하느님은 세상보다 크다는 하느님의 초월적 묘사와는 달리 하느님을 오로지 내재 속에서만 의미를 갖는 초월성의 해체로 이해할 수 있다. 그래서 상호존재신론의 하느님은 더 적극적으로 상호침투 하는 영과 같은 에너지 장으로 서술 가능하다. 그러므로 상호존재신론은 안과 밖, 시간과 영원, 초월과 내재라는 이원법이 설 여지가 없는 불이(不二)의 하느님으로 정의된다.

즉, 상호존재신론의 하느님은 모든 것들이 존재하는 사물 같은 어떤 '것'이 아니라 그것을 통해 그것 안에서 모든 것이 존재하고 생성하는 에너지 장(場)이다. 그러므로 모든 존재는 이 장 안에서, 이 장에 의해 상호작용과 상호생성 할 수 있는 에너지를 얻고 동시에 에너지 장은 모든 활동과 함께, 그 안의 모든 활동을 통해 존재하게 된다.355) 에너지 장이 공이라면 모든 존재 혹은 활동은 색에 해당되므로 상호존재신론은 공즉시색, 색즉시공의 하느님으로 언표 될 수 있다.356)

에너지 장으로서의 하느님은 만물 위에, 꿰뚫어, 안에(에베소서 6:4) 있기 때문에 어떤 것에 구속되거나 제한된 특정한 '존재'가 아니라 모든 것에 스며들어 있는 '에너지', 즉 영이다. 그 영은 태초부터 우리와 함께 있으면서 상호 침투하는 방식으로 모든 존재와 생명에 근거를 제공하고 서로 연관시켜주는 에너지의 근원인 상호존재로 실재한다. 그러므로 그 영은 과거에도 지금 이 순간에도 모두를 감싸 안고 모두와 함께, 모두 안에, 모두로서 살고 있는 연관 시키는 신비의 영이며 모든 창조의 도구이자, 힘이다.

따라서 상호존재신론은 나―당신의 관계의 모델에 따라 하느님을 하나의 신적인 인격체(person)로 규정하거나 상호 존재라는 방식을 띠며 세상과 관계하는 것으로 묘사하는 실체론적인 신관이 아니다. 오히려 상호존재신론은 인격적(personal) 특성을 지닌 연기의 에너지 혹은 서로 연결되어 있음의 에너지로서의 신, 모든 것에 편재하는 영으로서 하느님을 의미하는 신관이다.

그런 점에서 상호존재신론의 하느님은 초월과 내재를 넘어서는 비이원론의 하느님으로서 사랑과 자비로 편만(遍滿)하여 모든 생명을 창출하는 모태가 되고 그 안에서는 자(自)와 타(他)의 구별이 없고 오직 사랑과 자비와 희망과 기쁨, 그리고 관용만 있게 된다.357) 이처럼, 틱낫한의 상호존재와 니터의 불교적 상호존재를 통해 이해된 그리스도교의 하느님인 상호존재의 신관은 몇 가지 주요한 특징을 가진다. 다음 장에서는 상호존재신론의 특징에 대해서 살펴보자.

2. 상호존재신론의 특징

1) 성서적 근거

구약성서에서 신을 가리키는 일반 명칭은 엘(El)이다. 엘에서 지극히 높으신 하느님의 엘욘(עליון), 전능한 하느님의 엘 샤다이 (לא ידש), 영원하신 하느님의 엘 올람(מאלסא-לא) 신적 권능의 엘로힘(מיהולא)등이 파생되었다. 이것은 히브리인들이 신을 강한 자, 전능한 자, 영원한 자로 파악하는 종교적 경험에서 발원된 표현의 산물이었다. 다시 말하면, 이러한 신의 명칭은 신이 자신에게 직접 언급한 말이 아니라 고대 히브리인들이 신에게 붙인, 즉 인간이 신에게 붙인 이름에 불과하다.358)

이 말은 신이 이름이나 실체로서 자신을 드러내지 않았다는 뜻이다. 그 이유는 신에게는 이름이 없기 때문이다. 신에게 이름이 없는 이유는 세상의 모든 존재물은 그저 있는 것이 아니라 무엇으로 있는데, 무엇으로 있다는 것은 한 존재물이 어떠한 특정한 성질, 즉 본질을 가지고 있다는 뜻이다. 그래서 세상 모든 만물은 무엇이라는 본질을 가짐으로써 존재하는데, 이때 그 무엇을 이름이라고 한다. 그러므로 우리는 "어떤 것을 그것 이게끔 하는 본질이 이미 규정되고 한정된 '존재물'"에만 이름을 붙일 수 있다. 그러나 만물의 궁극적 근원인 신은 속성상 규정할 수 없는 무규정자이고 한정할 수 없는 무한정자이다. 따라서 무규정자(無規定者), 무한정자(無限定者)인 신에게 존재물에나 붙일 수 있는 이름을 부여한다는 것은 신을 하나의 존재물로 규정하거나 한정하는 것이 된다.359)

그래서 아리스토텔레스는 "엄밀한 의미에서 전체(holon)의 바깥에는 아무것도 없다. 무언가가 빠져 있다면 빠진 것이 무엇이든 간에 그것은 전부(pan)를 포함하는 것이 아니"라고 말한다. 아우구스티누스는 이런 진술을 신에게 적용하여 인간이 신을 파악하지 못하는 것은 놀라운 일이 아니며 오히려 인간이 신을 파악한다면 신이 아니라고 주장한다.360) 이와 같이 스스로 숨어 계시는 하느님(이사야 45:15)이지만 신의 본질을 파악하고 그 이름을 알고자 하는 인간의 열망에 부응해 스스로 자신을 드러내는 사건이 성서에 등장한다.

상호존재신론의 하느님의 구약 성서적 근거는 스스로 자신을 드러내는 사건, 즉 모세와 하느님의 대화 가운데 기초한다. 그 사건에서 모세는 하느님(Elohim)에게 묻는다. "제가 이스라엘 자손에게 가서 '너희 조상의 하느님께서 나를 너희에게 보내셨다'라고 말하면 그들이 저에게 '그의 이름이 무엇이냐?'고 물을 터인데, 제가 그들에게 무엇이라고 대답해야 합니까?" (출 3:13) 그러자, 하느님(Elohim)은 모세에게 이렇게 대답한다. "나는 스스로 있는 나다(אֶהְיֶה אֲשֶׁר אֶהְיֶה, ehyeh aser ehyeh/ I am who I am 또는 I will be who I will be) '스스로 계신 분이 나를 너희에게 보내셨다' 하여라". 이어서 하느님(Elohim)은 모세에게 "너는 이스라엘 자손에게 이르기를 '여호와(Jehovah(NEB)/YHWH(RSV)361) 너희 조상의 하느님, 곧 아브라함의 하느님, 이삭의 하느님, 야곱의 하느님이 나를 너희에게 보내셨다' 하여라. 이것이 영원한 나의 이름이며, 이것이 바로 너희가 대대로 기억할 나의 이름"이라고 말한다.362)

출애굽기 3장 14-15절의 유일신의 이름인 야훼는 히브리어 동사 어근 '하야'(היה, hyh/HaYaH)에서 파생된 미완료 동사형의 이름이다. 동사 '하야'(היה)의 원래 의미는 떨어지다(fall), 생기다(befall), 되다(become), 생존하다(be, exist)로, 그리스 철학이나 독일 관념론 철학에서 말하는 본질 개념(essential concept)이 아니라 현상적·기능적(phenomenal–functional concept) 개념이다. 그러므로 '하야'(היה)가 '나는 존재한다'(I am)라는 의미로만 파악되면 자칫 야훼가 그리스 철학에서 말하는 존재론적 의미로만 파악되어, 시간과 공간을 초월하여 영원히 불변하여 존재하는 신으로 오해될 수 있다.363)

여기서 야훼의 동사 어근인 '하야'(היה)는 본질 개념이 아닌 현상적·기능적 개념에서의 '되다' 혹은 '생기다'라는 의미로 이해된다. 한 발 더 나아가 '하야'(היה)는 불교의 무상(無常)에 착안하여 신까지도 불변하는 실체로서 있는 '존재'가 아니라 항상 움직이고 유동하는 '생성', 혹은 에너지 장(場)으로 보는 니터의 신 이해와 부합한다. 다음의 설명이 이를 뒷받침한다.

> 스스로 생성 · 작용하는 존재가 아니고야 – 다시 말해 살아계신 하느님(el hay)이 아니고야 – 어떻게 본질과 존재를 피조물들에게 줄 수 있을까요. 자신을 무한한 '존재의 장'(場, field)364)으로 펼쳐 그 안에 피조물을 생성하고 또한 그들에게 부단히 작용하고 자신의 의지대로 이끄는 존재, 바로 이것이 모세에게 자신을 야훼(YHWH) 라고 계시한 신이자, 히브리인들이 하야(haya)라는 개념으로 이해한 신이지요.365)

니터는 존재를 단순히 운동이 없는 정지 상태로서의 정적인 실체가 아니라 존재하는 것은 생성하는 것, 즉 움직이고 있을 때만 존재하는 것으로 이해한다.366) 그 이유는 만물이 끊임없이 변한다는 무상성 때문인데, 무상성은 연기의 법칙에 의거한다. 연기(緣起)는 사물의 무자성에 근거하는 공(空)을 나타낸다. 이것을 틱낫한과 니터의 표현으로 각각 환언하면 상호존재(틱낫한)이기에 하느님은 상호존재로 파악된다(폴 니터). 따라서 상호존재신론의 구약 성서적 근거는 '하야'(hyh)에서 비롯된 것이라는 사실을 알 수 있다.367)

또한 신약성서에서 상호존재신론의 근거는 두 가지이다. 첫째는 "하느님은 사랑이다"(요일 4:8)에 근거한다. 여기서는 하느님의 본질이 사랑하는 아버지가 아니라 사랑이기 때문에 사랑의 속성은 서로관계, 상호존재에 있다. 이것은 사랑이 자아에서 나와서 자아를 비우고 타자와 연관되는, 즉 비우고 연관시키는 에너지이기 때문에 상호존재신론은 관계하고 자신을 내어주고 상호존재를 일으킨다. 요컨대, 상호존재신론은 새로운 관계와 생명의 기원이 되므로 상호관계, 상호존재로 정의된다.368)

둘째는 "하느님은 영이시니"(요4:24)에 근거한다. 영은 하나의 존재가 아니라 모든 곳에 스며들어 편재한다. 그러므로 영이신 상호존재신론의 하느님은 공과 상호존재의 의미와 상통한다. 공(空) 혹은 상호존재는 다른 사물이 상호 연결 가운데, 그리고 그것을 통해서 존재하는 것과 달리 사물의 연결 자체이기 때문에 공 혹은 상호존재의 다른 이미지는 에너지 장(場)이다.

그러나 에너지 장은 에너지 장 속에 있는 모든 활동과 더불어, 통해서 존재한다. 만약 이러한 활동이 없으면 에너지 장은 존재할 수 없다. 이것은 니르바나(涅槃)와 삼사라(生死), 공과 색이 이원적으로 분리되어 있지 않음을 말하는 것으로, 환언하면 상호존재인 하느님이 세상과 분리되지 않음을 표상한다.

마찬가지로 영이신 하느님은 사물에 거주하는 존재가 아니라 모든 사물에 상호 침투하는 만물의 에너지 장이기 때문에 세상의 모든 구체적인 형태인 사람, 동물, 식물, 광물, 사건 등이 세상의 모든 것의 생성의 에너지, 만물의 근원이다.369) 그러므로 우리는 "그를 힘입어 살며 기동하며 존재"(행 17:28)할 수 있는 것이다. 이로 비추어 볼 때, 하느님은 어딘가에 존재하는 하나의 존재가 될 수 없다. 오히려 하느님은 모든 곳에 존재하는 활동이며, 하나의 사물이 아니라 환경이며, 명사(noun)나 형용사(adjective)가 아니라 동사(verb)로 표상된다.370)

2) 비계급적 신관

서양 그리스도교의 주류 신관인 초월적 유신론은 실체론과 이원론에 근거한다. 전능하고 완벽한 인격체인 하느님은 피조물과 철저히 분리된다. 여기서는 서양과 동양, 자연과 초자연, 정신과 육체, 성(聖)과 속(俗)이 나뉘고 분리된다. 이것은 두 질서의 존재방식이 기본적으로 계급적임을 시사한다. 이러한 신관은 유일무이한 궁극적 실재에 대한 독점적 소유권을 주장하며 다른 종교에서의 신들은 아예 가치가 없거나 열등한 것으로 간주한다. 이것은 타종교들이 자신들의 종교와 그 뿌리부터 종류가 다르다고 보는 대체 모델의 입장이거나 아니면 다른 종교들을 부분적으로 인정하지만 완전한 구원에 이르지 못한다는 완성 모델의 입장에 따른다. 두 입장은 공통적으로 초월적 유신론에 의거하여 종교 서열화의 단초를 제공한다.

이와 달리 니터는 종교 간의 상호대화를 위한 만남은 위계 공동체가 아니라 평등 공동체로 이루어져야 한다며 아래의 사실을 확언한다.

> 대화에 참여한 모든 종교인이 각자 자기 종교의 진리를 주장하면서도, 자신의 종교가 다른 모든 종교를 지배하거나 포괄하거나 능가해서는 안 될 것이다. 어떤 종교가 모든 장점을 다 가지고 있고 다른 종교보다 우월하며 다른 모든 규범을 배척하거나 흡수하는 최종 규범을 가지고 있다고 주장한다면, 상호 대화를 시작할 수 없다. … 마찬가지로 어느 한 종교가 다른 모든 종교보다 우월하다고 주장하며 그들에게서 배우려 하지 않는다면 그 관계는 실패로 끝난다.371)

니터의 주장은 특정 종교가 다른 모든 종교를 완성하거나 종속시킨다는 종교 간 위계성은 거짓이라는 말로 요약된다.372) 스힐레벡스(Edward Schillebeeckx, 1994-2009)는 그리스도인들에게 "자기만이 진리를 소유하고 있고 나머지 전체는 잘못된 길에 빠져 있다는 확신은 더 이상 용납되지 않는다"며 자신이 가는 길만이 종교적 진리를 획득할 수 있다는 주장은 시간을 역행하는 꼴이라고 일갈한다.373)

같은 맥락에서 니터는 우리 모두는 각자의 문화·종교적 망원경을 통해 진리를 인식하기 때문에 우리가 아는 진리는 제한된 것일 뿐만 아니라 위험한 것이라며 포스트 모더니즘적 의식을 지녀야 한다고 역설한다.374) 그 이유는 역사의식 때문이다. 역사의식은 존재하는 모든 실재가 역사적인 한, 한계가 있다고 여기는 의식이다. 인간이 가진 지식과 진리는 순수한 사실 그 자체가 아니라 해석된 지식이기 때문이다. 니터는 사실 자체란 존재하지 않고 사실의 해석된 지식만 존재한다고 말한다. 해석은 반드시 우리가 속한 특정한 역사적 상황에서만 이루어지므로 우리는 역사라는 안경을 끼고 세상을 읽을 수밖에 없다.375)

랭던 길키(Langdon Gilkey, 1919-2004) 또한 역사의식에 기초하여 그리스도인과 모든 종교인은 인간 조건 아래 있음을 인정하고 모든 시대와 모든 사람들에게 보편타당한 진리를 알려주는 유일하고 최종적인 방식은 존재하지 않는다고 주장한다: "어떤 문화적 이법(理法)도 설령 과학에 기초하고 있다 해도 궁극적으로 보편적인 것은 아니다. 그 어떤 계시도 설령 그리스도교 계시에 토대를 두었다 해도 다른 모든 것에 대한 보편적 준거가 될 수 없다."376)

그러므로 우리가 아는 진리가 제한된 것임을 깨닫지 못할 경우, 우리는 그것을 유일한 진리, 완전한 진리, 최고 진리로 보고, 우리 자신과 모든 사람을 위한 진리로 단정 짓는다. 그렇게 될 경우 한 집단이 자기들의 진리를 절대적 진리라고 고집하게 된다. 이때, 진리는 다른 이들을 억압하는 이데올로기로 사용된다. 즉 "이데올로기는~~: 다른 이들을 희생시키고서 자신의 '진리'를 자신의 개인적 · 경제적 · 계급적 복지를 증진시키는 수단으로 사용"된다.

미셸 푸코(Michel Foucault, 1926-1984)에 의하면, 한 집단의 이익이 진리를 결정하는 표준이 되면 "진리주장은 쉽게 권력 주장"이 되어 버린다.377) 니터 또한 사람들이 종교 언어를 너무 문자적으로, 너무 정확하게, 단 한 가지 의미로만 수용하면 그 위험성에 대한 방어기제가 무너져, 결국 종교언어를 권력 언어로 바꾸려는 유혹에 빠지게 된다며 종교언어의 절대화를

경계한다.378)

이에 대해 길희성은 서양 그리스도교의 절대 진리주장이 아시아와 아프리카에 권력주장이 되어 돌아와, 서구에서 그 영향력을 상실한 그리스도교가 제국주의를 등에 업고 그 첨병으로 아시아와 아프리카에 진출해 아프리카에서는 노예장사로, 아시아에서는 식민 침탈로 그리스도교를 전파했다고 비판한다.379) 다른 종교의 신관을 폄훼하고 초월적 유신론의 우월성을 주창한 서양 그리스도교의 진리 주장은 권력으로 그 옷을 갈아입고 특정한 집단이나 민족, 국가의 이익을 관철하는 '집단적 이익 신관'이 되었다.

이와 달리, 상호존재신론은 모두가 평등하다는 전제에서 출발하는 비계급적 신관이다. 상호존재신론의 하느님은 모든 곳에 편재하고 상호침투 하는 에너지 장이기 때문에 사물 간에 차이나 차별, 거리가 있을 수 없다. 만물이 상즉상입(相卽相入)하기 때문에 거기서는 사물의 고유한 차별적 본성을 갖고 경계나 구별을 짓는 차별화, 서열화가 존재하지 않는다. 오로지 각각의 고유성이 해체된 비분별을 전제한 만물의 평등성만이 의미를 지닌다.

같은 맥락에서 몰트만(Jurgen Moltmann, 1926-)은 요한복음 7장 21절 "아버지께서 내 안에, 내가 아버지 안에 있는 것 같이 그들도 다 하나가 되어 우리 안에 있게 하사"를 인용하여 상호 간에 내주하는 삼위일체적 하느님을 페리코레시스(περιχώρησις, circuminsessio, 상호침투, 상호내주)로 정의한다. 그곳에는 어떤 배타적 요소나 위계적 지배와 특권에 의한 종속이 없이 오직 사랑에서 나온 평등한 사귐과 자유로운 교제만

있는 비지배적이고 비위계적인 모델이 될 수 있다.380)

따라서 상호존재신론은 서양의 전통신관처럼 위에서 아래로 향하는 간섭하는 신, 사물의 고유한 본성에 따른 서열화를 전제한 초월적 유신론의 결과적 특성인 '집단적 이익신관'과는 다른 방식으로 전개된다. 초월적 유신론은 특정한 민족이나 문화, 그리고 국가가 그 시대, 그 지리, 혹은 그 풍토적 특수성 가운데 배태된 지역주의적 신관을 보편화 · 서열화 · 계급화한다. 그럼으로써 정치 · 경제 · 사회 · 문화 · 군사적 우위를 선점한 자들이 자신들만의 이익을 대변하여 신관의 이데올로기를 추구하는 '집단적 이익신관'이다. 이와 달리, 상호존재신론은 상호 침투하는 에너지 장으로써 사물의 경계나 구별을 해체하여 만물에 편재하는 영으로서 평등성을 전제하는 '보편적 평등신관'이다.

3) 실천과 자비의 신관

전술한 바대로, 상호존재신론은 틱낫한과 폴 니터의 종교사상을 관통하여 나왔다. 이 신관은 탁상에서 만들어진 관념적이고 이론적인 실체로서의 존재(being)의 신관이 아니라 인간의 삶과 눈물이 점철된 역동적 실천과 운동이 살아 움직이는 생성(becoming)의 신관이다. 상호존재신론이 실체론적인 존재의 신관이 아니라 실천적인 생성의 신관인 이유는 나사렛 예수를 통해 나타난 신의 사랑(agape)에 근거한다.

힉(John Hick)은 니케아, 칼케돈 회의를 통해 결정된 본질,

본성, 그리고 본체로서의 그리스 형이상학에 기초한 예수의 신격화를 부정하고 원래의 예수의 모습을 상기시킨다. 힉에 의하면, 나사렛 예수는 오늘날 이스라엘에서 살았다. 그는 분명하고 완전한 한 사람의 인간이었다. 예수는 종족으로 보면 유대인이었고 성별로는 남성, 그리고 문화적으로는 1세기 속한 사람이었다. 그리고 예수는 "철저하게 신에 의지하고 이웃에게 완전히 개방된 삶을 산, 완전무결한 비이기심의 실천자로서의 인간"이었다.381) 사실, 예수를 이러한 본성으로 움직인 원동력은 하느님의 아가페였다.

그러나 상호존재의 편재하는 영인 하느님은 2000년 전, 이스라엘 땅의 유대인 남성 예수에게만 단 한번 특별한 사건으로 나타나 동일본질로 발현된 것이 아니다. 오히려 불이적 상호의존성으로 함께하며 우리 모두에게 신의 사랑으로 발현된다. 이를 힉의 표현으로 환언하면, "호모우시아"(homoousia)가 아니라 "호모아가페"(homoagape)이다.382) 전자는 그리스의 철학적 사색에서 기인한 정적인 본질(substance)인 반면, 후자는 히브리적 사유로서 신의 인격적 힘(energy), 목적(purpose), 행위(action)이다.383) 상호존재신론은 이원론적인 신적 인격체를 부정하고 영으로서의 에너지 장으로 표상된다. 그러므로 정적이고 실체론적인 호모우시아적인 존재의 신관이 아니라 힘과 목적, 행위로 나타나는 호모아가페적인 실천적 신관이다.

그런 점에서 상호존재신론은 인격적 목적에 의해 고통 받는 모든 자들에게 자비로 나타난다. 그 이유는 상호존재신론이 에로스의 사랑이 아니라 아가페의 사랑이기 때문이다. 전자는 대상이 가진 무엇―예를 들어 선한 것, 아름다움, 부귀, 권력―

때문에 그 대상과 합일하여 '동일한 하나'가 되고자 하는 욕구라면, 후자는 서로 이질적임에도 불구하고 '통일적 하나'를 이루려는 욕구이기 때문이다. 프랑스의 실존철학자 가브리엘 마르셀(Gabriel Honoré Marcel, 1889-1973)은 에로스는 타인 속으로 자신을 용해하거나 혹은 더 높은 통일 속으로 타인과 함께 용해되려는 욕망 속에서 성립하는 반면 아가페는 용해를 넘어서 각각의 다양성을 인정하는 존재들의 세계 속에만 자리잡을 수 있는 것으로 본다.384) 이에 대해 김용규는 더욱 분명하게 에로스와 아가페를 구분한다.

> 아가페는- 마치 여러 가지 악기가 서로 다른 자신들의 역할을 오히려 굳게 지킴으로써 다성성(polyphony)을 가진 하나의 음악을 이루는 교향악(symphony)처럼- 서로 다른 개체들이 모여 서로의 이질성을 인정하고 다양성을 존중함으로써 '하나이면서 여럿이고, 여럿이면서 하나'인 공동체를 이루어 내는 사랑이지요.385)

상호존재신론은 '동일한 하나'인 에로스가 아니라 하나이면서 여럿이고 여럿이면서 하나인 '통일적 하나'의 특징을 가진 아가페의 신관이다. 몰트만은 단순히 자신과 동일한 것만 받아들이는 에로스는 동종사랑(homologous love), 이질적이고 다양한 것까지 받아들이며 포괄하는 아가페는 이종사랑(heterologous love)으로 이해한다.386) 그래서 아가페의 신관인 상호존재신론은 무자비하고 무조건적인 하나로서 합일을 추구하는 에로스의 사랑과 다르다. 대신 개체들의 이질성을 인정하며 다양성으로서 합일을 추구하고, 아가페의 사랑으로서 자비를 내포한다. 이를 두고 니터는 "사랑과 자비로 충만하고, 그 사랑과 자비에 지배되는 영은 내가 그 안에서 쉴 수 있는 자궁"387)이라며 '어머니의 태(胎)처럼 됨'(womb-likeness)388) 따라서 상호존재신론은 이종사랑으로서의 아가페 신관으로 이는 민족, 종교, 언어, 문화, 성별, 친구, 원수, 나, 너를 넘어선 자비가 내포되어 있고 모든 구별과 차별을 넘어 생명이 배태되는 어머니의 태로써 실천과 자비가 생성되는 신관이다.

IV. 범재신론과 상호존재신론

앞서 보았듯, 상호존재신론은 초월과 내재라는 이원화가 성립되지 않는다는 점에서 불이적 신관이다. 그러나 상호존재신론이 홀론적, 전체적 특징을 가진 신관이라는 점과 신을 특정 공간에 한정된 사물처럼 이해하지 않고 언제 어디서나 작용하는 영으로 인식하고 체험한다는 점에서 기존의 신관과 가장 어울리는 유형은 범재신론(panentheism)이다. 이 단원에서는 최근 새로운 대안적 신관으로 부상한 범재신론의 특징을 살펴봄으로써 상호존재신론과의 차별성을 찾아보고자 한다.

1. 범재신론의 일반적 개관

1) 범재신론의 기원

플라톤의 범주들은 두 가지 신학 전통의 신관에 영향을 미쳤다.

첫째는 고전적 유신론의 형성에 중요한 역할을 했다. 여기서 하느님은 순일(純一, simple), 절대, 무한, 영원, 불변, 전능, 전지, 그리고 완전한 선이며 세계에 대해 본질적으로 독립적인 완전한 존재자로 이해된다. 고전적 유신론은 서구 그리스도교 정통주의의 신관으로 이런 입장에 있는 아우구스티누스 (Augustinus, 354-430), 아퀴나스(Thomas Aquinas, 1224/25년-1274), 스코투스(Duns Scotus, 1266-1308), 루터(Martin Luther, 1483-1546), 칼빈(Jean Calvin, 1509-1564), 및 현재의 신학자들은 플라톤 철학의 유산에 크게 빚져 있다.389)

플라톤 범주에서 영향을 받은 또 다른 신관은 범재신론이다. 범재신론은 모든 것이 하느님의 존재 안에 있지만 하느님의 존재는 만물을 초월한다는 견해이다. 이것은 플라톤의 『티마이오스』에 제시되었고 플로티누스의 신플라톤주의 철학 가운데서 정교화 되었다. 이후 범재신론은 위-디오니시우스 (Pseudo-Dionysius, 5세기 말-6세기 초)에 의해서 그리스도교 정통주의와 융합되었지만 천 년 동안 유지된 로마교회의 정통주의에 의해 핍박을 받음으로써 변방으로 밀려나게 되고 결국 소수파만 지지하는 신관이 된다.390) 그럼에도 불구하고 범재신론은 르네상스와 종교개혁의 물결에 따라 중세 교회의 약화된 정통주의의 노선을 틈타 끈질긴 생명력으로 다시 꽃피우게 된다.391)

그러나 서양 그리스도교를 지배한 주류 신관은 고전적 철학적 신론이다.392) 이 신관은 서방 그리스도교에서는 아우구스티누스, 안셀무스(Anselm of Canterbury, 1033-1109), 아퀴나스, 스코투스, 동방 그리스도교에서는 요하네스 크리소스토무스(Joannes Chrisostomus, 349경-407), 바실리우스(Basilius of Caesarea, 329/330-379), 니사의 그레고리우스(Gregory of Nyssa, 335-394), 나지안주스의 그레고리우스(Gregory of Nazianzus, 329-390) 등에 의해 수백 년간에 걸쳐서 형성되었다. 그러면서 20세기까지 서양 그리스도교의 주류신관으로 군림해왔다.

고전적 철학적 유신론은 하느님을 세계의 본성이나 일부가 아닌 시간 안에 존재하지 않고 초자연적으로 초월하는 분으로 이해한다. 또한 하느님을 "절대적으로 자충적이며, 영원하며, 불변하며, 전능하며, 전지하며, 완전히 활동적이며, 모든 면에서 탁월하신 최대 존재자(maximal Being)"로 묘사한다.393) 그렇지만 고전적 철학적 유신론이 하느님의 내재성을 완전히 부정하고 초월성만 강조한 것은 아니다.

> 하느님은 세계의 역사 내내 모든 곳에서 모든 존재자들에게와 모든 사건들 가운데 초자연적으로 현존하시며 피조물들에게 힘을 주시며, 피조물들의 자연적인 실존성과 자유로운 행위들을 통해서 자신의 영원한 지식과 의지를 유효하게 하신다는 의미에서 내재적(immanent)이다.394)

고전적 철학적 유신론은 하느님이 내재적으로 창조세계와 관계 맺고 있다는 것을 어느 정도 인정한다. 하지만 하느님을 시간내적인 존재로 인정하지 않고 피조물들이 세계 안에서 존재 대 존재로 관계하는 방식의 관계 네트워크를 부정하는 하느님의 영원성과 불변성에 지나치게 경도되어 있다.395) 그러나 현대 신학자들은 고전적 철학적 신론이 지닌 "영원한 현실태"(eternal actuality)로서의 신적 초월성과 "사건들의 시간내적 연속성"(temporal sequence of events)으로서의 신적 내재성이 지닌 평행선을 부정한다. 그러면서 고전적 철학적 유신론의 모순을 비판396)하고 하느님을 "인격적-관계적 성격"(the personal-relational character)으로 묘사한다. 뿐만 아니라 세계 내적인 하느님의 구원활동을 강조하고 전통신학이 그리스 철학에 기초하여 지나치게 초자연적, 신령적, 피안적인 성격으로 변모했다고 비판한다.397)

또한 하느님의 영원하고 불변하는 초월적 실체로서의 성격을 부정하고 세계 내적, 관계적 성격을 지지하는 일군의 학자들398)은 "관계 중심적 하느님"(relational God)을 지지한다. 이와 같이 관계 중심적 하느님의 유형을 대변하는 입장들이 범재신론이다.399) 관계 중심적인 범재신론의 하느님과 고전적 철학적 유신론의 하느님은 아래와 같이 구분된다.

> 범재신론은 하느님과 세계가 존재론적으로는 구별되며 하느님은 세상을 초월하지만, 세계는 존재론적으로 하느님 '안'에 있다고 단언한다. 이와는 대조적으로 고전적 유신론은 하느님과 세계 사이의 무조건적인 구분을 제시한다. 비록 하느님과 피조물들이 밀접히 서로 연관되어 있기는 하지만, 하느님과 피조물들은 언제나 전적으로 서로에 대해 타자다.400)

하지만 범재신론이 신과 피조물의 전적 타자성을 강조하는 철학적 유신론과는 달리 관계 중심적 하느님의 신관에 기초해 있다 하더라도 범재신론 역시 고전적 철학적 신론과 마찬가지로 고전적 철학 전통에 뿌리를 두고 있다. 고전적 철학적 신론은 플라톤에서, 범재신론은 주로 신플라톤주의401)에서 차용한 신관을 따른다. 전자는 플라톤의 영원한 초월적 신, 아버지, 정신 등에서, 후자는 "거대한 존재의 사슬"(Great Chain of Being)[402]에 근거하여 신관을 확립한다. 거대한 존재의 사슬은 유일한 신(神)인 일자(一者)가 정신을 유출하고 정신은 세계 −영혼을, 세계−영혼은 세계를 유출한다. 그리고 그 세계는 세계−영혼 안에 존재하며, 세계−영혼은 정신 안에 존재하며, 정신은 일자(一者)안에 존재한다고 보는 단 하나의 중심을 갖고 있는 일련의 동심원적 유출설이다.

따라서 범재신론은 신플라톤주의에 근거하여 동심원적 유출 가운데 모든 것이 신 안에 존재하는 것으로 보고 신은 세계 가운데 내재하는 초월적 일자이자, 정신이며, 세계−영혼이다. 여기서 범재신론은 초월적인 동시에 내재적이고, 영원한 동시에 시간 내적이고, 불변하는 동시에 변한다는 신성의 개념을 차용하여 형성되었다.

2) 범재신론의 정의

범재신론은 고전적 철학적 신론의 고착화된 형태인 초자연적 유신론과 범신론(pantheism)의 화해를 위해 만들어진 유형의 신관이다. 범재신론이라는 용어는 1828년에 슐라이어마허, 셸링, 헤겔과 동시대인이었던 독일의 관념철학자 칼 크라우제 (Karl Krause, 1781−1832)가 만든 독일어 알인고트레레 (Allingottlehre, "만유가 하느님 안에 있다는 이론")에서 비롯되었다. 그는 하느님이 "하나이신 무한한 관념적 존재자"로 시원적 존재자이며, 절대적으로 자기 동일적인 일자이고 존재하는 모든 것의 통일이지만 본래적으로 양극성(polarity)이 존재하는 것으로 이해한다. 크라우제에 의하면, 양극성은 만유의 실존성 가운데 현시되고 일자는 다름 아닌 만유이다. 그러나 만유는 본질적으로 일자와 구별된다. 왜냐하면 만유는 일자와 달리 다자의 관념이 내포되어 있기 때문이다. 그래서 아르놀프 츠비크(Arnulf Zwieg)는 크라우제의 범재신론에 대해 하느님이 세계를 내포하고 있지만 하느님은 세계보다 우월하고 세계가 아닌 타자로 묘사한다.403)

범재신론이라는 용어는 오랫동안 먼지 싸인 저장소에 묻혀 있다가 비로소 20세기 중반, 찰스 하트숀(Charles Hartshorne, 1897-2000)이 대중적으로 일반화하면서 여러 가지로 정의되었다. 일반적으로 범재신론은 신플라톤주의에 뿌리를 두고 있다. 이 용어는 글자 그대로 "모든 것이 신 안에 있다는 주의"(all-in-God-ism)의 교설로 만물이 하느님의 존재 안에 있지만 하느님의 존재는 만물을 초월하신다는 견해이다.404)

다시 말해, 범재신론은 세계는 존재론적으로 하느님 안에 있으면서 하느님과 세계는 존재론적으로 구별되고 하느님은 세계를 초월한다는 교설이다. 그러나 또 다른 범재신론의 정의도 있다. 이는 하느님의 존재가 우주 전체를 포함하고 동시에 관통함으로써 모든 부분이 하느님 안에 존재하지만 하느님의 존재는 우주보다 더 크며 우주에 의해서 망라되지 않는다는 것이다.405) 이러한 진술은 범재신론과 범신론을 구별하는 정의로 집약된다.

하느님은 온 우주를 포함하고 또 꿰뚫고 있다. 따라서 우주의 모든 요소는 그 분 안에 존재한다. 하지만 범신론과는 다르게 하느님의 존재는 우주보다 크며, 우주 자체로 환원되지 않는다.406)

범재신론에 관한 구체적 정의는 보그(Marcus Joel Borg)의 신관에서 명확하게 나타난다. 보그는 어린 시절 루터교회를 다녔다. 그는 하느님을 하늘 위의 남자 어른 같은 분으로 생각했다. 이런 이미지는 검은 예복을 입고 흰 수염을 가진 건장한 자기 교회의 목사님을 통해 형성되었다. 그는 하느님을 신인동형론(anthropomorphism)으로 이해한 것이다.407) 보그는 이러한 신관을 초자연적 유신론(supernatural theism)이라고 비판한다. 초자연적 유신론은 세계와 무관하게 '여기에' 계시지 않고 '저 바깥'에 계신 초자연적 존재로서 오래 전에 세계를 창조하시고 때때로 세계에 간섭하시는 분으로 개념화된 하느님에 대한 신관이다.408)

반면 보그는 저 바깥에 계신 초자연적 존재로서의 하느님 개념을 부정한다. 대신 우주와 분리되어 있지 않고 존재하는 모든 것이 하느님 안에 있고 하느님은 '다른 어떤 곳'에 존재하는 것이 아니라 '바로 여기에' 존재하면서 모든 것을 포괄하는 영으로서의 하느님을 수용한다. 그러면서 그는 이와 같은 신관을 범재신론(panentheism)으로 명명한다.409)

하느님에 관해 생각하는 한 방식으로서의 범재신론은 하느님의 초월성과 하느님의 내재성을 동시에 긍정한다. 범재신론에 있어서, 하느님은 "저 바깥에" 계신 어떤 존재가 아니다. 이 말의 그리스어 어원은 그 의미를 가리켜준다. 즉 pan은 "모든 것"을 의미하고, en은

"안"을 의미하며, theos는 "하느님"을 의미한다. 그러므로 범재신론은 "모든 것은 하느님 안에 있다"는 것을 의미한다. 하느님은 모든 것 이상이지만(그리고 그래서 초월적이지만), 모든 것은 하느님 안에 있다(그래서 하느님은 내재적이다). 범재신론에 있어서, 하느님은 "바로 여기에" 계신 것 이상임에도 불구하고, 그 분은 "바로 여기에" 계시다.410)

보그는 하느님의 초월성과 내재성의 균형을 잘 유지하면서 동시에 범재신론(panentheism)과 범신론(pantheism)의 차이를 다음과 같이 구별한다.

> 범재신론은 종종 이것과 혼돈되고 있는 범신론과는 전혀 다르다.
> 범신론은 범재신론에 추가로 붙은 en이라는 음절이 없는데, 이것이
> 그 차이를 만들어낸다. 범신론(en이 없는)은 우주를 하느님과 동일
> 시한다. 즉 하느님과 우주는 같은 공간을 공유한다(문자적으로는
> "모든 것이 하느님이다"). 범신론은 하느님의 내재성만을 긍정하고,
> 본질적으로 하느님의 초월성은 부정한다. 하느님은 모든 것 속에
> 현존함에도 불구하고, 모든 것 이상은 아니다. 그러나 범재신론은
> 초월성(하느님의 타자성 혹은 포월성(moreness)과 내재성(하느님
> 의 현존)을 동시에 긍정한다. 하느님은 사물의 총합과 동일시 될 수
> 없다. 오히려 하느님은 모든 곳에 현존한다 하더라도, 모든 것 이상
> 이다. 하느님은 우리 주변 도처에 계시고 우리들 안에 계시며, 우리
> 는 하느님 안에 있다.411)

보그는 하느님의 내재성412)은 간과되고 초월성만 강조하는 초월적 유신론의 유형과 하느님의 초월성은 간과되고 내재성만 강조된 범신론적 유형의 신관을 동시에 부정한다. 그 대신 '너머'로서의 하느님과 '바로 여기'로서의 하느님인 초월성과 내재성의 두 가지 분명한 반대 입장을 동시에 긍정한다. 그는 범재

신론의 정의를 이와 같이 명확히 밝히면서 신의 초월성과 내재성의 균형을 적절히 살린 범재신론적 유형의 신관은 "특수한 여러 가지 신학적 입장을 포괄하는 큰 우산"413)이라고 주장한다.

3) 범재신론의 종류

쿠퍼(John W. Cooper, 1947-)는 범재신론에서 하느님의 내재성과 초월성에도 불구하고 하느님 안에 존재하는 것과 하느님의 존재가 어떻게 우주를 초월하는지에 대한 이해의 차이가 매우 크고 다양한 것으로 본다. 그래서 범재신론에 동의하는 학자들도 이에 대한 정의가 일치되지 않고 상반된 견해를 가진 다고 말한다. 어떤 학자들은 범재신론을 과정신학과 동일시하기도 하고 또 다른 학자들은 범신론 혹은 고전적 유신론에 가까운 것으로 이해하기도 한다. 몰트만은 범재신론을 흔쾌히 수용하지만 판넨베르크는 자신의 신학이 범재신론의 정의에 부합하면서도 그것을 인정하지 않는다.

이런 다양성 때문에 범재신론은 여러 종류로 파생된다. 크게 세 가지 범주로 분류 할 수 있다.414) 첫째는 명시적 범재신론(explicit panentheism)과 암묵적 범재신론(implicit panentheism)이다. 전자는 범재신론이라는 용어가 창안된 이후 자신들이 스스로 범재신론자임을 자처하는 경우로 하트숀과 몰트만 같은 학자들이 있다. 후자는 범재신론이라는 용어를 명시적으로 사용하지는 않지만 그 신학적 의미가 범재신론의 조건과 부합하는 것을 일컫는다. 암묵적 범재신론은 범재신론이라는 용어가 창안되기 직전, 주로 범신론 부류에 속하는 것으로 이해된다. 대표적인 학자는 플로티누스(Plotinus, 204-270), 니콜라스 쿠자노스(Nicholas of Cusa, 1401-1464), 헤겔(Georg Wilhelm Friedrich Hegel, 1770-1831), 슐라이엘마허(Arthur Schopenhauer, 1788-1860), 셸링(Friedrich Wilhelm Joseph Schelling, 1775-1854), 테이아르 드 샤르댕(Pierre Teilhard de Chardin, 1881-1995) 등이 있다.

두 번째는 인격적 범재신론(personal panentheism)과 비인격적 혹은 존재의 근거 범재신론(nonpersonal or Ground of being panentheism)이다. 전자는 하느님을 상호인격적인 분으로 상호인격적인 관계를 위해 세상을 창조하신 분으로 이해한다. 대표적인 학자는 셸링, 테이야르, 부버(Martin Buber, 1878-1965), 하트숀, 몰트만 등이 있다. 후자는 신성을 인격성과 인격적 교통의 근거로 보지만 인격 그 자체로는 이해하지 않는 부류로 대표적인 학자는 플로티누스((Plotinus, 204-270), 피히테(Johann Gottlieb Fichte, 1762-1814), 틸리히(Paul Johannes Tillich, 1886-1965), 류터(Rosemary Radford Ruether, 1936-), 라다크리슈난(Sarvepalli Radhakrishnan, 1888-1975), 와츠(Alan Watts, 1915-1973) 등이 있다.

세 번째는 고전적 범재신론과 현대 범재신론이다. 이는 피조물들의 자유가 하느님에게 영향을 주는가, 그렇지 않는가에 따른 분류이다. 전자는 신의 전능함과 피조물들이 신 안에 있다는 사실을 인정하지만 피조물들이 신에게 영향을 준다는 생각을 부인하는 입장이다. 여기에는 플로티누스에서 슐라이어마허까지가 해당된다. 후자는 신의 존재가 인간의 행위에 의해 영향을 받는다는 입장으로 신과 인간의 협동적 관계를 인정한다. 거의 모든 범재신론자들이 여기에 해당되고 특히 하트숀은 피조물의 자율성이 참된 범재신론의 시금석이라고 주장한다.

2. 과정범재신론

전술한 바대로, 범재신론의 역사적 뿌리는 신플라톤주의에 기원한다. 암묵적 범재신론에서 나타났듯이 범재신론은 오랜 역사를 가진 신관으로 그 용어가 창안되기 전에도 수많은 사상가들의 신관적 저류 가운데 흘러왔다. 범재신론은 플로티누스, 그의 제자인 프로클루스(Proclus, 410?-485), 신플라톤주의와 그리스도교신학을 혼합하여 그리스도교 범재신론의 원천을 형성한 위-디오니시우스(Pseudo-Dionysius)를 통해서 전개되었다. 중세에는 디오니시우스에 영향을 받은 그리스도교 범재신론자들인 에리우게나(Johannes Scotus Eriugena, 810?-877)와 에크하르트(Meister Eckhart, 1260~1327) 및 니콜라스 쿠자노스를 통해서 명맥이 유지되었다. 근-현대에는 헤겔과 몰트만의 사상적 원천인 야콥 뵈메(Jakob Böhme, 1575-1624), 셸링, 헤겔, 후기 계몽주의 범재신론자들, 그리고 화이트헤드(Alfred North Whitehead, 1861-1947)와 찰스 하트숀의 과정신학의 범재신론에 이르기까지 다양한 역사적 흐름을 통해 형성되어 왔다. 이 절에서는 특히 북미권에서 가장 친숙한 범재신론인 과정신학의 범재신론을 살펴보고자 한다. 그러나 과정신학의 범재신론은 그 사상적 깊이와 의의가 너무 방대하기 때문에 본 장에서는 논의를 집약하기 위해 화이트헤드와 찰스 하트숀의 양극적 유신론에 대해서만 살펴봄으로써 상호존재 신론과의 비교에 집중하고자 한다.

1) 과정범재신론의 기원

과정범재신론(process panentheism)은 화이트헤드의 과정 사상에서 기인한다. 그 사상적 기초는 화이트헤드가 실체론 (substantialism)철학을 넘어서고자 하는 철학적 동기에서 비롯 되었다. 실체론 철학은 근대의 과학적 세계관이 지닌 형이상 학적 전제로 물체와 정신이 있다는 사실을 인정하고 거기에 새로운 위상을 부여한 철학사상이다. 이런 입장을 피력한 대표 적인 철학자는 데카르트(René Descartes, 1596-1650)이다. 그는 정신과 물질이 각각의 개별적인 실체라며 아래와 같이 주장한다.

실체에 대해 생각할 때, 단지 우리는 존재하기 위해 그 자신 이외에 어떤 것도 필요로 하지 않는 존재를 떠올린다. 사실상 신 이외에 어떤 것도 절대적으로 자존하는 것으로서의 이런 실체에 대한 기술에 부응 하지 못한다. 왜냐하면 우리는 신의 힘에 의지함이 없이 존재할 수 있는 그 어떤 다른 피조물도 없다는 것을 알기 때문이다. … 그러나 물질 실체든 사유 실체든 창조된 실체들은 이 공통 개념으로 파악 될 수 있다. 왜냐하면 그것들은 존재하기 위해서 오직 신의 협력만을 필요로 하는 것들이기 때문이다. 그러므로 우리가 어떤 속성을 지각 할 때, 우리는 그 속성이 귀속될 수 있는 어떤 존재하는 사물 또는

실체가 필연적으로 현존한다고 추론한다.415)

데카르트는 각각의 물질입자도 각각의 정신도 실체라고 주장하였다. 여기서 무한 정신인 하느님은 물질적 우주를 완전히 외면한다. 그러면 인간 정신들은 그 정신이 알고자 하는 물질에 대해 전적인 타자로 존재할 수밖에 없다. 이와 반대로 유기체 철학은 정신과 물질이 분리된 실체들로 이해하는 실체론 철학의 이원론을 거부한다.416) 이런 입장을 대변하는 철학자는 화이트헤드이다. 그는 실체가 창조적 과정을 통해 활성화 되는 것으로, 그 과정은 하느님을 포함하여 개별 실체들(individual entities)이 끊임없이 스스로를 현실화시키고 있는 기본적인 사건들을 이루는 것으로 파악한다. 그러면서 이러한 사건들을 "현실 계기들"(actual occasions, 사건 계기들)이라는 경험의 조각들(bits of experience, 경험의 비트들)로 간주한다.417) asd45호

그 조각들은 잠시 동안 스스로를 실현하고(혹은 구체화시키고) 그 다음에는 사라진다(혹은 멸절해간다). 우리가 아는 지속적인 대상들 – 원자들, 분자들, 물질적인 실체들, 살아있는 것들, 인간들 – 은 안정적인 패턴들에 따라서 진행되어 나가는 지속적인 일련의 현실 계기들에서 발생하는 "현실 계기들의 집합들"(societies of actual occasions)로 조직화된다.418)

이에 대해 쿠퍼는 쉬운 비유로 설명한다.

실체들은 텔레비전 스크린 위에 비추어지는 물체들과 비슷한 경험의 조각들로 구성된다. 스크린에 비추어지는 물체들은 인간이 인식하

기에는 너무나 미세하고 신속한 수천 개의 전자임펄스(electrical impulses)로 구성되어 있다. 또는 마치 영화 화면에 비추어지는 물체들과 같다고도 할 수 있다. 그 물체들은 그 필름의 개별 프레임 각각이 급속도로 신속하게 이어지면서 생겨나는 상이다.419)

그러므로 인간이 경험하는 각각의 사물들은 셀 수 없는 현실 계기들의 질서 정연한 진행으로 이런 역학은 하느님도 예외가 될 수 없다. 하느님은 물리학적 원리들의 붕괴를 막기 위해 요청 되는 존재이며 실증으로 '실체'나 '존재'가 아니라 '과정'(process) 이다. 화이트헤드의 형이상학적 범주인 '과정'은 그의 입장을 명백히 드러낸다. 화이트헤드는 하느님-세계 복합체(God- world complex)인 실재(reality)를 "순간적인 사건들의 무한 성 가운데서 이루어지는 셀 수 없는 가닥들 및 조직체들의 광 대한 '유기적' 네트워크 혹은 '연쇄'(nexus)"로 이해한다.420) 이러한 유기체 철학에서 하느님의 역할이 나타난다. 앞서 언급한 현실 계기들에서 각 계기는 자기 현실화이거나 자기 창조적이다. 이 말은 이런 각 계기들이 자기 아닌 바깥, 혹은 심지어 하느님에 의해서도 존재하도록 유발되는 것이다. 유기체 철학에서 궁극적 범주는 하느님이 아니라 창조성(creativity) 이며 하느님은 그 창조성의 원초적이며 비시간적 사건이다. 화이트헤드는 하느님과 창조성을 이렇게 구별하며 하느님의 역할은 실체들의 창조가 아니라 실체들에게 관념(혹은 형상) 으로 존재하고 있는 가능성들을 제공하는 것으로 이해한다. 그러므로 화이트헤드에게 하느님은 다른 모든 실체들의 창조 성에 가능성이 활용 되도록 만들어주는 "현실적 실체"(the actual entity)이다.421) 그 현실적 실체는 하느님을 두 가지 측면으로 나눈다. 한 가지 측면은 모든 가능성을 지닌 영원무궁한 측면이고, 다른 측면은 세계에 대한 하느님의 현실적 파악과 그에 대한 응답의 측면이다. 그러므로 신은 세계의 반응에 따라 변화한다.422) 그래서 화이트헤드는 『과정과 실재』에서 우주는 "신과 세계가 서로에게 영향을 주며 새로운 가치를 함께 만들어 가는 궁극적인 지평"으로 간주한다.423)

이와 같이 화이트헤드는 하느님을 두 측면을 지닌 하나의 현실적 실체로 파악한다. 그럼으로써 신은 궁극적 철학의 원리로 만들어진 아리스토텔레스의 철학에서 기인한 부동(不動)의 동자(動者)도, 황제의 이미지로 묘사되는 제왕의 통치자도, 도덕적인 힘(energy)으로 의인화한 히브리의 예언자와 같은 모습도 아니라고 본다. 왜냐하면 신격화된 시저, 히브리의 예언자, 그리고 아리스토텔레스와 같은 상이한 방식의 세 사상은 유신론적 철학의 역사와 결합되어 있기 때문이다. 이와 달리, 갈릴리에서 기원한 그리스도교는 유신론 철학과 맞닿지 않고 세 가지 방식과 다른 갈릴리 사람 예수 그리스도에 기원한 그리스도교에서 나타난 신관으로 서술된다.424) 그 신은 통치하는 시저도, 무자비한 도덕가도, 부동의 동자도 아닌 정적 속에서 서서히 사랑에 의해 작용하는 세계 내의 부드러운 요소들이다. 이 신은 또한 현재적 직접성 속에서 목적을 찾고 통치하지 않는 사랑이며, 부동의 것도 아니며 미래에 눈을 돌리지 않는다. 왜냐하면 "직접적 현재에서 그 보답을 발견하기 때문이다."425)

화이트헤드에게 신은 모든 가능성의 충만함을 지닌 영원성이 있다. 하지만 초월 신, 즉 세계의 모든 현실재를 규정하는 모든 존재론적 원리들의 제약을 완전히 초월한 글자 그대로 특별한 예외자가 아니다. 그 대신 신은 동시에 모든 현실성 안에, 더불어, 함께 존재한다.426) 화이트헤드는 신을 정적(靜的)인 실재인 '존재'(being)로 보는 전통 그리스도교의 신관과 큰 거리를 둔다. 그러면서 동적(動的)인 개념인 '형성'(becoming)으로 이해하는 과정 형이상학을 주창한다.427) 화이트헤드는 신에 대한 이러한 이해를 기초로 신과 세계의 관계를 이렇게 설명한다.

> 세계와 유기적으로 관계를 맺는 신은 두 개의 축, 즉 정신적 축으로서의 '시원적 본성'과 물질적 축으로서의 '연관적 본성'을 갖고 있다. 무엇보다 먼저 신은 세계에서 일어날 수 있는 모든 가능성을 시원적으로 예견하고, 이 예견을 조화로움 가운데 유지하고 있다는 점에서 신으로서의 독특성을 지닌다. 이 조화로운 신적 예견은 세상의 변화를 통해 구현된다. 변화가 이루어진 곳은 세상이지만 또 이것은 신의 연관적 본성이기도 하다. 이 세상의 변화는 신의 의지가 일방적으로 실현되어지는 과정이 아니다.428) 세상의 변화는 신의 영향이기도 하지만, 또한 그것은 세상에 존재하는 것들이 자기 운명에 대해서 스스로 자유롭게 결정한 과정이기도 하다. 세상의 자기 결정이 있기에 거기에 세상의 창조성이 있고, 과거에 없었던 새로움이 생겨난다. 이 새로움은 신의 연관적 본성으로 인해 신에게 다시 영향을 주게 되고, 신은 이 새로움을 자신의 신적 삶으로 영구히 받아들인다.429)

유기체적 존재론의 관점에서 보면, 신과 세계는 서로에게 내재하면서 서로를 초월한다.430) 신은 자기 존재를 위해 자기 이외의 존재를 필요로 하지 않는 방식으로 존재할 수 없고 신은 세상에 의해 결정되고 세상에 의해 제한을 받을 수밖에 없기 때문에 세상을 필요로 한다. 왜냐하면 세상은 지나가는 그림자(passing shadow)와 같은 사건들의 연속이면서도 다른 한편 종국적인 사실(final fact)이기 때문이다. 그러므로 신을 떠나서 세상은 존재할 수 없는 것과 마찬가지로 세상을 떠나서는 신의 존재를 합리적으로 파악할 수 없다. 이와 같이 신과 세계의 유기체적 연관을 토대로 한 화이트헤드의 신관은 초월적 창조성과 세계-내재적인 응답성이 공존하는 "양극적(dipolar)" 본성을 지닌다.431) 이로써 그는 실체론 철학에 반기를 드는 유기체 철학432)을 탄생시키고 자신의 유기체 철학을 통해 '유신론적 형이상학'을 구축함으로써 전통 그리스도교의 초월적인 이원적 신관뿐만 아니라 무신론적인 과학적 세계관을 비판한다.433)

2) 과정범재신론의 전개

범재신론적 사유체계를 보편화시킨 사상가는 20세기 과정 신학자인 찰스 하트숀(Charles Hartshorne)이다.434) 그는 화이트헤드의 유기체철학인 비실체론적 형이상학과 양극적 신 개념을 함의한 유기체 철학에 큰 빚을 지고 있는 사상가로서 서양 사상에서 전개된 두 개의 극단적인 철학적 신관인 초자연적 유신론과 범신론을 비판하였다.435) 유기체 철학의 양극적 신관과 대비되는 단극적(monopolar) 신관은 전통 그리스도교의 철학적 신관의 토대로서 신의 필연적 초월성만 강조하거나 아니면 초월성이 결여된 내재성만 강조 된 신관이다. 단극적 신관은 한 가지 극단에만 치우친 신관으로써 여기서는 두 가지 측면의 신관이 파생된다. 하나는 "신의 필연적 초월성과 우연적 내재성"을 강조하는 초월적 이신론(pure transcendental deism)이고 다른 하나는 신의 "필연적 내재성과 초월의 불가 능성"을 강조하는 범신론(pantheism)이다. 이처럼 단극적 신관 으로서 전자의 필연적 초월성이나 후자의 필연적 내재성만 강 조하는 신관은 실체론적 형이상학에 기초해 있다.436) 김희헌은 실체론적 철학이 논리적 일관성을 가지면 가질수록 단극적 신관의 사유체계에 빠질 수밖에 없다며 실체론을 이렇게 비판한다.

> 존재하는 모든 '실체'는 일정한 공간과 시간 속에서 스스로 존재하며,
> 자기 존재를 위해 다른 존재에 필연적으로 의지하지 않는다. 따라서
> 두 개의 실체는 서로를 공유하지 않는다. 이것은 신과 세계의 관계
> 에서도 마찬가지이다. 서로를 공유할 수 없다는 실체론의 전제 위
> 에서는, 신이 세상과 분리되어 세상의 '밖'에 존재하든지, 신은 세상과
> '구별됨이 없는 존재'라고 밖에 설명되지 않는다.437)

신의 초월성을 보존하기 위해 신과 세계의 절대적 간격을 강조한 전통 그리스도교 신관의 철학적 근거는 '자기 변화가 없는 창조자' 개념을 설정한 아리스토텔레스의 신관이다. 아리 스토텔레스의 철학적 신관인 초월적 신은 세상에 일방적으로 영향을 행사하고, 세상이 양산하는 새로운 가치에 영향을 받 지도, 세상의 활동에도 전혀 영향을 받지 않는 완벽하고 불변 하는 신이다. 이러한 신은 이스라엘 백성의 고통과 탄식에 응 답하는 사랑과 창조의 신인 성서적 신관과 완전히 다르다. 하 트숀은 전통 그리스도교 신학에 내재화된 아리스토텔레스의 철학적 신론에 기초한 이 고전적 신관을 '초월적 이신론' (pure transcendental deism)으로 규정한다.

반면, 신의 필연적 초월성을 강조하기 위해 신의 내재성을 상실한 전통 서양신학의 항거로 스피노자(Baruch Spinoza, 1632-1677)의 범신론이 등장했다. 스피노자의 범신론은 신의 내재적 본성의 필연성에 의해 세상의 만물이 존재할 근거를 얻게 되는 사상으로 신을 세계의 "지탱자"(the Sustainer)로 이해한다.438) 스피노자는 그의 윤리학(Ethics)에서 범신론에 이를 수밖에 없었던 철학적 고민을 아래와 같이 피력한다.439)

> 두 개의 실체(substance)는 서로 공통된 것을 지닐 수 없다. 한 실체는 스스로 존재하며 다른 실체에 의해 조성되지 않는다. 자기 완결적인 이 실체는 필연적 무한성을 가진다. 그러므로 여러 개의 실체가 존재한다고 가정하는 것은 모순이다. 왜냐하면 그러한 가정은 여러 개의 우주가 존재한다는 것을 의미하기 때문이다. 따라서 하나의 실체만 존재한다고 생각해야 한다. 그런데 존재함(existence)은 실체의 본성에 속한다. 그러므로 신은 반드시 존재한다. 이 존재는 무한한 속성(attributes)을 지닌다. 만약 신이 존재한다면, 다른 실체(substance)가 존재한다고 볼 수 없다. 존재하는 것이 있다면 그 모든 존재는 신 안에 존재한다고 볼 수밖에 없다. 따라서 세상 안에 존재하는 개별적인 것은 단지 오직 단 한 실체(substance)인 신의 속성(attributes) 혹은 양태(modes)의 변용(modification)으로 이해해야 한다. 신은 세상에 존재하는 것들의 작용인(the efficient cause)일 뿐만 아니라, 그것들의 본질(essence)이다.440)

스피노자는 신의 내재성을 살리기 위해 신과 세계의 일치를 강조함으로써 범신론적 사유체계를 도출한다. 그러나 범신론은 전통신학의 대안적 신관이 되는데 실패했다. 왜냐하면 범신론이 신의 초월성을 강조한 전통신학의 한계에서 출발했음에도 불구하고 신과 세계를 동일한 실체로 간주하는 실체론적 사유체계를 양산했기 때문이다. 그러면서 하트숀은 두 사유체계의 난제를 해결하기 위해 범재신론을 대안적 신관으로 간주하고 화이트헤드의 유기체철학과 범재신론의 한 유형인 과정신학의 범재신론441)을 신학적으로 체계화한다. 그는 *Philosphers Speak of God*(1953)에서 전통 그리스도교 신론인 초월적 유신론의 세계관과 여기서 파생한 범신론적인 세계관의 결함을 극복하기 위해 범재신론적 유형을 제시한다.

그러면서 하트숀은 모든 유신론적 사유를 다섯 가지로 분류한다: "1) 영원성(Eternal), 2) 시간성(Temporal), 3) 자기의식성(Conscious, self- aware), 4) 세계 인지성(Knowing the world), 5) 세계포괄성(World- inclusive)".442) 하트숀은 이 다섯 가지 신의 속성(ETCKW)을 일관된 사유체계로 설명해 낼 수 있는 유신론이 범재신론이라며 이 유형을 다음과 같이 구체적으로 분류한다: 1. ETCKW 유형(범재신론)- 그리스도교 성서와 힌두경전, 노자와 플라톤, 쉘링, 찰스 S. 퍼스, 화이트헤드, 베라자예프, 이크발, 슈바이쩌, M. 부버의 신론, 2. EC 유형(아리스토텔레스의 신) - 그리스도교의 전통적 신론을 기반, 3. ECK 유형(그리스도교 고전적 신) - 필로, 아우구스티누스, 안셀름, 아퀴나스, 데카르트, 라이프니츠, 칸트, 4. ECKW 유형(범신론의 신) - 샹카라, 라마누자, 스피노자, J. 로이스, 5. E 유형(플로티누스의 신) - 영원성만 지닌 일자(一者)로서의 유출설의 배경443)등이다.

하트숀은 고전적 유신론이 신의 시간성(T)과 세계포괄성(W)을 갖지 못함으로써 신의 초월성만을 강조한 것으로 본다. 이렇게 신과 세계의 관계에서 신의 내재성을 담지 못하고 초월성만 강조하는 단극적인 유신론적 종교 형태는 교회와 신앙을 왜곡하는 결과를 낳았다. 하트숀은 고전적 유신론이 가진 약점을 이렇게 비판한다.

> 결국 교회는 초월적인 신만 섬김으로써 그리스도교는 '힘 숭배'에 빠지고, '타계주의'로 현혹하고, '인성과 신성을 혼동'하며, '낙관주의와 금욕주의'를 질서 없이 오가며, 신의 뜻을 말하면서 '도덕론'과 '몽매주의'를 갈아타는 기이함에 빠졌다.444)

하트숀은 고전적인 유신론의 약점을 극복하기 위한 방안, 즉 과정신학의 범재신론을 이렇게 제시한다: 1) "존재"보다는 "생성"이 우선시 되는 철학적 사유 구축, 2) 세계를 단지 "우연적 존재"라고 선언하는 철학 회피, 3) 어느 정도는 "비결정론적인" 철학의 유지 필요, 4) "창조" 또는 "창조자"의 개념을 신에게만 아닌 보편적 범주로 확대, 5) "내적 관계에 관한 이론"의 필요성 등이다.445) 하트숀은 이와 같이 우주를 신과 세계의 유기적 결합체로 이해할 수 있는 범재신론이 지닌 16가지의 유형론을 다음의 도표로 제시한다.

		신의 속성(세계와의 관계)			
		A (N)	B (C)	C (NC)	D (X)
세계의 속성 (신과의 관계)	a (n)	N · n (1)	C · n (2)	NC · n (3)	X · n (4)
	b (c)	N · c (5)	C · c (6)	NC · c (7)	X · c (8)
	c (cn)	N · cn (9)	C · cn (10)	NC · cn (11)	X · cn (12)
	d (x)	N · x (13)	C · x (14)	NC · x (15)	X · x (16)

N/n: 필연성(necessity) 또는 절대성(absoluteness)
C/c: 우연성(contingency) 또는 상대성(relativity)
X : 적용불가(not applicable): 설명이 의미가 없거나, 또는 실제로 존재하지 않음.446)

하트숀은 신의 속성에 대한 유신론적 설명은 네 가지 '단'으로, 그것에 상응하는 세계에 대한 이해와 결합되는 것은 4개의 '열'로 분류하면서 신과 세계의 관계를 4개의 단과 4개의 열이 교차하는 총 16가지 방식으로 분류한다447): (1) 고전적 유신론(N·n), (5) 전통적 기독교 유신론(N·c), (9) 아리스토텔레스의 이해(N·cn), (13) 힌두일원론 또는 우주환영설(N·X), (4) (8) (12) 무신론의 세 유형들(X·n, X·c, X·cn), (16) 회의주의(X·X), (11) 과정사상의 범재신론(NC·cn), (3) (7) (11) 다른 범재신론의 유형들(NC·n, NC·c, NC·x)이다.448)

하트숀의 과정범재신론의 특징은 신의 관계성과 내재성, 다른 말로 세계의 필연성으로, 세계를 비필연적인 우연성으로 간주하는 고전적 신론과 차별된다. 과정범재신론에서는 세계는 우연적이면서 필연적(cn)이다. 왜냐하면 세계는 '지나가는 그림자'(passing shadow)이면서 동시에 '종국적 사실'(final fact)이기 때문이다. 하트숀에게 신은 탁월한 존재이면서 세계에 빚지고 있으며, 절대적449)이면서 만물과 관계를 맺고 있는 '이중 초월'(dual transcendence)이다.450)

다시 말하면, 상대적으로 완전한 하느님은 추상적인 존재(abstract existence)와 구체적인 실제성(concrete actuality)이라는 양극적 본성을 지닌다. 하느님은 필연적이면서 동시에 우연적이고, 무제한적이면서 제한적이고, 독립적이면서 의존적이고, 영원하면서 유한한, 독특하게 뛰어난 방식으로 존재하는 분이다.451) 그러므로 이 세계는 하느님 안에 존재하지만 하느님이 이 세계 자체와 일치하지 않고 그렇다고 해서 이 세계로부터 분리될 수 없다. 하느님과 이 세계는 서로에게 상호-

의존적(inter-dependent)이다. 이 세계가 하느님에게 의존하고 있는 것처럼, 하느님도 이 세계에 의존하고 있다.

따라서 고전적 유신론에서처럼 하느님은 이 세계와 아무런 관련 없이 존재하는 절대적이고 불변하는 실재가 아니다. 하느님은 이 세계로부터 분리되지 않고 오히려 이 세계가 하느님의 일부로 존재한다. "이것은 세계가 하느님 없이 존재할 수 없는 것처럼, 하느님도 이 세계 없이는 존재할 수 없음을 의미한다."452)

하트숀의 과정범재신론에서 하느님과 세계의 관계성 혹은 상대성에 대한 이론적 예증은 성서에 기초한다. 우선 하트숀은 성서에 묘사된 하느님의 사랑이 하느님과 세계와의 관계를 적절히 보여준다며 사랑은 항상 주는 쪽과 받는 쪽 양측의 관계를 전제한다고 말한다. 그러면서 고전적 유신론은 절대적이고 영원불변하는 완전한 하느님의 관념을 지키기 위해 사랑의 하느님 관념을 포기했다고 보고 "만일 하느님이 관계적(상대적)이지 않다면 하느님과 이 세계 사이의 사랑이라는 것은 존재할 수 없다"고 역설한다.453) 하느님과 세계의 관계에 대한 또 다른 성서적 예증은 하느님과 이스라엘 사이의 언약이다.

> 모든 것이 사회적 계약이었다. 이 사회적 계약에는 하느님의 창조와 관계된 것 외에는 어떤 전제조건도 없다. 하느님에게 영향을 주는 모든 존재 혹은 모든 사건이 하느님으로부터 영향을 받은 것이다. 하느님은 이 세상에 영향을 미치지만, 동시에 하느님도 창조 과정을 통해 세상으로부터 영향을 받는다.454)

하트숀의 과정범재신론에서 신과 세계는 상호관계성을 전제하는 사회적 관계 구조를 지닌다. 그러므로 사회적 관계 외에는 이 세계를 창조할 다른 물질이나 재료의 존재를 증명하는 것은 불가능하다. 따라서 하트숀은 전통적인 창조론인 무로부터의 창조(creatio ex nihilo)를 인정하지 않고 하느님을 한 측면에서는 창조주로, 다른 측면에서는 피조물로부터 영향을 받는 피조물로 간주한다. 그러면서 하느님을 모든 결과들의 최고의 원인이자 모든 원인들의 최고의 결과인 사회적 하느님으로 파악한다.[455]

그래서 하느님과 세계의 관계는 하느님과 세계가 서로를 창조하는 공동창조자(co-creator)가 된다. 요컨대, 하트숀은 하느님과 세계를 상호의존적인 것으로 보고 신적 상대성을 통해 하느님의 의존적이고 내재적인 면과 독립적이고 초월적인 면, 즉 하느님의 초월성과 내재성을 강조하였던 것이다.

그러나 하느님의 초월성과 내재성을 동시에 강조하는 하트숀과 달리 과정신학자 로버트 메슬(C. Robert Mesle, 1950-)은 내재성에 더 무게를 둔다. 그는 세계를 과정적·관계론적 관점에서 보면 신의 절대적 필요성이 사라진다며 유신론보다 자연주의를 더 강조한다. 이와 반대로 존 캅은 자연주의를 선호하는 메슬과 달리 초월성에 무게를 더 두는 유신론적 입장을 고수한다. 그러면서 종교적 믿음을 "우리가 반드시 발견해야만 하는 깊은 진실에 관한 것으로서 심지어 그것이 우리를 어디로 인도할지 못할 때에도 신뢰해야" 하는 것이라고 역설한다.[456]

이러한 평가에 대해 김찬홍은 두 가지 점에서 과정범재신론의 장점을 인정한다. 첫째는 과정범재신론의 양극적 신 이해는 신과 세계의 관계에서 신적 상대성을 통해 세계에 내재하는 하느님을 적절히 설명했다는데 있다. 둘째는 과정범재신론은 고전적 유신론이 삼위일체론을 통해 극복하려 했던 하느님의 초월성과 내재성을 부드럽게 설명할 수 있다는 것이다. 하지만 김찬홍은 과정범재신론의 이런 두 가지 장점에도 불구하고 하느님의 절대적이고 추상적인 측면에 대한 설명이 결핍되어 하느님의 초월성을 상대적으로 약화시켰다는 것을 단점으로 꼽는다. 즉, 과정범재신론의 약점은 하느님과 세계의 상호의존성을 강조함으로써 신적 내재성에 무게가 실리는 바람에 초월성과 내재성의 균형이 상실되었다는데 있다.457) 하지만 이런 평가는 자연주의를 더 강조하는 내재성 보다 유신론을 강조하는 초월성에 경도되어 있기 때문으로 보인다. 따라서 이런 평가는 메슬 보다 존 캅의 입장을 지지하는 편향된 평가라는 인상을 줄 수 있다.

3) 과정범재신론의 특징

과정범재신론은 화이트헤드의 유기체 철학과 찰스 하트숀, 존 캅, 그리고 데이빗 그리핀(David Ray Griffin, 1939-)을 이어 발전해왔다. 이 신관은 전통적 유신론과 범신론의 문제의식을 수용하고 두 극단적 주장을 조정함으로써 통합적이고 중층적이며 자연주의적인 유신론적 체계를 구성한다. 과정범재신론은 전통신학이 주장하는 하느님의 초월성과 불변성을 수용하면서도 동시에 하느님의 내재성만을 강조하는 범신론의 주장을 받아들이는 양극적 유신론을 강조한다. 이러한 과정범재신론에는 몇 가지 특징이 있다.

첫째는 전통신학이 지닌 철학적 신론인 순수한 초월적 이신론을 비판하면서도 동시에 "신을 자연의 내재적 질서 속으로 용해시켜버리는 범신론으로부터 종교적 관심의 타당성을 보호하려" 한다는 점이다.458) 둘째는 과정범재신론은 초월적 유신론이 지닌 폭력적인 입장을 극복한다는 장점이 있다. 과정범재신론은 고전적 유신론에서처럼 하느님을 이 세계와 아무런 관련이 없는 '저 위의' 절대 불변하는 실재로 여기고 하느님과 자연을 분리하여 존재론적 간극을 가진 초자연적 신관으로 만듦으로써 자연을 정복과 착취의 대상으로 삼아 자연을 훼손하는 폭력적 자세를 극복하게 한다. 그 대신, 과정범재신론은 사랑의 하느님을 전제한 관계적인 영으로 이해된다. 여기서는 창조가 태초에 한 번 일어난 일회적 사건이 아니라 지금도 하느님의 영이 우주와 자연 가운데 창조의 현장에서 활동하고 있다는 사실이 부각된다.

이런 신관은 오늘날 인류가 직면한 생태계문제, 환경문제를 풀 수 있는 종교적 근거가 된다. 맥페이그(Sallie Mcfague, 1933-) 나 다른 여성신학자들은 지구를 하느님의 몸으로 간주하자고 제안한다. 그러면서 그들은 북미 원주민들이 지구 자체를 우리의 어머니로 보고 자연의 신성을 환기시킨다며 하느님과 피조물을 완전히 구분하는 이원론적인 초자연적 신관을 부정하고 영으로 편재하는 과정범재신론의 중요성을 강조한다.459)

> 자연의 유기체적 구조(organic structures)를 강조하고, 통전적 견해(holistic view)를 권장할 수 있는 신관으로 바꿔야 한다. 하느님이 초월적임과 동시에 진정으로 내재한다는 가르침은 창조질서의 위엄과 아름다움을 존중하게 하고, 무모하고 소모적인 착취를 막아주는 역할을 할 수 있다.460)

이것은 현대의 과정범재신론이 고전물리학에 기초한 '존재'의 철학이 아니라 양자역학에 기초한 '생성'의 철학을 전제하는 사유체계이기 때문에 가능하다.[461] 셋째는 과정범재신론은 근대의 보편주의(universalism)를 비판하면서도 탈근대주의의 해체주의적 입장이 아니라 '재구성주의적'(reconstructive) 방식으로 신관을 재정립한다는 점이다. 재구성주의 방식은 기존하는 전통신학의 사유 프레임을 무너뜨리는 것에만 목적을 두지 않는다. 대신 신 혹은 신성에 관한 새로운 개념을 활용하여 자연에 관한 새로운 형이상학적 시도를 통해 유신론적 사유의 지평을 확장시킨다. 그럼으로써 과정범재신론은 신성의 진화를 인정하고 전통신학에서 간과되었던 세계를 궁극적인 것으로 재평가하여 자연의 창조성과 풍요로움을 새롭게 살려낸다.[462]

따라서, 과정범재신론의 일련의 특징을 요약하면 다음과 같다. 첫째는 과정범재신론이 초월적 이신론을 비판하고 동시에 범신론으로부터 종교적 관심의 타당성을 보호하려 한다는 점이다. 둘째는 생성의 철학을 기초로 초월적 유신론이 가진 폭력성을 극복하고 사랑과 관계성의 신관에 천착한다는 점이다. 셋째는 근대 보편주의를 비판하면서도 해체주의적 입장이 아닌 재구성주의적 입장에서 새로운 신관을 구축한다는 점이다.

그러나 주목할 사실은 어떤 것이든 모든 시대를 아울러 보편적으로 통용될 수 있는 사상은 존재할 수 없다. 마찬가지로 과정범재신론이 지닌 일련의 특징에도 불구하고 이 신관 또한 서구 문명이라는 특정한 시간과 공간이라는 역사적 맥락 가운데 형성된 신관이라는 점에서 시공을 초월하여 모든 문명을 아우르는 보편적인 신관이 될 수 없음이 자명하다. 그러므로 과정범재신론 역시 한계와 그에 따른 문제점을 지닐 수밖에 없다. 다음 장에서는 과정범재신론이 지닌 문제점을 살펴보고 상호존재신론과의 차이점을 비교함으로써 상호존재신론의 의의에 대해 논구해 보고자 한다.

3. 과정범재신론과 상호존재신론

1) 과정범재신론의 이원성의 문제

앞서 살펴본 과정범재신론의 약점은 초월성과 내재성의 균형 상실에 있다. 하지만 상호존재신론의 관점에서는 과정범재신론이 지닌 양극적 유신론, 즉 하느님의 불변성인 시원적 본성과 변화성인 연관적 본성으로 나누는 신의 이분법에 문제를 제기할 수 있다. 과정범재신론의 문제점은 정신과 물질을 각각의 실체로 간주하는 실체론 철학의 이원론에 대한 비판에서 이 둘을 상호 유기적으로 파악하는 유기체 철학에서 나왔음에도 불구하고 다시 신을 이원화 한다는데 있다. 광의적 구조로 보면, 신을 변하는 속성과 변하지 않는 속성으로 나누는 신의 양분법은 신과 세계, 초월과 내재를 이원적으로 나누는 초월적 유신론과 '이원적'이라는 구조에서 유사한 공통점을 지닌다. 초월적 유신론과 과정범재신론의 '이원성'의 공통 토대는 각각 "투쟁적 이원론"과 "보완적 이원론"에 뿌리를 두고 있는 것으로 보인다.

구체적으로 말하면, 초월적 유신론이 의지하고 있는 이원론의 원류는 "투쟁적 이원론(conflict dualism)"이다. 이는 B. C. 6세기 페르시아의 예언자 짜라투스트라(Zarathutra, 조로아스터)의 신관에서 비롯된 것으로, 세상의 참신인 창조주, 아후라 마즈다(Ahura Mazda, 智慧의 主)에서 선한 영인 스펜타 마이뉴(Spenta Mainyu), 악의 영인 앙그라 마이뉴(Angra Mainyu)가 파생한다. 여기서 하느님과 악마로 우주를 양분하는 형이상학적 이원론이 체계화되고 변형된 형태로 유대교, 그리스도교, 이슬람교, 그리고 마르크스주의463)로 수용되었다.

이와 같이, 변형된 형이상학적 이원법은 고대 그리스도교에서 하느님과 사탄, 천국과 지옥, 구원과 유기, 선인과 악인 등의 전통이 되었다. 이것은 훗날 그리스도교에서 서양의 철학적 전통과 조우하여 하느님과 세계, 인간과 자연, 물질과 정신이라는 대립의 이원론464)에 기대어 하느님과 세계를 양분하는 초월적 유신론을 낳았다. 서양의 전통 그리스도교의 신관은 페르시아의 투쟁적 이원론에서 덜 대립적인 이분법을 지향하여 파생된 초월적 유신론을 낳았고 결국 초월에 기초한 유신론과 내재에 기초한 범신론의 조화를 위해 출현한 범재신론은 다시 신을 이분(二分)하는 오류를 범하고 말았다.

이 오류는 투쟁적 이원론과는 또 다른 이원론인 "보완적 이원론(complement dualism)"465)과 유사한 것으로 보인다. 보완적 이원론은 밝음과 어둠은 구별되고 대비되지만 대립적인 것으로 상정하지 않고 서로 결합하여 하나의 둥근 전체를 이루는 것으로 파악한다. 대비되는 양극의 반대 면을 서로 투쟁하는 이분법으로 보지 않고 한쪽이 다른 쪽을 필요로 하고 규칙적인 순환과 균형 잡힌 대칭 가운데 한쪽이 움직임에 따라 다른 쪽도 움직인다는 세계관을 가진다. 이러한 측면은 과정범재신론의 양극적 유신론이 지닌 이원론과 공명하는 부분이 있다. 따라서 전통적인 초월적 유신론이 투쟁적 이원론에 기대어 있는 '광의적 이원론'이라면 범재신론은 보완적 이원론에 기대어 있는 '협의적 이원론'이라고 할 수 있다. 이원론의 범위에서는 차이가 있지만 둘 다 이원론이라는 공통분모를 지닌다.

이처럼, 과정범재신론이 신을 양분하는 철학적 근거는 칸트 (Immanuel Kant, 1724-1804)의 물자체의 구조와 유사하다. 칸트의 철학적 원리는 선험적 합리론과 경험적 실재론을 결합한 인식론이다. 이 철학의 근본 특징은 인간 경험 저 편에 있는 물자체의 세계와 인간이 인식할 수 있는 현상세계를 구별한다. 존 힉은 칸트의 철학 원리를 신(神) 체험으로 변환하여 물자체 (物自體, Ding an sich)466)와 표상(die Vorstellung), 혹은 본질(noumenon)과 현상(phenomenon)의 이분법을 신 이해에 적용한다.467) 힉은 "모든 종교전통은 공통적으로 실재 자체(the Real, an sich)와 인간에 의해 다양하게 경험되고 사고되는 실재 사이의 구별"468)이고 "모든 체험이 '~로서 체험된 것'"으로 보고 있다.469) 그러면서 아래와 같은 이분법적인 구도를 설정한다.

우리는 결코 대상 자체 – 물자체(das Ding an sich) – 를 정확하고 즉각적으로 포착하지 못한다. 우리의 인식은 그 대상에 대한 하나의 이미지이며 이 이미지는 인식 작용을 하는 정신이 형상화한 것이다. 이것을 철학적으로 설명하면 인간은 결코 완전히 물자체 noumenon는 인식할 수 없고 항상 사물의 현상 phenomenon, 즉 사물이 보

이는 방식과 정신이 사물을 다루는 방식에서 나온 이미지만을 인식한다.470)

모든 궁극적인 실재는 하나의 본질(noumenon)이지만 나타난 현상(phenomenon)에 대한 인식은 인간의 유한성 때문에 다양해 질 수밖에 없다. 힉은 모든 종교의 이면에는 하나의 신적 실재 혹은 절대자가 존재하지만 다양한 역사적, 문화적, 심리적 맥락에 따라 종교경험들이 세계 여러 지역에서 발생했다고 본다. 그래서 그 모든 것들은 동일한 실재에 대한 인간의 다양한 응답일 수밖에 없다. 이 말은 "인간의 모든 경험과 사유는 역사적·문화적 상대성을 벗어날 수 없고" 인간이 진리를 이해하고 해석하는 과정은 해석학적인 방법에 의존할 수밖에 없음을 의미한다.471) 이처럼, 힉은 칸트의 인식론과 트뢸취(Ernst Troeltsch, 1865-1923)의 역사적 상대주의에 정초하여 자신의 종교 신학을 펼친다. 이러한 힉의 개념을 도표로 나타내면 다음과 같다.472)

이러한 주장에 따르면, 그리스도교에서는 창조이전에 존재하는 무한한 자존적 존재로서의 신과 창조된 인간관계 안에서 인간에 의해 체험되는 존재로서의 신 사이에 구별이 있다. 힌두교에서도 인간의 사고와 언어 영역을 모두 초월한 니르구나 브라만(nirguna Brahman)과 인간에 의해 체험과 기술(記述)이 가능한 인격적 신(神)인 사구나 브라만(saguna Brahman) 사이에 구별이 있다. 불교에서도 화신(化身)의 부처와 피안의 부처인 응신불(應身佛), 보신불(報身佛)과 무한하고 영원한 우주적 불성인 법신불(法身佛) 사이에 구별이 있다.

종교/궁극실재	The Real an sich	The Real experienced by human beings
힌두교	nirguna Brahman(Brahman beyond the scope of human concepts)	saguna Brahman (Brahman humanly experienced as a personal deity
불교	Dharmakaya (=dharmata dharmakaya) (=the dharmakaya in itself) (=Eternal Buddha nature)	Sambhogakaya (=Upaya dharmkaya) (=the dharmakaya known as the personal Amida Buddha)
도교	the eternal Tao (=Tao that cannot be expressed)	Tao that can be expressed)
유대교 Kabbalist mystics	Ein-sof(the absolute divine reality beyond human description)	The 10 sefirot(Keter, Hokhmah, Hesed, Shekhinah etc.)
유대교 Maimonides	essence	manifestations of God
이 슬 람	Al Haqq	Godhead underlying the self-revealing Allah
기독교 Meister Eckhart	Godhead(deitas)	God(deus) (Gott)
기독교 Paul Tillich	God above the God theism	God of theism
기독교 Gordon Kaufman	the real God (utterly unknowable)	available God(essentially a mental or imaginative construction
A.N. Whitehead (과정신학)	the primordial of God	the consequent nature of God

도교 경전에도 표현할 수 없는 도는 영원한 도라고 하고, 유대 신비주의에서는 무한한 신적 근원인 아인 소프(Ein-sof)와 경전의 신 사이를 구별한다. 이슬람 신비주의에서도 진정한 실재를 의미하는 알 하크(Al Haqq)와 인간이 품을 수 있는 구체적 신(Allah) 개념 사이에 구별이 있다.

뿐만 아니라 그리스도교 신비주의자 마이스터 에크하르트도 신성(神性, deitas)과 신(神, deus)을 구별하였고, 틸리히도 유신론의 신을 초월한 신을 말하고 있다. 과정신학 역시 신의 영원한 본성과 시간적 본성을 구별하면서 신의 양극적 특징을 서술한다.473) 이외에도 다석의 신관에서도 신의 양극성 특징이 나타난다. 그는 신을 딱딱한 고체로 보이는 있음의 신과 텅 빈 '빈탕한데'로 보이는 없음의 신을 합한 것(固有虛無一合神)것으로 파악한다: "우리의 상상이나 인식을 넘어서 계시는 하느님은 무(無)로서 나타나는 반면에 우리의 인식과 사고 아래에서는 유(有)로서 존재한다."474) 이처럼, 다석의 신관에서도 무로서의 신과 유로서의 신이라는 양극적 속성이 엿보인다.

2) 상호존재신론의 비이원성

상호존재신론은 보완적 이원론에 기초하여 신을 둘로 양분하는 과정범재신론의 양극적 유신론과 달리 철저히 현실계에서의 신에 대한 탐구를 논하는 신관이다. 이는 칸트 철학에서 기원하는 물자체, 즉 이성적으로는 절대 실재가 있다는 것을 인식할 수 있지만 감각적으로 전혀 파악할 수 없는 절대 실재를 상정하는 것이나, 니르구나 브라만, 법신, 무극, 아인소프, 신성(Godhead), 그리고 과정범재신론의 시원적 본성 등에 해당하는 일종의 형이상학적 신관에 대한 담론이 아니다. 상호존재신론은 하느님과 세계를 나누는 투쟁적 이원론은 말할 것도 없고 하느님을 이분하는 양극적 유신론의 신관인 과정범재신론의 보완적 이원론과 차별되는 비이원론에 근거해 있다.

상호존재신론의 비이원적인 이론적 기반은 공(空) 사상에 근거한다. 공 혹은 공성(空性)475)은 산스크리트어의 '순야타'이다. 틱낫한은 인연으로 생겨난 모든 것을 공하다고 하고, 어떤 것이든 연기적으로 성립하지 않는 것은 존재하지 않으므로 공하지 않은 것은 어떤 것도 존재하지 않는 것으로 본다. 나가르주나는 이에 대해 『공론』에서 다음과 같이 게송을 읊었다.

> 因緣所生法(인연소생법)
> 我說卽是空(아설즉시공)
> 亦爲是假名(역위시가명)
> 亦是中道義(역시중도의)

이 뜻은 다음과 같다.

> 인과 연으로 태어나는 것은 법이다.
> 나는 이것을 공이라고 말한다.
> 또한 이것을 가명이라고 말하고
> 또한 이것을 중도의 이치라고 말한다.476)

공은 사물의 배후에 어떤 숨겨진 실재나 형이상적 실체가 아니라 모든 사물이 자체의 존재와 본성이 없이 텅 비어 있다는 사실 그 자체, 즉 사물의 있는 그대로의 모습인 진여(眞如)이다. 공은 A의 배후에 A를 가능하게 하는 더 근원적인 실재가 있음을 말하는 것이 아니라, 단지 A가 A가 아니면서도 A로서 존재한다는 사실을 말해주는 것이다. 환언하면, 공이란 모든 존재를 가능하게 하는 형이상학적 제1원리가 아니라 사물 그 자체이다.477)

그러므로 상호존재신론은 현상계와 초월계의 두 세계의 상호존재를 말하는 것이거나 현상계를 지탱하는 근원적인 형이상학적 원리로서의 하느님이 따로 있다는 이원론이 아니다. 오히려 공이 사물 그 자체라는 사실에서처럼 신을 사물 그 자체로 간주하는 비이원적인 신관이다. 그러나 신을 사물 그 자체로 파악한다고 해서 신을 유한한 실재로 환원하는 범신론이 아니라 슈온(Frithjof Schuon, 1907-1998)의 하느님 이해처럼, 신과 세계를 본질적으로 동일화시키지만 "유한한 것 안에서 그것을 통해서 그 자신을 현시하고 현실화하고 표현하는 방식으로서 궁극적 존재에 대한 경험을 표현"하는 비이원론이다.478) 그래서 상호존재신론에서의 하느님은 현상계를 가능하게 하는 형이상학적 원리로서의 신이 아니라 사물 그 자체에 내재하고 생명력을 부여하는 에너지 장(場)이다.

그러나 비이원론적인 신관인 상호존재신론의 하느님은 사물 그 자체와 이원적으로 구분된 독립된 실체로서의 형이상적 신은 아니지만 현상 세계를 현상 세계이게끔 해주는 힘이며 원리로서의 힘의 장이다. 왜냐하면 장(場)이란 개개의 것을 서로 관계시켜 주는 근거이며 구조의 근거이기 때문이다.479) 반면 야기 세이이치(八木誠一, 1932-)는 공을 초월자로, 개별적 존재를 움직이는 힘의 장으로, 보편적인 생명력으로 표현하며 이렇게 진술한다.

> 초월자는 개별자로 하여금 실존하고 행동하게 하는 힘의 장이며 모든 실재에 관계적이고 과정적인 성격을 부여하면서 거기에 스며드는 보편적인 생명력이다. 이러한 초월자가 애당초부터 불교 안에, 불교의 모든 역사적 형태들 안에 현존한다는 것이다. 이 초월자의 불교적 표현은 공이다. 이 공은 현상세계를 현상 세계 이게끔 해주는

원리이자 힘이며, 동시에 현상세계 자체이다. 모든 사물은 자체의 본성을 가지고 있지 않아 궁극적으로 공하지만(色卽是空) 바로 그렇기 때문에 사물의 차별적 다양성이 그대로 인정된다(空卽是色).480)

그러나 야기 세이이치가 공을 초월자로 표현한 이유는 시공간의 초월자라는 뜻에서가 아니라 언표불가의 의미로 사용한 것이다. 하지만 공을 초월자로 묘사한다는 자체가 오해의 가능성을 내포할 수 있다. 그래서 워즈워스(William Wordsworth, 1770-1850)는 불필요한 오해를 불식시키는 장치로 초월이라는 말 대신 자연 속 신체험을 어떤 범주 속에 포함시켜 규정할 수 없는 신비적이고 불가지한 것으로 표현하기 위해 신을 '어떤 것'으로 사용하자고 제안한다.481) 이와 같이 초월 개념을 규정하거나 한정하지 않고 '어떤 것'으로 표현한다는 점에서 상호존재신론은 과정범재신론의 초월 개념과 어울리지 않고 오히려 심층 범신론과 공명하는 부분이 있다.

심층 범신론은 과정범재신론과 달리 신의 초월성에서 그 차이가 두드러진다. 범재신론은 모든 것(자연/세계)이 신 안에 존재하지만 신은 그 전체 보다 더 크다는 신관이다. 여기서 과정범재신론은 '더 크다'(more)는 신의 초월성의 의미를 신의 시원적 본성에서 찾는다. 이와 달리 심층 범신론에서는 모든 신성을 자연의 무의식적 측면(unconscious side)의 자연의 깊이에 둔다. 김희헌은 코링턴(Robert S. Corrington, 1950-)의 주장을 통해 심층 범신론에서 '더 크다'는 신의 초월성 개념이 두 가지 방식으로 자연 내부에서 용해되는 것으로 이해한다.

첫째는 자연 안에서 '신화'(神化, god-ing)로 표현될 수 있는 독특한 경험이다. 그것은 일종의 누미노제 경험으로서, 마치 "초자연적인 요소로부터 우리에게 다가오는 것처럼 느껴지는 거대하고도 고유한 특징을 지닌 경험"이다. 하지만 심층 범신론에서 이 신화(god-ing)는 자연에 대한 '특질'(traits)이지 초자연적인 힘이 아니다. 둘째는 심층 범신론은 신의 초월성에 관한 개념을 C.S. 퍼스가 자연의 진화과정에서 발견할 수 있다고 본 '은총론적'(agapastic)특질로 해석한다. 과정범재신론이 이 은총론적 특질을 신에게 귀속시키는 반면, 심층 범신론은 자연 내부에 존재하는 독특한 형태의 진화과정으로 본다.482)

심층 범신론에서 초월성은 과정범재신론에서처럼 '높이'로 환원하는 것이 아니라 신성을 자연 속에 있는 신성의 한 형식으로 봄으로써 초월성을 '용해'로 환원한다. 초월성을 '높이'가 아닌 '용해'로 환원하는 심층 범신론은 신을 사물 그 자체에 내재하고 생명력을 부여하는 에너지 장으로 규정하는 상호존재신론의 신관과 부합한다. 왜냐하면 상호존재신론의 하느님은 사물 그 자체로서 모든 곳에 편재하는 영으로 존재하기에 달리 말하면 용해되어 있는 것으로 환언 가능하기 때문이다.

이처럼, 초월성을 자연에 용해시킨 심층 범신론처럼 상호존재신론은 초월과 내재를 둘로 나누어 이원화하지 않고 오히려 초월을 자연 속에 용해 된, 편재하는 에너지 장으로 이해함으로써 비이원성의 특질을 갖는다. 이에 대해 니터의 설명이 우리의 주목을 끈다.

하느님이 연관시키는 영이라면 창조주는 창조세계에 대한 전적인 타자일 수 없다. 하느님을 상호존재로 느끼고 묘사한다면, 그리고

세계가 상호존재를 통해 움직이고 진화한다면, 창조주의 창조행위를
그 창조주와 바깥에 따로 있는 어떤 것을 만들어 내는 것으로 이해할
수 없다. 신적 생명의 원동력은 바로 유한한 세계의 원동력이다.483)

상호존재신론은 서양 철학적 신관의 색채가 강하게 드러나
는 감각적으로 파악 불가능한 절대 실재를 상정하는 양극적
유신론을 부정한다. 그 대신 현실계인 역사적 차원에서만 신
에 대한 의미의 타당성을 추구한다. 요컨대, 상호존재신론은
감각적으로 탐구 불가능한 신과 가능한 신을 이원화는 하는,
즉 초월성과 내재성을 함께 담보하는 양극적 신관이 아니다.
오히려 현실계(色)에서 공으로, 편재하는 혹은 용해되어 생성
하며 만물을 움직이고 상호 연관시키는 에너지 장으로 존재하
는 비이원적 신관484)이다. 왜냐하면 이러한 신관에서 하느님
혹은 궁극적 존재는 역사적 현실에서만 의미가 있지, 그것을
초극한 탈역사나 초현실세계에서는 그 의미를 찾을 수 없기
때문이다. 따라서 신의 초월성과 내재성이 함의된 과정범재신
론의 양극적 신관은 신과 세계를 유기적 관계로 파악한다는
점에서 이사무애의 신관이라고 한다면 상호존재신론은 신의
초월성 개념을 내재적 용해로 환원한다는 점에서 비이원적인
사사무애의 신관이라고 할 수 있다.

3) 상호존재신론의 의의

전술하였듯이, 상호존재신론의 사상적 근거는 이원론에 토대를
둔 초월적 유신론에 대한 비판에서 비롯된 비이원론(non-dualism)

에 기초한다. 이 점에서 상호존재신론은 과정범재신론과 다른 몇 가지 의의를 지닌다. 우선 과정범재신론은 서양철학에서 영양분을 공급받아 형성된 서양적 신관이라면, 상호존재신론은 불교의 사상과 조우하여 탄생한 동양적 신관이라 할 수 있다. 구체적으로, 상호존재신론은 기존 서양의 철학과 신학에서 함의 된 신관이 동양의 대승불교의 연기사상 혹은 공관과 조우함으로써 만들어진 신관이다.

그런 점에서 상호존재신론의 첫 번째 의의는 서양적 관점에서 규정된 신 이해를 극복하는 해석학적 지평융합의 신관이라 할 수 있다. 해석학적 지평융합(Horizontverschmolzung)은 20세기 가다머(Hans Georg Gadamer, 1900-2002)가 주창한 용어이다. 이는 인간의 정신적 삶은 공동체 속에서 숨 쉬고 자신이 속한 '전통'의 영향을 받아 형성된 일정한 실재관인 '삶의 지평'을 갖는데, 외부와의 접촉으로 새로운 삶의 지평을 만남으로써 창조적 '지평융합'을 이루는 것을 의미한다.[485] 틱낫한도 불교와 그리스도교가 의미 있게 만나면 그리스도교에 극적인 변화가 일어나고 가장 아름다운 보석들이 드러나게 될 것이라며 지평융합적 입장을 아래와 같이 지지한다.

> 제가 보건대, 불교와 기독교가 진정으로 의미 있게 만난다면 기독교에 매우 극적인 변화가 일어나, 그 속에 있는 가장 아름다운 보석들이 드러나게 될 것입니다. 불교에서 강조하는 '어울려 있음[Interbeing]'이나 '비이분법적 사고[nonduality]' 같은 통찰을 기독교에서 받아들인다면 사람들이 기독교 전통을 보는 방법이 근본적으로 변할 것이고, 그렇게 되면 기독교 전통 속에 묻혀 이는 고귀한 보석들이 재발견될 것입니다.[486]

그리스도교를 중심으로 삶의 의미를 부여한 서구의 지식인들은 자신들의 삶의 지평에서 나온 사유문법과 방식에 따라 다신론(polytheism), 단신론(henotheism), 유일신론(monotheism), 범신론(pantheism), 범재신론(panentheism), 무신론(atheism) 등과 같은 신관의 유형을 생산했다. 이에 반해, 상호존재신론은 서양적 삶의 지평에서의 신과 동양의 삶의 지평에서의 '상호존재'가 창조적으로 융합하여 창출된 신관이라는 점에서 지평융합의 신관이라고 할 수 있다.

둘째는 상호존재신론이 '지평융합의 신관'이라는 의의와 연동하여 '동양적인 신관'이라는 점이다. 상호존재신론이 '동양적'이라는 말의 의의는 서양신학의 일방적 구조 아래에서 양산된 다양한 신관의 용어를 탈피했다는데 있다. 지금까지 서양적 사유 구조와 체계 가운데 만들어진 다양한 서양신학의 신관들은 오리엔탈주의적인 독과점식의 제국주의적 신관들이었다.

그러나 팔레스타인의 변방에서 시작된 그리스도교는 바야흐로 서양 중심주의를 넘어 전 세계에 토착화된 그리스도교로 자리 잡았다. 이러한 때에 토착화된 그리스도교는 서양 중심의 독점적 신관에서 탈피하여 다원적인 지역 신관(local theism)이 창출될 필요가 있다.[487] 상호존재신론은 동양이라는 지역의 역사·문화적 전통과 환경을 통해 토착화된 신관이기 때문에 동양적 신관이라는 말은 다른 말로 격의적(格義的)신관이라고도 할 수 있다. 왜냐하면 격의는 "하나의 종교나 사상체계가 하나의 세계에서 또 다른 세계에로 전입될 때 그것이 전개될 토양의 문화와 만나서 그 문화의 옷을 입음으로써 비로소 그 문화 속에 뿌리를 내릴 수 있다는 보편적인 역사적 현상을 지칭"

하기 때문이다.488) 그런 점에서 그리스도교의 신관(神觀)과 불교의 공관(空觀)이 융합된 상호존재신론은 또 다른 지역 신관이라는데 그 의의가 있다.

셋째는 상호존재신론은 '대안적' 신관이다. 이것은 서양 그리스도교의 주류 신관인 초월적 유신론의 단점인 배타성과 모든 문명권의 보편화를 주장하는 독점적인 신관을 극복할 수 있다는 의미이다. 서양 그리스도교의 주류신관은 신과 세계의 이분화, 신관에 대한 특정 민족이나 문명권의 독점화, 신의 문자적 폐쇄화 등과 같은 부작용을 양산했다.

그러나 상호존재신론은 서양의 주류신관이 지닌 비개방성과 배타성, 일원적 제국주의를 극복하고 실천적 다원성489)으로 나아갈 수 있는 기반을 제공할 수 있다. 상호존재신론에서는 그리스도교의 신관과 불교의 공관을 통해 그리스도교라는 개체가 불교라는 타자의 일부분이 됨으로써 개별화는 약화되는 반면 인격화는 강화된다. 그리스도교의 개별주의의 일부는 상실되지만 그리스도교의 인격성에 해당하는 관계성을 통한 자기 인식은 강화되는 통일성이다. 환언하면, 그리스도교만의 "독특성은 계속 유지하지만 이 독특성은 상호적 의존 속에서 다른 종교들과 관계함으로써 발전하고 또 새로운 깊이를 얻게 된다."490) 그런 점에서 특정 문화가 독점한 일방적 그리스도교 신관에서 다원성이 담보된 통일성을 지향하는 상호존재신론은 모든 문화에 개방적인 대안적 신관이 될 수 있다.

요컨대, 상호존재신론의 지평융합적이고, 동양적이고, 그리고 대안적 신관의 의의에서 공통적으로 주목해야 할 점은 다음과 같다: 첫째, 모든 신학은 시대성의 한계를 지닐 수밖에 없고 성서의 언어를 포함한 신에 대한 모든 인간의 유한한 언어적 담론은 상징적, 메타포적, 유추적 성격을 지니므로 어떤 신관도 절대화되어서는 안 된다는 개방적인 겸양에 있다.491) 왜냐하면 2000년간 이어진 그리스도교의 신관에 대한 모든 언어적 정의는 상징에 불과하기 때문이다.492)

둘째, 그리스도교의 종교적 언어는 상징적 언어이다.493) 상징들은 신을 정의하기보다 신을 가리키는 것이다. 그러므로 신이 무엇인가를 본질적으로 탐구하는 정태적 기능에서 벗어날 필요가 있다. 그 대신 우리가 신에게서 어떤 위로를 받고 신과 함께 어떻게 삶을 풀어 나가야 할 것인가에 대한 동태적 기능인 역동적 실천성으로 나아가야한다.494) 그래서 니터는 모든 종교적 언어는 "정보 전달적"(informative)인 것이 아니라 "수행적"(performative)이고 "상징은 우리의 머리를 채워 주는 것이 아니라 우리의 삶을 변화시키는 것"이라고 말한다. 이어서 그리스도교의 모든 신조와 교리는 달을 가리키는 손가락에 불과하지 달 그 자체가 아니므로 그 교리와 신조의 언어적 목적은 신과 우주의 본질이 무엇인가에 대한 정보 전달에 있지 않고 인간이 어떻게 살아야 할 것인가 대한 삶의 의미에 대한 지침을 전달하는 것이어야 한다고 강조한다.495)

그 점에서 상호존재신론은 단순히 신의 존재성을 가리키는 것이 아니라 신과의 관계를 통한 인간의 문제를 말하는 것이다. 그러므로 상호존재신론을 통해 신에 대한 우리의 표상이 바뀌는 것에 그치지 않고 삶이 변화되는 원동력으로서의 작용이 요청된다. 그런 점에서 상호존재신론은 형이상학적이고 부르주아적인 철학적 신론이 아니라 실천과 운동의 측면을 지향하는

역동적 신관이라 할 수 있다.496) 따라서 실천과 운동의 성격이
강한 상호존재신론은 기존 그리스도교의 예전과 신학적 입장에
새로운 방향성을 추구하게 한다. 다음 단원에서는 과거와는
다른 얼개, 즉 상호존재신론의 관점에서 그리스도교의 기도와
예배를 재조명함으로써 그에 대한 그리스도교적 의의를 살펴
보고자 한다.497)

V. 상호존재신론의 그리스도교적 의의

1. 상호존재신론의 기도

오늘날 한국 개신교에서 기도는 예배, 전도와 더불어 가장 중요한 신앙요소 가운데 하나이다.[498] 하지만 기도가 신앙생활에서 빼놓을 수 없는 필수적인 요소임에도 불구하고 기도에 대한 바른 이해가 부족하여 올바로 행해지지 못하고 있다. 그 이유는 한국교회의 신자들이 기도를 극히 샤먼적인 현실주의로 인식하기 때문이다. 그들은 기도를 질병이나 제액을 만났을 때 제재초복(除災招福)의 역할을 하거나, 현실의 욕구를 만족시켜 주는 현세복리(現世福利)의 기능 정도로 인식한다. 그래서 이들에게 성직자들은 두 가지 현실적 욕구를 만족시켜주는 샤먼적인 중재 역할자로서의 기능에서 크게 벗어나지 않는다.[499]

기도에 대한 신자들의 왜곡된 인식은 다종교사회라는 한국적 상황과 포스트모던이라는 시대적 상황의 간과에서 비롯된다.

이러한 현실은 한국 교회의 기도 연구에 있어 종교 간 또는 타 종교와 연관해 이뤄진 연구 환경을 차단했고500) 대중 그리스 도인들은 자기의 종교만이 최고의 진리와 구원의 가치를 지닌 다는 종교우월주의와 배타주의에 경도되어 있다. 그것은 한국 신학이 서양과는 다른 다종교 사회의 공간적 차원과 포스트모던의 시간적 차원을 고려하지 않고 아직까지 유럽과 북미 중심적인 그리스도교 신학의 틀 구조에 크게 의존하고 있기 때문이다. 이에 대해 유동식은 한국의 그리스도교는 우리의 고유한 영성과 얼의 시각에서 찾아야 한다며 일방적인 서구 중심의 그리스도교 시각을 이렇게 비판한다.

> 성서가 유대인의 영성과 일부 헬라적인 눈으로 하느님의 말씀을 이해 하고 표현한 글들이라면, 서구 기독교 신학은 그레코-로만의 눈과 논리에 의한 복음의 이해와 그 학문적 해명이다. 그러나 우리는 유대인이나 헬라인, 유럽인이 아니라 엄연한 한국인이다. 따라서 우리는 구원하는 하느님의 말씀과 복음의 이해는 마땅히 우리의 고유한 영성과 얼인 풍류도의 시각에서 이루어져야 한다.501)

유동식의 비판적 성찰은 기도에 있어서도 다르지 않다. 기도에 대한 연구와 이해도 유럽 중심의 일방적이고 편향된 인식에서 탈피하여 다양한 지역에서의 환경과 문화적 조건에 따른 토착 화된 기도의 전환적 인식이 필요하다. 그러나 이러한 시대적 상황에 따른 필요성에도 불구하고 기도에 대한 전환적 인식이 이루어지지 않은 이유는 서양 그리스도교 중심의 일방적이고 편향된 신관에 사로잡혀 있기 때문이다. 서양 그리스도교의 주류 신관은 신과 세계를 구분하는 주객 이원론의 모델에 따라 신을 저 너머, 바깥에 좌정한 전지전능한 인격적 존재자로 상정한다. 인간과 세계의 분리를 전제하는 신의 초월성을 담보한 이원론적 신관에서 신은 인간의 기도에 응답하기도 하고 응답하지 않기도 하는 선별적 신으로 전락한다. 그리고 여기서 행해지는 기도는 신을 통해 개인이나 집단의 성취 욕구를 이루는 욕망의 매개체가 된다. 이러한 신관에 뿌리를 둔 기도의 개념은 그 의미론적 및 실천적 차원에서 점점 더 기도의 바른 기능을 상실해 간다.

그리스도인들에게 하느님에 대한 개념은 매우 중요하고 신에 대한 개념은 그리스도교의 정체성을 형성하는 기초가 된다. 하느님을 멀리 계신 분, 우주와 분리된 저 바깥에 계신(out there) 초자연적인 존재로 믿는가? 아니면 가까이 계신 분, 우리 주위에 영으로 계시는, 바로 여기에 계시는 분으로 믿는가는 신앙적 삶의 정체성에 영향을 미친다.[502] 곧, 신에 대한 인식의 전환이 기도에 대한 패러다임의 전환으로 귀결된다. 그러므로 기도에 관한 담론도 신관에 대한 이해에 따라 달라질 수 있다.

따라서 본 장에서는 유대-그리스도교 전통에 뿌리를 둔 이원론에 기반한 초월적 유신론의 관점의 경계를 넘어 불이론적인 신관인 상호존재신론의 관점에서 기도의 의미를 새롭게 조명해 보고자 한다. 논의의 전개는 청원기도의 본질과 지향성에 대한 분석을 통해,[503] 이원론적 신관에 따르는 전통적 기도를 불이론적 신관인 상호존재신론의 기도와 대비하는 방식으로 그리스도교의 새로운 기도의 의의를 제시한다. 그럼으로써 전통 그리스도교의 이원론적 신관에 기초한 기도와 상호존재신론에 기초한 기도의 본질과 지향성에서의 차이가 무엇이며, 왜 불이론적 기도로 전환되어야 하는지를 조망해 본다.

1) 전통 기도의 문제점

기도의 종류에는 개인적 형태의 기도와 예전을 통해 드리는 공동체적 기도가 있다. 전자는 감사기도, 찬양기도, 탄원기도, 서원기도 등이 있고 후자는 신앙고백기도, 죄책고백의 회중기도, 목회기도, 중보기도, 축복기도 등이 있다. 특히 한국교회만의 특별한 기도 형태인 새벽기도, 철야기도, 그리고 산기도가 있다. 청원기도에도 개인적인 것이든 집단적인 것이든 자기가 원하는 것을 이루어 달라는 적극적 청원과 원하지 않는 어떤 것을 피하게 해달라는 소극적 청원의 형태로 나뉜다.504)

틱낫한은 위와 같은 여러 종류의 기도가 있음에도 불구하고 자신의 한 저서에서 기도에 대한 일반적 정의를 피력한다. 그는 사람들이 어떤 종교를 가지고 있는가에 상관없이 힘든 일이 닥치면 누구나 그것을 뛰어넘고자 하는 바람을 품는데, "자신의 몸이 아플 때나 사랑하는 이가 고통 속에 있을 때, 자신이 속한 공동체가 어려운 상황에 처했을 때" 인간은 "어떤 초월적인 존재를 향해 그것을 해결해 달라는 염원을 품게" 된다며 그것을 '기도'로 정의한다.505)

기도에 대한 틱낫한의 정의와 마찬가지로, 빌 '기'(祈)와 빌 '도'(禱)의 한자어 합성어인 기도의 사전적 정의는 인간보다 능력이 뛰어나다고 생각하는 어떠한 신이나 절대적 존재에게 사정을 아뢰고 무엇을 이루어 주도록 비는 것 또는 그런 의식을 뜻한다. '기도하다'의 영어 단어 'pray' 또한 "한 사람이 다른 사람에게 부탁한다는 뜻으로 사용"된다.506) 기도는 모든 인간이 종교의 유무, 혹은 어떤 종교에 속해 있느냐에 상관없이 어렵고 절박한 상황에서 누구나 그것을 해결해 줄 절대자를 찾는 습성을 가리킨다. 이는 그리스도교의 신자도 예외가 아니다.

신자들의 기도는 공식적인 예배의 공동기도나, 개인적인 개인기도나, 말로 하는 기도나 그리고 말없이 하는 명상(mediation)과 묵상(contemplation)의 기도에서나 그들의 모든 기도는 절대자 하느님께 무언가를 요청하는 '청원기도'로 수렴된다.507) 보그는 하느님께 나와 타인을 도와 달라고 하거나, 어떤 것들을 달라는 요청이나, 용서를 구하는 등과 같은 기도의 배후에는 '저 바깥에' 계신 초자연적이고 간섭적인 모델에서의 하느님 개념이 자리 잡고 있다고 비판한다. 그러면서 이런 식의 하느님 관념에서는 청원기도로 이어질 수밖에 없다며 청원기도의 전형적 예를 술회한다.

식사 전에 우리는 이렇게 기도했다. "주 예수여, 오셔서 우리의 손님이 되어 주시고, 이 선물들이 우리에게 축복이 되게 하소서." 특별한 식사자리에서도 청원의 성격을 띤 기도를 드리곤 했다. "우리의 식탁에 함께 하소서, 주님! 여기와 모든 곳에서 높임을 받으소서; 은총으로 축복하셔서, 당신과 함께 낙원에서 잔치에 참여하게 하소서." 침대에서 하느님께 보호를 간청했다. "이제 누워 잠들고자 하오니, 주님 나의 영혼을 지켜주소서; 만약 제가 깨어나기 전에 죽게 되거든, 주님 나의 영혼을 데려가 주소서." 나는 하느님께 내가 사랑하는 사람들과 내가 알지 못하는 사람들(모든 아픈 사람들)까지도 축복해 달라고 요청했다.508)

보그가 설명한 청원기도의 예에서 드러나듯이, 연약한 인간이 하느님께 무언가를 요청하는 것은 인간이 지닌 본능적 한계일 수 있다. 이에 대해 니체(Friedrich Wilhelm Nietzsche, 1844-1900)는 인간에게 신이 필요한 이유와 어떤 유형의 인간이 신을 필요로 하는지에 대한 스스로의 질문에 대해 이렇게 답한다: 인간이 신을 찾게 되는 순간은 신체와 정신이 극도로 빈곤해져 이성적 판단이 흐려졌을 때 신과 같은 막강한 안전지대를 필요로 하는 것이다. 니체는 삶에서 고통만 당하고 강력한 힘을 소유하지 못한 인간들이 스스로 궁핍해 졌을 때 신앙의 대상으로서 신을 찾고, 자신이 나약해 졌을 때 강한 신을 찾는데, 이러한 사람들을 일컬어 '낭만적 염세주의자'라고 칭한다.[509]

김병훈도 니체와 같은 맥락으로 기도를 영혼의 상담으로 인식하고 이와 같이 설명한다: "영혼을 가진 인격체가 하느님이라고 하는 따뜻하고 지혜로운 상담자와 더불어 교제하고 … 시·공간을 초월해서 우리를 위해서 다가오시는 영혼의 상담자와 더불어 언제 어디서나 우리가 친밀한 교제와 진솔한 대화를 나눔으로써 영적인 깊이의 경험을 더하고 …".[510]

이와 같은 기도의 정의와 설명들에는 한 가지 공통점이 발견된다. 기도하는 자와 기도 받는 자의 분리이다. 여기서는 기도하는 자는 현상계에, 기도 받는 자는 초월계로 상정한다. 그리고 이 둘을 완전히 분리하고 기도 받는 자를 대상화, 타자화시킨다. 보그는 이런 식의 하느님의 타자화, 대상화는 인간이 하느님을 바르게 인식하지 못하는 원인으로 이해한다. 보그는 그 이유를 부버의 "나-당신(I-It)"의 모델로 설명한다: "인간은 자라면서 언어에 기초한 사회화 과정을 거치게 되는데, 언어는 본질적으로 실재를 범주화하고 분할한다. 사회화가 성공적이면 성공적일수록, 문화가 만들어낸 말들과 범주들이 우리의 인식을 형성하고 제한하면서 "나-너(I-You)"의 관계 속에서 만난 실재를 차단하면서 "나-그것(I-It)"의 세계로 빠져들게 만든다."511)

이런 방식으로 파악된 하느님은 어떤 기도는 응답하고 어떤 기도는 응답하지 않을 결정권을 가진 "우주적인 호텔보이"(a cosmic bellhop)로서의 이미지를 가진 하느님이 된다.512) 이는 서양 그리스도교에 기초한 전통적인 기도의 본질과 지향성에 대한 설명이다. 보그는 이런 형태의 기도는 저기 어딘가에 계실수도 있고 안 계실지도 모르는, 그래서 대답을 해 줄 수도 있고 안 해줄지도 모르는, 단지 멀리 계신 어떤 분에게 말을 거는 것에 불과하다고 비판한다.

이에 대해 로빈슨(John A. T. Robinson, 1919-1983) 또한 화살기도(arrow prayers)라는 표현을 통해 우리는 순간적으로 이 세상일에서부터 모든 것 위에, 또는 밖에 있는 신에게로 빠져나가 신과 교제하려고 하는데, 이는 구멍(空間)안에서 신을 찾으려는 것과 같다고 비판한다.513) 보그는 이런 식의 기도는 지양되기를 요청한다. 그 대신 하느님을 '바로 여기' '우리 주변 어느 곳에나' 계시는 분으로 인식하고 알든 모르든 우리는 이미 하느님과의 관계 속에 있는 방식으로 기도를 하는 것이 옳다고 주장한다.514)

니터도 중년에 이르자, 기도의 대부분을 차지하는 청원기도에 어려움을 느낀다. 그는 하느님이 삶에 개입하고 간섭하여 변화를 일으켜 주기를 요청하고 인간이 하느님에게 뭔가를 요

구하고 받는 것을 전제하는 기도에 불편함을 호소한다.515)
니터는 특정한 누군가를 돕기 위한 하느님의 개입은 불가피하
게 또 다른 누군가에게 차별을 가져오는 것으로 본다. 그는 우
리에게 소풍가기 좋은 일요일 날씨는 농부의 바짝 마른 논밭
에는 나쁜 날씨라며 청원기도의 모순을 이렇게 지적한다.516):
"만약 하느님이 내 여동생의 암을 낫게 해 준다면, 어째서 같
은 병으로 고통 받는 남의 여동생은 낫게 해 주지 않는가? 더
구나 그들도 내가 여동생을 위해서 열심히 기도하는 만큼 그
들의 여동생을 위해 열심히 기도한다면 말이다."517) 니터는
이런 식의 기도에서 하느님은 누군가의 기도는 들어주고 누군
가의 기도는 들어주지 않는 차별적이고 선별적인 하느님으로
전락하는 신관에 대한 오해를 경계한다. 길희성은 청원기도의
모순에 대한 니터의 인식에 공감하며 청원기도의 문제점을 이와
같이 비판한다.

> 많은 신자들이 자기가 바라는 것이 하느님의 뜻인지 생각해 보지도
> 않고 무조건 자기 뜻을 앞세우고 하느님께 매달린다. 어떤 사람은
> 한 특정 기도 제목을 놓고 하느님과 사생결단을 하듯 덤벼들며, 또
> 어떤 사람은 하느님을 설득하거나 협박하듯이 기도한다. … 하느님은
> 과연 어떤 한 개인이나 집단의 간절한 소원을 들어주시는 존재일
> 까? 그렇다면 왜 어떤 사람의 기도는 응답하고 어떤 사람의 간절한
> 기도는 외면하는 것일까? … 불치의 병을 앓는 사람치고 하느님께
> 간절히 기도하지 않은 사람이 있을까? … 어째서 기도로 암을 치료
> 받았다는 사람보다는 암으로 죽는 사람이 더 많을까? … 기도를 하
> 면 들어주고 하지 않으면 들어주지 않는 하느님, 어떤 이의 기도는
> 들어주고 어떤 이의 기도는 들어주지 않는 하느님 … 그런 하느님은
> 더 이상 내가 생각하는 하느님이 아니다.518)

니터는 청원기도의 모순 외에 이 기도의 또 다른 문제점을 제기한다. 청원기도는 하느님과 인간 사이의 이원론적인 거리와 간격을 전제한다. 그렇기 때문에 우리와 다른 초월적 존재인 하느님은 인간들의 경배를 필요로 하고 우리는 하느님에게 원하는 것을 받기 위해서 하느님을 경배 할 수밖에 없는 구조이다. 여기서 기도는 하느님을 지나치게 숭배하는 이원론에 매몰되어 있다.519) 니터가 제기한 바와 같이, 신과 인간의 주고받기식의 구조로 작동되는 청원기도의 문제는 종교 현상의 본질적 개념인 '신'까지도 합리성의 관점에서 파악하려는 인간들의 거래 심리가 저변에 깔려 있다는 것이다. 이것은 합리적 선택 이론으로 설명된다.

> 애덤 스미스의 종교관은 모든 인간이 기본적으로 자기이익(self-interest)을 추구한다는 전제에서 출발하기 때문에, … 세속적 행위들과 마찬가지로 종교적 행위에서도 모든 참여자들이 자기이익을 추구하는 것으로 이해 할 수 있다면 종교적 행위를 경제적 합리성으로 생각하는 것은 당연한 것이고 적절한 것이다. 어떤 종교인들도 맹목적으로 믿지는 않는다. … 수요자들의 입장에서도 평화, 안식, 철학, 예술, 사회적 소속감 및 물리적 치료에 이르기 까지 종교가 제공하는 다양한 편익이 기대될 수 있을 때 비로소 종교를 소비하고자 할 것이다. 이런 점에서 종교현상은 본질적으로 교환관계(exchange relationship)의 일종이다.520)

합리적 선택이론가들은 기도와 같은 종교 현상을 교환관계521)의 일종으로 간주한다. 그들은 신이 있는 종교(goldly religion)들에서 교환관계의 특징이 더 뚜렷이 나타나는 것으로 파악한다. 그 이유는 신이 인간에게 제공하는 보상의 질과 양이 교환관계의 형태를 결정짓기 때문이다. 즉, 합리적 인간이 신(들)과의 거래에서 추구하는 현세적 보상(worldly reward)을 넘어 궁극적으로는 내세적 보상(otherworldly reward)을 얻고자 하는데 있다. 합리적 선택이론가들이 기도를 교환관계로 보는 이유는 그들의 신관이 이원론에 근거하기 때문이다. 그들은 종교에서 의례(rites)와 제의(rituals)보다 신, 초월적 존재, 궁극적 실재와 같은 개념들을 더 중요시한다.522) 그러면서 신을 다음과 같이 정의한다: "신은 의식과 욕망을 가진 초월적 존재이다. 초월적 존재이기 때문에 인간에게 물리적 힘을 통제할 수 있는 힘을 가진 것으로 상상되며, 존재들(beings)이기 때문에 단순한 자연적 힘(forces)이나 실체(entities)이기보다 의식과 욕망을 가진 대상들이다. 따라서 신들은 인간의 의식과 욕망을 위탁받을 수 있는 인격적 관계가 가능한 존재들이다."523)

뿐만 아니라 합리적 선택이론가들은 하느님을 어떤 존재자나 대상적 존재 혹은 객체로 간주한다. 그들은 하느님을 유한한 인간이나 사물로 환원하여 무한한 하느님을 대상적 존재로 격하하고 유한한 인격체 같은 한 존재자로 제한한다. 그들은 무한을 유한의 한 요소로 한정함으로써524) 초월적 존재인 신들을 의식과 욕망을 가진 대상들로 취급하여 신인동형론이나 신인동감론의 신들로 의인화한다. 즉, 신은 초자연적 유신론(supernatural theism)에서처럼, 저 너머 바깥에 두고 믿어야 되거나 경배를 받을 대상으로 규정된다. 이런 방식으로 이해되어진 신 인식에서 기도는 초월적 존재인 절대 타자에게 의식과 욕망의 포장으로 둔갑된 자신의 소원을 투사하여 무언가를 얻어내려는 교환관계의 매개체가 되고 신과 인간의 거래 관계로 변질된다.

이에 대해 길희성은 무한을 유한으로 격하시키는 것은 우상숭배와 다름없다고 단언한다.525) 그렇다면 무한한 하느님을 유한한 대상이나 사물로 환원하여 기도라는 종교적 제의로 자신의 소원을 성취하려는 바람은 그 자체가 '기도의 우상숭배화'이다. 결국, 신과 인간을 이원화 한 초자연적 유신론에서의 기도는 인간의 욕구를 이루는 매개체이거나 신과 인간을 거래 관계로 만드는 문제를 양산한다. 이런 문제를 극복할 대안적 기도관이 불이론적 신관을 반영하는 상호존재신론의 기도이다.

2) 불이론적(不二論的) 기도

지금까지 초월적 유신론의 청원기도가 가진 문제점을 살펴보았다. 여기서 제기된 문제의 핵심은 '기도의 우상숭배화'이다. 이것은 기도에 대한 왜곡된 인식에서 파생된다. 그 왜곡의 중심은 신관에 대한 일차원적인 이해에서 연유한다. 즉, 여기서 하느님은 초월적 타자나 슈퍼맨 같은 존재로 경배 받고 청원 받는 절대자이다. 그러나 '기도의 우상숭배화'에 빠지지 않기 위한 기도의 인식론적인 전환적 요청은 이러한 신관을 폐기하고 불이론적인 신관인 상호존재 하느님의 올바른 파악에서 시작된다. 상호존재신론에서 하느님은 나와 분리된 채, 나를 마주보는 '타자'가 아니다. 그 하느님은 우리 안에 상호내재, 상호침투하여 우리로서 살고 행동하고 존재하는 인격적 에너지로서 상호 연관시키는 영이며, 나의 생명력과 하나인 창조와 유지의 생명력이다. 그러므로 상호존재신론의 기도에서는 하느님이 밖에 있거나 반대편에 서 있으면서 우리의 삶 속으로 들어오거나 개입하는 '타자'가 될 수 없다.526)

다석 유영모도 자연의 바깥에 있는 신이 초자연적으로 개입하는 형이상학적인 신의 모델을 부인한다. 그는 참신(神)은 신 노릇을 하지 않고 영원한 하느님이 잠깐 보이는 이적(異蹟)을 한군데서 부릴 까닭이 없다"527)며 신을 "'없이 계시는' 존재 속에서 역설적으로 '늘 존재하는 신'"으로 파악한다.528) 신 인식에 대한 이와 같은 전환을 통해 틱낫한은 "누구에게 기도하는가?"라는 질문에서 기도의 대상에 대한 인식론적 전환을 아래와 같이 환기시킨다.

> 불교 수행 전통에서는 합장하고 절을 하며 기도할 때마다 우리가 누군지, 우리 앞에 앉아 있는 기도의 대상이 누군지를 알기 위하여 깊이 들여다 볼 필요가 있습니다. … 부처님을 그대와 아무 관계도 없고 그대와 완전히 동떨어진 존재로 생각한다면, … 그대의 기도와 예배는 허망한 것이 됩니다. 그 기도가, 홀로 떨어진 자아가 따로 있다는 그릇된 인식에 바탕을 두고 있기 때문입니다. … 부처님, 또는 그대가 섬기는 분은 그대 바깥에 있는 존재가 아닙니다. 그대와 그분은 서로 연결되어 있습니다.529)

위의 인용문에서 불교를 그리스도교로, 부처님을 하느님으로 환치하면 상호존재신론의 기도에서와 같이 하느님과 우리는 서로 분리된 두 존재가 아니고 하느님과 우리 사이에는 아무런 분별과 차별도 없게 된다. 그러므로 기도하는 우리는 우리 자신과 우리 밖의 존재 둘 다를 향해 기도하는 것이 된다.530)

틱낫한은 이에 대해 절하는 이와 절 받는 이가 원래부터 함께 비어 있다531)며 상호존재신론의 기도를 뒷받침한다.

상호존재신론을 통한 기도에서는 틱낫한이 이해한 기도에서처럼 기도하는 사람도 기도 받는 이도 비어있다. 왜냐하면 고정된 실체로서의 나가 없고 서로가 상호연관성 가운데 있기 때문이다. 여기서는 하느님과 내가 분리되어 있지 않고 서로 포함되어 있다. 즉, 모든 것은 상호연관 되어 있기에 모든 것은 변하고 모든 것은 다른 것을 통해서, 그리고 다른 것과 함께 생겨나고 계속 존재한다. 그래서 니터는 하느님의 완전성이란 가장 잘 변하는 존재에 있다고 말한다.532) 니터는 "내 생명을 사는 것은 내가 아니고 나로서 사는 그리스도"라는 바울의 고백을 통해 하느님과 우리의 관계가 불이적(不二的)이며 그리스도-영과 우리가 둘도 아니고 그렇다고 하나도 아니라고 주장한다.533)

이와 같은 상호존재신론의 기도는 불교 명상과 천주교 관상 기도의 경험을 현상학적으로 연구한 논문에서 증명된다. 첫째는 불교 명상가의 공 체험을 경험적으로 진술한 내용이고, 둘째는 관상기도를 통해 탈혼(脫魂)을 체험한 천주교 신자의 증언이다. 각각의 내용은 다음과 같다.

> 진짜 '공'(空)은 비어있지 않아요. 거기에 다 있어요. 다 있기에 공이라고 밖에 할 수 없는 거에요. 의식이 텅 비어 있을 때 나라는 에고의 경험이 떨어져 나간 거지요. 그래서 공이기 때문에 나라고 하는 것이 나라고 할 것이 없는 거에요. … 그 공은 절대 비어있지 않아요. 진짜 공은 그 안에 다 있는 거에요. 마치 우주 공간에 그 많은 것들이 있는 것처럼 '공' 안에 다 있어요. … 그건 무한한 에너지, 모든 것이다.

전부! 묘사하기 힘들어요. 언어로 그냥 '다(모두)'라고 표현을 해요. … 또 거기에는 나-너가 없어요. 그 '다(모두)'가 하나로 있어요. 무와 유가 같이 있다고 그것이 공이라고 ….534)

아무것도 없는 속에서 모든 것이 멈춰버렸지만 인간적인 나됨이 인간적 나됨이 아닌 경험이었어요. … 초월적인 경지에 어느 순간 머물렀던 거에요. … 천년도 한 순간이라는 그런 것이 있을 것 같은 그런 경험이었지요. … 내 영혼이 영원과 맞닿아 있는 그런 느낌이었어요. 그건 표현하기 참 애매해요. … 굉장히 풍요롭고 꽉 차있었고 모든 것이 다 있는 느낌이었어요. 내가 아무것도 없는 느낌이요. 나의 존재로 있었던 것 안에는 무한한 것이 있다라는 것, 꽉 찬 것 같았어요. ….535)

공 체험과 탈혼 체험의 경험자들536)의 공통된 진술된 이렇다: 그 안에 모든 것이 있고 무한한 에너지이고 모든 것이 전부이며, 나-너가 없고, 내 영혼이 영원과 맞닿아 있고, 내가 아무것도 없는 느낌이다. 이러한 고백은 상호존재신론의 기도에서 하느님과 내가 이원적으로 분리되어 있지 않고 서로 포함되어 독립적인 나의 실체가 없다는 것과 상통한다. 그러므로 상호존재신론의 기도에서는 전통적인 기도에서와 달리 인간과 다른 하느님의 전지전능성과 하느님의 섭리와 개입에 의해 예정된 대로 이뤄진다고 보는 결정론(決定論, determinism)이 설 자리가 없다.537) 왜냐하면 하느님은 외부에서 물질계, 생명계, 인간계에 개입하거나 작용하는 '초자연적'(supernatural) 존재가 아니라 만물을 생성하고 만물과 더불어 움직이는 만물의 내재적 힘, 다른 말로 우주의 궁극적 실재로서의 생명의 영(Spirit)이기 때문이다. 생명의 영인 하느님은 정신이나 물질 같은 어떤 하나의 성질로 규정될 수 없는 복합적 성격을 띤 힘으로 정신과 물질, 육체와 정신의 이원적 대립을 초월하며 모든

것을 아우르는 힘이다.538)

　요컨대, 상호존재신론의 불이론적 기도는 이원론적 신관에 기초한 전통 그리스도교의 기도와는 차원적으로 다르다. 여기서는 전능하고 완전한 초월적 타자로서의 하느님의 존재, 그리고 이와는 차별적으로 분리되는 기도자를 전제하지 않기 때문이다. 그러므로 불이론적 기도는 모든 것을 함께 생성하는 에너지 장으로서 움직이고 생성하는 상호성의 신비에 기초한 대안적인 동양적 신관의 기도라 할 수 있다.

3) 전환적 기도

　불이론적인 신관에 기초한 상호존재신론의 기도는 새로운 기도의 방법이 요청되고 그 의미가 새롭게 재 진술된다. 니터는 그리스도교의 기도가 너무 말이 많다는 것에 문제를 제기한다. 그는 그리스도교 전례에서 장황한 말에 질식할 정도이며 오히려 그리스도인들이 사용하는 기도의 말이 신비롭지 못하고 무례하며 때로는 경솔할 정도로 문자주의에 집착한다고 지적한다.539) 그는 기도에서 지나친 말의 의존성에 대한 문제를 직시하고 그리스도교의 영성 훈련을 통해 침묵으로 기도하는 법을 배웠음에도 거기에 만족하지 않는다. 왜냐하면 자신이 배운 기도는 입을 닫고 있는 침묵기도였지만 여전히 생각, 관념, 형상과 같은 무언의 말이 사용되고 있었고 침묵의 빈 공간은 무언의 말과 형상이 채우고 있었기 때문이다. 그래서 니터는 이런 묵상법을 "담화적인"(discursive)것이라고 말한다.540) 그리스도교에서 묵상법 까지도 담화적이 되는 이유는 하느님을 외부에서 나를 대하는 저편에 홀로 있는 타자로 설정하고 형상이나 말의 시각화541)를 통해 하느님과 관계 하려고 하기 때문이다. 그 결과 입을 닫고 있긴 하지만 형상과 말을 넘어서는 것이 무척 어렵게 된다.542)

그러나 상호존재신론의 기도는 저 너머의 실체를 시각화하여 예수에게 이야기하거나 기도하는 대신 말과 생각을 넘어 내가 응시하고 있는 예수가 다름 아닌 내 안의 실재임을 자각하는 것이다. 이를 틱낫한의 표현으로 바꾸면 다음과 같은 의미가 된다: "나는 신에게 기도한다. 나는 신에게 기도하며 내 안의 신과 만난다." 곧, 상호존재신론의 기도는 외적으로 시각화된 영상이 나와 그리스도의 불이적 합일의 내적 실재가 되게 하고 상호존재의 항상 변화하고 역동적이며 창조적으로 상호 연관되어 있는 과정에 참여하는 것이다.543)

그런 맥락에서 로빈슨은 기도에 대한 전통적인 사유인 기도의 시간을 따로 내야 한다는 사고방식에서 탈피할 필요가 있다고 역설한다. 로빈슨에 의하면, 기도는 이 세상을 떠나서 신에게로 향하는 것이 아니라 이 세상을 통해서 신에게로 향하는 것이다. 왜냐하면 그는 만남과 참여의 순간을 계시의 순간으로 보기 때문이다. 그러면서 기도를 존재의 기반 앞에 자신을 열어 놓는 거룩한 현세성(holy worldliness), 신성한 세속성(sacred secularity)의 생활로 정의한다.544)

그러므로 상호존재신론의 기도는 자아적 주체의 시각으로 타자를 대상화하여 기도하는 이와 기도 받는 이, 그리고 만물과 나를 분리함으로써 외재화된 힘을 통해 객체(사물/사건)를 바꾸려 하거나 주체적 자아가 타자화된 신적 실체와 합일을 이루려는 것이 아니다. 왜냐하면 예수가 "내 집은 만민이 기도하는 집"(막 11:17a)이라고 했듯이, 하느님은 특정한 시간이나 일정한 공간에만 나타나는 초월적 타자의 신이 아니라 시공간을 넘어 상호존재의 영으로 모든 곳에 편재해 있는 영이기 때문이다.

그래서 니터는 서로를 위해 기도하는 것은 하느님의 개입을 요청하는, 즉 저편에서 영이 개입해 오기를 바라는 것이 아니라 연관시키는 영이 나타날 수 있게 하고 이미 있는 영이 활동하게 하는 것이라며 청원하는 것은 연결하는 것임을 환기시킨다.545) 그러므로 상호존재신론의 기도는 내가 남과 분리되어 있다는 마음의 독소를 제거하고 자아를 떠나고 비움으로써 타자와 연관되어 있음을 자각하는 것이다. 왜냐하면 상호존재신론에서는 애당초 자아의 고정된 항상성이 존재하지 않으므로 타자를 대상화하거나 타자와 합일을 이룰 필요가 없기 때문이다. 틱낫한은 이를 통찰과 초월적인 지혜인 프라즈나(般若)로 규정하며 만물이 서로 연관되어 있다는 통찰에서 기도 할 때, 그 기도는 자비와 연민이 실리게 되고 자기만을 위한 기도가 아니라 다른 존재들에게도 진정으로 필요한 기도를 할 수 있게 된다고 말한다.546) 그러면서 아래와 같이 지혜로운 기도의 태도를 요청한다.

> 많은 이들이 자신과 사랑하는 이들을 위해 신이 이것저것을 해주기를 바란다. 그들은 기도를 하며 '하느님이 이것 하나만 이뤄주면 정말 행복할 것'이라고 생각한다. 그러나 어떤 일이 일어날 때 그 자체만의 의미를 지니고 독립적으로 일어나는 사건은 없다. 하나의 사건은

수많은 부분들로 이뤄져 있으며, 또한 그와 반대되는 요소가 있기에 존재할 수 있다. … 많은 사람들이 자기 삶에 필요하다고 생각되는 것들을 기도의 목록으로 만든다. 서로가 서로를 보완한다는 것을 이해 할 수 있는가? 진정한 기도는 이러한 상대성을 넘어선, 더 높은 곳을 지향해야 할 것이다. 그렇지 않다면 그 기도는 이기심을 담은 어리석음이나 탐욕의 표현에 지나지 않는다. 우리는 자신이 하는 기도가 전체를 담고 있는지 아니면 부분만을 담고 있는지 깊이 살펴보아야 한다.547)

이렇게 상호성의 신비를 지향하는 기도는 본질적으로 인간사에 초월적으로 개입하는 신과의 합일을 지향하지 않는다. 왜냐하면 "신은 개별사물이나 사건 혹은 개별 인간사에 초자연적으로 개입하는 존재가 아니라 우주와 자연 전체, 그리고 인류 역사 전체를 일정한 방향으로 움직이는 내재적 힘이며, 자연의 법칙운동과 인간의 자유로운 행위 전체를 관통하여 작용하는 힘이기 때문"이다.548) 그래서 사람들이 개별적 사건 하나하나를 두고 하느님의 뜻을 운운하면서 신을 원망하고 탓하거나, 그 반대로 특정한 사건을 신의 특별한 은총으로 여겨 감사하는 행위는 성숙한 신앙의 자세가 아니다. 진정한 신앙은 오히려 세계 전체와 모든 인간을 향한 신의 일반적 섭리와 궁극적인 선과 사랑을 믿으면서 좋은 일이든 궂은 일이든 개인과 집단에 일어나는 모든 일을 겸허히 수용하는 자세이다.549) 그러므로 상호존재신론의 기도는 어떤 특정한 개체나 부분만을 위한 목적이나 뜻으로 기도하는 것이 아니라 전체를 품은 기도이어야 한다.

이러한 상호존재신론의 기도는 상대성을 넘어 더 높은 곳을 지향하며 부분이 아닌 전체를 담고 있는 자애심(lovingkindness)의 기도로 이어진다. 인도 팔리어의 메타(metta)로 번역되는 자애심은 차가우면서도 뜨거운 사랑을 가리킨다. 따라서 자애심의 기도는 우리 자신, 사랑하는 사람, 낯선 사람, 원수나 적, 그리고 모든 이를 사랑과 호의의 따뜻한 마음으로 포용하고 자애심이 전 우주로 흘러들어 모든 생명 있는 존재들, 모든 산과 계곡, 모든 식물과 행성들에까지 미치게 한다.550) 이런 자애심의 기도는 틱낫한의 기도에 대한 태도와 상통한다. 그는 기도의 효과에 필수적인 원료는 사랑과 자비라며 아래와 같은 비유를 든다.

> 전화기를 사용하기 위해서는 먼저 전화선이 있어야 한다. 그리고 그 전화선에는 전기가 들어와 있어야 한다. 선풍기나 냉장고, 책상 위의 전구를 사용할 때도 마찬가지다. 기도도 같은 원리로 실행된다. 기도 할 때 믿음과 자비 사랑의 에너지는 전력 구실을 한다. 그러한 전력 없이 기도를 한다면 전기가 들어오지 않는 전화기에 대고 얘기하는 것과 같다. 우리의 기도가 응답을 받지 못한다면 이와 같은 이유 때문이다. … 사랑과 자비의 에너지로 기도할 때 기도는 시간과 공간을 초월하여 전달된다. 그 거리가 프랑스의 플럼 빌리지와 베트남의 하노이처럼 멀리 떨어져 있다 해도 아무 상관이 없다. 이때의 기도는 시공을 초월한 연결이기 때문이다.551)

틱낫한은 미움과 원망의 마음으로 기도하지 말고 슬픔과 분노를 품고 신을 부르지 말라고 제안한다.552) 그래서 자애심의 기도는 사랑하는 사람을 위해서는 사랑의 기도를, 원수나 적들에게는 증오의 기도를 드리는 것이 아니라 전 우주적 요소를 품는 기도이다. 자애심의 기도로 이어진 상호존재신론의 기도는 보편적 사랑의 행위인 자애심을 넘어 특별한 고통을 겪고 있는 자에게까지 이어진다. 이는 티벳 불교의 통렌(tonglen) 명상법과 같은 맥락으로 이해된다. 통렌 명상은 우리 모두가 연결되어 있다는 자각으로 모두에게 존재하는 고통을 통해 막혀 있는 자애(慈愛)를 타인에게 열어준다. 그럼으로써 고통이 고통을 극복하는 수단으로 작용하는 명상법이다. 즉, 고통이 우리의 자연스러운 자애심을 끌어냄으로써 우리가 서로 연결되어 있음을 느끼게 하고, 그럼으로써 타인과 우리 자신을 돕고 우리를 감동 시키게 된다는 것이다.553) 여기서는 그들의 행복을 비는 것에 그치지 않는다. 타인과 연결된 우리가 모두를 품고 있는 상호 존재의 자각 가운데 타인의 고통을 받아들이고 따뜻한 힘과 확신으로 고통을 제거하려는 바램과 행복을 기원한다. 그럼으 로써 우리의 고통까지도 다룰 수 있게 하는 것이다.554)

　이러한 기도는 결국 기도를 타자되기로 정의하는 헤셸 (Abraham Joshua Heschel, 1907−1972)의 기도 이해로 귀 결된다. 헤셸은 기도를 하느님의 삶으로 들어가는 극단적인 헌신, 고통으로 괴로워하는 인간에 대한 하느님의 연민에 직접 적으로 참여하는 것으로 본다. 뿐만 아니라, 기도는 인간들이 서로를 타자화시켜 이방인이 되는 것이 어떤 것인지를 알게 할 뿐만 아니라, 나아가 이방인의 고통과 하나가 되는 것으로 파악한다.555) 이로 볼 때, 기도를 '타자되기'로 파악하는 헤셸의 기도 이해는 상호존재의 의미인 '그것이 되는 것'과 맥락적으 로 동일하다. 그러므로 상호존재신론의 기도는 고통 받는 자 와 진심으로 하나 되는 것, 즉 아파하는 사람과 함께 아파하는 '자비'(compassion)로 환원된다.

　정리하면, 상호존재신론의 기도는 우리 모두를 품고 있는 상호존재를 통해 보편적 사랑행위인 자애심으로 고통 받는 자의 아픔과 함께하는 것이다. 그리고 끊임없이 타자와 연결된 채, 생명의 생성을 이루려는 궁극의 공감 능력을 반영한다. 이러한 기도는 의인주의적(anthropomorphic)속성을 지닌 편협한 신이 특정한 인간이나 개별 사건에 개입하고 인간들은 그 외재하는 신적인 힘을 빌려 현재의 바람을 성취하려는 투사된 이기적 욕망 표출이 아니다. 뿐만 아니라 신과 인간의 거래−교환 관계로 형성된 이원론적 기도와도 차원적으로 구별된다.556)

상호존재신론의 기도는 비우고 연관시키는 에너지이고, 그 에너지로부터 새로운 연관성과 새로운 생명이 생성되게 된다. 그럼으로써 상대성을 넘어 타자되기를 지향하는 '사랑하기'의 기도이다. '사랑하기'의 기도는 단순히 인간의 감정이나 도덕적 성품을 말하는 것이 아니다. 오히려 모든 존재의 근본적 존재 원리로서 어떤 개체이든 자기 폐쇄적으로 홀로 존재할 수 없고 항상 타자와의 관계성과 개방성에 의해서 존재할 수 있음을 의미한다. 뿐만 아니라 자기부정과 자기소외를 통해 '타자되기'가 되어 생명의 생성을 이루는 자애심의 마음으로 이어지는 것을 뜻한다. 결국 이러한 기도는 하느님을 변화시키기보다 나를 변화시키고 하느님의 마음을 움직이기보다 나의 마음을 바꾸고 나의 삶의 태도를 무욕(無慾)에 이르게 함으로써 기도자의 영성적 자유를 이루게 한다.557)

따라서 상호존재신론의 기도는 두 가지의 중요한 전환적 의미를 함의한다. 첫째, 불이론적 기도는 서양 신학의 초월적 유신론에 기초한 기도와는 그 본질과 지향성에서 큰 차이가 있다. 후자의 기도는 주객 이원론의 모델에 따라 신과 인간, 신과 세계,

자연과 초자연을 양분한다. 그럼으로써 초월적 존재자인 하느님이 세상에 이따금씩 기적적인 방식으로 나타나 간섭하는 신관을 전제한다. 여기서 신은 '저 너머', '높이' '바깥'에 좌정한 존재자로서 인간의 기도를 들어주기도 하고 들어 주지 않기도 하는 편협하고 옹졸한 폭군적 제왕으로 군림하거나 누군가의 기도는 들어주고 다른 누군가의 기도는 들어주지 않는 차별적인 신으로 존재한다. 이런 식의 기도에서는 특정한 개인이나 집단이 신을 이용해 자신들의 뜻을 관철시키는 이기적 욕망과 편견, 그리고 폭력을 양산하는 매체가 되기도 한다.

반면, 상호존재신론의 기도는 신과 세계가 단절되어 있지 않다. 여기서 "신은 만물 안에 만물은 신 안에, 그리고 신과 세계는 모든 인간 안에 내재하며 인간 역시 신과 세계 안에 내재"하는 불이론적인 신관을 전제한다. 그러므로 신은 특정한 개인이나, 집단, 사물, 그리고 사건에 선별적으로 개입하지 않고 우주와 역사의 전체적 방향을 주도하는 방식으로 나타난다.558) 그러므로 상호존재신론의 불이론적 기도는 신과 세계, 신과 인간, 인간과 인간, 사물과 사물이 격절되거나 상호 막힘이 없다. 오히려 상호의존, 상호내포, 상호침투 함으로써 자기부정과 소외를 통해 타자와의 개방성인 '사랑하기'와 '타자되기'가 되어 모든 고통에 참여한다. 이러한 기도는 인간의 무한한 욕망을 충족하려는 폐쇄된 기도가 아니라 욕망으로부터 자유를 가르쳐 주는 무욕(無慾)의 기도이며, 개인이나 집단의 자기 확장을 부추기는 기도가 아니라 자기 성찰을 요구하는 기도이다.

둘째, 불이론적 기도는 동양적인 대안 신관으로서의 상호존재신론의 기도가 갖는 종교 신학적 의의와 연관된다. 상호존재신론의 불이론적 기도는 일원론적인 불교나 이원론적인 그리스도교의 상호 진위나 우열을 가름하는 도그마적 판단과 선택에 있지 않다.559) 그보다는 양자 간의 특성과 차이를 조화롭게 습합함으로써 서로 배우며 상호보완의 길로 나아가는 종교가 낼 수 있는 가장 아름다운 노래인 '사랑'의 신론을 통해 드러나는 기도이다.560)

그 점에서 상호존재신론의 기도는 전통적인 청원기도의 방식을 완전히 배척하지는 않는다. 예컨대, 사랑하는 부모, 자녀들이 불치병에 걸렸을 때 그들의 치료와 건강을 위해 간절히 기도하는 것 자체를 비난할 수 없다. 단지 청원기도가 가진 문제점을 지양하자는 것이다. 청원기도는 신을 대상화하여 전체성을 고려하지 않고 개인의 제액초복이나 현세복리만을 목적으로 삼고 기도만 하면 모든 것이 이루어진다는 '욕망의 종교화'를 추구하는 경향이 짙다. 따라서 상호존재신론의 기도는 청원기도가 지닌 전체성의 결여와 특정 개인의 이기적 욕망 충족을 위해서만 사용되는 왜곡된 기도의 요소를 극복하고 전체성과 타자성을 지향한다. 뿐만 아니라 청원기도에 내재된 '욕망의 종교화'라는 악의적이고 극단적인 이기적 양상의 기도 태도도 지양한다.

2. 상호존재신론의 예배

오늘날 한국 개신교의 신앙생활에서 가장 중요한 요소 가운데 하나는 예배이다. 왜냐하면 개신교의 주요한 종교적 행위는 예배를 통해 이루어지기 때문이다. 예배는 말씀선포, 찬양, 대표기도, 헌금, 친교, 축도 등 가장 중요한 신앙의 핵심 요소들로 구성된다. 예배에는 이러한 가시적인 요소들 외에도 비가시적 차원들이 내재되어 있다. 신자들은 예배를 통해 신을 만나고 지난날 자신의 삶을 회개하고 새로운 존재로 거듭나는, 눈에 드러나지 않는 종교적 체험을 겪는다. 전자가 가시적인 예배 구성요소로서의 형식적 차원이라면, 후자는 비가시적인 예배 구성요소로서의 비형식적 차원이다. 전자가 예배의 정태적 측면이라면, 후자는 예배의 동태적 측면이다. 한국 교회의 신자들은 예배의 동태적 측면에 해당하는 개인의 종교적 체험을 예배의 정태적 측면인 가시적 차원을 통해 그 동력을 제공 받는다.

그러나 한국 교회는 신앙의 동태적 측면의 역동성을 점점 상실해 가고 있다. 그 이유는 정태적 측면의 화석화 때문으로 판단된다. 정태적 측면의 화석화란 한국 교회 예배의 주요 가시적 구성요소들이 포스트 모던 시대를 맞이한 지금까지도 시대적 요구 사항에 맞는 종교 양식으로 변모하지 못하고 예수천국, 불신지옥이라는 타종교에 대한 배타주의, 무지, 독선, 그리고 우월주의 등으로 점철되어 있음을 뜻한다.

한국 교회 신자들은 예배를 통해 개인의 종교적 각성과 체험으로 이웃을 향한 자비와 사랑, 평화의 정신을 구현하는 열린 종교인이 되지 못하고 오히려 이 시대의 사회, 역사와 유리된 채, 현세의 행복과 내세의 구원만을 추구하는 폐쇄적 종교인, 주술적 신앙인이 되어 간다. 이것은 '한국형 바리새이즘'의 포수(逋藪)생활이다. 이는 예배가 신자들로 하여금 세상으로 향하는 열린 문이 되지 못하고 개인의 제액초복과 교회 공동체의 집단적 이기주의만을 부추기는 닫힌 문이 되어가고 있음을 의미한다.

이제는 한국 교회도 예배의 동태적 역동성의 회복을 위해서 예배에 대한 새로운 코페르니쿠스적 발상의 전환이 요청된다. 그 단초가 서양 신학 중심의 이항대립적인 패러다임의 신관에서 세계를 둘로 쪼개지 않고 색즉시공, 공즉시색의 통찰로 이원화하지 않는 상호존재신론의 지향을 통해서라고 판단된다. 이 장에서는 서양의 이원론적인 신관이 아닌 불이론적인 신관인 상호존재신론을 통해 한국 교회의 예배에 대한 인식론적 전환을 시도하여 예배의 동태적 측면을 되살림으로써 상호존재신론의 예배의 의의를 고찰하고자 한다.

1) 예배의 어원과 정의

예배의 한국어 정의는 "신을 신앙하고 숭배하면서 그 대상을 경배하는 행위 및 그 양식"이다. 예배(禮拜)의 한자어 의미는 말 그대로 예를 갖추어 절한다는 말이다. 예배는 구약성서의 '아바드'(דבע), '샤하'(החש), 신약성서에는 '레이투르기아'(λειτουργία), '프로스퀴네오'(προσκυνέω), 영어에는 '워십'(worship) 등의 용어로 표현된다.561) 우선, 예배의 구약성서의 기원은 '봉사', '섬김(섬기다)', '일하다'는 뜻의 히브리어 '아바드'(בע ר)562)에서 유래한다. 예배의 영어 표현인 '서비스'(service)는 '아바드'(דבע)와 관련이 있다. 히브리어 '아바드'에서 기원한 예배의 의미는 종이 주인을 섬기듯, 인간이 하느님을 주인으로 섬기는 행위이다. 구약성서의 예배에 대한 다른 기원은 '샤하'(חוה)563)이다. 이 말은 '굴복하는 것', '자신을 엎드리는 것', '머리 숙여 경배하는 것'(창24:26, 출34:8)으로 종교적으로 숭배, 순종, 봉사의 의미를 지닌다. 정장복은 구약성서의 예배의 기원에 대한 용어인 '아바드'(עבד)와 '샤하'(חוה)를 "모든 인간이 하느님 앞에서 자기의 자주성을 버리고 그의 뜻을 따르며 섬겨야 할 존재라는 사실과, 경배와 복종의 생활이 예배자들의 주요한 삶의 근본"으로 이해한다.564)

예배의 신약성서의 기원은 '프로스퀴네오'(προσκυνέω)이다. 이 말은 히브리어 '샤하'(חוה)가 70인역(LXX)에서 번역된 단어로 "자세를 낮추어 경배하다", "누구의 손에 입을 맞추다"565)는 뜻으로 상대에게 사랑과 존경을 표시하는 말이다. 이 단어는 신약성서에 24회나 사용될 정도로 헬라어를 사용하는 사람들에게 보편적으로 통용되었다. 예배에 해당하는 다른 신약성서의 용어는 '라트레이아'(λατρεία)이다. 이 단어는 '백성'이라는 '라오스'(λαός)와 '일'을 뜻하는 '에르곤'(ἔργον)의 합성어로 '사역', "백성을 위하여 일한다", "봉사하다", "섬기다"는 의미이다. 이 말은 히브리어 '아바드'(עבד)가 70인역(LXX)에서 번역된 단어로 본래의 뜻은 아테네를 위하여 수행된 임무를 표현하는데 사용되다가 이후 그리스도교 예전에 적용되었다. '라트레이아'(λατρεία)는 믿음에서 기원한 행동의 발현으로써 믿는 자들의 모든 생활에 나타나야 한다는 의미이다. 하지만 중세를 거치면서 일상적 표현으로서의 신앙이 아닌 예배 의식에 참여하는, 즉 엿새 동안의 삶과 관계없이 주일 예배의

의식에만 참여하면 된다는 식의 예배 의식으로 퇴색되었다.566)

예배의 영어 단어는 '워십'(worthship)으로 한국어의 예배는 여기서 번역되었다. 워십은 앵글로 색슨어 '워스사이프'(weorthscope)에서 나온 것으로, '가치'를 의미하는 '워스'(worth)와 '신분'을 의미하는 접미사 '십'(ship)의 합성어이다. 이 말의 뜻은 "존경과 존귀를 받을 가치는 있는 존재", 즉 "하느님께 최상의 가치를 돌리는 것"이다.567) 그러므로 예배는 "존경과 존귀를 받을 가치가 있으신 하느님께 그 가치에 합당한 분이심을 고백하며 선포하는 행위"이다.568)

요컨대, 예배의 어원을 통해서 본 예배의 정의는 인간이 우주적 최고의 존귀를 받을 가치가 있는 하느님께 일정한 형식과 순서에 따라 순종과 섬김으로 자신을 드리고 존경과 순복(馴服)을 나타내는 행위이다. 뿐만 아니라 예배는 하느님과 예배자의 만남, 하느님과 신자들 간의 쌍방적 대화, 하느님과 예배자 상호간의 봉사, 영적이고 극적인 축제로 정의되기도 한다.569)

2) 전통 예배의 문제점

앞서 살펴본 예배의 어원과 정의의 주된 표현들은 "절하다", "경배하다", "굴복하다", "섬기다" 등으로 집약된다. 그래서 교회에서는 예배에 대한 정확한 표현 방법을 예배를 보는 것이 아니라 예배를 드리는 것으로 이해한다. 김세광은 교단마다 예배에 대한 강조점의 차이가 다르다고 지적한다.570) 하지만 예배는 성서적 예배의 개념에 충실해야 하며 초대교회 이후의 전통적 예배 유산을 포함하고 급변하는 현대 사회의 문화를 반영하는 예배이어야 한다고 주장한다. 그러면서 아래와 같이 예배를 정의한다.571)

> 예배란 성령의 감동을 받은 회중들이 함께 모여서, 성경말씀과 예수의 삶을 통해 나타난 하느님의 계시에 대해서, 찬양과 기도로 응답하는 것인데, 신령과 진정으로 하느님 나라의 완성과 하느님의 보좌에서 드려지는 천상의 잔치를 대망하는 것이다.572)

이러한 표현들에 담긴 신의 이미지는 일방적이고 불평등하며 주종적(主從的)인 색채가 농후하다. 그 이유는 신에 대한 일방적인 인식에서 비롯된다. 전통적 기도에서와 마찬가지로 전술한 예배의 정의에서도 굴복, 섬김, 천상의 하느님의 보좌라는 표현이 보여주듯이, 이러한 예배 정의는 하느님을 저 너머, 초월적인 주체적 인격자로 상정하고 여기의 인간들이 경배를 드리는 형식을 띤 전형적인 이원론에 기초한다. 로빈슨은 전통적인 교회의 신자들이 교회에 가서 예배를 드리는 이유는 저 너머의 초월적인 신을 찾고 이 세상 안에서 불가능한 신과 관계를 맺기 위해서라고 본다.573) 여기서 예배는 통속적인 것과 거룩한 곳의 완전한 분리로 이해된다.

> 예배는 신과 함께 있기 위해서 이 세상으로부터 피해 가는 곳− 아무리 그것이 힘을 얻은 다음에 다시 이 세상에 들어가기 위한 것이라고 할지라도− 이 되어 버린다. 이 경우 비종교적 영역(다시 말하면 '삶') 전체는 속된 것이 되어 버리고 엄격한 의미에서 거룩한 곳(fanum), 즉 성소 밖에 놓이게 된다. 그리스도를 만날 수 있는 거룩한 장소가

… 일반적인 삶의 관계가 아니라 '종교적인 사람들'의 세계가 있으며 이곳으로부터 믿는 사람들이 그리스도의 사랑을 가지고 '이 속된 세계'로 들어간다는 것이다.574)

여기서는 통속적인 것과 거룩한 것의 만남이 이루어지지 않고 거룩한 것은 통속이 아니게 된다. 그러므로 이들에게 예배는 세상과 떨어진 채, 특정한 시간과 공간에서 하느님과 특별한 만남이 가능한 종교적 피안의 매개체로 인식된다. 그들은 피안이 바로 여기, 우리 삶의 중심, 그리고 사람과 사람 사이에 있다는 사실을 간과하고 우리 한 가운데 있는 피안을 제거하고 신을 더 멀리 밀어내 버린다.575) 여기서 예배는 아래에서 위로 드리는 과정으로 끝나고 위로 드리는 예배는 공기 중으로 사라져 버린다.

환언하면, 전통적 이원론에 기초한 예배에서는 예배를 통해 드러나는 예배자의 차안에서의 역동적 윤리성이 결여된다. 예배 이후 예배자의 실존적 변화를 통해 나타나는 삶 속에서의 윤리적 결여는 올바른 예배가 이루어지지 않았다는 것을 반증한다. 여기서 예배자는 예배와 삶이 분리되고 예배를 단순히 하느님의 말씀의 전달과 설명, 그리고 예배에 참석함으로써 자신이 지닌 죄책감에 대한 심리적 정화(katharsis) 정도로 인식한다. 그 결과 삶과 예배가 완전히 분리된다.

이처럼, 전통예배는 피안의 세계에 신을 상정하고 차안의 세계에 있는 인간이 신에게 존귀를 드리고 굴복, 순종하는 행위의 과정으로 이해된다. 여기서는 피안, 즉 초월의 영역과 세상의 영역인 차안이 완전히 분리, 이탈되어 있다. 피안은 성스러운 곳인 반면 차안은 성스러운 곳이 아니다. 예배는 속된 차안의 영역에 일시적으로 거룩한 피안의 차원을 초대하는 구조로 성립된다. 이와 같이, 차안과 피안을 양극의 두 영역으로 완전히 분리하는 전통적인 예배 이해는 신과 세계를 분리하는 서양의 이원론적인 신관에 의존해 있기 때문이다.

3) 전환적 예배

상호존재신론의 관점에서는 이원론에 기초한 전통적 예배 정의와 달리 예배의 새로운 패러다임의 전환이 요청된다. 이것은 새로운 신관에 따른 인식의 전환으로 가능하다. 상호존재신론의 기도에서와 마찬가지로 상호존재신론의 예배는 이곳에 있는 인간이 저 너머 세계의 하느님께 경배를 드리는 구조를 띄지 않는다. 이런 식의 예배는 하느님과 세상의 간격과 거리를 전제하여 절하는 이와 절 받는 이가 둘로 엄격히 분리된다.576)

이와 달리 상호존재신론에서의 예배는 전통 예배에서 나타나는 구조와는 다르게 새로운 패러다임을 지향한다. 이를 위해 두 가지 사안이 주목된다. 하나는 '종교적 경험의 신비적 형태'(mystical forms of religious experience)이고, 다른 하나는 '종교적 경험의 일상적 형태'(ordinary forms of religious experience)이다. 전자는 다시 두 가지 형태로 분류된다. 첫째는 사적 영역으로, 개인적으로 겪게 되는 환상과 신비한 황홀경 같은 것이고, 둘째는 공적 영역으로 기적과 같은 사건이다. 그러나 종교적 경험의 신비적 형태는 "보통 어떤 종교적 경험이나 대상이 물질적 세상을 잠시 잊게 함으로써 인식 전체를 채워 주는 의식상태를 체험"하는 것이다.577)

그 예로 오토(Rudolf Otto, 1869-1937)가 『성스러운 것』(The Idea of the Holy)에서 밝혔듯이, 신비적 형태의 종교적 경험은 주관적이고 다양하지만 사람이 초월적 존재를 만나면 그 압도하는 힘에 의해 섬뜩하고 무시무시하면서도 자신의 존재가 극히 무능하고 먼지처럼 아무 것도 아닌 존재로 느끼게 된다. 또 다른 예는 아퀴나스(Thomas Aquinas)의 종교적 경험에서 나타난다. 성 니콜라스 성당에서 미사를 집전하던 아퀴나스는 미사 도중 무언가를 보고 듣는 체험을 통해 이전에는 겪어 보지 못했던 형언 할 수 없는 충격에 휩싸인다. 그러면서 필생의 대작인 『신학대전』 저술을 중단한다. 그는 레기날드(Reginald of Piperno)에게 "난 할 수 없네. 내가 본 것과 내게 계시된 것에 비교 해 볼 때 내가 쓴 모든 것은 지푸라기처럼 여겨지네"578)라고 말한다. 이처럼, 종교적 경험의 신비적 형태는 아퀴나스와 오토가 절대 존재를 체험 한 후, 지푸라기와 먼지와 같은 존재로 느끼게 된 것을 말한다.

반면, 종교적 경험의 일상적 형태는 예배와 기도 같이 일상적인 종교 생활에서 성스러운 체험을 하는 것이다. 템플(William Temple, 1881-1944)은 이를 종교적으로 삶을 경험하는 형태나 종교적 인간의 총체적 경험이라고 묘사한다. 한마디로, 종교적 경험의 일상적 형태는 개인의 모든 삶의 과정을 '신과 연관해서' 생각하고 행동하는 삶의 태도를 말한다. 이러한 삶의 태도에 대해 김용규는 아래와 같이 술회한다.

구약시대의 히브리인들이 겪은 숱한 전쟁과 고난이 역사가들에게
는 이스라엘과 인접 국가 간의 정치적·경제적·군사적 사건이지만,
예언자들에게는 하느님이 그의 택한 백성을 인도하고 훈련시키고
벌을 줌으로써 그의 목표를 이해시키는 과정이자 도구였던 겁니다.
예컨대 예레미야는 갈대아의 군사 뒤에서 여호와가 갈대아 군사들을
위해 싸우고 있으며 그들을 통해 그가 택한 이스라엘을 징벌하고
있다고 보았지요(예레미야 38:17~18).579)

모세가 미디안 광야의 호렙산에서 불에 타지 않는 떨기나무를
보고 그 떨기 속에서 신의 음성을 들은 것도 같은 맥락이다.
절대자 신에 대한 인식이 없는 일반 사람들에게 타지 않는 떨
기나무는 한낱 진기한 초자연적 현상으로 치부된다. 하지만
모든 삶을 '신과 연관'해서 생각한 모세에게580)이러한 현상은
신의 음성581)으로 다가왔다.582) 이처럼, 상호존재신론의 예
배에서는 모든 삶이 신과 연관해서 드러나는 과정이 요구된
다. 예배는 특정한 시간과 공간에서 한정된 제도 가운데 드리
는 종교적 행위지만 종교적 경험이 일상화 되는 것이 진정한
예배의 형태이다. 이를 다른 말로 바꾸면, "일상의 카이로스
화"583)라고 할 수 있다. 그 이유는 신과 우리, 신의 세계와 우
리의 세계는 서로 얽혀 있기 때문이다. 진정한 예배는 예배가
끝나는 지금부터라는 가톨릭 미사의 마지막 선언은 '일상의
카이로스화'의 또 다른 표현이다.

그런 점에서 예배는 상호존재신론이 구현되는 출발점이다.
곧, 예배는 삶과 단절된 무진공 상태의 특정한 사건이 아니라
삶의 거룩함이 드러나는 집약된 과정이며, 그 과정이 삶 속에
실천으로 확장되고 심화되는 발화점이다. 이것은 예배에 대한

로빈슨의 입장에서 구체적으로 드러난다.

> 예배의 진부를 평가하는 기준은 그것이 우리로 하여금 우리 한 가
> 운데 있는 피안, 배고픈 자와 헐벗은 자와 집 없는 자와 옥에 갇힌 자
> 안에 있는 그리스도에 대해서 얼마나 더 민감하게 하느냐 하는데
> 있다. 우리가 예배 행위에 참여함으로써 그런 사람들에게서 그리스
> 도를 더 알아보게 되는 경우에만 그 예배가 기독교의 옷을 입힌 종
> 교성의 산물이 아니라, 진정한 기독교적 예배가 되는 것이다. 이것
> 이 바로 안식일은 사람을 위하여 있는 것이요, 사람이 안식일을 위
> 하여 있는 것이 아니라고 한 예수의 말이 의미하는 것이다. 우리가
> 종교적인 행사를 지킨다거나 교회에 다닌다거나 하는 것은 모두 이러한
> 기준에 비추어서 평가되어야 한다.584)

상호존재신론의 예배는 성(聖)과 속(俗)을 분리하고 이 세
상에서 저 세상으로 도피하거나 세속적인 영역에서 종교적인
영역으로 은퇴하려는 것이 아니다. 오히려 세상, 즉 일상에서
거룩성의 깊이를 만나고 이런 깊이에 우리를 개방하여 언제나
모든 곳에서 사랑과 화해의 추구로 참여하는 행위이다.585)
한마디로 성스러운 곳이 속된 곳이요, 속된 곳이 성스러운 곳
이 되는(聖卽俗, 俗卽聖) 성속일여(聖俗一如)가 상호존재신
론의 예배이다.586)

또한 상호존재신론의 예배적 관점에서는 절하는 이와 절 받는
이가 둘로 나누어지지 않는다. 이것은 틱낫한의 상호 존재적
시각에서 본 예불에 대한 태도에서— 불교수행을 그리스도교
수행으로, 붓다 혹은 불상을 하느님으로 바꾸면— 상호존재신
론의 예배의 정의를 추론할 수 있다.

불교 수행을 할 때, 우리는 불상 앞에 두 손을 모으고 절을 올린다. ··· 우리는 절하는 이와 불상과의 관계를 깊이 살펴볼 필요가 있다. 절하는 이는 누구이며, 절을 받는 불상이 상징하는 바는 무엇인가? 이를 제대로 이해하지 못하고 절만 한다면, 그 행위는 미신적인 행위로 흐르기 쉽다. 붓다가 우리와 동떨어져 존재하는 외부의 대상에 불과하다면 저 불상 역시 그러할 것이다. 나는 여기 절 올리기 위해 서 있고, 불상은 저기 단상 높은 곳에 앉아 있다.587)

틱낫한에 의하면, 붓다는 내 안에 불성으로 존재하고 우리는 아무런 관계가 없는 분리 된 존재가 아니다. 그렇기 때문에 나와 그(붓다)는 둘이 아닌 것이다. 외부의 불상은 단지 이러한 우리의 관계를 시각화한 상징에 불과하다. 그러므로 "불상을 향해 절하는 것은 내 안의 불성을 향해 절하는 것"이 된다.588) 틱낫한의 강조점인 "불상을 향해 절하는 것은 내 안의 불성을 향해 절하는 것"을 그리스도교 용어로 치환하면 하느님을 향해 절하는 것은 내안의 하느님을 향해 절하는 것이 된다. 니터는 신의 형상의 모든 특성이 자신의 형상 안에 있고 "모든 에너지와 선을 가진 '저기'의 형상이 이제 '여기' 수행자 자신의 형상이 된다"며 그 둘은 서로 다르지만 동시에 하나임을 강조한다.589)

그러나 합리적 선택이론가들에 따르면, 이원론에 기초한 전통적인 예배는 기도에서와 마찬가지로 신과의 거래를 통하여 내세적 보상뿐만 아니라 현세적 보상을 기대하기 때문에 경배 행위를 신과 인간의 거래 관계로 만들어 버린다.590) 하지만 틱낫한은 이와는 전혀 다른 방식인 상호존재신론의 관점에서 예배의 본질을 조명할 수 있게 한다.

그는 보현보살의 대행(大行)을 열 가지 행원(行願)으로 설명하는데 그 첫 번째를 다음과 같이 서술한다. 부처를 공경하고 예배하는 것입니다. 우리는 흔히 절을 올림으로써 부처와 보살들에게 경의를 표합니다. 하지만 절을 하는 것은 속죄의 행위가 아니라는 것을 알아야 합니다. 부처는 우리에게 경배를 하도록 요구하지 않습니다. 경배로 이득을 보는 것은 우리 자신입니다. 부처에게 경의를 표하면 길이 보이기 시작합니다. … 나 역시 궁극적인 깨달음을 얻어 부처가 될 수 있음을 알게 됩니다. 나에게 사랑하고, 수용하고, 기쁨을 느끼게 하고, 다른 사람에게 기쁨을 줄 수 있는 능력이 있음을 깨닫게 됩니다.591)

그리스도인들에게 신과 인간의 분리를 전제한 전통적인 예배는 신과 인간의 일종의 교환행위가 된다. 이와 달리 틱낫한에게 경배는 자신이 다름 아닌 궁극적 본성 혹은 신의 본성이 내재된 각자(覺者)임을 깨닫게 하는 매체이다.592) 그래서 틱낫한은 이런 깨달음에 대한 지혜를 가지고 부처에게 절을 하면 절을 하는 사람과 절을 받는 사람 간에 경계가 허물어지고 우리가 절을 드리는 부처의 상(像)에 다름 아닌 내 자신이 비춰져 있고 내 안의 궁극성을 깨달을 수 있다고 역설한다.

이러한 틱낫한의 경배행위에 대한 이해는 상호존재신론의 예배와 부합한다. 뿐만 아니라 상호존재신론의 예배는 해월(海月) 최시형(崔時亨)의 제사법인 향아설위법(向我設位法)과도 상통한다. 향아설위법은 보통 제사를 지내는 방법인 향벽설위법(向壁設位法)과 대조적이다. 시인 김지하는 일반적인 제사법인 향벽설위법을 이렇게 설명한다.

동서양을 막론하고 제사라는 것은 단순한 추모 행사로 그치는 것이 아니라 인류가 지닌 모든 사상과 문화를 하나의 의례 안에 압축시킨 것이다. 그런데 이전에 우리 인류가 행해 왔던 향벽설위식의 제사는 저 벽 쪽에, 시간적으로는 미래에 신이나 천국, 혹은 약속의 땅, 낙원이 있다는 식의 구조를 담고 있는 의례이다. 이러한 구조는 자신이 열심히 일해 얻어 낸 결과를 벽을 향해 놓고 모든 희망을 미래에 투사시킴으로써 중요한 오늘을 희생한다는 의미를 깔고 있다는 것이 선천 시대 제사에 대한 해석이다.593)

해월은 벽을 향해 제물을 차려 놓는 제사법인 향벽설위법은 묵은 하늘의 제사법이라며 향아설위법으로 제사의 개혁이 단행되어야 한다고 역설한다.594)

선천 시대는 제사 지낼 때 신위를 벽을 향해 모셨습니다마는, 이제부터는 굳이 그럴 필요가 없이 나를 향해 모셔야 하겠습니다. 한울님은 어디에든, 또 언제든지 있기 때문에 앞서 간 수많은 혼백은 후세의 혼백과 서로 융합되어 있습니다. 그렇게 되면 부모가 바로 여기에 있고, 스승의 혼백이 바로 여기에 있는 것이 되고, 따라서 나의 혼백이 동시에 부모의 혼백도 될 수 있고 스승의 혼백도 될 수 있지 않겠습니까? 이런 까닭에 부모나 스승을 제사 지낼 때 그것은 바로 나를 제사 지내는 것과 같은 셈이 됩니다.595)

해월에 따르면, 한 큰 생명은 모든 존재 안에 있기 때문에 반드시 벽을 향해 제단을 차릴 필요가 없고 모든 생명이 바로 우리, 혹은 나 자신 속에 있는 한울님에 내재해 있다. 그렇게 때문에 결국 나를 향해 제사 지내는 것이 모두를 향해 지내는 것이 된다. 해월은 이른바 '온' 생명론을 주창한 것이다.596)

온 생명은 모든 인간이 서로 서로 함께 숨을 쉬고 있는 생명 그물망으로 얽혀 있음을 말하는 것이다. 인간이 일반적으로 내뿜는 호흡에는 몇 천억 개의 원자를 담고 있다. 그래서 인간은 숨 쉴 때 마다 다른 모든 존재들과 원자를 교환하게 되고 결국 우리 모두는 존재하는 모든 사람들이 숨 쉴 때 내뿜는 똑같은 원자를 함께 호흡한다. 그러므로 내가 다음번에 숨 쉬는 곳 속에는 요나를 삼켰던 거대한 고래의 소리와 무함마드의 백인에 의한 인종 차별의 콧방귀와 노아가 방주에서 보낸 다루기 힘든 까마귀를 포함하여 피타고라스, 소크라테스, 공자, 모세, 콜럼버스, 아인슈타인, 그리고 생각할 수 있는 다른 모든 사람의 나머지 백만 개의 산소와 질소를 포함되어 있는 것이다.597)

이처럼, 모든 생명이 하나의 생명 그물망 안에 있기 때문에 자(自)와 타(他)의 이원론적 구분이 없게 되고 절을 하는 사람과 절을 받는 사람과의 경계가 없어지면서 나와 너에 대한 모든 분별지가 사라진다. 이것은 현대과학의 언어에서도 증명된다. 현대과학에서 물질은 분자로 이루어져 있고 분자는 원자로, 원자는 다시 원자핵과 전자로, 원자핵은 다시 양성자와 중성자로 이루어져 있다. 지금까지 밝혀진 물질의 최소단위는 쿼크(quark)인데, 원자와 쿼크는 지구와 원자 간의 크기만큼이나 큰 차이가 날 정도로 쿼크는 미시(微視)의 세계이다. 최근의 과학적 성과에 의하면, 물질의 최소단위가 알갱이와 같은 무엇이 아니라 끝없이 진동하는 끈 모양의 '초끈'(superstring), 즉 끝없는 움직임인 파동598)이다. 우리의 몸을 원자 혹은 쿼크 단위로 해체한다고 가정하면 나와 너, 동물과 인간, 물질과 비물질 간의 차이 또한 사라지게 된다.599) 그러므로 여기서 절을 하고 절을 받는 관계란 무의미하고 그 차이와 거리, 그리고 분별은 해체되는 것이다.

따라서 해월의 제사법인 향아설위법은 신과 인간의 합일을 전제로 한다는 점에서 틱낫한의 상호존재의 특징인 "그것이 바로 그것이다"와 니터의 신 이해의 특징인 나와 함께 있고 내 안에 있고 나로서 살고 있는 내가 곧 하느님이라는 언술과 부합한다. 그렇기 때문에 향아설위법의 제사는 상호존재신론에서의 예배와 구조적으로 공명하는 것으로 보인다.

4) 상호존재신론의 예배의 의의

앞서 살펴 본대로, 전통예배는 신과 세계의 분리를 전제로 이해되어진다. 피안의 영역에 있는 초월자 신은 존귀와 가치를 받을 만한 존재이고 차안의 영역에 있는 인간은 존경과 경배를 드린다. 속된 영역과 거룩한 영역으로 분리된 두 세계에서 속된 것이 신성화되기 위해서는 성전에서 거룩성을 빌려와야 한다.600) 이 순간 예배는 하나의 순간적인 사건으로 끝난다. 이원화된 관계에서 예배는 신과 인간의 교환 행위나 거래 관계로 변질 될 수 있다. 이때 종교는 타락하게 되고 종교로서의 예배의 기능은 상실된다.

주역에서는 우주의 모든 만물과 사람은 존재론적으로 상호 연관되어 있고 역(易)안에서는 만물이 내적으로, 존재론적으로 끊임없는 상통과 합일의 과정이 진행되는 것으로 본다. 왜냐하면 역(易)은 변화를 물질의 근본적인 면으로 관찰하는 것으로 실체가 없기 때문이다(易無實體). 한마디로, 역(易)은 단순 정위(simple location)을 부정하는 것으로, 단순정위는 변하지 않고 고정된 실체로서 절대 공간을 차지하는 것으로 이데아, 실체, 물자체, 뉴턴의 입자, 그리고 신 같은 개념이 여기에 해당한다.601)

마찬가지로 편재하는 에너지 장, 상호존재인 하느님의 세계에서는 일체의 사물이 온 생명인 하나로 얽혀있기 때문에 통속과 신성이 분리되지 않고 절하는 이와 절 받는 이의 차별이 존재하지 않는다. 즉, 상호존재신론에서의 예배는 이원화가 해체된다. 이는 피안 속에 차안이 있고 차안 속에 피안이 있는, 공이 색이요, 색이 공인 세계인 '일상의 카이로스화'를 뜻한다.

결국 상호존재신론의 예배는 서구신학의 실체론의 '존재'(being)중심에서 편재하는 영의 '생성'(becoming)중심으로 향하게 된다. 이는 역동적인 움직임으로 틱낫한의 표현으로 환치하면, 진실한 사랑602)의 네 번째 요소인 '우펙샤'(upeksha)의 실천으로 귀결된다. '우펙샤'는 서로의 사이에 구분이 존재하지 않는 평온함, 차별하지 않음, 포괄성을 뜻한다. 여기서 둘은 한 몸이기 때문에 예배를 드리는 이와 받는 이가 구분되지 않고 사랑하는 이와 사랑받는 이 사이에 구별이 없다. 또한 인간뿐만 아니라, 동물, 식물, 광물까지도 구별되지 않는 진정한 사랑이 체현된다. 그렇기 때문에 여기서는 그 누구도 배제되지 않는다.603)

요컨대, 상호존재신론의 예배는 저 밖, 저 위의 초월적 존재에게 순복, 경배함으로써 소망을 투사하거나 실존적 변화를 꾀하는 등의 종교적 카타르시스가 아니다. 그 대신 '우펙샤'가 지금 여기에 실재화 되게 함으로써 바로 이곳에 사랑과 자비가 충만하게 하는 힘으로 작동하는 역동적 실천 행위이다. 따라서 이런 관점으로 예배를 재조명하는 방식은 실체론과 이원론에 바탕한 서양적 신관을 가진 그리스도인들에게는 매우 낯설다. 전통신관의 방식이 아닌 상호존재신론으로 예배를 재해석하는 시도는 세계의 한 축을 담당하고 있는 동양적 신관의 관점으로 예배에 대한 인식의 범위를 넓힘으로써 훨씬 풍부하고 다양한 예배의 의미를 구성할 수 있다. 상호존재신론에서의 예배의 의의는 바로 여기에 있다.

끝맺으면서

영국 출신 종교 철학자이자 신학자인 존 힉(John Hick)은 신학에 또 한 번의 '코페르니쿠스적 전환'이 요청된다고 주장했다. 그것은 오늘날 그리스도교의 신에 대한 사유에서도 예외가 아니다. 그리스도교는 본디 유대교의 한 분파(sect)에서 시작하였다. 하지만 그 외연이 확장된 계기는 우선 중동의 팔레스타인에 갇혀 있던 그리스도교가 그리스·로마 세계로 진출하여 소크라테스, 플라톤, 아리스토텔레스 등으로 대표되는 그리스 철학을 만나면서 부터이고, 다른 하나는 근대과학의 영향을 받음으로써 기존의 삼층천과 같은 전근대적 신화적 사고에서 자연과학의 세계관을 수용하면서부터이다. 그럼으로써 그리스도교는 세계적 보편 종교로 성장했다.604)

그러나 세계적인 보편적 종교라는 말은 교리나 신학이 다른 종교보다 우위에 있다거나 서양 그리스도교의 세계관이 획일적으로 세계화 되어 있다는 뜻이 아니다. 그 대신 그리스도교의 가치관이 세계 각 지역의 문화·종교적 풍습에 맞게 융합되어 그 지역 특유의 그리스도교로 재탄생했다는 말이다. 다시 말하면, 세계적인 보편적 종교라는 의미는 서양 그리스도교가 획일적으로 전 세계에 투여되어 있다는 말이 아니라 그리스도교의 토착화가 세계화되어 있다는 뜻으로 해석된다.

그런 점에서 이 책은 기존 유럽 중심적인 이항 대립적인 패러다임의 신관을 넘어 포스트모던 시대의 그리스도교에 새로운 이해와 접근이 요청되는 새로운 신관 해석에 주목하였다. 그래서 나는 불교의 고전적 용어인 연기와 공을 현대적 용어로 재조명한 틱낫한의 '상호존재'(Interbeing)를 종교해방신학자인 폴 니터가 하느님으로 이해하는 것에 착안하였다.[605] 그리하여 종교 신학의 접목 이론을 통해 불교의 공관과 그리스도교의 신관의 통섭으로 포스트 모던 시대에 어울리는 지역 신관을 제시하였다.

구체적으로, 나는 신에 대한 이론을 설명하는 서양의 전문 학술어 '신관'(theism)에 틱낫한과 폴 니터의 종교사상의 공통분모인 '상호존재'(Interbeing)을 접목하여 '상호존재신론'(Interbeing-theism)이라는 새로운 신관을 소개하였다. 상호존재신론은 서양 그리스도교의 주류 신관이 주로 우주의 근거를 필연적 신의 존재에서 찾는 고전적 철학적 신론에서 기인한다고 보고 개체의 독립성과 원자적 존재론을 전개해 왔다는 문제의식의 비판적 성찰에서 시작되었다. 주지하듯, 아우구스티누스 이후의 서양의 신론에서 드러나는 개체의 독립성을 인정하려는 신관에서는 초월적 유신론이 주장되었다. 이는 결국 신과 세계, 본질과 현상, 성과 속, 초월과 내재를 이분화하는 주객이원론적인 신관이 주류가 되는 계기로 작동하였다. 그러나 상호존재신론에서의 신은 편재하는 에너지 장으로서 만물 속에 깃든 영으로 어디에나, 항상 있기 때문에 비이원론적 신관의 형태를 지닌다.

나는 이러한 신관 제시를 위해 아래와 같이 이 책을 구성하였다. 2단원에서는 틱낫한의 종교 사상을 기술하였다. 여기서는 틱낫한의 출생과 상호존재가 형성되는 계기와 그 결정적인 만남으로 판단되는 어머니, 찬콩 스님, 토마스 머튼에 대해 언급했다. 그리고 틱낫한의 종교사상의 두 기둥에 해당하는 상호존재와 정념에 대해, 상호존재의 불교의 전통 용어인 연기(緣起), 공(空), 무(無)에 대해, 마지막으로 상호존재의 특징에 대해 밝혔다.

3단원과 4단원에서는 폴 니터의 신관과 상호존재신론의 정의와 특징을 각각 고찰하였다. 우선 3단원에서는 폴 니터의 신관을 전체적으로 조망하기 위해 폴 니터의 생애와 사상에 주목하였다. 통상적으로 니터는 초기 니터와 후기 니터로 구분하여 전자는 신중심적 다원주의시기, 후자는 신중심적 다원주의를 넘어선 구원 중심적 다원주의시기로 분류된다.

하지만 나는 초기 니터와 후기 니터로 구분하는 통상적인 연구방식이 니터 말년의 불교적 그리스도인의 단계에서 만개한 신관을 이해하는데 부족하다고 판단하여 니터의 생애와 사상을 다섯 단계로 분류했다. 그 첫째는 대체 모델 단계, 둘째는 완성 모델 단계, 셋째는 관계 모델 단계, 넷째는 구원중심주의 단계, 마지막 다섯째는 불교적 그리스도인 단계이다.

니터의 신관은 전 생애에 걸쳐 위와 같은 점진적인 사상적 단계를 밟음으로써 인생 황혼기인 불교적 그리스도인 단계에서 확립된 것으로 파악된다. 니터는 자신의 신관을 정립하기 위해 우선 서양의 전통적인 신관인 실체론과 이원론에 기반한 초월적 유신론에 문제를 제기한다. 그 방법으로 니터는 그리스도교에서 불교로 건너가기(passing over)와 다시 그리스도교로 되돌아오기(coming back)라는 변증법적 순환 원리를 사용한다. 그럼으로써 니터는 초월적이고 전능하며 완벽한 존재인 초월적 인격체로서 타자화 되고 대상화된 이원론적인 하느님을 거부한다. 대신 불교의 해석학적 관점을 통해 신을 상호존재로 파악하여 하느님은 '존재'(being)가 아닌 '생성'(becoming)으로, 편재하는 영으로서의 에너지 장으로, 상호존재의 역동적 에너지로서의 불이론적 하느님으로 이해한다. 여기서 나는 하느님을 상호존재로 파악하는 니터의 신관에 기초하여 상호존재신론을 제시하였다.

4단원에서는 상호존재신론의 정의와 그 특징을 기술하였다. 여기서는 하느님을 하나의 초월적 인격체로 규정하고 상호존재라는 방식으로 세상과 관계하는 실체론적인 신관이 아니라 인격적 특성을 지닌 연기의 에너지, 혹은 서로 연결되어 있음의 에너지로서의 신, 모든 것에 편재하는 영으로서의 하느님으로 정의하였다. 그리고 상호존재신론을 성서적 근거, 비계급적 신관, 실천과 자비의 신관 등의 특징으로 분류하여 소개하였다.

5단원에서는 상호존재신론과 가장 유사한 것으로 파악되는, 현대의 학자들에게 가장 주목 받고 있는 신관인 범재신론을 개괄적으로 서술하였다. 특히 과정신학의 범재신론에 주안점을 두고 과정범재신론의 이원성의 문제와 상호존재신론의 비이원성의 특징을 서술함으로써 상호존재신론의 의의를 밝혔다. 마지막 6단원에서는 상호존재신론이 불교의 공관과 그리스도교의 신관의 접목으로 탄생한 창조적 신관이라는 점에서 전통적인 그리스도교의 주요 실천적 의례인 기도와 예배를 전통적인 그리스도교적 관점에서가 아니라 상호존재신론의 관점에 따른 새로운 해석으로 그리스도교적 의의를 재조명하였다.

내가 이 책에서 상호존재신론에 천착하여 다양한 논구를 펼친 까닭은 두 가지 필요성에 주목했기 때문이다. 하나는 "과거 제국주의를 펼쳤던 유럽중심의 신학에 대한 비판적 성찰"의 필요성이다. 다른 하나는 "피식민지 지배를 경험한 아시아 · 아프리카 · 남미의 눈으로 보는 새로운 시각과 해석"의 필요성에 대한 문제인식에서였다.606) 우선, 상호존재신론은 전자의 필요성에 의한 각성으로 구성되었다. 그러므로 여기서 우리는 두 가지 사항에 주목해야 한다. 첫째, 상호존재신론은 '비판적 접목모델'이다. 주지하다시피, 그리스도교가 서구 유럽중심의 체계 가운데 작동되는 사실적 현실에 입각하여 신관 역시 서구 중심적일 수밖에 없었다. 그렇다고 해서 포스트모던 시대에 들어 토착화된 그리스도교의 중요성이 부각되는 이때에 서구의 신관을 무비판적으로 받아들이는 것 또한 옳은 방법이 아니라고 판단된다. 그러므로 서구에서 조어된 '신관'(theism)이라는 용어를 차용하되 '비판적'으로 동양적 신관을 창출할 필요가 있다고 보았다. 그 방법이 다름 아닌 '비판적 접목모델'이었다. 다시 말해 서구의 용어인 신관(theism)이라는 대목(臺木)에 불교의 공관인 '상호존재'(Interbeing)라는 품종을 접목시킨 것이다.

둘째, 상호존재신론은 옥시덴탈리즘의 신관이 아니라는 것이다. 비록 상호존재신론이 유럽중심의 신학에 대한 비판적 성찰에서 구성되었다하더라도 다음의 사실이 간과되어서는 안 된다. 그것은 상호존재신론이 기존의 유럽 그리스도교 중심의 종교 문화 재편으로 발생한 그리스도교의 우월성과 계급성, 그리고 서양 신관의 세계적이고 획일적인 지배 현상에서 파생한 오리엔탈리즘에 대응하는 사유체계로 형성된 신관이 아니라는 점이다. 그렇기 때문에 상호존재신론은 기존 서양의 신학을 폄훼, 거부하거나 해체하자는 해체주의적 성격을 지닌 옥시덴탈리즘의 신관이 아니다.

내가 상호존재신론을 통해 다양한 논구를 펼친 두 번째 이유는 첫째의 '비판적'이라는 것과 연동하여 비록 아시아 · 아프리카 · 남미가 제국주의 그리스도교의 피식민 경험이 있다고 해도 이를 무조건 반대하거나 혐오하는 입장에 있으면 안 된다는 성찰이 요구되었기 때문이었다.607) 이는 오리엔탈리즘적 사고나 반대로 옥시덴탈리즘적 사고를 지양하고 서로에 대한 비판적 입장을 견지하기보다 가치 판단을 유보하는 에포케(epoche)의 입장을 따를 필요가 있다는 것이다. 그 점에서 상호존재신론은 '비판적 접목 모델'이지만 에포케의 입장에 따라 공관과 신관에 대한 진위나 우열을 가름하는 비판적 입장을 자제하였다.

한 가지 첨언하고 싶은 것은 여기서 사용된 '비판적'이라는 말의 의미이다. 그것은 토착화된 그리스도교의 현실에 따라 수많은 정치적, 지역적 신학이 만들어졌듯이 이제는 신관도 서구 중심주의의 지배적인 신관에서 탈피하여 그 지역의 토착화된 그리스도교 신학에 맞게 다른 종교와 문화 등과 습합된 토착화된 신관 혹은 그 지역에 특화된 지역 신관(local theism)이 구성되어야 한다는 점에서 '비판적'이라는 말을 사용했다.608)

나는 상호존재신론에서 요청되는 이런 주목점을 통해 들어가는 말에서 제기한 한국 교회의 문제점이 어느 정도는 쇄신될 수 있다고 생각한다. 교회 절벽 시대에 교회 존폐 위기를 극복하기 위해 한국교회가 취한 '생존경쟁식의 배타주의'와 다른 종교 뿐 만 아니라 같은 교회를 상대로 취하는 '종교 내적인 배타적 호교론', 여기서 파생된 '우리주의'(weism)의 독소가 교회를 뒤덮고 있다. 여기서 한국 교회는 기업화, 귀족화, 중산층화로 변질되어 약자나 소수자가 서 있을 곳이 없는 게토가 되어 버렸고 집단의 이익을 옹호하는 지배이념으로 변질되었다. 그래서 '배타주의'(排他主義)로 인한 교회의 게토화가 결국 '배자주의'(排自主義)가 되어609) 부메랑처럼 교회 성장의 제로시대와 마이너스 시대를 경험하고, 이는 다시 교회의 배타주의로 귀결되는 악순환이 거듭되고 있다.

그러나 상호존재신론에서의 하느님은 주체와 객체, 나와 그것이라는 이원론에 기초한 초월적 타자로서 특정한 누군가를 위해 존재하는 것이 아니라 만물이 상즉상입하고 만물에 편재하는 상호존재의 에너지의 장으로서의 하느님이기 때문에 둘을 분리시키고 서로를 배타하거나 반대하지 않고 선별적이거나 옹졸한 폭군적 제왕도 아닌, 모두를 품고 사랑할 수 있는 하느님이다.

또한 상호존재신론에서의 하느님은 '존재'(being)의 하느님이 아니라 '생성'(becoming)의 하느님이므로 역동적인 실천성이 담보되어 있다. 이는 서로를 분리하고 서열화하여 배타하지 않고 모두를 품고 사랑할 수 있는 신앙적 가르침이 배태되어 있다. 그러므로 화석화된 정태적 이론에 머물지 않고 동태적 실천으로 삶에 참여할 수 있다. 따라서 상호존재신론은 정교(orthodoxy)로서의 부르주아적 신론이 아니라 정행(orthopraxis)의 삶을 뒷받침하는 평화적 신론, 해방적 신론, 사랑의 신론이다.

그러나 앞으로 상호존재신론이 지닌 과제 또한 적지 않다. 우선 그리스도교 신관에서 아직 미완의 퀴즈로 남아있는 신정론(神正論, theodicy)의 문제이다. 신정론에 관한 많은 연구가 진행되었음에도 불구하고 아직까지 신정론은 미해결 과제로 남아있다. 앞으로 상호존재신론의 관점에서 신정론의 난제를 풀어나가길 기대해 본다. 둘째는 상호존재신론에서 신의 인격성의 문제이다. 그리스도교와 불교의 가장 큰 차이점이자, 동시에 가장 두드러진 면은 궁극적 실재에 대한 이해이다. 그리스도교는 인격적 측면이 매우 중요한 전통이고 불교는 비인격적 면이 강하게 지향되었다. 자칫 그리스도교의 신관에 불교의 공관을 접목하여 탄생한 상호존재신론이 신을 하나의 인격체가 아닌 '인격적' 방식의 현현으로 파악한다는 점에서 신의 인격성을 비인격성으로 무화시켰다는 오해를 줄 수 도 있다.610) 하지만 상호존재신론에서 인격성의 문제는 이런 단순화 담론으로 해결될 문제가 아니라 '인격적'에 대한 새로운 이해와 해석이 이어져야 한다고 판단된다. 셋째는 상호존재신론의 윤리성의 문제이다. 이 신관에서는 보편적 사랑과 자비에 대한 지향성이 강하게 나타나므로 인간과 사회의 부조리나 정의에 대한 문제가 대두될 수 있다. 이에 대한 분명한 입장이 정립될 필요가 있다고 보인다.

이 책은 앞서 언급한 과제뿐만 아니라 약점도 분명히 있다. 내가 제시한 상호존재신론이 비판적 접속 모델을 따라 신관과 공관을 습합하였다 하더라도 그리스도교의 신관의 관점에서 불교의 공을 이해하는, 즉 그리스도교의 문법으로 신이 존재한다는 가설을 설정하고 그리스도교의 신에 해당하는 불교의 상대 개념인 공을 통해 그리스도교의 신관을 고찰했다는 점에서 '해석학적 오류' 가능성이 내포 될 수밖에 없다. 그 점에서 이 연구는 종교 신학이라는 연구 방법의 명제 아래 불교가 그리스도교 안에 종속될 수밖에 없다는 당위적 비판에서 자유롭지 못하다.

이 책의 또 다른 약점은 그리스도교의 신관과 불교의 공관의 습합이라는 점에서 종교 혼합적이라는 비판에서 자유로울 수 없다는 것이다. 그러나 두 번째 약점은 약점이면서 동시에 장점도 지니는 이중성을 띈다. 왜냐하면 이 연구는 종교 혼합적이지만 종교혼합주의(syncretism)는 아니기 때문이다. 왜냐하면 후자는 불교의 수용을 통해 그리스도교의 자기동일성이 상실되는 것이라면, 전자는 불교 수용에도 불구하고 자기동일성을 유지한다. 즉, 불교의 공관이라는 자료를 비판이나 판단이 아니라 그 자체를 수용함으로써 그리스도교의 신관과 예배, 기도 등의 자기 동일성을 유지한 채, 그 의의를 새롭게 해석했기 때문이다. 환언하면, 본고는 불교의 공관을 수용하는 과정을 통해 그리스도교를 비그리스도교화 하지 않고 자기정체성을 유지하면서 새로운 그리스도교로 탈바꿈시킨 창조적 자기변혁을 이루었다.611) 그럼에도 불구하고 이 책에서는 두 종교의 혼합적 성격을 띤다는 점에서 비판의 대상이 될 수 있는 바, 그것은 학문의 방법론이 지닌 태생적 한계 때문이라고 지적하고 싶다.

나는 이 연구가 지닌 과제와 약점에도 이 책이 한국의 그리스도교 신관 연구에 적게나마 기여할 부분이 있다고 생각한다. 그것은 이 책에서 제시된 상호존재신론의 미약한 성과를 통해서이다. 나는 이 신관 연구의 성과를 이렇게 평가해 보고 싶다. 첫째는 기존의 비교종교학이나 종교 신학 분야에서 신에 관한 다양한 연구는 있었지만 동양적 신관으로서 신관에 대한 조어 제시를 통한 그리스도교의 창의적인 재해석이 없었다. 그러나 이 책은 그러한 연구를 시도한 첫 번째 연구 작업이었다는데 의의가 있다.

둘째는 탈근대적 사유체계의 흐름에 따라 신학에서도 유럽 주도의 백인 남성 신학에서 벗어나 북미 · 아프리카의 흑인(해방)신학, 남미의 해방신학, 한국의 민중신학 등과 같은 토착화 신학은 이루어졌다. 하지만 이제까지 그에 상응하는 신관 제시는 이루어지지 않았다. 그러나 상호존재신론은 서양의 신관(theism)이라는 대목에 동양의 공관이라는 품종이 접목된 셋방화(世方化, glocal)된 신관 혹은 '또 다른' 지역 신관(local theism)612)이라는 점에서 작은 성과로 여겨진다. 나는 신학이 형성된 이후에 그에 알맞은 신관이 창출될 수도 있지만 신관이 구성된 후에 그에 따른 신학이 만들어 질수 도 있다고 본다. 그렇기 때문에 앞으로 종교 신학적 관점에서 상호존재신론을 통해 새롭고 독창적인 신학이 탄생하기를 기대해 본다.

셋째는 지금까지 비교종교학에서 연구된 신에 대한 담론은 주로 범재신론을 차용하여 각 종교의 사상적 의의를 밝히는데 집중되었다. 앞으로는 서양에서 형성된 범재신론의 차용을 통해서만이 아니라 지역 신관인 상호존재신론의 관점으로도 비교연구가 이루어 질 수 있다고 생각한다.

따라서 앞으로는 한국 그리스도교의 신관 연구 분야가 외국에서 만들어진 새로운 개념이나 이론만 소개하거나 비판적 접근에만 몰두하는 서양 신학의 포수(逋藪)생활에서 탈피하여 동양이나 한국적 사유를 바탕으로 독창적인 창조성을 발휘할 수 있어야 한다고 본다. 그런 점에서 상호존재신론은 신학 사대주의와 신관 사대주의를 탈피 할 수 있는 대안적 신학의 단초가 될 수 있을 것이다. 그 점에서 상호존재신론 연구는 이에 대한 첫 걸음이라 할 수 있다.

A Public Talk by Thich Nhat Hanh at the Riverside Church, New York

September 25, 2001

My Dear friends, I would like to tell you how I practice when I get angry. During the war in Vietnam, there was a lot of injustice, and many thousands, including friends of mine, many disciples of mine, were killed. I got very angry. One time I learned that the city of Ben Tre, a city of three hundred thousand people, was bombarded by American aviation just because some guerillas came to the city and tried to shoot down American aircrafts. The guerillas did not succeed, and after that they went away. And the city was destroyed. And the military man who was responsible for that declared later that he had to destroy the city of Ben Tre to save it. I was very angry.

But at that time, I was already a practitioner, a solid practitioner. I did not say anything, I did not act, because I knew that acting or saying things while you are angry is not wise. It may create a lot of destruction. I went back to myself, recognizing my anger, embracing it, and looked deeply into the nature of my suffering.

In the Buddhist tradition, we have the practice of mindful breathing, of mindful walking, to generate the energy of mindfulness. It is exactly with that energy of mindfulness that we can recognize, embrace, and transform our anger. Mindfulness is the kind of energy that helps us to be aware of what is going on inside of us and around us, and anybody can be mindful. If you drink a cup of tea and you know that you are drinking a cup of tea, that is mindful drinking. When you breathe in and you know that you are breathing in, and you focus your attention on your in−breath, that is mindfulness of breathing. When you make a step and you are aware you are making a step, that is called mindfulness of walking. The basic practice in Zen centers, meditation centers, is the practice of generating mindfulness every moment of your daily life. When you are angry, you are aware that you are angry. Because you already have the energy of mindfulness in you created by the practice, that is why you have enough of it in order to recognize, embrace, look deeply, and understand the nature of your suffering. I was able to understand the nature of the suffering in Vietnam. I saw that not only Vietnamese suffered, but Americans suffered as well during the war in Vietnam. The young American man who was sent to Vietnam in order to kill and be killed underwent a lot of suffering, and the suffering continues today. The family, the nation also suffers. I could see that the cause of our suffering in Vietnam is not American soldiers. It is a kind of policy that is not wise. It is a misunderstanding. It is fear that lies at the foundation of the policy. Many in Vietnam had burned themselves in order to call for a cessation of the destruction. They did not want to inflict pain on other people, they wanted to take the pain on themselves in order to get the message across. But the sounds of planes and bombs was too loud. The people in the world, not many of them were capable of hearing us. So I decided to go to America and call for a cessation of the violence. That was in 1966, and because of that I was prevented from going home. And I have lived in exile since that time, 1966. I was able to see that the real enemy of man is not man. The real enemy is our ignorance, discrimination, fear, craving, and violence. I did not have hate the American people, the American nation. I came to America in order to plead for a kind of looking deeply so that your government could revise that kind of policy. I remember I met with Secretary of Defense Robert MacNamara. I told him the truth about the suffering. He kept me with him for a long time and he listened deeply to me, and I was very grateful for his quality of listening. Three months later, when the war intensified, I heard that he resigned from his post. Hatred and anger was not in my heart. That is why I was listened to by many young people in my country, advocating them to follow the path of reconciliation, and together we helped to bring about the new organizations for peace in Paris. I hope my friends here in New York are able to practice the same. I understood, I understand suffering and injustice, and I feel that I understand deeply the suffering of New York, of America. I feel I am a New Yorker. I feel I am an American. You want to be there for you, to be with you, not to act, not to say things when you are not calm. There are ways that we can go back to ourselves and practice so that we rediscover our calmness, our tranquility, our lucidity. There are ways that we can practice so that we understand the real causes of the suffering. And that understanding will help us to do what needs to be done, and not do what could be harmful to us and to other people. Let us practice mindful breathing for half a minute before we continue.

In Buddhist psychology, we speak of consciousness in terms

of seeds. We have the seed of anger in our consciousness. We have the seed of despair, of fear. But we also have the seed of understanding, wisdom, compassion, and forgiveness. If we know how to water the seed of wisdom and compassion in us, that seed, these seeds will manifest themselves as powerful sorts of energy helping us to perform an act of forgiveness and compassion. It will be able to bring relief right away to our nation, to our world. That is my conviction. I believe very strongly that the American people have a lot of wisdom and compassion within themselves. I want you to be your best when you begin to act, for the sake of America and for the sake of the world. With lucidity, with understanding and compassion, you will turn to the people who have caused a lot of damage and suffering to you and ask them a lot of questions. "We do not understand enough of your suffering, could you tell us? We have not done anything to you, we have not tried to destroy you, to discriminate against you, and we do not understand why you have done this to us. There must be a lot of suffering within you. We want to listen to you. We may be able to help you. And together we can help build peace in the world." And if you are solid, if you are compassionate when you make this statement, they will tell you about their suffering. In Buddhism we speak of the practice of deep listening, compassionate listening, a wonderful method by which we can restore communication – communication between partners, communication between father and son, communication between mother and daughter, communication between nations. The practice of deep listening should be taken up by parents, by partners, so that they can understand the suffering of the other person. That person might be our wife, our husband, our son, or our daughter. We may have enough good will to listen, but many of us have lost our capacity to listen because we have a lot of anger and violence in us. The other people do not know how to use kind speech; they always blame and judge. And language is very often sour, bitter. That kind of speech will always touch off the irritation and the anger in us and prevent us from listening deeply and with compassion. That is why good will to listen is not enough. We need some training in order to listen deeply with compassion. I think, I believe, I have the conviction, that a father, if he knows how to listen to his son deeply and with compassion, he will be able to open the door of his sons heart and restore communication. People in our Congress and our Senate should also train themselves in the art of deep listening, of compassionate listening. There is a lot of suffering within the country, and many people feel their suffering is not understood. That is why politicians, members of the Parliament, members of the Congress have to train themselves in the art of deep listening — listening to their own people, listening to the suffering in the country, because there is injustice in the country, there is discrimination in the country. There is a lot of anger in the country. If we can listen to each other, we can also listen to the people outside of the country. Many of them are in a situation of despair, many suffer because of injustice and discrimination. The amount of violence and despair in them is very huge. And if we know how to listen as a nation to their suffering, we can already bring a lot of relief. They will feel that they are being understood. That can diffuse the bomb already. I always advise a couple that when they are angry with each other, they should go back to their breathing, their mindful walking, embrace their anger, and look deeply into the nature of their anger. And they may be able to transform that anger in just fifteen minutes or a few hours. If they cannot do that, then they will have to tell the other person that they suffer, that they are angry, and that they want the other person to know it. They will try to say it in a calm way. "Darling, I suffer, and I want you to know it." And in Plum Village, where I live and practice, we advise our friends not to keep their anger for more than twenty—four hours without telling the other person. "Darling, I suffer, and I want you to know it. I do not know why you have done such a thing to me. I do not know why you have said such a thing to me." That is the first thing they should tell the other person. And if they are not calm enough to say it, they can write it down on a piece of paper. The second thing they can say or write down is, "I am doing my best." It means "I am practicing not to say anything, not to do anything with anger, because I know that in doing so I will create more suffering. So I am embracing my anger, I am looking deeply into the nature of my anger." You tell the other person that you are practicing holding your anger, understanding your anger, in order to find out whether that anger has come from your own misunderstanding, wrong perception, your lack of mindfulness and your lack of skillfulness. And the third thing you might like to say to him or her is, "I need your help." Usually when we get angry with someone, we want to do the opposite. We want to say, "I don't need you. I can survive by myself alone." "I need your help" means "I need your practice, I need your deep looking, I need you to help me to overcome this anger because I suffer." And if I suffer, there is no way that you can be happy, because happiness is not an individual matter. If the other person suffers, there is no way that you can be truly happy alone. So helping the other person to suffer less, to smile, will make you happy also. The Buddha said, "This is like this, because that is like that. This is because that is." The three sentences I propose are the language of true love. It will inspire the other person to practice, to look deeply, and together you will bring about understanding and reconciliation. I propose to my friends to write down these sentences on a piece of paper and slip it into their wallet. Every time they get angry at their partner or their son or daughter, they can practice mindful breathing, take it out, and read. It will be a bell of mindfulness telling them what to do and what not to do. These are the three sentences: "I suffer and I want you to know it." "I am doing my best." "Please help." I believe that in an international conflict, the same kind of practice is possible also. That is why I propose to America as a nation to do the same. You tell the people you believe to be the cause of your suffering that you suffer, that you want them to know it, that you want to know why they have done such a thing to you, and you practice listening deeply and with compassion. The quality of our being is very important, because that question, that statement is not a condemnation, but a willingness to create true communication. "We are ready to listen to you. We know that you must have suffered a lot in order to have done such a thing to us. You may have thought that we are the cause of your suffering. So please tell us whether we have tried to destroy you, whether we have tried to discriminate against you, so that we can understand. And we know that when we understand your suffering, we may be able to help you." That is what we call in Buddhism "loving speech" or "kind language," and it has the purpose of creating communication, restoring communication. And with communication restored, peace will be possible. This summer, a group of Palestinians came to Plum Village and practiced together with a group of Israelis, a few dozen of them. We sponsored their coming and practicing together. In two weeks, they learned to sit together, walk mindfully together, enjoy silent meals together, and sit quietly in order to listen to each other. The practice taken up was very successful. At the end of the two weeks practice, they gave us a wonderful, wonderful report. One lady said, "Thay, this is the first time in my life that I see that peace in the Middle East is possible." Another young person said, "Thay, when I first arrived in Plum Village, I did not believe that Plum Village was something real because in the situation of my country, you live in constant fear and anger. When your children get onto the bus, you are not sure that they will be coming home. When you go to the market, you are not sure that you will survive to go home to your family. When you come to Plum Village, you see people looking at each other with loving kindness, talking with other kindly, walking peacefully, and doing everything mindfully. We did not believe that it was possible. It did not look real to me." But in the peaceful setting of Plum Village, they were able to be together, to live together, and to listen to each other, and finally understanding came. They promised that when they returned to the Middle East, they would continue the practice. They will organize a day of practice every week at the local level and a day of mindfulness at the national level. And they plan to come to Plum Village as a bigger group to continue the practice. I think that if nations like America can organize that kind of setting where people can come together and spend their time practicing peace, then they will be able to calm down their feelings, their fears, and peaceful negotiation will be much easier.

https://www.facebook.com/notes/wake-up-london/thich-nhat-hanh-in-response-to-911/271476892871807/

나는 틱낫한이 내 형제라고 말했다. 그리고 이것은 진실이
다. 우리는 둘 다 수도자이고, 거의 같은 햇수를 수도원에서
살았다. 우리는 둘 다 시인이며 실존주의자들이다. 나는 다른
많은 미국인들과 공유한 것보다 훨씬 많은 것을 틱낫한과 공
유하고 있다고 서슴없이 말 할 수 있다. 이와 같은 결속들이
허용되는 것은 대단히 중요한 일이다. 그것들은 바야흐로 다섯
대륙에서, 모든 정치, 종교, 문화의 경계를 넘어 젊은이들 사
이에, 하나의 관념보다는 구체적인 사건으로, 계획에 그치지
않고 살아 있는 현실로 이루어지기 시작한 새로운 연대이자
새로운 형제관계다. 이 젊은 결속이야말로 우리의 유일한 희
망이다. 바로 그 하나 됨의 이름으로 나는 틱낫한을 위하여 호
소한다. 그를 위하여 당신들이 할 수 있는 모든 일을 해 달라.
만일 내가 그의 처지에 있다면 나를 위하여 당신들이 할 수 있
는 게 무엇인지, 그 일을 틱낫한을 위해서 해 달라는 말이다.
여러 면에서 나는, 내가 그였으면 좋겠다.

참 고 문 헌(Bibliography)

1차 자료

◆ 틱낫한

Nhat Hanh, Thich. *Interbeing: Fourteen Guidelines for Engaged Buddhism*. New Delhi: Full Circle. 2000.

_____. *Living Buddha, Living Christ*. New York: Riverhead Books. 1995.

_____. *The Heart of Understanding: Commentaries on the Prajnaparamita Heart Sutra*. ed. Peter Levitt. California: Parallax Press. 1988.

_____. *Peace is Every Step*. New York: Bantam Books. 1991.

_____. *be free where you are*. Berkeley: Parallax Press. 2002.

_____. translated by Sherab Chodzin Kohn. *True Love*. Boulder: Shambhala publications. 2006.

_____. *The Heart of the Buddha's Teaching*. New York: Harmony Books. 2015.

_____. translated by Mobi Warren and drawings by Vo-Dinh. *The Miracle of Mindfulness*. Boston: Beacon Press. 1976.

_____. 이현주 옮김. 『너는 이미 기적이다』. 서울: 불광출판사. 2017.

_____. 이현주 옮김. 『기도의 힘』. 서울: 불광출판사. 2016.

_____. 신소영 옮김. 『틱낫한 스님이 전하는 섹스,

그리고 사랑』. 서울: 영림카디널. 2014.

_____. 오강남 옮김.『살아계신 붓다 살아계신 예수』. 서울: 솔바람. 2013.

_____. 유중 옮김.『중도란 무엇인가』. 서울: 도서출판 사군자. 2013.

_____. 이도흠 옮김.『엄마』. 서울: 아름다운 인연. 2009.

_____. 김순미 옮김.『내 손안에 부처의 손이 있네 -틱낫한 스님의 법화경』. 고양: 예담. 2008.

_____. 김형민 옮김.『틱낫한의 포옹』. 서울: 현문 미디어. 2008.

_____. 김은희 옮김.『기도』. 서울: 명진출판. 2006.

_____. 진현종 옮김.『틱낫한 스님의 아미타경』. 서울: 미토스. 2006.

_____. 허문명 옮김.『틱낫한이 전하는 마음의 평화 정』. 서울: 지식의 숲. 2006.

_____. 양미성 · 김동원 옮김.『틱낫한 스님의 금강경』. 서울: 장경각. 2004.

_____. 박혜수 옮김.『틱낫한의 사랑의 가르침』. 서울: 도서출판 열림원. 2003.

_____. 전세영 옮김.『틱낫한의 비움』. 서울: 중앙 M&B출판. 2003.

_____. 진우기 옮김.『힘』. 서울: 명진출판. 2003.

_____. 진현종 옮김.『내 스승의 옷자락』. 서울: 청아출판사. 2003.

_____. 류시화 옮김.『틱낫한의 평화로움』. 서울: 열림원. 2002.

_____. 이현주 옮김.『거기서 그것과 하나 되시게』. 서울: 나무심는사람. 2002.

_____. 최혜륜 옮김.『지금 이 순간 경이로운 순간』. 남양주 : 도서출판 한길. 2002.

_____. 오강남 옮김. 『귀향』. 서울: 모색. 2001.

_____. 이현주 옮김. 『첫사랑은 맨 처음 사랑이 아니다』. 서울: 나무심는사람. 2001.

◆ 폴 니터

Knittter, Paul. *Without Buddha, I Could not be a Christian.* New York: One world. 2009.

_____. *Introducing theologies of religions.* New York: ORBIS BOOKS. 2002.

_____. *Jesus and the Other Names: Christian Mission and Global Responsibility.* Maryknoll, N.Y. : Orbis Books. 1996.

_____. *One Earth, Many Religions: Multifaith Dialogue and Global Responsibility.* Maryknoll, N.Y. : Orbis Books. 1995.

_____. 정경일 · 이창엽 옮김. 『붓다 없이 나는 그리스도인일 수 없었다』. 서울: 클리어마인드. 2011.

_____. 변선환 옮김. 『오직 예수이름으로만?』. 서울: 한국신학연구소. 1992.

_____. 유정원 옮김. 『종교신학입문』. 칠곡: 분도출판사. 2007.

_____. 유정원 옮김. 『예수와 또 다른 이름들』. 칠곡: 분도출판사. 2008.

_____. 「기독교는 하나의 참된 종교이며 절대종교인가? (로마-가톨릭의 답변)」, 김승철 편저. 『종교다원주의와 기독교』. 서울: 도서출판 나단. 1993.

_____. 김기석 옮김. 「종교해방신학을 향하여」. 변선환 박사회갑 기념 논문집. 『종교다원주의와 신학의 미래』. 서울: 종로서적. 1989.

2차 자료

◆ 단행본(국역서)

강신주. 『매달린 절벽에서 손을 뗄 수 있는가?-무문관 나와 마주서는 48개의 질문』. 파주: 동녘. 2014.

곽철환. 『금강경』. 서울: 살림. 2010.

길희성. 『신앙과 이성 사이에서』. 서울: 세창 출판사. 2015.

_____. 『보살예수-불교와 그리스도교의 창조적 만남』. 서울: 현암사. 2005.

_____. 『길은 달라도 같은 산을 오른다』. 서울: 한겨레출판사. 2015.

_____. 「하나님을 놓아주자」. 『새길이야기』. 서울: 도서출판 새길. 2005.

_____. 「21세기 한국 종교문화의 전망과 과제」. 서강종교연구회 편. 『종교들의 대화, 만남, 소통』. 양평: 열린서원, 2000.

김경재. 『이름 없는 하느님』. 서울: 삼인. 2002.

_____. 「틸리히와 화이트헤드」. 김경재 편. 『과정철학과 과정신학』. 서울: 전망사. 1988.

_____. 「최수운의 범재신론」. 김경재 편. 『과정철학과 과정신학』. 서울: 전망사. 1988.

_____. 「종교간의 만남에서 해석학적 접목모델」. 소석 유동식 박사 고희 기념 논문집 출판위원회. 『한국종교와 한국신학』. 천안: 한국신학연구소. 1993.

_____. 『解釋學과 宗教神學: 福音과 韓國宗教와의 만남』. 천안: 한국신학연구소. 1994.

김대식. 『생태영성의 이해』. 대전: 대장간. 2014.

김상일. 「한국말의 과정 철학적 풀이」. 김경재 편. 『과정철학과 과정신학』. 서울: 전망사. 1988.

_____. 『화이트헤드와 동양철학』. 서울: 서광사. 1993.

김승철. 『무주와 방랑』. 서울: 동연. 2015.

_____. 『종교다원주의와 기독교 』 I. 서울: 나탄. 1993.

김영태. 「존 힉의 종교당원주의 철학의 기초」. 서울대학교종교
   문제연구소. 『종교다원주의와 종교윤리』. 서울: 집문당. 1994.

김외식 외. 『현대교회와 영성목회』. 서울: 감리교신학대학교출
   판부. 1997.

김용규. 『서양문명을 읽는 코드 신』. 서울: 휴머니스트. 2010.

김용옥. 『달라이라마와 도올의 만남 』 1. 서울: 통나무. 2002.

김은규. 『구약속의 종교권력』. 서울: 동연. 2013.

_____. 『하느님 새로 보기』. 서울: 동연. 2009.

김형근. 『에크하르트의 하나님과 불교의 공』. 서울: 누멘. 2010.

김희헌. 『민중신학과 범재신론』. 서울: 너의 오월. 2014.

도법. 『부처를 만나면 부처를 죽여라』. 서울: 아름다운 인연. 2004.

류제동. 『하느님과 일심』. 파주: 한국학술정보. 2007.

법륜스님. 『불교와 평화』. 서울: 정토출판. 1999.

법성 외. 『민중불교의 탐구』. 서울: 민족사. 1993.

변선환아키브·동서종교신학구소. 이정배. 「기독교 믿음과 동양적
   수행」 『동서종교의 만남과 그 미래 . 서울: 모시는 사람들. 2007.

변선환아키브 편집, 「불교와 기독교의 만남」. 천안: 한국신학
   연구소. 1997.

사목연구총서 7. 「한국불교의 신관」. 『신관의 토착화』. 서울: 한국
   천주교중앙협의회. 1995.

서강대학교 철학연구소. 「스피노자의 신」. 강영안. 『哲學的 神論』.
   서울: 철학과 현실사. 1995.

소운. 『하룻밤에 읽는 불교』. 서울: RHK. 2004.

여익구. 『민중불교입문』. 서울: 풀빛. 1985.

_____. 『민중불교철학』. 서울: 민족사. 1988.

오강남. 『불교, 이웃종교로 읽다』. 서울: 현암사. 2007.

_____. 『또 다른 예수』. 고양: 예담. 2009.

_____. 『예수는 없다』. 서울: 현암사. 2001.

오성춘. 『영성과 목회』. 서울: 장로회신학대학교 출판부. 1994.

유광석. 『종교시장의 이해』. 서울: 다산출판사. 2014.

유동식. 『風流道와 韓國神學』. 서울: 전망사. 1992.

_____. 『한국종교와 기독교』. 서울: 대한기독교서회. 2006.

_____. 「風流神學으로의 旅路」 변선환 박사 회갑기념 논문집.
『宗敎多元主義와 神學의 未來』. 서울: 종로서적. 1989.

_____. 『風流道 韓國神學』. 서울: 展望社. 1992.

유영모. 다석학회 역음. 『다석강의』. 서울: 현암사. 2006.

이길용. 『종교로 읽는 한국사회』. 의왕: 꽃자리. 2016.

이명희. 「예배의 정의」. 한국복음주의 실천신학회 편. 『복음주의
예배학』. 서울: 요단출판사. 2001.

이원규. 『머리의 종교에서 가슴의 종교로』. 서울: KMC. 2012.

이자랑·이필원. 『도표로 보는 불교 입문』. 서울: 민족사. 2016.

이찬수. 『다르지만 조화한다 – 불교와 기독교의 내통』. 서울: 도서
출판 모시는 사람들. 2015.

_____. 『유일신론의 종말, 이제는 범재신론이다. 서울: 동연. 2014.

_____. 『불교와 그리스도교, 깊이에서 만나다』. 서울: 다산글방.
2003.

_____. 『인간은 신의 암호』. 칠곡: 분도출판사. 1999.

이후정 외. 『기독교 영성의 역사』. 천안: 도서출판 은성. 1997.

전달수. 「가톨릭에서 본 영성신학」. 김성재 편. 『성령과 영성』.
천안: 한국신학연구소. 1999.

정장복. 『예배학개론』. 서울: 종로서적. 1994.

조기연. 『예배갱신의 신학과 실제』. 서울: 대한기독교서회. 2000.

진현종. 『틱낫한 스님과의 소박한 만남』. 서울: 명진출판. 2003.

최준식. 『종교를 넘어선 종교』. 파주: 사계절. 2007.

_____. 『한국의 종교, 문화로 읽는다』 2. 파주: 사계절. 2012.

한국신학연구소 성서교재위원회. 『함께 읽는 신약성서』. 서울:
한국신학연구소. 1992.

한인철. 『종교다원주의의 유형』. 고양: 한국기독교연구소. 2005.

홍성주. 『21세기 영성신학』. 서울: 도서출판 은성. 1995.

◆ 단행본(번역서)

가지야마 유이치. 김성철 옮김. 『空입문』. 서울: 동국대학교 출판부.
　2012.

난잔종교문화연구소. 김승철 외 옮김. 『기독교와 불교, 서로에게
　배우다』. 서울: 정우서적. 2015.

데이빗 그리핀. 장왕식 · 이경호 옮김. 『화이트헤드철학과 자연주의적
　종교론』. 고양: 동과서. 2004.

레오나르도 보프. 김항섭 옮김. 『생태신학』. 서울: 가톨릭출판사. 1996.

로버트 H. 킹. 이현주 옮김. 『토마스 머튼과 틱낫한』. 서울: 두레.
　2007.

마커스 보그. 한인철 옮김. 『새로 만난 하느님』. 서울: 한국기독교
　연구소. 2001.

벨 훅스 엮음. 김훈 옮김. 『(틱낫한 스님과 데니얼 베리건 신부님이
　세상에 전하는) 평화 이야기』. 서울: 황금비늘. 2007.

사다티사, H. 김용정 옮김. 『佛教란 무엇인가』. 서울: 성균관대학교
　출판부. 1985.

알프레드 노스 화이트헤드. 문창옥 옮김. 『종교란 무엇인가』.
　고양: 사월의 책. 2015.

_____. 오영환 옮김. 『과정과 실재-유기체적 세계관의
　구상』. 서울: 민음사. 1991.

_____. 김희헌 역. 『진화하는 종교』. 서울: 대한기독교서회.
　2012.

야기 세이이치 · 레너드 스위들러. 이찬수 옮김. 『불교와 그리스도
　교를 잇다』. 칠곡: 분도출판사. 1996.

와쓰지 데쓰로. 서동은 옮김. 『인간과 풍토』. 서울 : 필로소픽. 2018.

위르겐 몰트만. 곽미숙 옮김. 『세계 속에 있는 하나님』. 서울:
　동연. 2009.

윌프레드 캔트웰 스미스. 김승혜 · 이기중 옮김. 『지구촌 신앙』.
　칠곡: 분도출판사. 1993.

스피어 웨인 R. 지인성 옮김. 『기도의 신학』. 서울: 대한기독교
　서회. 1990.

엔도 슈사쿠. 이성순 옮김. 『깊은 강』. 서울: 고려원. 1994.

이수영. 「니체, 권력의지와 영원회귀의 철학자」. 막시밀리아 르 루아
　－미셸 옹프레. 임명주 옮김. 『프리드리히 니체』. 서울: 작은 길.
　2014.

이홍우 번역 및 주석. 『대승기신론』. 서울: 경서원. 1991.

제럴드 섹트. 覓丁 옮김. 『佛陀의 새 얼굴』. 서울: 韓振出版社. 1979.

제레미 리프킨. 신현승 옮김. 『육식의 종말』. 서울: 시공사. 2016.

존 캅·크리스토퍼 이브스. 황경훈·류제동 옮김. 『텅빈충만: 空의
　하느님』. 서울: 우리신학연구소. 2009.

존 로빈슨. 현영학 옮김. 『신에게 솔직히』. 서울: 대한기독교서회.
　1984.

존 보이어 노스(J. B. 노스). 윤이흠 옮김. 『세계종교사』 下.
　서울: 현음사. 2002.

존 쿠퍼. 김재영 옮김. 『철학자들의 신과 성서의 하나님』.
　서울: 새물결플러스. 2011.

존 힉. 김승철 옮김. 『새로운 기독교』. 서울: 나단. 1991.

_____. 이찬수 옮김. 『하느님은 많은 이름을 가졌다』. 서울:
　도서출판 창. 1991.

찰스 하트숀. 홍기석·임인영 외 옮김. 『하느님은 어떤 분이신가:
　하나님의 전능하심과 여섯 가지 신학적인 오류』. 서울: 한들.
　1995.

카렌 암스트롱. 배국원·유지황 옮김. 『신의 역사』Ⅰ. 서울:
　동연. 1999.

_____. 배국원·유지황 옮김. 『신의 역사』Ⅱ.
　서울: 동연. 1999.

카프라 프리초프. 이성범·김용정 옮김. 『현대 물리학과 동양사상』.
　서울: 범양사. 2006.

하비 콕스. 김창락 옮김. 『종교의 미래』. 서울: 문예. 2010.

한스 발덴펠스. 김승철 옮김. 『불교의 空과 하나님』. 서울: 대원
　정사. 1993.

히사마쯔 신이찌·야기 세이이찌 외. 정병철·김승철 옮김.

『무신론과 유신론』 . 서울: 대원정사. 1997.

水野弘元(미즈노 고겐). 석원연 옮김. 『불교용어기초지식』 . 서울: 들꽃누리. 2002.

◆ 단행본(원서)

Carrette, J. & King, R. *Selling Spirituality: The Silent Takeover of Religion.* London: Routledge. 2005.

Chars, Hartshorne. *A Natural Theology for Our Time.* La Salle, IL: Open Court. 1967.

_____. *Omnipotence and Other Theological Mistakes.* Albany: State University of New York Press. 1984.

Cox, Harvey. *Religion in the Secular City: Toward a Postmodern Theology.* New York: Simon Schuster. 1984.

Darrell J, Fasching and Dell Dechant and David M. Lantigua. *Comparative Religious Ethics.* West Sussex: Wily-Blackwell. 2011.

Davie, G., Heelas, P. & Woodhead, L. eds. *Predicting Religion.* Hampshire: Ashgate. 2005.

Heelas, P. & Woodhead. L. *The Spiritual Revolution: Why Religion in Giving Way to Spirituality.* Oxford: Blackwell. 2005.

Hick, John. *God and Universe of Faiths.* New York: St. Martin's Press. 1973.

_____. The Reconstruction of Christian Belief for Today and Tomorrow: 2. Theology L X X Ⅲ. 1970.

Khong, Chan . *Learning True Love: Practicing Buddhism in a Time of War.* Berkeley: Parallax Press. 1993.

Race, Alan. *Christians and Religious Pluralism: Patterns in the Christian Theology of Religions.* New York: Orbis Books. 1982.

Schillebeekx, Edward . *The Church: The Human Story of God .* New York: Crossroad. 1990.

Sheldrake, P. *Spirituality: A Brief History.* Oxford: Wiley-Blackwell. 2013.

Ward, Keith. *Concepts of God* . Oxford: Oneworld. 1998.

Woodhead. L. "Spirituality and Christianity: The Unfolding of a Tangled Relationship". Giordan. G & William H. Swatos. Jr. eds. *Religion. Spirituality and Everyday Practice*. London: Springer. 2011.

Wuthnow. R. *After Haven: Spirituality in America Since the 1950s*. Berkeley: University of California Press. 1998.

논문 및 사전

◆ 논문

강지연. "오뢰천의 기독교와 유교 비교 연구 ─ 논어, 중용 해석을 중심으로", 「동방학」. 24권. 2012.

_____. "오뢰천 기독사상 중 중국적 수양론". 「동방학」. 37권. 2017.

강현석. "개신교와 불교 기도문에 나타나는 호칭어와 지칭어의 비교 연구". 「사회언어학」. 21권. 2013.

_____. "기독교와 불교 기도문의 사회언어학적 비교 연구 ─문형, 화행과 청자 경어법을 중심으로". 「사회언어학」. 20권. 2012.

김동호. "동학의 21자 주문과 기독교 주기도문의 상징성과 소통성 고찰". 「원불교사상과 종교문화」. 48권. 2011.

김병훈. "기도의 본질에 관한 심층적 고찰". 「신학과 실천」. 15권. 2008.

김세광. "하나님 나라의 시각에서 본 예배". 「신학과 실천」. 10권. 2006.

김웅래. "무신론자들의 신". 「누리와 말씀」. 38권. 2015.

김종만. "틱낫한의 'Interbeing' 관점으로 보는 개신교 재해석 ─ 성육신, 원수사랑, 예배". 「사회사상과 문화」. 21권 3호. 2018.

김종만 · 송재룡. "상호존재신론에서 보는 기도와 영성: 새로운 종교이해 전망을 위한 시론". 「사회사상과 문화」. 21권 2호. 2018.

김종만 · 유광석. "'상호존재신론'(interbeing-theism)─ 틱 낫한

(Thick Nhat Hanh)과 폴 니터(Paul F. Knitter)의 인터빙 (interbeing) 개념을 중심으로". 「신학과 사회」. 32권. 2018.

김찬홍. "범재신론으로서의 유영모의 하나님이해 - Charles Hartshorne 의 범재신론과 비교하여". 「한국조직신학논총」. 44권. 2016.

김희헌. "다석 유영모의 자연주의적 유신론에 대한 소고(小考): 과정범재신론 및 심층범신론과의 대화". 「신학논단」 87권. 2017.

_____. "유영모와 민중신학- 한국적 범재신론과 실천적 수행 종교". 「신학연구」. 52권. 2015.

박재은. "존 힉(John Hick)의 은유적 성육신 개념: 원인과 결과에 대한 개혁 신학적 고찰". 「한국개혁신학」. 49권. 2016.

송재룡. "'영성 사회학' 테제의 가능성: 쟁점과 전망". 「사회이론」. 44권. 2013.

양윤희. "공(空)의 관점에서 본 『천 에이커의 땅』". 「동서비교 문학저널」. 17권. 2007.

유승무. "불연의 사회참여 이론과 실천에 대한 비판적 검토". 「불교연구」. 36권. 2012.

이도흠. "틱낫한이 서양에 영향을 끼친 까닭과 배울 점". 「불교 평론」. 12권. 2010.

이영미. "구약성서와 기도 ― "우리"의 고백기도(애 3:40-47; 느 9:32-38)를 통해 본 성서적 기도". 「신학연구」. 52권. 2015.

이찬석. "글로벌 그리스도교에서 글로컬 그리스도교로". 「신학 논단」. 73권. 2013.

전명수. "영성과 힐링의 사회적 의미: 종교 사회학적 접근". 「원불교 사상과 종교문화」. 64권. 2015.

제해종. "존 힉의 코페르니쿠스적 혁명 비평". 「한국콘텐츠학회 눈문지」. 14권. 2014.

황필호. "서평 : 카렌 암스트롱 저, 배국원 외 역 『신의 역사』 (I, II) - 신은 미래를 가지고 있는가'. 「종교와 문화」. 7권. 2001.

Houtman, D. & Stef. A. "The Spiritual Turn and the Decline of Tradition: The Spread of Post-Christian Spirituality in 14 Western Countries. 1981-2000". *Journal for the*

Scientific Study of Religion. 46. 2007.

Gross, Rita M. "'Buddhist Ultimates? A Difficult Question.' Models of God and Alternative Ultimate Realities". Springer. Netherlands. 2013.

Luckmann, T. "Shrinking Transcendence. Expanding Religion?" *Sociological Analysis*. 50(2), 1990.

Polinska, Wioleta . "Christian—Buddhist Dialogue on Loving the Enemy". University of Hawii Press. Buddhist—Christian Studies. Vol 27. 2007.

김혜옥. "불교명상과 천주교 관상기도 경험에 관한 현상학적 비교연구 = A Phenomenological Comparative Study on the Experience of Buddhist Meditation and Catholic Contemplation". 서울불교대학원대학교 박사학위논문. 2016.

박정환. "윌리엄 제임스의 회심이론을 통해 본 다석 류영모 연구 = A Study on Dasuk Ryu Youngmo(다석 류영모)through William James' Conversion Theory". 서강대학교 대학원 박사학위 논문. 2014.

최세나. "종교다원주의의 그리스도론적 근거-폴 니터의 '구원중심주의'와 존 캅의 '그리스도 중심주의' 비교연구". 이화여자대학교신학대학원 석사학위논문. 2006.

Miller, Lester Eugene. *"SIX RELIGIONS' CORE VIEWS ON GOD: A SEARCH FOR AGREEMENT AND ACCORD"*. California State University the Degree Master of Arts. 2001.

Todd Digby, Nathan. "Mindful, Liberating Social Action: Gustavo Gutierrez and Thich Nhat Hanh. Emory University". Ph. D dissertation. 2010.

◆ 사전

기독교대백과사전편찬위원회. 『기독교대백과사전』 1권. 서울: 기독교문사. 1980.

잡지 및 인터넷 자료

◆ 잡지

Anshin, Ettianne. "What is Interbeing?". THE LOTUS BUD-
Magazine of Mindful Living. No 25, May 2010.

◆ 인터넷 자료

https://plumvillage.org/about/thich-nhat-hanh/biography/.
https://plumvillage.org/about/sister-chan-khong/.
https://www.lionsroar.com/path-of-peace-the-life-and-teach
ings-of-sister-chan-khong-may-2012.
http://entertain.naver.com/read?oid=032&aid=0000011492.
https://www.youtube.com/watch?v=95G2ZVpzhYQ.
https://www.youtube.com/watch?v=FyJSLFT6E68.
http://www.budreview.com/news/articleView.html?idxno=870.

1) 한국종교문화연구소 편, 『세계종교사 입문』(파주: 청년사, 2003), pp. 554-567 참고. 동방독립교회는 로마의 교황이나 이스탄불의 전 세계 총대주교의 권위를 인정하지 않는 일군의 동방 그리스도교 집합체를 말하고, 동방 귀일교회는 정교회에서 가톨릭의 교리를 수용한 일군 의 그리스도교 집단들로, 교리는 가톨릭을 따르지만 전례는 안디옥, 알렉산드리아, 비잔티움을 따르는 그리스도교를 일컫는다.

2) 한인철, 『종교다원주의의 유형』(고양: 한국기독교연구소, 2005), p. 258.

3) 틱낫한이 '상호존재'를 조어한 이유와 계기에 대해서는 본론에서 밝힌다. 틱낫한의 'Interbeing'에 대한 한국어 번역은 다양하다. The Heart of Understanding: Commentaries on the Prajnaparamita Heart Sutra의 한국어 번역서인 『틱낫한의 반야심경』에서는 '공존(共存)', 『내 손안에 부처의 손이 있네』에서는 '상호존재', 이도흠, "틱낫한이 서양에 영향을 끼친 까닭과 배울 점", 「불교평론」 44(2010) 에서는 '서로존재', 『토마스 머튼과 틱낫한』에는 '서로 안에 있음', 『동행』 에서는 '서로 어울려 있음', 『귀향』, 『기도』에서는 '어울려 있음', 『너는 이미 기적이다』에서는 '상호내재' 등으로 번역되어 있다. 이 책에서는 'interbeing'을 '상호존재'라는 용어로 통일하여 기술하겠다.

4) Keith Ward, Concepts of God (Oxford: Oneworld, 1998), p. 59. 그러나 워드는 이런 식의 해석은 종교 간에 대한 올바른 이해가 아 니라며 그리스도교의 하느님에 대한 탐구와 불교의 '니르바나'와의 탐구는 매우 깊은 유사점이 있다고 지적한다. ibid., p. 75.

5) 유병덕, "종교 갈등의 문제", 『월간 불광』 1997년 10월호; 류제동, 『하느님과 일심』(파주: 한국학술정보, 2007), p. 15에서 재인용. 이외에도 류제동은 교토학파의 히사마츠 신이찌가 불교의 무신론을 주장 했고 심지어 불교는 아예 신앙이 아니라고 까지 말했다고 언급한다. 교 토학파는 불교 사상을 토대로 서양철학을 창조적으로 소화한 대표적인 동양철학 학파이다. 주요 학자로는 이 학파의 최초의 철학자라 할 수 있는 교토대학의 니시다 기타로(西田幾多郞 1870-1945), 그의 사유를 이어 받은 제자단인 교토대학의 교수들, 타나베 하지메(田邊元, 1885-1962), 히사마츠 신이치(久松眞一, 1889-1980), 니시타니 케이지(西谷啓治, 1900-1990) 등이 있다. 그리고 타나베와 니시타니 등의 제자로 교토학 파의 후발 학자인 아베 마사오((阿部正雄, 1915-), 우에다 시즈테루(上 田閑照, 1926-), 다케우치 요시노리(武 內義範, 1913-)같은 이들이 있다.

6) 대표적인 학자는 캔트웰 스미스(Wilfred Cantwell Smith, 1916- 2000)이다. 그는 불교가 무신론이라는 인식은 외면적이고 정태적인 인식에서 비롯된 그릇된 편견임을 상기시키며 모든 신앙인들은 초월적 실재에 대한 통찰과 응답의 차원으로 이해해야 한다고 말한다. 그러면서 그리스도교에서는 초월적 실재를 하느님으로 불렀고, 불교에서는 다르마(dharma, 法)로 불렀다며 불교를 무신론으로 치부하는 단견은

그릇된 오해라고 지적한다. ibid., pp. 21-22.

7) 변선환 아키브 편집, 『불교와 기독교의 만남』 (천안: 한국신학연구소, 1997), p. 120.
8) 김용규, 『서양문명을 읽는 코드 신』 (서울: 휴머니스트, 2010), pp. 302-304.
9) ibid., p. 307.
10) 이미 한국에서는 다석 류영모가 불교의 공이나 무 개념을 통해 그리스도교의 하느님을 절대공, 빈탕, 허공으로 환치하면서 '없이 계신 하느님'이라는 탁월한 통찰로 재해석된 신관이 있기 때문이다.
11) 종교를 표층과 심층의 관점으로 바라본 학자는 형이상학자이자 신비가인 슈온(Frithjof Schuon, 1907-1998)이다. 슈온에 따르면, 종교는 실제적으로 수많은 종교로 나뉘는 것이 아니라 밀교(esotericism)와 공교(exotericism)의 두 가지 유형으로만 양분된다. 전자의 유형을 따르는 밀교적 신앙인은 하느님과 창조 사이의 근본적인 통일성, 절대자와 유한자의 비이원성(nonduality)을 파악한다. 예컨대 에크하르트가 신과 영혼 사이에서 경험했던 것, 우파니샤드의 예언자가 브라흐마와 아트만 사이에서 혹은 그것과 너 사이에서, 불교가 열반과 무명의 유한 세계 사이에서 보았던 것, 즉 차이를 인정하고도 이를 넘어서는 동일한 통일성, 통일된 하나 됨이다. 반면 후자의 유형을 따르는 공교적 신앙인(슈온은 대부분 종교인이 여기에 포함된다고 본다)은 환원 불가능한 이원론에 기초한다. 그들은 신의 실재를 느끼고 반응하지만 신을 세계와는 다른 일종의 초인(superperson)으로 감지하고 신을 외형화 한다. 폴 니터, 변선환 역, 『오직예수이름으로만?』 (서울: 한국신학연구소, 1992), pp. 87-88.
12) 틱낫한, 이현주 역, 『너는 이미 기적이다』 (서울: 불광출판사, 2017), p. 229.
13) 틱낫한, 오강남 역, 『귀향』 (서울: 모색, 2001), pp. 216-218.
14) 베트남 불교는 기원전 1세기 초, 인도에서는 해상으로, 중국에서는 육상으로 베트남에 유입되었다. 베트남 북부는 선불교와 정토사상이 가장 인기 있었던 반면, 남부는 테라바다 불교가 성행하였다. 남부에서 테라바다 불교가 성행한 이유는 캄보디아와 라오스의 테라바다 불자들이 크메르(khmer)의 사람들과 접촉하였기 때문이다. 1963년 테라바다 불자와 마하야나 불자들이 서로 협력하여 베트남 연합 불교를 창건했다. 틱낫한의 불교 수업은 Lam Te Zen Buddhism의 학교의 분교에 해당하는 Lieu Quen학교에서 불교 수업을 받는다. 틱낫한의 초기 불교입장은 이런 그의 불교적 배경 때문에 테라바다, 마하야나가 혼재되어 있었을 가능성이 크다. Nathan Todd Digby, "*Mindful, liberating social action: Gustavo Gutiérrez and Thich Nhat Hanh*", Emory University Ph.D dissertation, 2010, p. 128. 뿐만 아니라 틱낫한이 출가하여 사미승으로 있던 투 히에우는 선종 계통의 사찰이었지만 정토종 수행도 함께 행했다. 틱낫한, 오강남 역, 『살아계신 붓다 살아계신 예수』 (서울: 솔바람, 2013), p. 185.
15) Thich Nhat Hanh의 Thich은 베트남어로 한국어 석(釋)과 같다. 중국

이나 한국에서는 스님들이 출가를 하면 자기 본래의 성 대신에 부처의 문중에 든다는 뜻으로 석(釋)을 성으로 삼는다. Nhat Hanh은 법명으로 한문 '일행(一行)'에 해당한다. 틱낫한, 『귀향』 p. 216. 틱낫한은 '태이'(Thay, pronounced 'Tay' or 'Tie')라고도 불린다. 'Thay'는 베트남어로 '스승 혹은 선생'(teacher)이라는 뜻의 공식 명칭으로 그의 제자들은 존경의 의미를 담아 '태이' 혹은 '타이'라고 부른다. Thich Nhat Hanh, *The Heart of Understanding: Commentaries on the Prajnaparamita Heart Sutra*, ed by Peter Levitt, (California: Parallax Press, 1988), p. viii in Editor's Preface.

16) 틱낫한, 진우기 역, 『힘』 (서울: 명진출판, 2003), pp. 218-219; 틱낫한의 생애와 활동에 대해서는 Nathan Todd Digby, "*Mindful, liberating social action: Gustavo Gutiérrez and Thich Nhat Hanh*" 을 참조하라.

17) 틱낫한, 『힘』 pp. 219-220. 이 에피소드에 대한 좀 더 자세한 내용은 틱낫한, 진현종 역, 『내 스승의 옷자락』 (서울: 청아출판사, 2003), pp. 33-43의 "열반에 든 도마뱀" 편을 참조하라.

18) Thich Nhat Hanh, *The Heart of Understanding: Commentaries on the Prajnaparamita Heart Sutra*, edited by Peter Levitt, (California: Parallax Press, 1988), p. 3.

19) 원문을 인용하면 다음과 같다. "Interbeing" is a word that is not in the dictionary yet, but if we combine the prefix "inter-" with the verb "to be," we have a new verb, inter-be.

20) 틱낫한, 『힘』 pp. 218-219; 종교를 과일 샐러드를 비유한 이야기는 틱낫한, 『살아계신 붓다 살아계신 예수』 pp. 26-27에 나온다.

21) 틱낫한, 『힘』 p. 249. 강연회 내용에 대해서는 부록 1, "A Public Talk by Thich Nhat Hanh at the Riverside Church, New York"(September 25, 2001)을 참조하라.

22) 틱낫한, 허문명 역, 『틱낫한이 전하는 마음의 평화 정』 (서울: 지식의 숲, 2006), pp. 142-143; 이러한 인식은 아프리카적 인간성인 '우분투'(Uuntu)정신과 상통한다. 이에 대한 자세한 내용은 스티브 런딘 외, 김마림 옮김, 『우분투: 아프리카의 위대한 힘』. 서울: 케이디북스, 2011를 참조하라.

23) 틱낫한, 김순미 역, 『내 손안에 부처의 손이 있네- 틱낫한 스님의 법화경』 (고양: 예담, 2008), pp. 232-233.

24) 틱낫한, 『내 손안에 부처의 손이 있네- 틱낫한 스님의 법화경』 p. 15; 틱낫한, 『너는 이미 기적이다』 p. 12.

25) 이것이 무문관(無門關)에 등장하는 마조도일 선사의 평상심시도(平常心是道)이다. 중국 당나라의 선승 조주 스님이 수행 중 스승인 남전 선사에게 '도란 무엇인가'에 대해 묻자 남전은 선배 마조 선사

의 말을 빌려 '평상심이 곧 도'라고 대답했다.

26) 틱낫한, 『힘』 p. 216.

27) 틱낫한, 이현주 역, 『첫사랑은 맨 처음 사랑이 아니다』 (서울: 나무 심는사람, 2001), p. 24.

28) 당시 베트남은 2차 대전과 독립전쟁을 치르느라 물자가 매우 귀한 시절이었다. 그래서 틱낫한이 비구계를 받던 전날 밤 스승은 헌 승복더미를 뒤져 구멍이 제일 없는 것으로 골라 밤늦게 까지 틱낫한을 위해 갈색 옷을 기웠다. 틱낫한은 그 작업을 다른 사람에게 맡기지 않고 몸소 하신 스승의 사랑에 깊은 감명을 받아서인지 아직까지 그 옷을 가장 아낀다고 한다. 전쟁의 포화 가운데서도 스승과 제자의 아름다운 우정이 깊게 쓰며 있는 아름다운 이야기이다. 틱낫한, 『힘』 pp. 220-221.

29) 한국에서 플럼 빌리지를 방문하여 틱낫한 스님을 친견한 후 이에 대한 성찰적 회고를 수필 형식의 책으로 출판한 이는 진현종이다. 이에 대한 상세한 이해를 위해서 진현종, 『틱낫한 스님과의 소박한 만남』 (서울: 명진출판, 2003)을 참조하라.

30) Thich Nhat Hanh, *Peace is Every Step* (New York: Bantam Books, 1991), p. 70.

31) 틱낫한은 *A rose For Your Mother*(2008)에서 자녀들의 궁궐인 엄마의 자궁이 곧 극락이라며 인간은 이 극락으로 되돌아가고 싶다고 말한다. 틱낫한은 우리에게 정념 수행을 통해 이미 진정한 집에 있음을 깨닫고 엄마라는 보배를 통해 삶의 이득을 얻어 행복한 삶을 살라고 권고한다. 그러면서 우리가 엄마의 사랑을 자각하면 엄마의 탯줄이 나 자신과 전 우주와 연결되어 있고 존재하는 모든 생명체와 식물과 광물과 공기와 물과 땅에 의존하고 있음을 깨닫게 될 것이라고 말한다. 틱낫한은 이 책에서 상호존재를 통해 엄마에 대한 애틋한 사랑을 묘사하고 있는 것으로 보인다. 이 책의 한국어 번역서는 이도흠 역, 『엄마』 (서울: 아름다운 인연, 2009)이다.

32) 틱낫한, 이도흠 역, 『엄마』 (서울: 아름다운 인연, 2009), p. 48.

33) 틱낫한, 박혜수 역, 『틱낫한의 사랑의 가르침』 (서울: 도서출판 열림원, 2003), pp. 174-175.

34) 틱낫한의 인생에서 첫 사랑의 여인은 어머니 뿐 만이 아니었다. 그는 어머니뿐만 아니라 또 다른 여인과 사랑에 빠진다. 1952년 26살 되던 해, 그는 "조용하고 자비롭고 아름다운 관세음보살" 같은 20살의 비구니를 만난다. 그들의 운명적인 사랑의 시작은 틱낫한이 여섯 명의 비구승들과 불교 개혁을 위해 일하고 있던 중 그들의 승가 근처에 그녀가 친구들과 이사를 오면서 시작되었다. 비구였지만 또한 한 남자였던 틱낫한은 계속 그녀 곁에 머물면서 사랑고백을 하고 싶었지만 끝내 사랑한다는 말을 하지는 못했다. 하지만 그들의 사랑은 틱낫한이 그녀에게 불어 번역을 가르치면서 더욱 깊어졌고 이 사실을 눈치 챈 동료들의 반대로 그녀가 하노이의 한 사찰로 떠나면서

끝난다. 이별하던 날 틱낫한은 생애 처음이자 마지막으로 사랑하는 이성과 애틋한 신체 접촉을 하게 된다. 슬픔에 잠긴 그녀가 틱낫한의 머리를 팔로 안아준 것이다. 하지만 그녀 또한 틱낫한처럼 불교의 사회참여와 평화, 자비에 대한 이상을 가지고 있었기에 결국 그들은 각자 비구와 비구니로서의 삶에 따라 살기로 결심하고 이성과의 첫 사랑이자 마지막 사랑을 끝내게 된다. 그러나 헤어진 이후에도 그녀에 대한 틱낫한의 사랑은 식지 않았다. 틱낫한은 그녀를 찾아 승가에서 함께 일하자는 취지의 내용으로 편지를 띄운다. 하지만 끝내 답장이 오지 않았고 이후 그녀가 이별에 대한 슬픔으로 괴로워하다가 승복을 벗고 종단을 떠났다는 안타까운 소식을 접하게 된다. 틱낫한, 『힘』 pp. 221-224. 틱낫한의 첫 사랑의 에피소드에 관한 더 자세한 내용은 틱낫한, 『첫사랑은 맨 처음 사랑이 아니다』 pp. 32-40을 참조하라. 틱낫한은 사랑하는 여인과의 신체 접촉 이후, 14년이 지난 즈음 "포옹의 명상"을 만든다. 틱낫한은 1966년 미국의 한 여류시인의 포옹 요청을 허락한 후 서양인들과의 교제를 위해 서양 풍습을 익혀야겠다고 생각하고 동양적 요소와 서양적 요소가 결합된 포옹의 명상을 만든다. 그는 포옹의 명상은 의식을 충만하게 하는 수행이라며 이 명상을 수행 할 때 그냥 끌어안고 등을 두드리는 시늉만 하는 게 아니라 충만한 의식으로 호흡하며 온몸과 정신, 가슴으로 품안에 상대방의 실체를 확실히 느껴야 한다고 말한다. 틱낫한, 『틱낫한의 사랑의 가르침』 pp. 194-195. 포옹명상에 대한 또 다른 설명은 틱낫한, 『너는 이미 기적이다』 p. 340을 참조하라.

35) 틱낫한, 『힘』 p. 230.
36) Thich Nhat Hanh, Peace is Every Step (New York: Bantam Books, 1991), p. 70.
37) 틱낫한, 『엄마』 pp. 45-46.
38) ibid., pp. 23-25.
39) ibid., pp. 29-30.
40) ibid., p. 71.
41) 틱낫한, 『너는 이미 기적이다』 p. 172.
42) 틱낫한, 『엄마』 pp. 71-72.
43) 찬콩(Chan Khong)은 "진정한 공(true emptiness)"이라는 뜻이다. 찬콩 스님의 저서로는 자서전 Learning True Love을 비롯해 *Beginning Anew: Four steps to restoring communication(2014)*, *Deep Relaxation: Coming home to your body* (2013)등이 있다. 찬콩 스님의 생애와 가르침에 대해서는 https://plumvillage.org/about/sister -chan-khong/과 https://www.lionsroar.com/path-of-peace-the-life-and-teachings-of-sister-chan-khong-may-2012 인터넷 사이트를 참조하라.
44) 틱낫한은 1926년생으로, 1938년생인 찬콩 스님과는 속세의 나이로

12살 차이가 난다.
45) 찬콩 스님은 아홉 남매 중 여덟째이다.
46) https://plumvillage.org/about/sister-chan-khong/. (2017. 9. 21 검색).
47) 위와 같은 인터넷 사이트.
48) 위와 같은 인터넷 사이트.
49) 이 무렵(1961년) 틱낫한은 친구들의 권유로 프린스턴 대학교에서 비교종교학을 공부하였고 콜롬비아 대학에서 현대불교를 강의하고 있었다.
50) 《타임라이프》 지 기자인 제럴드 섹트(Jerrold Schecter)는 이 사건을 이렇게 생생히 묘사한다: "어느 무더운 여름 날 저녁, 사이공의 판딘풍(Pan Dinh Phung)거리를 오렌지 빛 법의의 비구와 회색 법의의 비구니가 조용한 저항의 표정을 지으면서 천천히 행진하고 있었다. 승려를 가득 채운 자동차가 그 행진을 선도하고 있었다. 판딘풍과 레반두옛(Le Van Duyet)거리의 교차지점에서 승려들은 차에서 내려 보닛을 열었다. 엔진 고장이 있는 것 같았다. 행진은 멈추어졌고 승려들은 차를 밀 듯 하더니 일곱 여덟 겹으로 차를 둘러싸기 시작했다. 천천히 그들은 흐느끼듯이 울려 퍼지는 리듬으로 염불하기 시작했다. 차에서 내린 73세의 틱 쾅둑 스님이 원의 중심으로 걸어가서 아스팔트 위에 앉아 무릎 위에 느슨히 손을 올려놓고 선(禪)의 자세를 취했다. 비구니들은 울기 시작했고 그들의 흐느낌은 영창의 억양을 깼다. 쾅둑은 휘발유가 그의 머리를 적시고 아스팔트에 흐를 때 까지 조용히 앉아 있었다. 갑자기 그는 이글거리는 불꽃과 검은 연기에 휩싸였다. 영창은 중단되었다. 강렬한 불꽃이 일어났을 때 쾅둑의 얼굴과 삭발한 머리와 법의가 회색이 되었다가 시꺼멓게 변해갔다. 이글거리는 불꽃 가운데서도 그는 좌선의 자세를 견지했다. … 호기심에 찬 눈으로 주시하던 수백 명의 구경꾼은 미친 듯이 울어대기 시작했다. 군중 속에 있던 몇 명의 미국인은 기절했다. … 처음에 승려들의 원을 헤치고 들어가려 했던 경찰은 그들의 노력을 포기했다. 쾅둑 스님은 거의 십 분 동안 타다가 숯덩이 같은 몸이 되어 자빠졌고 그의 법의는 연기에 휩싸여 있었으며, 이미 그의 성스러운 얼굴은 사면(死面)이 되었다. 염주를 꽉 잡은 오른손은 하늘을 가리키고 있었다." Jerrold Schecter, 覓丁 역, 『佛陀의 새 얼굴』 (서울: 韓振出版社, 1979), pp. 58-59.
51) 틱낫한은 디엠 정권이 붕괴된 이후 고국으로 돌아오라는 요청으로 귀국하여 그의 인생에서 가장 활발한 사회활동을 펼친다. 귀국하자마자, 바오꾸옥(Bao Quoc)에 불교 교육이념에 기초한 반한 대학(Van Hanh University)을 설립(1965년)하고 사회변혁을 위한 각종 실험적인 마을을 건설하기 시작했다. *Chan Khong, Learning True Love: Practicing Buddhism in a Time of War* (Berkeley, CA: Parallax Press, 1993), p. 37.
52) https://plumvillage.org/about/sister-chan-khong/. (2017. 9. 23 검색).

53) 찬콩 스님은 사회봉사청년학교(The School of Youth for Social Service)에서 불교의 가르침에 기반하여 베트남 전쟁의 난민과 부상자를 돕기 위한 일을 하고 젊은이들을 교육하는데 주도적인 역할을 한다.

54) 고구마 농장이라고 한 이유는 베트남인들이 쌀을 구하지 못했을 때 말린 고구마를 먹었기 때문에 이 기억을 되살려 고구마 농장이라고 명명했다. 찬콩은 가장 가난한 자들의 음식인 고구마를 통해 고국에 있는 극빈자들과 접촉할 필요성을 느꼈다. 틱낫한은 고구마 농장에서 현실참여 운동의 일환으로 설립된 사회봉사청년학교(SYSS)의 단원들의 헌신적인 활동- 전쟁의 소용돌이 속에서 폭격당한 마을을 재건하고 아이들을 가르치고 농업협동조합을 조직-에도 불구하고 이 과정에서 몇몇은 납치되어 살해되자, 이 암울한 시기에 봉사 단원들을 격려하고 그들이 깨어있는 마음을 잃지 않도록 격려의 편지를 보낸다. 그 편지가 영어로 출판된 *The Miracle of Mindfulness* 이고 한국어 번역서는 이현주 목사가 옮긴 『거기서 그것과 하나 되시게』이다. 틱낫한, 이현주 역, 『거기서 그것과 하나 되시게』 (서울: 나무심는사람, 2002), 일러두기; *Chan Khong, Learning True Love: Practicing Buddhism in a Time of War* p. 171.

55) 플럼 빌리지는 베트남어로 랑 마이(Lang Mai)라고 한다. 'Lang'은 '마을, 동네', 'Mai'는 '살구, 살구나무'라는 뜻이다: 틱낫한, 유중 역, 『중도란 무엇인가』(서울: 도서출판 사군자, 2013), p. 142. 진현종은 플럼 빌리지를 한자어로 "매화촌도장"(梅花村道場)으로 번역한다. 틱낫한, 『내 스승의 옷자락』 p. 168; 한국어로 번역된 플럼 빌리지에 대한 가장 상세한 단행본은 틱낫한, 『힘』 pp. 188-215를 참조하라. 여기서 진우기는 "1. 플럼 빌리지는 무엇을 하는 곳인가 2. 플럼 빌리지는 어떻게 가나? 3. 플럼 빌리지는 언제 가는 것이 좋은가? 4. 여름수련회에선 무슨 수행을 하는가? 5. 플럼 빌리지를 제대로 즐기기 6. 플럼 빌리지에서 무수히 깨지는 고정관념"이라는 여섯 장으로 구성하여 플럼 빌리지를 상세하게 설명하고 있다. 플럼 빌리지 외에도 틱낫한이 세운 공동체는 1990년대 미국의 승원 단풍림(Maple Forest Monastery)과 수행원인 청산법원(Green Mountain Dharma Center), 2001년에는 캘리포니아 샌디에고 근처에 녹야원 승원(Deer Park Monastery), 2007년에는 뉴욕주 허드슨 밸리에 벽암승원(Blue Cliff Monastery)을 설립하여 운영하고 있다. 뿐만 아니라 다른 종교에 철옹성과 같은 이스라엘에도 틱낫한 센터가 있다.

56) https://plumvillage.org/about/sister-chan-khong/. (2017. 9. 24 검색).

57) *Chan Khong, Learning True Love: Practicing Buddhism in a Time of War* p. 29.

58) https://plumvillage.org/about/sister-chan-khong/. 찬콩 스님 외에 또 다른 중요한 비구 니는 탑닌 스님이다. 그녀는 MIT공대에서 유

체공학을 전공한 베트남인으로 틱낫한을 그림자처럼 따라다니며 유창한 영어와 체격으로 틱낫한의 모든 일정을 챙긴다. 그리고 틱낫한의 한국인 제자로는 정현경 교수(유니온 신학대)가 대표적이다. 그녀는 1993년경, 플럼 빌리지에서 틱낫한을 만나 제자의 인연을 맺고 1995년 틱낫한의 첫 방한 때 통역을 맡았다. 이후 플럼 빌리지와 계속 인연을 맺고 있다. 또 다른 한국인 제자는 2001년 옥스포드 대학에서 철학 박사학위를 받은 전(前)조계종 사회부장을 지낸 미산(彌山)스님이 있다; http://entertain.naver.com/read?oid=032&aid=0000011492.(2017.9.25 검색).

59) Thich Nhat Hanh, *be free where you are* (Berkeley: Parallax Press, 2002), p. 28.

60) https://plumvillage.org/about/sister-chan-khong/. (2017. 9. 25 검색).

61) 위와 같은 인터넷 사이트.

62) 위와 같은 인터넷 사이트.

63) https://www.lionsroar.com/path-of-peace-the-life-and-teachings-of-sister-chan-khong-may-2012 (2017. 9. 25 검색).

64) 토마스 머튼은 프랑스에서 태어나 27년 간 겟세마네 수도회에서 생활하고 수많은 시와 책을 집필하였다. 토마스 머튼 외에도 틱낫한의 삶에서 빼 놓을 수 없는 중요한 그리스도인은 데니얼 베리건(Daniel Joseph Berrigan, 1921- 2016)이다. 그는 미국인 예수회 사제로 1968년 메릴랜드 켄턴스빌에서 베트남 전쟁에 반대하여 징집영장을 불사른 죄(罪)로 교도소 생활을 하게 된다. 베트남 전쟁에 반대하는 사람들 가운데서도 일부 사람들이 베리건 신부가 영장 소각을 한 것은 폭력에 가까운 야만행위라고 비난한다. 그러자 그는 "아이를 태워 죽이는 것 보다 종이를 태우는 것이 낫다"고 응수한다. 베리건은 18개월의 수형 생활을 한 후 출소하여 줄곧 반전 평화 운동을 펼친다. 1974년, 그는 당시까지도 해도 미국에서 소수의 종교적 평화주의자 집단을 제외하고 거의 무명에 가까운 틱낫한과 파리의 조용한 교외의 비좁은 아파트에서 대담을 가진다. 성직자, 시인, 반전 평화운동가인 베트남 출신의 선승과 미국 예수회 사제인 이 둘의 만남과 대담은 종교와 종교 간의 벽을 허물고 사랑과 자비, 평화에 기반한 흔치 않는 진지한 대화의 산물이었다. 그들은 전쟁의 암운이 세상을 뒤덮고 있던 시절, 정치와 영성을 만나게 하는 종교지도자로서 전쟁과 폭력, 부조리, 압제, 그리고 지배에 의한 비인간화에 저항하는 저항의 영성을 보여준 성인들이었다. 추방자 신세가 된 두 성인이 파리에서 차 한 잔을 두고 나눈 대담은 페미니스트 사상가인 벨 훅스(Bell Hoks, 본명은 Gloria Watkins)가 1975년 틱낫한의 도반인 찬콩 스님을 만난 계기로 그들의 대담을 책으로 엮으면서 세상에 나오게 되었다. 이 책의 영서는 Thich Nhat Hanh, Daniel Berrigan, *The Raft is Not the Shore: Conversations Toward a Buddhist- Christian Awareness*, OrbisBooks, 2001년에 출간되

었고 한국어 번역서는 벨 훅스 엮음, 김훈 역, 『(틱낫한 스님과 데니얼 베리건 신부님이 세상에 전하는) 평화 이야기』 (서울: 황금비늘, 2007)이다.

65) 이때 틱낫한은 40살, 머튼은 51살이었고 화해연맹에 두 사람이 함께 소속되어 있었지만 이번이 처음이자 마지막 만남이 된다.

66) 미국에 갓 도착한 틱낫한은 베트남 전쟁의 참상을 미국관변이나 공산주의 입장에서가 아닌 사실적으로 베트남 전쟁의 참상을 밝히고 전쟁 종식에 대한 베트남 민중의 염원을 전달하려는 순회강연을 시작하고 있었다. 로버트 H. 킹, 이현주 역 『토마스 머튼과 틱낫한』 (서울: 두레, 2007), p. 29.

67) ibid., pp. 29-31.

68) 이 모임에서 틱낫한은 다니엘 베리건, 아브라함 J. 헤셸, 로버트 로웰, 아서 밀러 등을 만난다.

69) 서신의 제목은 "틱낫한은 내 형제"이다. 로버트 H. 킹이 인용한 서신의 끝부분을 부록 2에 소개한다.

70) ibid., p. 45.

71) ibid., p. 48.

72) ibid., p. 204.

73) ibid.

74) 보트 피플은 절반은 바다에서 죽고 절반만 동남아 해변에 도착한다. 보트 피플 중에 많은 소녀들은 해적들에게 성폭력을 당한다. 유엔을 비롯한 여러 나라들이 태국 정부를 도와 해적질을 저지하려 하지만 해적들은 여전히 난민들에게 많은 고통을 안겨 준다. 그러나 틱낫한은 우리가 해적들을 비난할 수 없다고 주장한다. 왜냐하면 해적은 태국의 해안을 따라 가난한 해적 마을에서 하루에 수백 명씩 태어나지만 내가 그들과 똑같은 조건에서 태어났다면 난민들을 괴롭히는 해적이 될 수밖에 없다고 보기 때문이다. 틱낫한은 우리가 해적들을 총으로 사살하려면 우리 모두를 사살하지 않으면 안 된다고 말한다. 따라서 틱낫한에게는 교육가이든, 사회사업가이든, 정치가이든 해적마을에서 태어난 어린이들이 해적이 된 것에는 우리 모두의 책임이 있기 때문에 그 누구도 여기서 면피될 수 없다. 틱낫한, 류시화 역, 『틱낫한의 평화로움』 (서울: 열림원, 2002), pp. 121-123.

75) ibid., p. 125-127.

76) Wioleta Polinska, "Christian-Buddhist Dialogue on Loving the Enemy", University of Hawii Press, Buddhist-Christian Studies, Vol 27. (2007), p. 94.

77) 피아간 구별의식이 없는 틱낫한에게 미군은 압제자이고 베트남인들은 고통을 받는 사람이 아니다. 미군도 베트남인들과 같이 고통 가운데 있는 사람들이다. 틱낫한의 이런 상호존재의 원리는 원효의 종교사상에서도 드러난다. 법륜은 원효의 화쟁론의 입장을 다음과 같이 설명한다. "원효의 생존 시기에 신라가 통일되었고 삼국이 통일된

이후 신라는 승리의 기쁨을 누렸겠지만 백제와 고구려 사람들은 조국을 잃어버린 엄청난 패배와 슬픔 속에 있었을 것이다. 또 일반 서민들이 볼 때는 이러나 저러나 어차피 못 먹고 못 사는 것은 마찬가지일 것이다. 나라가 망했다고 해서 굶어 죽는 것도 아니다. 또 신라가 전쟁에 승리했다고 해서 신라 천민들의 삶이 더 좋아진 것도 아니다. 승리한 신라의 귀족들은 완전히 의기양양했을 것이고 백제왕족들은 한(恨)과 좌절 속에 빠졌을 것이다. 또 통합된 사회 안에 신라귀족이든 고구려귀족이든 백제귀족이든 일부는 처형당하고 압박을 당해도 일부는 지배계층에 편입되었을 것이다. 원효는 통일국가 안에서 일어나는 삼국민의 갈등의 통합뿐만 아니라 통일 사회 안에서 겪는 하층민중의 고통을 어루만졌다. 그가 나중에 승려의 지위를 버리고 천민들 속으로 들어가는 것도 그런 화쟁론의 입장 때문이었다. 그것은 지배계급에 대한 저항과 분노가 아니라 바로 민중들의 깨우침이, 곧 자기 한을 수행으로 해소해 버리고 통합으로 나아가는 활동이었다." 법륜스님, 『불교와 평화』 (서울: 정토출판, 1999), p. 126.

78) 로버트 H. 킹, 『토마스 머튼과 틱낫한』 pp. 237-238.

79) ibid., p. 239.

80) ibid., p. 30; 벨 훅스, 『평화이야기』 p. 11.

81) 로버트 H. 킹, 『토마스 머튼과 틱낫한』 pp. 229-230.

82) Thich Nhat Hanh, translated by Sherab Chodzin Kohn, *True Love*, (Boulder: Shambhala publications, 2006), pp. 95-97; Thich Nhat Hanh, *The Heart of the Buddha's Teaching*, (New York: Harmony Books, 2015), pp. 136-137.

83) 유승무에 따르면, 참여불교라는 용어는 틱낫한이 창안한 개념으로 1960년대에는 베트남에서 광범위하게 사용되었으나 서구로 소개된 것은 술락시바락사(Sulak Sivaraksa, 1933-)의 참여불교 관련 저술 이후이고 그것이 전 세계로 확산되었다. 또한 참여불교가 한국에 널리 소개 된 것은 2000년 이후로 판단된다. 유승무, "불연의 사회 참여 이론과 실천에 대한 비판적 검토", 「불교연구」 36(2012), p. 226. 참여 불교는 틱낫한의 종교 사상의 핵심적 실천테마이다.

84) 길희성, 『길은 달라도 같은 산을 오른다』 (서울: 한겨레출판사, 2015), p. 106.

85) 틱낫한, 전세영 역 『틱낫한의 비움』 (서울: 중앙M&B출판, 2003), pp. 18-19.

86) ibid., p. 19.

87) 이도흠에 따르면, 상호존재(Interbeing)는 틱낫한의 사상을 대표하는 핵심어로 자신이 만든 종파를 접현종 혹은 상즉종이라 할 만큼 매우 중요한 개념이다. 이도흠, "틱낫한이 서양에 영향을 끼친 까닭과 배울 점", 「불교평론」, 44(2010), pp. 181-208. 상즉종은 베

트남이 전쟁으로 국토 전역이 폭력, 증오, 갈등으로 팽배해 있을 당시, 불교의 가르침과 사회적 활동으로 국가적 위기 상황을 타계하기 위해 틱낫한이 1966년 사회참여불교를 표방하여 임제종(Linji school)전통에 따라 설립한 수행 공동체이다. 처음 시작은 1966년 2월5일 틱낫한이 6명의 사회봉사청년학교(SYSS)의 동료이자 문하생들에게 계를 부여하면서부터다. 상즉종은 정념수행과 대승불교의 보살의 가르침에 따라 살기로 헌신한 수도승과 평신도 불자들로 이루어져 있다. 여기에는 초기 불교 상가(Sangha)전통에 따라 비구, 비구니, 우파새, 우바이 4부 대중으로 구성되었다. 총 6명 가운데 3명은 남자, 3명은 여자이다. 나이는 22살에서 32살까지 분포되어 있었다. 이들 가운데는 찬콩 스님도 있었다. 3명의 여성은 비구니처럼 독신으로 살기로 했으나 머리를 깎거나 공식적인 서원을 하지는 않았고, 3명의 남성은 결혼하여 평신도 수행 불자로 살기로 한다. 틱낫한은 최초의 6명의 수계자들에게 수제 갓이 있는 램프를 선물했다. 갓에는 틱낫한이 직접 쓴 '지혜의 등불'(Lamp of Wisdom), '만월(滿月)의 등불'(Lamp of the Full Moon), '세상의 등불'(Lamp of the World)이라 적혀있다. 전쟁으로 인한 혼란과 틱낫한의 망명 생활로 15년간 추가 수계가 없었으나 틱낫한이 서양에서 수행하고 공부하는 일부 수도승과 평신도 수행자를 초청하여 2006년 무렵에는 베트남 밖에서 1000여명의 평신도 수행자와 250명의 수도승으로 성장했다. 2006년에는 틱낫한이 39년간의 망명생활 중 1년간 베트남 방문을 허락받고 계를 내려 베트남 내에서도 수백 명의 수도승과 평신도 수행자가 생겼다. 14개의 계율을 받는 상즉종의 회원은 세계 곳곳에서 수행 공동체를 만들어 정기적으로 정념 수행을 한다. 1993년에 이들 공동체의 이름을 정념적 삶의 공동체Community of Mindful Living, 즉 CML로 불리었다. CML은 유럽 24개국, 미국 41개주, 이스라엘, 일본, 인도 등 아시아 4개국 등에 분포되어 있고 회원 수는 수 천 명에 달한다. 상즉종은 핵심공동체(core community)와 확장공동체(extended community)로 구성되어 있다. 전자는 교단의 14가지 계율을 지키기로 서약한 회원이고 후자는 교단의 정신에 따라 살기로 하였으나 공식적으로 서약은 하지 않은 회원이다. 확장 공동체의 회원은 모든 활동에서 핵심 공동체의 회원들과 밀접하게 연대하고 14가지 계율을 낭독한다. 확장공동체의 회원이 핵심공동체의 일원이 되기 위해서는 핵심공동체의 회원들과 함께 수행하면서 1년간의 견습 기간을 거쳐야 한다. 그리고 수계 이후에는 적어도 1년에 60일을 명상의 날로 지키기로 동의해야한다. 여기서 상즉종에 관한 설명은 *Thich Nhat Hanh, INTERBEING: Fourteen Guidelines for Engaged Buddhism,* edited by Fred Eppsteiner, (New Delhi: Full Circle, 2000)을 기초로 요약 for Engaged Buddhism과 인터넷기술했다. 상즉종에 관한 더 자세한 내용은 *NTERBEING: Fourteen Guidelines* 웹사이트 https://orderofinterbeing.org/를 참조하라.

88) 틱낫한, 『힘』 p. 241.

89) 진현종은 Finding Our True Home의 번역서 『틱낫한 스님의 아미
타경』에서 범어의 '스므르티'(smrti), 한역의 '염'(念)에 해당하는
'mindfulness'를 '전념'(專念)으로 번역하면서 'mindfulness'는 틱낫한에게
가장 중요한 개념 가운데 하나라고 주장한다. 그는 'mindfulness'가
전통적으로 전념집주(專念集注)로 설명되고 역자에 따라서는 '마음
모음', '깨어있음', '각성' 등으로 번역된다고 말한다. 틱낫한, 진현종
역, 『틱낫한 스님의 아미타경』 (서울: 미토스, 2006), 일러두기.
이현주 목사는 『거기서 그것과 하나 되시게』에서 'mindfulness'가
그 책의 가장 중요한 열쇠 말 이라며 흔히 팔정도의 하나인 정념을
영어로 옮길 때 이 단어를 쓰는 경우가 있으나 틱낫한은 'mindfulness'가
그보다 더 포괄적이고 일반적으로 사용되었다며 여기저기 흩어져
있는 마음을 '지금 여기'로 모은다는 뜻에서 '마음 모음'으로 번역한다.
'mindfulness'에 다른 번역은 『살아계신 붓다, 살아계신 예수』,
『틱낫한의 비움』에서는 '마음 다함'으로, 『중도란 무엇인가』, 『엄
마』, 『기도』, 『붓다 없이 나는 그리스도인일 수 없었다』, 『너는
이미 기적이다』에서는 '마음 챙김'으로, 『거기서 그것과 하나 되
시게』에서는 '마음 모음', 『어디에 있든 자유로우라』에서는 '깨어
있는 마음' 등으로 번역되었다.

90) Thich Nhat Hanh, The Heart of the Buddha's Teaching pp. 64-
65; 틱낫한, 『힘』 pp. 17, 33.

91) 예를 들어 틱낫한은 오렌지를 먹을 때 오렌지를 먹고 있다는 사실을
알지 못하고 과거의 일에 대한 후회나 분노, 미래에 대한 염려와
절망으로 먹고 있다면 오렌지를 먹고 있는 것이 아니라 후회, 분노,
염려, 그리고 절망을 먹는 것이라고 말한다. 왜냐하면 "우리가 분노할
때 우리 자신이 다름 아닌 분노이고 우리가 행복할 때 우리 자신이 바로
행복이며 우리가 무언가에 대해 생각할 때 우리는 자신이 바로 생
각이기" 때문이다. Thich Nhat Hanh, translated by Mobi Warren
and drawings by Vo-Dinh, The Miracle of Mindfulness (Boston:
Beacon Press, 1976), p 40.

92) Thich Nhat Hanh, be free where you are p. 50.

93) ibid., p. 51.

94) ibid., pp. 18-19. 틱낫한은 『틱낫한 스님의 아미타경』에서 짠타이
똥 왕의 말을 인용하여 정념 수행을 하고자 하면 염불 수행을 해야
한다며 이와 같이 말한다: "수행자가 몸과 입과 마음으로 짓는 건전
하지 못한 행동을 종식시키기 위해 정념(正念)을 일으키고자 한다면
염불 수행을 하지 않으면 안 된다. 왜 그런가? 염불은 입과 마음으로
짓는 건전하지 못한 행동을 종식시켜 줄 것이기 때문이다. 염불할
때면 움직이지 않고 똑바로 앉아서 불행한 운명에 이르게 하는 신
체적인 행동을 하지 않게 된다. 입으로 진리, 즉 부처님의 공덕을
읊조릴 때면 나쁜 말을 할 수 없으므로 건전하지 못한 구업을 짓지

못하게 된다. 우리의 마음이 명상의 대상을 애써 놓치지 않고 나쁜 염을 일으키지 않을 때 불건전한 생각이 끊어지게 된다." 틱낫한, 진현종역, 『틱낫한 스님의 아미타경』 (서울: 미토스, 2006), pp. 47-48.

95) 틱낫한은 내 안에 기쁨이 없는데 어떻게 미소를 지을 수 있는가라는 질문에 미소가 곧 수행이라고 답한다. 그는 우리의 얼굴에는 300가지 이상의 근육이 있는데 화가 나거나 두려울 때 이 근육이 긴장하게 된다. 근육의 긴장은 마음의 경직을 일으킨다. 그래서 숨을 들이쉬면서 미소 짓는 법을 알게 되면 긴장이 사라지게 된다. 틱낫한은 이것을 일컬어 "mouth yoga"라고 명명하고 숨을 들이쉬고 미소 짓는 수행만으로도 긴장은 사라지고 행복해 질 수 있을 것이라고 말한다. Thich Nhat Hanh, *be free where you are* pp. 22-23.

96) ibid., p. 19. 숨쉬기 정념 수행의 경이로움에 대한 설명은 틱낫한, 최혜륜 역, 『지금 이 순간 경이로운 순간』 (남양주: 도서출판 한길, 2002), pp. 61-66을 참조하라.

97) 우리의 몸과 마음이 하나가 되지 않고 우리의 몸은 거기에, 우리 마음은 다른 곳에 있을 수 있기 때문이다. Thich Nhat Hanh, *True Love* p. 7.

98) 틱낫한, 김형민 역, 『틱낫한의 포옹』 (서울: 현문미디어, 2008), p. 34.

99) Thich Nhat Hanh, *be free where you are* pp. 19-22.

100) 틱낫한, 『힘』 pp. 17, 33. 틱낫한은 불교 명상의 핵심인 정념은 지금 이 순간 무엇이 일어나고 있는지를 알도록 도와주는 에너지이며 만일 지금 이 순간 일어나고 있는 일이 인간의 생명을 파괴하는 일이면 수도승들은 돌봐주고 돕는 일에 헌신해야 한다고 말한다. 그것이 자비를 구체적으로 표현하는 방식이기 때문이다. Thich Nhat Hanh, *Living Buddha, Living Christ* (New York: Riverhead Books, 1995), pp. 174-175. 니터는 1980년대 초, 처음으로 불교의 명상수련을 하면서 틱낫한의 마음 챙김의 첫 번째 단계는 일어나고 있는 일에 대한 알아차림이라며 여기서 멈추면 안 되고 다음의 두 번째 단계가 뒤따라야 한다고 말한다: 일어나고 있는 일을 온전히 받아들이면서 동시에 일어나고 있는 일에 집착을 하지 않는 것이다. Paul F. Knittter, *Without Buddha, I Could not be a Christian* (New York: One world, 2009), p. 152.

101) 틱낫한, 『힘』 p. 34.

102) 틱낫한, 『틱낫한의 포옹』 pp. 66-67.

103) 틱낫한, 『틱낫한의 포옹』 p. 42.

104) Thich Nhat Hanh, *The Heart of the Buddha's Teaching* p. 65. 틱낫한은 정념 수행을 하면 상대에 대한 이해가 깊어지고 이것은 곧 상대에 대한 사랑이 깊어짐을 의미한다며 정념 수행을 통해 배우자에 대한 이해가 깊어질 수 있도록 다음과 같이 조언한다: "당신이 배우자를 진심으로 이해하지 못한다면, 그를 진심으로 사랑할 수 없습니다. 사랑하는 사람을 진심으로 이해하지 못한다면,

당신은 그를 잘 보살 필 수 없습니다. 당신은 배우자가 무엇을 바라는지, 왜 괴로워하는지에 대해 깊이 생각할 수 있는 시간을 가져야 합니다. 당신은 이런 시간을 통해 배우자에 대해 깊은 이해심을 가질 수 있습니다. 배우자에게 무슨 문제가 있는지 당신이 확실하게 알지 못한다면 이렇게 질문하십시오. "여보! 내가 당신을 과연 잘 이해하고 있는 걸까?". 틱낫한, 『틱낫한의 포옹』 p. 58.

105) Thich Nhat Hanh, *Peace is Every Step* p. 91.

106) Thich Nhat Hanh, *Living Buddha, Living Christ* pp. 174-175. 틱낫한은 삶이 곧 고통이라는 사실을 베트남 전쟁을 통해 뼈저리게 겪는다. 인간의 존재 이유 혹은 목적은 고통에서 해방과 자유를 얻는 것이다. 이것은 깨달음을 통해 가능하고 이를 깨닫기 위해 부단한 수행이 요구된다. 그는 개인이 고통에서 해방되는 것뿐만 아니라 만인이 고통에서 해방되어야 함을 역설하며 삶 속에서 수행이 실천적으로 나타나는 것이 참여불교라고 말한다. 그는 사회 참여가 결여된 불교는 불교가 아니라고 단호하게 말한다. 왜냐하면 모든 존재는 상호존재이기 때문이다. 틱낫한의 참여불교의 근저에는 그의 연기론인 상호존재가 자리 잡고 있는데 상호존재는 연기론을 내재적 주관주의로 격하하지 않고 외재적 실천주의로 격상하여 실천적 연기론으로 이어진다. 이러한 틱낫한의 참여불교는 80년대 한국에 정초된 민중불교와도 맥을 같이한다고 볼 수 있다. 민중불교 또한 불교의 개인주의적 관념화를 지양하고 불교의 역사화 · 실천화를 추구하기 때문이다. 법성 외, 『민중불교의 탐구』 pp. 16-18.

107) Thich Nhat Hanh, *Peace is Every Step* p. 91.

108) 틱낫한, 류시화 역, 『틱낫한의 평화로움』 (서울: 열림원, 2002), pp. 139-140.

109) Ettianne Anshin, "What is Interbeing?" 『THE LOTUS BUD-Magazine of Mindful Living』 No 25, May 2010.

110) 소운에 따르면 세 가지 큰 변동은 다음과 같다: 첫째, 크고 작은 부족들이 통합되어 점차 국가 체제를 갖추게 되었는데, 16대국에서는 군주정치 또는 공화정치가 행해졌다. 마가다, 코살라, 밤사, 아반티 4개국 모두 군주정치 형태를 갖추었다. 둘째, 신흥대국의 중심지로 도시가 성장했다. 갠지스 강 상류를 중심으로 한 농업생산 증대, 상공업 발달, 화폐경제 촉진, 인구 집중화로 인해 여러 도시국가가 발달했는데, 그 가운데 참파, 라자그라하, 사밧티, 코삼비, 바라나시, 베살리 등이 있다. 셋째, 도시가 발달함에 따라 사회 구성의 변혁이 일어났다. 정치 세력인 국왕과 경제 세력인 거사(居士, gahapat)이다. 정치 세력인 국왕은 농촌 사회에서는 부족의 수장에 불과했지만 도시 경제를 바탕으로 국가 지배자의 위치에 올랐고 경제적 세력인 거사는 도시를 배경으로 한 상업 자본가나 거대한 토지 소유자로 서민과 구별되는 사회적 신분을

획득했다. 국왕과 거사들의 등장은 제사장인 브라만 계급의 절대
적 권위를 약화시킴으로써 전통적인 사성계급에 변동을 가져왔다.
소운, 『하룻밤에 읽는 불교』 (서울: RHK, 2004), pp. 27-29 참고.
111) 사문(沙門)은 산스크리트어 'sramana'를 소리 나는 대로 적은 것
으로 '노력하는 사람'이라는 뜻이다. 틱낫한, 『중도란 무엇인가』 p. 99.
112) 제레미 리프킨은 인더스 문명의 점령족인 아리안 유목민들과 인도
아대륙의 토착민들 사이에 생존과 물질의 자산인 소를 둘러싼 갈
등을 경제-사회적 관점으로 풀어냄으로써 토착민들이 신흥종교인
불교로 개종한 이유를 서술하고 있다. 자세한 내용에 대해서는 제
레미 리프킨, 신현승 역, 『육식의 종말』 (서울: 시공사, 2016),
pp. 44-50을 참조하라.
113) 소운, 『하룻밤에 읽는 불교』 pp. 27-35. 싯다르타의 아버지는 슈
도다나(淨飯王, Suddhodana)왕, 어머니는 마야(摩耶, Maya)이다.
후대 문헌에는 슈도다나가 왕으로 나왔지만 사실 당시 수많은 부족장인
'라자'(raja)중 하나로 동서 80㎞, 남북 60㎞로 작은 지역의 지주
나 성주, 족장이나 추장(chieftain)정도이다. 장차 부처가 될 싯다
르타(Siddhartha)는 범어(梵語)의 이름이고 성은 고타마(Gotama)
이다. 고타마(Gotama)는 '소(go)가운데 최상(uttama)인 자'라는
뜻으로 소(牛)는 진리를 의미하기도 한다. 따라서 고타마는 최상
의 진리를 깨달은 자라는 의미도 되고, 당시 농경 사회에서 가장
귀한 존재가 소였기 때문에, 당시 사회상을 반영하는 이름이기도
하다. 싯다르타의 뜻은 '목적을 이룬 이'이다. 싯다르타는 석가족
출신의 성자(muni)라는 뜻으로 석가모니(釋迦牟尼, Sakyamuni)라
고도 하고, 존칭으로 석가세존(釋迦世尊), 줄여서 석존(釋尊)이라
고도 하는데 동아시아 불교에서는 석존을 관례로 사용한다. 사람은
누구나 깨달으면 붓다가 될 수 있는데 싯다르타도 35세에 붓다가
된다. 붓다는 한역으로 불(佛), 불타(佛陀)로 '깨달은 사람'(覺者)
이라는 뜻이다. 보통 학술 서적에서는 본래의 발음 그대로 '붓다'
라고 한다. 따라서 본서에서도 성도 이후의 싯다르타를 '붓다'로 칭
할 것이다. 이자랑·이필원, 『도표로 보는 불교 입문』 (서울: 민족사,
2016), pp. 17-19; 오강남, 『불교, 이웃종교로 읽다』 (서울: 현암사,
2007), pp. 30-32 참고.
114) 여익구, 『민중불교입문』 (서울: 풀빛, 1985), p. 117. 전술한 인용문은
석가모니가 출가하게 된 절실한 이유에 대해 붓다가 된 이후에 밝힌
심경이다.
115) 붓다가 출가한 외적 동기는 당시의 정치적 경향과 무관하지 않다.
붓다가 태어난 석가족은 인구 100여 만 명에 불과한 코살라국에
예속된 반식민지국의 약소민족이었다. 당시 인도 귀족 가문의 젊은
이들에게는 두 가지 이상이 있었다. 하나는 전륜성왕이 되어 온 천하를
다스리는 것이고, 다른 하나는 출가 수행자가 되어 정신계의 왕자가
되는 것이었다. 정치 · 군사적 힘이 약한 석가족의 붓다는 당시

카시국이 코살라에, 앙가국이 마가다에게 병합되고 카시지방이 마가다국의 소유가 되는 일련의 정치적 상황을 보고 자기 민족의 운명을 생각하면서 정치적 야망을 포기할 수밖에 없었다. 붓다는 약소민족의 곤궁한 사회-정치적 분위기 속에서 당시 대중들이 겪는 사회적 불평등과 경제적 고통을 절감하고 현실세계의 문제를 실상의 해탈로 고통을 해결하고자 한 것으로 보인다. 붓다의 출가 이유에 대한 내적원인(심리적 동기)과 외적원인(정치-사회학적 동기)에 대한 자세한 설명은 여익구, 『민중불교입문』 pp. 117-133을 참조하라.

116) 붓다의 출가동기로 전해지는 사문유관은 후세에 분식(粉飾)된 것으로 보인다. 그것에 대한 역사적 사실성에 대한 의문은 여전히 남아있다. 하지만 사문유관은 붓다의 출가동기에 대한 극적 묘사를 위한 것으로 나름의 역사적 진실을 표명하고 있다고 할 수 있다.

117) 수정주의는 선정(禪定, dhyana)을 통해서만 해탈에 이를 수 있다고 하고 고행주의는 호흡의 정지, 단식, 감식(減食), 즉 신체적 고행(tapas: 열)을 통해 정신의 자유를 얻을 수 있다고 본다. 소운, 『하룻밤에 읽는 불교』 pp. 35-36.

118) 붓다가 수정주의 두 스승의 지도를 받는 모습은 도법, 『부처를 만나면 부처를 죽여라』 (서울: 아름다운 인연, 2004), pp. 101-105의 서술을 인용하였음을 밝힌다.

119) 싯다르타는 첫 번째 스승인 알라라 칼라마에게 무(無念無想)의 경지를, 두 번째 스승인 웃다카 라마푸트라에게 비상비비상처(非想非非想處)의 가르침을 받는다. 하지만 브라만교의 기술과 요체로는 진정한 깨달음에 이를 수 없다고 판단하고 당시 자이나교에서 주장하던 극단의 육체적인 고행을 검증해 보기로 한다. J. B. 노스 윤이흠 역, 『세계종교사』 下 (서울: 현음사, 2002), p. 650. 싯다르타는 미래를 보장받기 위해 현재를 희생시키는 수행자들의 고행을 납득하지 못한다. 이것은 마치 죄수들이 더 크고 튼튼하고 편안한 감옥을 새로 짓는 것처럼 어리석고 무모한 행동으로 여겼다.

120) 전설에 의하면, 고타마는 이로 혀를 악물어 식욕을 누른 채 순수한 의식의 힘으로 자기의 마음을 억제한 것으로 전해진다: "마침내 겨드랑이에서 땀이 강처럼 흘러 내렸고 호흡을 멈추는 수련 도중에는 귀가 울리고 머리에 칼이 꽂히는 것과도 같은 고통을 당하였다. 그는 하루에 삼 한 톨 또는 쌀 한 톨, 또는 대추 한 알, 심지어는 자기의 변을 먹기도 했다. 그는 이렇게 형편없는 음식을 먹고 거친 옷을 입었으며 며칠 동안 꼼짝 않고 서 있거나 앉아 있었다. 또 가시방석에 앉기도 하고 무덤에서 시신의 뼈 위에 눕기도 하고 먼지와 오물이 몸에 묻어도 저절로 떨어질 때 까지 내버려 두었다."『마즈지마 니카야』 Majjhima Nikaya(中阿含經)에서 고타마는 직접 이렇게 말했다고 전해진다: "내가 하루에 낟알 하나씩만으로 살 때에, 날이 갈수록 몸이 더 할 나위 없이 쇠약해져

갔다. 다리는 말라 죽은 곤충처럼 뼈마디만 앙상하게 남았으며 엉덩이는 짓눌려 마치 들소의 발굽같이 되었다. 등뼈는 마치 밧줄처럼 뒤틀려 꼬였으며 여윈 늑골은 흡사 무너져 내린 지붕의 서까래와도 같은 몰골이었다. 눈만이 움푹 들어간 채 깊은 샘물 속의 별빛처럼 빛나고 있었다. 그리고 넝쿨에서 떨어진 호리박이 햇볕에 시들어 말라 비틀어지듯이 나의 머리가죽도 그렇게 시들어 말라 비틀어졌다. … 배를 쓰다듬으면 등뼈가 만져졌다." ibid., p. 651.

121) 보리수 아래에서 깨침을 얻은 붓다는 자신의 깨침을 사람들에게 가르칠까 말까를 고민하다가 결국 나가서 가르치기로 결심하고 함께 고행했던 다섯 친구들에게 녹야원(鹿野苑)에서 최초의 설법(初轉法輪)을 한다. 그는 다섯 수도승들에게 선정과 고행의 극단을 피하고 중도(中道)를 제안한다. 중도는 양 극단의 중간이 아니라 도리에 맞는(여기서 中은 '가운데 中'이 아니라 '맞을 中'이다) 길이라는 뜻으로, 진리 발견을 위한 가장 실천적인 방법이다. 그 중도의 내용이 팔정도(八正道), 즉 '여덟 겹의 바른 길'이고 팔정도의 바탕이 사제(四諦) 또는 사성제(四聖諦)이다. 여익구, 『민중불교입문』 pp. 122-133; 오강남, 『불교, 이웃종교로 읽다』 pp. 30-58; 소운, 『하룻밤에 읽는 불교』 p. 36.

122) 붓다의 초기 연기설의 대표적인 예는 12연기다. 그는 12연기를 자신의 핵심 가르침으로 여긴다. 12연기는 단선적으로 하나의 연기가 그 다음의 연기를 일으키는 것이 아니라 각각의 연기가 다른 모든 연기의 연결 고리 없이는 존재 할 수 없는 것으로 이해해야한다. 즉 연기는 하나의 원인에서 하나의 결과가 발생하는 인과 관계가 아니라 모든 것들이 함께 의존하여 발생하는 사건을 말한다. 그래서 연기는 공(空)인 것이다. 12연기는 사슬처럼 얽혀 있어 각각의 연기는 다른 모든 연기들의 결과이다. 12연기의 첫 번째 지분은 '무명'(avidya: 아비드야)으로 그것이 다른 모든 지분에 영향을 미친다. 산스크리트어 'Vidya'는 보는 것, 이해하는 것, 또는 빛을 의미한다. 반면 'Avidya'는 눈 먼 것, 무지, 이해의 결핍 또는 어두움을 의미한다. 두 번째 지분은 '의지적 행동'(samskara: 삼스카라), 존재하려는 충동이다. 세 번째 지분은 '의식'(vijnana: 비즈냐나)이다. 이 의식은 괴로움을 일으키는 것으로 해롭고 잘못된 성향의 의식이다. 네 번째 지분은 '명색'(名色: namarupa), 즉 정신과 육체다. 산스크리트어로 나마(nama)는 '이름', 루파(rupa)는 '모양'이나 '형태'의 뜻으로 나마루파는 이름과 형태를 가리키며 우리 존재의 요소와 육체적 요소를 의미한다. 다섯 번째 지분은 여섯 개의 감각 기관(眼, 耳, 鼻, 舌, 身, 意)으로 그것의 대상인 물질적 대상, 즉 색깔이나 모양(色), 소리(聲), 냄새(香), 맛(味), 감촉(觸), 마음의 대상인 법(法)을 인식하는 '육근'(sadayatanas: 사다야타나)을 말한다. 여섯 번째 지분은 감각 기관과 감각 대상과의 '접촉'(sparsha: 스파르샤)을 말한다. 접촉은 일곱 번째 지분

인 감정(vedana: 베다나)의 중요한 바탕이 된다. 여덟 번째 지분은 '갈애'(trishna: 트리쉬나) 혹은 '욕망'이다. 아홉 번째 지분은 '집착' 혹은 '애착'(upadana: 우파다나)이다. 그것은 대상에 얽매인다는 의미이다. 열 번째 지분은 '생성'(bhava: 브하바), '유'(有) 또는 '되는 것'이다. 우리는 무언가를 욕망하기 때문에 그것이 되는 것이다. 열한 번째 지분은 '태어남'(jati: 자티)이다. 열두 번째 지분은 '늙음과 죽음'(jaramarana: 자라마라나) 및 '소멸'이다. 산스크리트어로 '자라'(jara)는 '늙음', '마라나'(marana)는 '죽음'을 의미한다. 12연기를 요약하면 무명(武名)-행(行)-식(識)-명색(名色)-육처(六處)-촉(觸)-수(受)-애(愛)-취(取)-유(有)-생(生)-노사(老死)이다. 무명이 있기 때문에 충동이 있고, 충동이 있기 때문에 의식이 있고, 의식이 있기 때문에 명색이 있고, 명색이 있기 때문에 여섯 가지 감각기관이 있고, 여섯 가지 감각기관이 있기 때문에 접촉이 있고, 접촉이 있기 때문에 감정이 있고, 감정이 있기 때문에 갈망이 있고, 갈망이 있기 때문에 집착이 있고, 집착이 있기 때문에 생성이 있고, 생성이 있기 때문에 태어남이 있고, 태어남이 있기 때문에 늙음, 죽음, 고통, 슬픔이 있다. 이 세상의 모든 괴로움은 이렇게 일어난다. 그러나 무명이 사라지면 충동이 소멸하고, 충동이 사라지면, 의식이 소멸하고, 의식이 사라지면 명색이 소멸하고, 명색이 사라지면 여섯 가지 감각기관이 소멸하고, 여섯 가지 감각기관이 사라지면 접촉이 소멸하고, 접촉이 사라지면 감정이 소멸하고, 감정이 사라지면 갈망이 소멸하고, 갈망이 사라지면 집착이 소멸하고, 집착이 사라지면 생성이 소멸하고, 생성이 사라지면 태어남이 소멸하고, 결국 늙음, 죽음, 고통, 슬픔이 사라질 것이다. 이 세상의 모든 괴로움은 이렇게 사라진다. 틱낫한, 『중도란 무엇인가』 pp. 60-66 참고.

123) 소운, 『하룻밤에 읽는 불교』 p. 200; 水野弘元, 석원연 역, 『불교용어기초지식』 (서울: 들꽃누리, 2002), p. 193.
124) 김용옥, 『달라이라마와 도올의 만남』 1, (서울: 통나무, 2002), p. 152. "저것이 있으므로 이것이 있고, 저것이 있게 됨으로써 이것이 발생하고, 저것이 없으면, 이것이 생기지 않으며, 저것이 멸함으로 이것도 멸한다."; H. 사다티사, 김용정 역, 『佛教란 무엇인가』 (서울: 성균관대학교출판부, 1985), p. 16.
125) 길희성, 『보살예수-불교와 그리스도교의 창조적 만남』 (서울: 현암사, 2004), pp. 132-133; 김용옥, 『달라이라마와 도올의 만남』 1 p. 149; 야기세이이치, 레너드 스위들러, 이찬수 역, 『불교와 그리스도교를 잇다』 (칠곡: 분도출판사, 1996), p. 39.
126) 가지야마 유이치, 김성철 역, 『空입문』 (서울: 동국대학교 출판부, 2012), pp. 170-171.
127) 소운, 『하룻밤에 읽는 불교』 p. 200; 김용옥, 『달라이라마와 도올의 만남』 1 pp. 145-146. 도올은 연기를 보는 자는 법을 보는

것이라고 해서 법을 지고한 법이나 무상의 원리 같은 또 하나의 원리적 실체로 보는 것을 경계한다. 그는 법이 우리가 일상적으로 체험하는 일체의 사물을 가르치는 것으로 연기의 방식으로 사물을 보고 깨달음에 이름을 의미하는 것이라고 주장한다.

128) '아눅다라삼먁삼보리'는 산스크리트어 'anuttara samyak sambodhi'를 소리 나는 대로 적은 것으로 'anuttarasms'는 '가장 뛰어나고', '바르고', '원만한 깨달음'을 뜻한다. 이는 무상정등각(無上正等覺)이라는 뜻이다. 곽철환, 『금강경』 (서울: 살림, 2010), p. 83. 아눅다라삼먁삼보리를 구역(舊譯)에서는 무상정편지(無上正徧知)라고 하고 신역(新譯)에서는 무상정등각(無上正等覺)이라고 하는데, '최상의 바르고 평등한 깨달음'이라는 의미로 '완전한 깨달음', '궁극적 인식의 완성'이라 할 수 있다. 그러므로 여기서의 '깨달음'이란 일상적 의미의 깨달음이 아닌, 종교적이고 궁극적인 의미에서의 깨달음을 의미한다. 법성 외, 박경준, 「민중불교의 이념의 비판적 고찰」, 『민중불교의 탐구』 (서울: 민족사, 1993), p. 142.

129) H. 사다티사, 『佛敎란 무엇인가』 p. 15.

130) 소운, 『하룻밤에 읽는 불교』 pp. 201-202.

131) 소운, 『하룻밤에 읽는 불교』 p. 202.

132) ibid.

133) 불변의 실체가 존재하지 않는다는 무아론은 불교의 가르침을 관통하는 근본적인 가르침이다. 산스크리트어로 '아트만'은 불변하는 실체나 본질을 뜻하는 것으로 사물과 사람 모두에게 해당된다. 그래서 무아론에서는 법무아와 인무아가 구별된다. 법무아는 사물에게 불변하는 실체가 존재하지 않는다는 것이고 인무아는 사람에게 불변하는 실체가 존재하지 않는다는 뜻이다. 법무아와 인무아의 핵심은 불변하는 것에 대한 집착이 모든 고통과 걱정의 기원이기 때문에 이것을 넘어서야 한다는 실천적인 가르침이다. 강신주, 『매달린 절벽에서 손을 뗄 수 있는가?- 무문관 나와 마주서는 48개의 질문』 (파주: 동녘, 2014), pp. 95-97.

134) 오강남, 『불교, 이웃종교로 읽다』 p. 73.

135) 여익구, 『민중불교입문』 pp. 96-97.

136) ibid., p. 97; 오강남, 『불교, 이웃종교로 읽다』 p. 73.

137) ibid., pp. 75-76.

138) 틱낫한, 양미성 · 김동원 역, 『틱낫한 스님의 금강경』 (서울: 장경각, 2019), pp. 54-59 참고.

139) ibid., pp. 58-59.

140) 틱낫한, 김은희 역, 『기도』 (서울: 명진출판, 2006), p. 137.

141) Thich Nhat Hanh, *Living Buddha, Living Christ* pp. 182-184.

142) 김형근, 『에크하르트의 하느님과 불교의 공』 (서울: 누멘, 2010), pp. 164-167. 서양에서 공 사상은 세 가지 흐름으로 해석되었다.

첫째는 초기 불교학자들이 제시하는 허무주의적 해석(nihilistic interpretation), 둘째는 러시아 불교학의 대가 체르밧스키(Theodorre Stcherbatasky)와 인도 학자 무르티(T.R.V. Murti)가 채택한 '절대주의적 해석(absolutist interpretation)', 셋째는 미국 학자들인 로빈슨(Richard H. Robison), 스트렝(Frederick Streng), 거드먼슨(Gudmunsen)이 제시하는 '언어학적 해석(linguistic interpretation)'이다. C. W. Huntington, Jr, *The Emptiness: An Introduction to Early Indian Madhyamika* (Honolulu: University of Hawaii Press, 1989); 오강남, 『불교, 이웃종교로 읽다』 p. 153에서 재인용.

143) 가지야마 유이치는 "공은 '없다'는 것이 아니라 '있는 것도 아니고 없는 것도 아니다'라는 의미로 공은 '상대성'이라 할 수 있다며 용수의 말을 빌려 변화하지 않는 영원한 실체 혹은 본질을 상정해서는 안 된다고 말한다: 언어, 즉 어떤 개념은 늘 세계를 둘로 나눈다. A라고 하면 세계는 A와 A 아닌 것, 곧 비A로 양분된다. 이것은 언어의 기본적 성질이다. 우리들은 A를 생각하거나 말할 때 반드시 배후에 비A를 상정하고 전제한다. 그러나 그것은 인간의 판단 사유의 습관일 뿐이다. 사실 A와 비A를 실재한다고 생각하면 곧 바로 모순이 생긴다. A라고 하는 자기 동일적인 본질이 왜 변화하는가 하는 문제가 발생하기 때문이다. 6세기 불교학자 진나(陳那, 480-540)는 어떤 개념은 그 모순 개념의 부정으로서 성립하는 것이지 실재하는 대상을 언급하는 것은 아니라는 '아포하'(다른 것의 배제)이론을 설했다. A라는 개념은 비A의 부정으로서 있을 뿐이어서 A에 상당하는 실재에 관계하는 것은 아니라는 것이다. 실재론자는 빨간색, 흰색, 검은색, 얼룩 등의 색을 가진 소에게는 우성(牛性) 혹은 소 일반이라는 실재하는 종(種), 즉 실재로서의 소가 내재되어 있다고 생각한다. 그러나 진나는 소의 종이 실재하는 것이 아니고 소라는 개념은 다만 소가 아닌 것을 부정하고 그것으로부터 구별되어 성립하는 관념에 지나지 않는다고 말한다. 마찬가지로 용수는 본질이라는 개념은 본질 아닌 것의 부정으로서 있을 뿐이고 동일성이라는 개념도 비동일성, 곧 변화성의 모순개념으로서 있을 뿐이기 때문에, 본질이나 동일성이라는 개념에 적극적인 내용이 있는 것은 아니라고 한다. 다시 말하면 본질이나 동일성이라는 실재를 상정해서는 안 된다는 것이다. 개념은 항상 그 모순개념과의 상관관계에서 성립하는 것이지 실재와는 관계가 없다고 말한다. 실체라는 것도 현사(現事)의 모순개념으로서 성립할 뿐이지 실체라는 개념에 상응하는 실재가 있을 리 없다. 본질을 실재하는 것으로 생각하면 오히려 현실의 사실인 사물의 변화를 설명할 수 없게 된다고 용수는 지적한다. 게다가 현상이 항상 변화는 무상한 것이라는 사실은 누구라도 인정하는 사실이기 때문에 본질을 실재한다고 생각하지 말라고 역설한다. 가지야마 유이치, 『空입문』 pp. 96-98 참고.

144) 지의(智顗, 538-597)가 전개한 삼제원융의 관점도 모든 사물은 객관적 존재로서의 물질적인 기반을 갖추고 있는 것이 아니라 사물은 단지 인연 화합의 가상에 지나지 않는다. 지의에 따르면, 인연은 가설상의 관계이고 그것은 독립해서 존재하는 실체가 아닌 까닭에 공이라고 한다. 대승불교의 이른바 공은 허망하고 환상적이고 진실한 것이 아니어서(虛幻不實)존재하지 않음(不存在) 혹은 공허(空虛)와 같지 않다. 그런 의미에서 공은 때로 '묘유'(妙有)라 칭하고 그것은 자성이 없는 존재이고 어떤 질적인 규정성도 갖지 않는 까닭에 '가'(假)라고 부른다. 여익구, 『민중불교철학』 (서울: 민족사, 1988), p. 90.

145) 양윤희, "공(空)의 관점에서 본 『천 에이커의 땅』", 「동서비교문학저널」 17(2007), p. 248. 공에 대한 또 다른 설명은 다음과 같다: 공은 용수시대의 공(sunya)혹은 공성(sunyata)의 산스크리트어로 그 어원은 '팽창하다'라는 'sbi'에서 유래한다. 밖에서 보면 팽창하는 것처럼 보이는 것은 내부가 비어있기 때문에 팽창은 동시에 공허라는 표상과 결합된다. 공성을 상징하는 팽창과 공허라는 두 표상의 관계는 0이라는 수학적 기호에서 분명해진다. 이것은 인도-게르만어권에서 만연했는데, 그리스어는 '임신하다'(kyo), '체공'(體空, kolia), 라틴어는 '퇴적'(cumulus), '줄기'(caulis), '동굴'(cavus)이 되었다. 한스 발덴펠스, 김승철 역, 『불교의 空과 하느님』 (서울: 대원정사, 1993), p. 55. 공(空)에 대해 틱낫한은 이렇게 설명한다: 산스크리트어로 '순야타'(sunyata)는 형용사 순야(sunya)에서 파생된 말로 영(零), 무(無)를 뜻하는 것으로 한역하면 공(空)이다. 그래서 공을 순야(舜若) 혹은 순야다(舜若多)라고 하는데, 인도 수학에서 순야는 영을 의미하는 말로 없는 것, 비어 있는 것을 지칭한다. 그러나 여기서 말하는 공은 부정사의 의미로 사용될 때도 존재 자체를 부정하는 무(無)로서의 의미가 아니라 존재하는 것은 항구적으로 변하지 않는 자성, 실체, 자아라는 것이 없음을 의미하는 것으로 모든 존재는 인과 연으로 생겨나 고정된 실체가 존재하지 않는다는 뜻으로 공이라고 한다. 틱낫한, 『중도란 무엇인가』 p. 136.

146) 야기 세이이치 · 레너드 스위들러, 이찬수 역, 『불교와 그리스도교를 잇다』 (칠곡: 분도출판사, 1996), pp. 44-45.

147) 가지야마 유이치, 『空입문』 pp. 146-147. 나가르주나도 중론(中論)에서 어떤 존재도 인연으로 생겨나지 않는 것은 없으므로 어떠한 존재도 공하지 않은 것이 없다며 모든 것은 그 자체로 존재하는 것이 아니라 직접적인 원인(因)과 간접적인 조건(緣)이 만나서 생기고 그 원인과 조건이 헤어지면 모든 것이 소멸한다고 말한다. 이처럼, 있는 그대로 여여(如如)하게 보는 사람, 즉 깨달은 사람은 모든 것을 공하다고 보기 때문에 그것들에 집착하지 않는다. 그러나 사람들은 색안경을 끼고 무언가 사태를 바라본다. 여기에

는 두 종류가 있다. 하나는 상견(常見)이고, 다른 하나는 단견(斷見)이다. 전자는 불변하는 것(常)이 있다는 견해(見)로 인도철학에서는 인중유과론, 즉 원인 속에 이미 결과가 존재한다는 주장이고, 후자는 모든 것이 순간적으로 변해서 연속성이 없다(斷)는 견해(見)로 인중무과론, 즉 원인 속에는 어떤 결과도 존재하지 않는다는 주장이다. 원인과 결과는 절대적으로 연결되어 있는 것도 그렇다고 절대적으로 무관한 것도 아니라는 말이다. 용수는 상견도 단견도 모두 버리고 있는 그대로 사태를 바라볼 수 있어야 한다고 주장한다. 그래서 싯다르타도 중도를 이야기 했고 나가르주나도 자신의 주저를 중론(中論)이라 칭한 것이다. 강신주, 『매달린 절벽에서 손을 뗄 수 있는가?-무문관 나와 마주서는 48개의 질문』(파주: 동녘, 2014), pp. 154-159.

148) 한스 발덴펠스, 『불교의 空과 하느님』 p. 59.

149) 길희성, 『보살예수-불교와 그리스도교의 창조적 만남』 p. 156. 불교에서 공 사상이 이렇게 중요한 위치를 차지하고 있음에도 불구하고 많은 불자와 일반인들의 공에 대한 가장 큰 오해는 사물이 전혀 존재하지 않는다는 무(無), 즉 존재론적인 무에 대한 생각 때문이다. 일본 교토학파에서는 무의 개념을 다섯 가지로 분류한다. 첫째는 존재의 부정으로서의 무로, "책상이 없다" 혹은 "기쁨이 없다"와 같은 물질적이든 정신적이든 무언가에 대한 존재를 부정하는 무이다. 둘째는 빈사적(賓辭的)부정으로서의 무로, "책상은 의자가 아니다", "기쁨은 슬픔이 아니다"와 같이 책상의 존재 유무를 부정하는 것으로서의 무가 아니라 책상에 대한 입언이 부정되는 경우로써 "~는 아니다"라는 무이다. 셋째는 이념으로서의 무로, 존재일반 혹은 유(有)일반에 대한 비존재 일반 혹은 무(無)일반으로서의 무로 "유는 무에서 나오지 않는다"라는 경우의 '무'처럼 추상적, 논리적 이념으로서의 무이다. 넷째는 상상된 무, 실제로 존재하는 것이 흡사 존재하지 않는 것처럼 없다고 상상된 경우로서의 무로, 나는 지금 살아 있는데 내가 죽어 존재하지 않는 것처럼 상상된 경우로서의 무이다. 다섯 번째는 무의식적인 무로, 자고 있을 때, 기절했을 때, 죽었을 때, 그리고 깨어 있을 때도 의식이 없을 때 일어나는 현상으로서의 특정한 존재의 무가 여기에 해당된다. 여기서 공을 무로 오해하는 경우는 첫 번째 경우로 물질적 혹은 정신적으로 존재의 부정으로서의 무에 해당한다. 히사마쯔 신이찌 · 야기 세이이찌 외, 정병철 · 김승철 공역, 『무신론과 유신론』 (서울: 대원정사, 1997), pp. 151-153.

150) 용수는 중론(中論) 제15장에서 실체를 정의하면서, 그와 같은 실체는 존재하지 않는다고 논한다. 어떤 실체가 원인이나 조건들에 의해 발생하는 것은 있을 수 없다. 원인과 조건들로부터 발생한 실체는 만들어진 것이 되고 만다.(15-1). 그런데 어떻게 실체가 만들어진 것일 수는 없는가? 왜냐하면 실체란 만들어지지 않은

것, 다른 것에 의존하지 않은 것이기 때문이다(15-2). 사물이 본 질로서 존재성을 가진다면, 그것은 비존재가 되지 않을 것이다. 왜냐하면 본질(prakrti)에는 결코 변화가 있을 수 없기 때문이다 (15-8). 이 시구는 실재론자들이 정의하는 실체이다. "실체란 스스로의 존재를 위해 다른 어떤 것도 필요로 하지 않는 자립적인 존재이다. 그러므로 실체가 원인 조건으로부터 발생하는 것은 아니다. 실체는 어디까지나 자기동일성을 유지하는 영원한 존재이기 때문에 결코 변화하지 않는다. 실체가 비존재로 돌아가는 것은 있을 수 없다." 용수는 상카학파의 세계 원인으로서의 원초적 실재인 프라크르티을 사용하여 실체를 부정한다. 가지야마 유이치, 『空입문』 pp. 92-94 참고.

151) 틱낫한은 1987년 봄, 캘리포니아, 퍼시픽 노스웨스트, 콜로라도, 뉴잉글랜드, 뉴욕 등에서 수행과 강연을 한다. 그는 참석자들에게 불교는 하나가 아니고 불교의 가르침은 여럿이라며 외래의 불교가 아닌 진정한 심층적 이해에서 기인하는 미국적 불교의 진면목을 발견하라고 가르친다. The Heart of Understanding은 틱낫한의 강의를 Peter Levitt이 편집하여 1998년에 출판되었다. 한국어로는 강옥구가 번역하여 『틱낫한 스님의 반야심경』으로 2003년에 출판되었다.

152) Thich Nhat Hanh, The Heart of Understanding: Commentaries on the Prajnaparamita Heart Sutra pp. 3-4.

153) ibid., pp. 4-5.

154) ibid., p. 16.

155) ibid.

156) ibid.

157) 길희성, 「하나님을 놓아주자」, 『새길이야기』 (서울: 도서출판 새길, 2005), pp. 123-124. 불교의 나마루빠(Namarupa, 名色)가 여기에 해당된다. 산스크리트어로 나마(정신)와 루빠(육체)가 합쳐진 단어로 몸과 마음이 서로 깊이 연관되어 있음을 뜻한다. 틱낫한, 『기도』 p. 104.

158) 길희성, 『보살예수-불교와 그리스도교의 창조적 만남』 p. 158.

159) ibid., pp. 158-159.

160) ibid., pp. 159-160. 여기서 길희성은 불교에서 말하는 분별심(分別心)을 없애야 한다고 말한다. 그에 따르면, 존재론적으로 A가 존재하려면 B, C, D 등과 함께 있어야 하고 개념적으로는 사람이라고 부르려면 개, 소, 나무 등의 개념이 있어야지 사람이라는 개념도 유의미한 것처럼 존재론적으로나 개념적으로 모든 사물은 상호 의존적이다. 저것이 없이는 이것이 존재할 수 없으며, 하나의 개념이 성립하려면 다른 개념과 차별화 되어야 한다. 그러나 인간은 언어와 개념의 마술에 홀려 사물간의 차이가 절대적인 것처럼

생각한다. 어떤 사물이 다른 사물과 전혀 다르고 독자적인 존재라고 생각하며, 그 이름도 다른 이름과 구별되는 독자적인 구별이라 생각하여 사물이 그 이름에 해당하는 고유의 차별적 본성을 갖고 있다고 생각하여 거기에 집착한다. 사실, 사물은 고유의 본질도 고유의 본질에 해당하는 이름도 없는 가유(假有)에 지나지 않는다.

161) 자성(自性, svabhava)은 자체의 존재(own being)라는 뜻이고 무자성은 사물이 그 자체의 독자적인 존재 혹은 성품(자성)을 가지지 않는다는 의미이다. 모든 것이 그 자체의 고유하고 독자적인 존재성과 성품이 없는 빈 존재인 공이 사물의 본성, 제법의 법성이고 실상이다. 그것을 진여, 즉 '그러함'(如如)이라고 지칭한다. ibid., pp. 157-158.

162) Thich Nhat Hanh, *The Heart of Understanding: Commentaries on the Prajnaparamita Heart Sutra* pp. 8-10. 여기서 틱낫한은 우리의 관찰과 관세음보살의 관찰 사이에 모순이 있음을 지적한다. 우리는 한 장의 종이 안에 우주의 삼라만상이 가득 차 있다고 보는 반면 관세음보살은 한 장의 종이는 비어있다고 본다. 틱낫한은 비었다고 해서 공을 비존재의 부정적인 개념이 아니라 긍정적인 개념이라며 공의 진정한 의미를 밝힌다.

163) ibid., p. 10. 틱낫한에 따르면, 비었다는 것은 무언가를 비워버린 뒤의 상태를 의미한다. 컵에 물이 가득 차 있으면 컵은 비워있지 않고 물이 가득 차 있고 물을 버린 뒤에는 컵이 비웠다고 말할 수 있다. 이처럼, 비었다는 것은 무언가를 비어 버린 뒤의 상태를 말하는데(그렇다고 컵 안에 공기까지 비어있는 것은 아니다) 컵이 완전한 무의 상태로 있을 수는 없다. 그러면서 관세음보살이 오온(五蘊)은 모두 비웠다고 할 때는 관세음보살에게 무엇을 비웠는지 물어야만 된다는 것이다. 관세음보살은 우리 한 사람 한 사람 안에 강처럼 흐르는 오온, 즉 색, 수, 상, 행, 식의 다섯 강의 본성인 그들 각자가 분리된 자아로 비어있다. 우리의 몸은 폐, 심장, 신장, 허파, 피 등으로 이루어져 있는데, 이 가운데 어떤 것도 독립적으로 존재할 수 없고 다른 것들과 함께 공존해야한다. 허파와 피는 두 개이지만 독립하여 존재할 수 없다. 폐는 공기를 공급해 피를 맑게 해 주고 피는 폐에게 영양소를 공급한다. 피 없이는 폐가 살 수 없고 폐가 없다면 피가 정화 될 수 없다. 즉, 피와 폐뿐만 아니라 상호 존재 하는 다른 장기들도 마찬가지이다. 이처럼, 오온은 그 어느 것도 홀로 존재하지 않고 다른 것들과 상호 존재한다.

164) ibid., p. 11.

165) ibid.

166) 공이 모든 생명으로 가득 차 있다는 것은 플라톤(Plato, B.C. 428-347)이 「티마이오스」(Timaeus)에서 만물이 생성되는 빈 공간으로서의 '코라'를 상정한 것과 흡사하다. 헬라어로 코라[chora(khora)]

는 '어떤 것이 그 안에 있는 공간 혹은 장소', '지역', '나라', '나라가 차지하는 영토' 등을 뜻하는 것으로 그 안에 아무것도 없는 '빈 공간'(to kenon)을 의미하는 것이 아니라 마치 어머니의 자궁이 태아에게 발생의 터를 제공하듯 그 안에서 생성, 소멸하는 것들이 나타나는 '기반'의 뜻으로 사용된다. 양윤희, "공(空)의 관점에서 본 『천 에이커의 땅』", p. 252.

167) 틱낫한은 『반야심경』에서 "이것을 통찰한 후에 그는(관세음보살)은 모든 고통을 극복했다(After this penetration, he overcame all pain.)"고 말한다. Thich Nhat Hanh, *The Heart of Understanding: Commentaries on the Prajnaparamita Heart Sutra* p. 11.

168) 한인철에 따르면, 다원주의에는 세 가지 유형이 있다. 첫째는 공통기반에 중심을 둔 다원주의, 둘째는 차이에 중심을 둔 다원주의, 셋째는 중심 없는 다원주의이다. 공통기반에 근거한 다원주의에 속한 학자는 존 힉, 라이문도 파니카, 윌프레드 캔트웰 등이 있다. 비 공통기반에 근거한 다원주의 학자에는 조지 린드벡, 존 캅 등이 있다. 그리고 중심 없는 다원주의에 속하는 학자는 아베(Abe Masao)이다. 공통 기반에 중심을 둔 다원주의는 다시 신중심적 다원주의와 구원중심적 다원주의로 나뉜다. 전자는 캔트웰 스미스, 존 힉, 라이문도 파니카, 초기 니터, 오그덴(Schubert M. Ogden, 1928-) 그리고 슈온(Frithjof Schuon)등으로, 이들은 종교 간 대화의 기본 전제로 삼는 공통 기반을 '신' 혹은 '궁극적 실재'나 신에 대한 인간의 관계로서의 '신앙'에서 찾는다. 후자는 주로 하비콕스(Harvey Cox, 1929-), 피에리스(Aloysius Pieris, 1934-), 토마스(M. M. Thomas), 그리고 후기 니터 등이 있는데 이들은 대화의 공통 근거로 '신'이나 '신앙' 대신 '공통의 접근 혹은 공통의 상황' 으로서 '구원'에 둔다. 특히, 니터의 구원중심주에서 구원은 억압으로부터의 '해방'을 뜻한다. 그것이 다른 종교에는 해탈, 열반 등으로 표현된다. 반면 차이에 근거를 둔 다원주의는 다시 '문화-언어적 접근'과 '과정-관계적 접근'으로 분류된다. 전자는 후기 비트겐슈타인(Ludwig Josef Johann Wittgenstein, 1889-1951)의 언어게임이론에 기초하여 예일대학의 린드벡(George A. Lindbeck)을 중심으로 한 신학자 그룹이고, 후자는 화이트헤드의 과정철학에 기초하여 과정신학자 존 캅에 의해 시도된 것으로, 종교 전통들은 서로 다른 실존 구조들을 가지고 있기 때문에 상호관련 속에서 상호 변혁되어 가는 과정에 있다는 전제에서 대화를 시작한다. 셋째 유형인 중심 없는 다원주의에서 아베는 앞선 첫째와 둘째 유형에 대응하여 비이원론적 인식론에 근거하여 다원주의적 시도를 한 유형이다. 한인철, 『종교다원주의의 유형』 참고.

169) 폴 니터, 유정원 역, 『예수와 또 다른 이름들』(칠곡: 분도출판사, 2008), p. 20. 이 말은 니터가 직접 언급한 것이 아니라 여성학을 전공하는 친구의 조언이라고 밝히고 있다.

170) 폴 니터, 『오직예수이름으로만?』 p. 7; 폴 니터 『예수와 또 다른 이름들』 p. 20.

171) 초기 니터는 *No Other Name?*(1985)을 썼을 때의 니터를 말하고 그 이후를 후기 니터로 분류한다. 한인철, 『종교다원주의의 유형』 p. 51.

172) 종교간 대화에 있어 가장 일반적으로 알려진 이론은 알랜 레이스 (Alan Race, 1951-)의 배타주의(exclusivism), 포괄주의 (inclusivism), 다원주의(pluralism)의 세 가지 분류이다. 이에 대해서는 Alan Race, *Christians and Religious Pluralism: Patterns in the Christian Theology of Religions* (Maryknoll, New York: Orbis Books, 1982)를 참조하라. 길희성은 알랜 레이스의 배타주의, 포괄주의, 다원주의 외에도 포괄주의와 다원주의 사이에 상대주의를 첨가한다. 길희성에 따르면, 상대주의는 독일 신학자 트뢸취(Ernst Troeltsch, 1865-1923)의 입장에 따른 것으로, 다원주의와 같이 참 종교가 동시에 여러 개 있을 수 있음을 인정한다. 하지만 상대주의는 진리에 대해 정직하고 개방적인 태도를 바탕으로 타종교와의 대화를 통해 상호변혁과 쇄신을 도모하는 다원주의와 달리 "너는 너대로, 나는 나대로"라는 서로에 대한 동등한 상대주의로 일관하여 타자에 대한 방관적 태도에 머무른다. 즉, 상대주의는 타종교에 대한 적극적 애정을 가지지 않고 자기만족에 안주하는 자기 폐쇄적 성격을 지닐 수밖에 없다. 길휘성, 「21세기 한국 종교문화의 전망과 과제」, 서강종교연구회 편, 『종교들의 대화, 만남, 소통』 (양평: 열린서원, 2000), pp. 53-57. 니터는 레이스의 3가지 분류법을 자신의 종교 신학적 입장에 따라 배타주의를 대체 모델 (the replacement model), 포괄주의를 완성 모델(the fulfillment model), 다원주의를 관계 모델(the mutuality model)과 수용 모델 (the acceptance model)로 분류한다. 그는 다시 대체 모델을 완전 대체(total replacement)모델과 부분대체(partial replacement)모델, 다원주의를 관계 모델과 수용 모델로 세분화한다. 배타주의에 대한 니터의 세분화된 구분법에 따르면, 완전 대체 모델 주창자는 칼 바르트(Karl Barth, 1886-1968)이다. 그는 타종교에는 구원과 계시가 없다는 완고한 입장이다. 반면 같은 배타주의적 입장이지만 바르트식(여기서 칼 바르트 식이라 함은 근본주의자, 복음주의자, 성경강림파도 여기에 해당되기 때문이다)의 완전대체 모델이 아니라 부분대체 모델을 주창한 학자는 알트하우스(Paul Althaus, 1888-1966), 브룬너(Emil Brunner, 1889-1996), 판넨베르크 (Wolfhart Pannenberg, 1928-2014) 등이 있다. 이들의 입장은 타종교에는 계시도 구원도 없다는 바르트의 단호한 주장과 달리 타종교에는 계시는 있지만 구원은 없다고 보는 다소 온건한 입장이다. 이에 대한 자세한 내용은 *Paul Knitter, Introducing theologies of religions* (New York: ORBIS BOOKS, 2002)를 참조하라. 따라서 본 논문에서 레이스의 구분법에 따르면 1) 대체 모델 단계는 배

타주의에, 2) 완성 모델 단계는 포괄주의에, 3) 관계 모델 단계는 신 중심적 다원주의에 해당한다. 나머지 4) 구원중심주의 단계와 5) 불교적 그리스도인 단계는 니터에 대한 학자들의 통상적인 구분에 따른 학명을 그대로 사용했다. 따라서 이 책에서는 통상적으로 사용되던 배타주의, 포괄주의, 다원주의를 니터의 학명에 따라 대체 모델, 완성 모델, 관계 모델로 통일하여 사용하겠다. 그러나 직접인용이나 문장의 통일된 표현을 위해서 부분적으로 배타주의, 포괄주의, 신 중심적 다원주의를 그대로 사용하였다.

173) 한국의 그리스도교는 동방정교회, 로마가톨릭, 그리고 개신교가 있다. 동방정교회와 로마가톨릭은 '하느님', 개신교는 '하나님'이라는 신명(神名)을 사용(개신교 가운데 성공회는 하느님을 사용)한다. 그러나 하느님이나 하나님이라는 용어는 다른 말이 아니다. 유동식은 '한'은 하나인 동시에 전체이며, '한'은 많은, 뭇, 모든, 그리고 여러 등과 같은 뜻으로 사용되었으므로 '한'은 하나인 동시에 전체라고 말한다. 그렇기 때문에 '한'은 크고(한밭, 大田), 위대하며(마루한, 王), 바르고(한글, 정음), 강한 것이다. 한국인은 '한'을 인격화하여 종교적 신앙 대상으로 '한님'으로 불렀고 이것을 '하느님' 혹은 '하나님'이라고 했다. 또한 '한'은 단순히 수사로서의 '하나'가 아니라 '전일' 또는 '일체'로서의 하나, 곧 '한'이다. 유동식, 『한국종교와 기독교』(서울: 대한기독교서회, 2006), pp. 193-195; 유동식, 「風流神學으로의 旅路」, 변선환 박사 회갑기념 논문집, 『宗敎多元主義와 神學의 未來』(서울: 종로서적, 1989), p. 27. 이찬수도 유동식과 같은 맥락으로 설명한다: "한국 그리스도교인은 신을 '하나님' 또는 '하느님'으로 표기한다. 하나님이라고 하든, 하느님이라고 하든, 우리말 어원은 'ㅎ·ㄴ'이다. 'ㅎ·ㄴ'은 하나, 하늘, 크다, 빛, 무규정성 등을 의미한다. 'ㅎ·ㄴ'이야말로 하나이자 전체를 의미하는 우리말이다. 'ㅎ·ㄴ'은 그리스 기하학자들은 '점'과 '원'으로 표현했고, 숫자로는 하나, 즉 '모드'로 표현했다. 하느님이 맞다, 하나님이 맞다며 여전히 논쟁하는 그리스도인이 있는데, 유치하기 짝이 없는 일이다. 하느님이나 하나님이나 모두 'ㅎ·ㄴ'에 어원을 둔 같은 말이기 때문이다." 이찬수, 『유일신론의 종말, 이제는 범재신론이다』, (서울: 동연, 2014), p. 54. 따라서 이 책에서는 하느님과 하나님을 특별히 구별하지 않고 사용할 것이나 주로 참고한 대부분의 저자 혹은 역자들이 하느님으로 표기했기 때문에 '하느님'으로 통일하여 사용하겠다. 표현의 통일성을 위하여 직접인용의 경우도 하나님을 하느님으로 수정했다. 그러나 책 제목은 개신교 전통에 따라 하나님으로 표기했다.

174) 폴 니터, 정경일 · 이창엽 역, 『붓다 없이 나는 그리스도인일 수 없었다』(서울: 클리어마인드, 2011), p. 21.

175) 근본주의는 1910년-1915년 사이에 로스앤젤레스의 두 명의 부유한 사업가가 지원한 자금으로 『근본: 진리증언』(Fundamentals:

A Testimony to the Truth)이라는 12권의 소책자 3백만 부를 만들어 목사, 복음주의자, 주일학교 책임자들에게 무료로 배포하고 세례를 주면서 출발한 근본주의적 그리스도교를 일컫는다. 근본주의는 진화론, 성서의 역사비평학, 비교종교학이라는 근대성을 단호히 배격하고 나온 것으로 이른바 근본주의 다섯 가지 요점으로 불리는 교리를 정의한다. 첫째는 성경의 무오(無誤)영감설, 둘째는 그리스도의 동정녀 탄생, 셋째는 속죄, 넷째는 육체의 부활, 다섯째는 기적적인 능력이다. 장로교는 1910년, 1916년, 1925년에 그리스도의 재림을 제외하고 다섯 가지 요점을 교단의 정통성을 위한 필수적인 교리로 확정한다. 그래서 대부분의 근본주의자들은 1878년 나이아가라대회 때 브룩스가 기초한 신조에 찬동하여 성서의 축자영감설, 삼위일체성, 인간의 전적 타락과 구원을 위한 신생의 필요성, 대속, 시자에 대한 구원의 확신, 천년 왕국 이전의 그리스도 재림 등을 확증한다. 근본주의는 협의적으로는 성경의 무오성과 축자영감설의 주장과 연관되지만 광의적으로는 보수주의적인 성향의 복음주의 체계를 이르는 말로 1919년 미국의 필라델피아에서 결성된 '세계기독교근본주의협회'를 중심으로 발전해왔다. 이후 근본주의는 논쟁지향성, 반지성주의, 사회의 무관심한 태도 등에 대한 자기성찰과 비판활동이 일어나면서 1940-50년대 복음주의(개혁적 근본주의)가 일어났고, 1960-70년대에는 더 진보적인 복음주의 계열인 신복음주의 혹은 교회일치 복음주의가 일어났다. 그리고 근본주의, 복음주의, 신복음주의자 외에 이 세 집단 안에 강력히 퍼져 있는 흐름인 성령강림과 또는 성령쇄신 운동이 있다. 근본주의와 이의 분열에 대한 좀 더 자세한 내용은 기독교대백과사전편찬위원회, 『기독교대백과사전』 1권 (서울: 기독교문사, 1980) pp. 797-801; 폴 니터, 『종교신학입문』 pp. 45-49; 이길용, 『종교로 읽는 한국사회』 (의왕: 꽃자리, 2016) p. 43-51을 참조하라.

176) 폴 니터, 『붓다 없이 나는 그리스도인일 수 없었다』 p. 83.

177) ibid.

178) 폴 니터, 『예수와 또 다른 이름들』 p. 23.

179) 신언회는 '거룩한 말씀 수도회'(The Divine Word Missionaries) 라고도 한다.

180) ibid., pp. 21-24.

181) ibid., p. 24.

182) ibid., pp. 21-25.

183) ibid., pp. 25-26. 니터의 이러한 고백은 로마 교황청 그레고리오 대학교 재학시절인 1965년, 그레고리오 대학교에 초빙교수로 온 칼 라너를 통해 제2차 바티칸 공의회에서 타종교를 위한 열린 태도를 지향하는 새로운 신학적 입장에 대해 듣게 되면서부터이다.

184) ibid., p. 26. 니터는 1975년 마르부르크 대학교 프로테스탄트 신학과에서 처음으로 로마 가톨릭인으로 박사학위를 받는다. 칼 하인

츠 라초(Carl Heins Ratschow, 1911-1999) 교수의 지도로 받은 학위논문의 제목은 「프로테스탄트 종교 신학을 향하여(Toward a Protestant Theology of Religions: A Case Study of Paul and Contemporary Attitudes)」이다.

185) '익명의 그리스도인'의 간단한 정의에 관한 영어 원문은 다음과 같다: "Non-Christians are saved by the grace and presence of Christ working anonymously within their religions". Paul Knitter, *Jesus and the Other Names : Christian Mission and Global Responsibility* (Maryknoll, N.Y. : Orbis Books, 1996), p. 7. 이에 대한 한국어 설명은 폴 니터, 『오직 예수이름으로만?』 pp. 211-215; 폴 니터, 『종교신학입문』 pp. 128-130을 참조하라.

186) 폴 니터, 『오직 예수이름으로만?』 p. 207. 라너는 타락한 본성과 죄 많은 상태로 인간 본성을 이해하는 프로테스탄트 복음주의적 입장과 달리 "죄가 많아진 그곳에 은총이 충만히 내렸습니다"(롬 5:20)라는 사도 바울의 입장에 따라 자신의 가톨릭적 관점에서 인간 조건을 이해한다. 비록 우리 인간 세계가 죄 많고 이기적이고 악마적인 깊은 구렁텅이라 할지라도 우리는 구렁텅이에서 빠져나올 방편이 있다. 곧, 인간의 본성이 이기주의와 탐욕이라 해도 타인에 대한 사랑과 돌보는 능력은 인간 본성의 더 깊고 강력하고 충만한 부분으로 자리 잡고 있다. 그래서 라너는 스스로를 '구원 낙관론자'라고 부른다. 폴 니터, 『종교신학 입문』 p. 124.

187) 폴 니터, 『오직 예수이름으로만?』 p. 207.

188) ibid., p. 211.

189) 폴 니터, 『오직 예수이름으로만?』 p. 207; 폴 니터, 『종교신학입문』 p. 122.

190) ibid. 이러한 인간의 현존에 대해 어떤 사람들은 인간 본성이 신적 본성의 한 부분이라고 말하기도 한다.

191) 폴 니터, 『오직 예수이름으로만?』 p. 207; 폴 니터, 『종교신학 입문』 p. 124. 이와 같이 자연에 주어진 은혜, 구원의 보편의지를 지지하는 학자들은 라너 뿐만 아니라 버나드 로너간(Bernard Lonergan, 1904-1984), 슐레테(Heinz Robert Schlette, 1931-), 슈넨베르크(Piet SchConenberg, 1911-1999), 푈만(Horst Georg Pöhlmann, 1933-) 등을 들 수 있다. 폴 니터, 『오직 예수이름으로만?』 p. 208.

192) ibid., p. 204.

193) ibid., pp. 203-204.

194) 1922년 성공회 집안에서 태어난 힉은 유아세례를 받고, 18살에 깊은 신앙적 체험을 통해 "근본주의적 개심"을 경험한다. 이 개심을 통해 그는 모든 복음주의적 신학 일체인 성경의 축자영감, 창조와 타락, 성육신, 동정녀 탄생, 예수의 기적, 육체적 부활, 승천, 강림, 그리고 천국과 지옥을 망설임 없이 받아들인다. 제해종, "존 힉의

코페르니쿠스적 혁명 비평", 「한국콘텐츠학회 논문지」 14(2014), p. 496.

195) 폴 니터, 『종교신학입문』 p. 192.

196) 폴 니터, 『오직 예수이름으로만?』 p. 240. 힉은 1973년 자신의 저서 God and the Universe of Faiths 에서 인식론의 코페르니쿠스적 혁명이 필요하다고 역설한다.

197) John Hick, God and Universe of Faiths (New York: St. Martin's Press, 1973), p. 131; 폴 니터, 『오직 예수이름으로만?』 pp. 240-241에서 재인용.

198) 존 힉, 이찬수 역, 『하느님은 많은 이름을 가졌다』 (서울: 도서출판 창, 1991), p. 41.

199) 한인철, 『종교다원주의의 유형』 p. 63.

200) John Hick, "The Reconstruction of Christian Belief for Today and Tomorrow: 2, Theology LXXIII", (September 1970), p. 399; 한인철, 『종교다원주의의 유형』 p. 59에서 재인용.

201) 존 힉 뿐만 아니라 모든 종교에 공통 근거가 필요하다고 생각한 학자들은 여러 명이다. 각자 사용하는 용어는 다르지만 공통 근거 의 필요성에 대한 인식은 동일하다. 우선 아놀드 토인비는 그것을 '공통 본질', 스미스와 로너간은 '보편적 신앙', 스테이스, 슈온은 공통적이거나 규정할 수 없는 '신비적 중심'으로 명명했다. 폴 니터, 김기석 역, 「종교해방신학을 향하여」, 변선환 박사회갑 기념 논문집, 『종교다원주의와 신학의 미래』 (서울: 종로서적, 1989), p. 79.

202) 힉이 모든 종교들의 공통 기반으로 제안한 하느님이나 영원한 일 자(一者)는 서양 그리스도교 신관을 토대로 한 유신론적 향취가 강하다는 비판에 직면한다. 이를 가장 강렬하게 비판은 학자는 과 정신학자 존 캅이다. 니터도 초기에 힉과 더불어 종교의 공통 기 반인 하느님이 그리스도교적 유신론의 개념이라는 캅의 비판을 부 분적으로 수용한다.

203) 힉의 실재는 'the Real', 'really Real' 외에도 'the Eternal One', 'the Trancendental' 으로도 표현된다.

204) 폴 니터, 『종교신학 입문』 p. 194.

205) ibid., p. 198.

206) ibid., pp. 200-201.

207) 폴 니터, 「기독교는 하나의 참된 종교이며 절대종교인가?(로마- 가톨릭의 답변)」, 김승철 편저, 『종교다원주의와 기독교』 (서울: 도서출판 나단, 1993), p. 68.

208) ibid.

209) ibid., p. 61.

210) 폴 니터, 『예수와 또 다른 이름들』 p. 41.

211) 폴 니터, 「기독교는 하나의 참된 종교이며 절대종교인가?(로마- 가톨릭의 답변)」, 『종교다원주의와 기독교』 p. 17.

212) 폴 니터, 「종교해방신학을 향하여」, 『종교다원주의와 신학의 미래』 p. 80.

213) 폴 니터, 「기독교는 하나의 참된 종교이며 절대종교인가?(로마-가톨릭의 답변)」, 『종교다원주의와 기독교』 pp. 17-18; John Cobb, *The Meaning of pluralism for Christian Self-Understanding, in Religious Pluralism*, Leroy S. Rouner, ed. (University of Notre Dame Press, 1984), p. 172; 폴 니터, 「종교해방신학을 향하여」 『종교다원주의와 신학의 미래』 p. 80에서 재인용

214) 폴 니터, 「종교해방신학을 향하여」, 『종교다원주의와 신학의 미래』 p. 81.

215) 폴 니터, 『종교신학 입문』 p. 260.

216) ibid., p. 261.

217) ibid., p. 268.

218) ibid., pp. 261-264. 니터 뿐만 아니라 관계 모델을 비판한 여러 학자들이 있다. 뉴비긴(Lesslie Newbigin, 1909-1998)은 "중심이 어디인지 따지지 않고 인간 일치를 꾀하는 모든 제안은 자신을 중심으로 삼는다는 것을 부정한다.(즉, 특정 관점을 인정하지 않는다)" 하임은 뉴비긴의 비판에 동의하면서 "모든 종교를 초월한 하느님을 자신이 아는 하느님으로 설명하지 못하는 이들은 자기 자신을 하느님으로 떠받드는 것이라며 관계 모델의 단점을 지적한다. 드코스타(Gavin D'Costa, 1958-)는 모든 종교가 새로운 입장에서 지구 윤리를 위해 일하는 요청을 받고 있다며 보편 윤리 규범은 형이상학과 종교에 우선하고 모든 사람은 자기 종교 공동체 구성에 앞서 윤리적 명령을 따라야 하고 각 종교 공동체의 가치는 이 윤리 규범에 얼마나 응답할 수 있느냐에 달려 있다고 본다. 이 윤리 규범의 기준은 정의(正義)로 간주한다. 영국의 철학자이자 신학자인 밀뱅크(John Milbank, 1952-)는 정의라는 개념 또한 유다-그리스도교 문화의 영향을 받은 것이고 이 개념을 사용한 종교 간 대화는 서구적이라고 지적하며 우리가 말하는 정의는 무엇이고, 불교 전통은 정의에 대한 관심도 정의에 대한 개념도 없는가라고 반문한다. 파니카도 다(多)가 결코 하나에 종속 될 수 없고 모든 종교에서 발견되는 신비는 산꼭대기와 그곳으로 오르는 모든 길에 있으며 많은 이름을 가진 '그리스도'는 세상의 다양한 종교에서 찾을 수 있다고 보았다. 한 발 더 나아가 관계 모델에 가장 비판적인 사람은 캐네스 서린(Kenneth Surin, 1948-)이다. 그는 관계 모델이 쉽게 '맥도날드화'될 수 있다며 맥도날드 햄버거가 보편적인 음식임을 인정하며 세계 각처에 보급되어 미국 생활 방식을 소비하면 자신들의 고유성을 상실하고 한 나라의 경제적, 문화적 지배 아래 종속되듯이 보편성이 세계 지상, 지구 윤리, 전 지구적 대화를 주도하면 참여자들은 불평등한 역학 관계에 놓일 수밖에 없다고 지적한다. 관계 모델을 '맥도날드화'로 비판한 내용에 대해서는 Paul Knitter, *One Earth, Many Religions: Multifaith Dialogue and Global Responsibility* (Maryknoll, N.Y. : Orbis

Books, 1995), p. 48을 참조하라.

219) ibid., pp. 262-263.

220) ibid., p. 263.

221) ibid., p. 259.

222) 폴 니터, 「종교해방신학을 향하여」, 『종교다원주의와 신학의 미래』 pp. 74-75.

223) 니터에게 종교해방신학은 구원중심주의와 동의어로 사용된다. 왜냐하면 해방은 해방신학에서와 같이 구원 혹은 하느님 나라를 의미하기 때문이다. 최세나, "종교다원주의의 그리스도론적 근거 -폴 니터의 '구원중심주의'와 존 캅의 '그리스도 중심주의' 비교연구", 이화여자대학교신학대학원 석사학위 논문, 2006, p. 49.

224) 김승철, 『무주와 방랑』 (서울: 도서출판 동연, 2015), pp. 172-173.

225) 폴 니터, 「종교해방신학을 향하여」, 『종교다원주의와 신학의 미래』 p. 85.

226) ibid., p. 71.

227) ibid., p. 86.

228) Edward Schillebeekx, *The Church: The Human Story of God* (New York: Crossroad, 1990), 111-112; 폴 니터, 『종교신학입문』 p. 239에서 재인용.

229) 폴 니터, 「종교해방신학을 향하여」, 『종교다원주의와 신학의 미래』 p. 86. 세계 종교에는 유신론, 변형된 유신론, 다신론, 무신론 등, 절대자에 대한 다양한 모델들이 있지만 공동의 추진력은 구원으로 수렴된다. 왜냐하면 구원은 대부분 종교의 작업가설인 신적인 해방자에 대한 숙고보다 해방(해탈vimukti, 구원moksa, 열반nirvana) 그 자체에 무게가 있기 때문이다.

230) ibid., pp. 74-75.

231) ibid., p. 75.

232) 니터는 종교 상호 간의 대화가 개별성을 무시한 '잡탕 찌개'가 되어서는 안 되고 여러 종교를 모아들이면서도 차이를 인정하며 중시하는 대화가 되어야 한다고 본다. 왜냐하면 종교 간 차이를 인정하고 존중하는 것은 차이가 곧 대화 재료이기 때문이다. 그러므로 니터는 종교 간 차이를 공통 본질이나 공통 신비 체험이라는 우물에 가둬 버리면, 대화 참여자 그 누구도 결코 그 우물에서 빠져 나오지 못할 것이라고 지적한다. 폴 니터, 『예수와 또 다른 이름들』 p. 49.

233) 폴 니터, 「종교해방신학을 향하여」, 『종교다원주의와 신학의 미래』 pp. 73-75, 94.

234) ibid., p. 73.

235) ibid.

236) Harvey Cox, *Religion in the Secular City: Toward a Postmodern Theology* (New York: Simon Schuster, 1984), pp. 223, 233; 폴 니터, 「종교해방신학을 향하여」, 『종교다원주의와 신학의 미래』 p. 73에서 재인용.

237) 니터는 종교 신학이 해방신학으로부터 상대주의에 빠지지 않고 다
원주의를 견지할 수 있는 세 가지 방법을 제시한다. 첫째는 해방
신학이 이데올로기 비판적인 "의심의 해석학"(hermeneutics of
suspicion)을 통해 신학적 교리나 주장들이 이데올로기적으로 남
용되지 않도록 도와준다. 둘째는 해방신학은 가난한 자들과 존재
없는 자(non-person)자들을 우선적으로 편듦으로써 다원주의 신학이
토대주의(기초주의, foundationalism) 또는 객관주의(objectivism)의
위험에 빠지지 않게 도와준다. 이것은 종교 간 대화를 위해 '근거'
를 실체화하거나 신비화하는 것을 막아준다. 그러나 만일 그와 같
은 근거가 있다고 한다면 그 근거는 오직 가난한 자들을 위한 실
천을 통해서 스스로 형성된다. 셋째는 종교 신학이 해방신학과의
만남을 통해 대화의 일차적 목표가 "인간적인 것"(humanum)과
"실천의 공유"(shared praxis)라는 사실을 자각할 수 있다. 전자는
우선적으로 피억압자, 주변인, 힘없는 자에게 집중되어야 하고 후
자는 모든 기독론의 출발점으로서 실천은 이론이나 교리의 근원이
며 확증이다. 김승철, 『무주와 방랑』 p. 174; 폴 니터, 「종교해방
신학을 향하여」, 『종교다원주의와 신학의 미래』 pp. 76-93.
238) ibid., p. 83.
239) 폴 니터, 『종교신학 입문』 p. 191.
240) 폴 니터, 「종교해방신학을 향하여」, 『종교다원주의와 신학의 미래』
p. 84. 니터는 공통의 근거를 중심으로 하는 신중심주의에 대한
칼의 비판을 수용하여 해방신학과의 만남으로 공통의 접근이나
공통의 상황을 우선하는 구원중심주의로 입장을 선회하지만 이
역시 종교 전통 간에 공통점을 설정해야 하는 공통의 목표를 지향
한다는 점에서 신중심주의의 제국주의적 잔재를 벗어나지 못한다는
칼의 비판에서 자유롭지 못하다. 칼의 이러한 비판에 대한 니터의
변증은 한인철, 『종교다원주의의 유형』 pp. 135-145를 참조하라.
241) 이찬수, 『다르지만 조화한다-불교와 기독교의 내통』 (서울: 도서
출판 모시는 사람들, 2015), pp. 153-154.
242) 2009년에 출판된 *Without Buddha I Could not be a Christian*는
한국어 번역으로 2011년에 『붓다 없이 나는 그리스도인일 수 없
었다』로 출판되었다. 니터는 이 책이 단기간에 기록된 것이 아니라
지난 사십 년 동안 꾸준히 이루어진 생각의 얼개와 실천적 각성이
만난 저술이라고 밝힌다: 제이비어 대학에서 가르친 불교와 아시아
종교들에 관한 수많은 과목들, 불교와 그리스도교 학회에서 이루
어진 프로젝트, 매일 행했던 선 명상, 엘살바도르의 평화를 위한
그리스도인들(CRISPAZ)과 종교평화위원회 회원으로서 경험한 일들,
그리고 1994년부터 정기적으로 써 온 영적 일기 등이 모두 아우
러졌다. 폴 니터, 『붓다 없이 나는 그리스도인일 수 없었다』 p. 31.
243) ibid., pp. 9-10, 27-28.

244) ibid., p. 389.
245) ibid., pp. 389-390 참고.
246) ibid., p. 154.
247) ibid., pp. 390-391.
248) 폴 니터, 『붓다 없이 나는 그리스도인일 수 없었다』 pp. 227, 291; 이찬수, 『다르지만 조화한다-불교와 기독교의 내통』 p. 160 참고.
249) 폴 니터, 『붓다 없이 나는 그리스도인일 수 없었다』 p. 39.
250) 이찬수, 『다르지만 조화한다-불교와 기독교의 내통』 p. 155.
251) 폴 니터, 『붓다 없이 나는 그리스도인일 수 없었다』 pp. 313-314.
252) ibid., p. 325.
253) ibid., pp. 324, 338.
254) ibid., pp. 339-340.
255) ibid., p. 341.
256) ibid., pp. 347-348.
257) ibid., pp. 363-364.
258) ibid., pp. 366-367. 니터의 이러한 각성은 해방신학에서 비롯된다. 그는 권력자들을 만나본 자신의 제한된 경험을 상기하며 개인의 죄 뿐만 사회적 죄가 있음을 인식한다. 니터는 해방신학에서의 '죄'에 대한 표현을 불교의 '무지'로 환언하며 무지로 인한 탐욕이 사회구조, 경제적, 정치적 정책, 그리고 문화적 태도로 구체화되고 이 과정에서 사회적 무지와 탐욕이 그 자체의 생명력을 갖게 된다고 말한다. 그러므로 개인들의 무지가 사회의 무지로, 개인들의 탐욕이 국가의 탐욕으로, 개인들의 고통이 사회의 고통으로 이어지기 때문에 개인의 변화뿐만 아니라 사회구조의 변화를 함께 주창한다.
259) 이찬수, 『다르지만 조화한다-불교와 기독교의 내통』 p. 164.
260) 폴 니터, 『붓다 없이 나는 그리스도인일 수 없었다』 pp. 10, 28.
261) ibid., p. 39.
262) 이찬수, 『다르지만 조화한다-불교와 기독교의 내통』 p. 155.
263) 제임스 파울러(James Fowler, 1940-2015)는 인간의 인식발달을 연구한 피아제(Jean Piaget, 1896-1980)와 인간의 도덕 발달을 연구한 콜버그(Lawrence Kohlberg, 1927-1987)의 이론을 종교 심리학에 적용하여 인간의 신앙심의 발달을 연구하였다. 그는 『신앙의 단계』(Stages of Faith)에서 인간의 신앙심의 단계를 6 단계로 분류한다. 먼저, 첫 단계에 들어가기 전의 단계인 '전단계'(pre-stage)이다. 아직 이분법적 사고가 생기기 전, 자의식이 없는 갓 태어난 아기가 보호자에게 무조건적 신뢰를 보내는 단계 로서 무분별적 신앙(undifferentiated faith)이다. 제1의 단계는 '직관적·투사적 신앙'(Intuitive-projective faith)의 단계로, 2세에 서 6-7세 사이에 나타난다. 여기서는 처음으로 자의식을 가지고

죽음과 성(性)과 금기사항을 알기 시작한다. 제2의 단계는 '신화적·문화적 신앙'(mythic-literal faith)의 단계로 초등학생들에게 발견된다. 이때는 자기가 속한 공동체의 이야기, 신화 등을 상징적이 아닌 문자적으로 받아들인다. 예컨대, 산타 할아버지가 선물을 준다는 것을 문자적으로 믿는 시기이다. 제3의 단계는 '종합적·인습적 신앙'(synthetic-conventional faith)의 단계로 사춘기 때 형성된다. 여기서는 자기가 지금껏 문자적으로 믿어오던 자기 공동체의 이야기나 신앙내용과 의식(儀式)에 모순을 느끼고 자기의 정체성을 확립하는데 도움이 될 수 있는 종합적·인습적 신앙형태를 받아들인다. 하지만 아직 독립적 사고가 부족해 타인의 외적 권위에 의존하고 타인의 사고와 행동에 맞추려는 획일적 사고가 강하게 나타난다. 제4의 단계는 '개성화와 성찰의 신앙'(individuative-reflective faith) 단계로 20대 중반의 청년기나 30대 후반이나 40대 초반에 형성된다. 이때는 자신의 신앙내용이나 가치관에 대해 심각하게 반성하고 통찰하는 시기이다. 이 단계는 자신이 속한 공동체의 가치관이나 신앙의 이데올로기에 안주하느냐, 혹은 자기 스스로 독립적인 인격체로서 자유롭고 비판적인 사고와 태도를 가질 것이냐를 결정하는 중요한 시기이다. 그러나 4단계 까지는 모두 의식(意識)의 영역에 속해 있는 단계이다. 제5의 단계는 '접속적 신앙'(conjunctive faith)이다. 이 단계는 주로 중년기 이후에 생기는 것으로 이분법적 양자택일이나 이항대립적 사고방식을 넘어 '양극의 일치'를 받아들이게 되는 시기이다. 내 편, 네 편에 따라 각각 말을 하는 것이 아니라, 진리 자체가 전해주는 것에 따라 소신을 가지고 말한다. 5단계는 의식의 영역을 넘어서 의식과 무의식이 통합되는 단계이다. 제6의 단계는 '보편화하는 신앙'(universalizing faith)의 단계이다. 이 단계는 극소수의 사람만 도달 할 수 있는 단계로 자아를 완성한 성인의 경지이다. 어떤 걸림이나 장애에 구애 되지 않는 자유와 무애의 사람이 되는 것이다. 파울러는 마하트마 간디, 마틴 루터 킹, 테레사 수녀, 다그 함마슐드, 디트리히 본훼퍼, 아브라함 헤셸, 토마스 머튼 같은 사람을 6단계에 속한 사람으로 본다. 오강남, 『예수는 없다』 pp. 49-55; 최준식, 『종교를 넘어선 종교』 (파주: 사계절, 2007), pp. 275-288 참고. 파울러의 신앙발달 단계에 의하면 니터가 비판하는 미국의 종교교육 수준은 3단계를 넘어서지 못하고 있는 수준이다.

264) 폴 니터, 『붓다 없이 나는 그리스도인일 수 없었다』 pp. 37-38.

265) 서양 철학은 있음의 철학, 즉 유(有)의 철학이라 해도 좋을 만큼 그리스의 자연 철학 이래로 변함없이 '있음'(being)을 추구해왔다. 자연철학자들은 물, 불, 공기, 흙 같은 자연의 물질들을 유(有)라 했고, 아테네 철학부터는 '이데아'(플라톤), '부동의 동자'(아리스토텔레스)같은 것을 궁극적인 유로 이해했다. 중세기에는 유가 신(God)으로 바뀌었고 데카르트와 칸트에게는 유가 '자아'(self)와

'물자체'(物自體, thing itself)로 대체되었다. 서양 철학사는 한 번도 예외 없이 유에 대한 집착을 버리지 않았다. … 유는 제 1원인(the first cause)이며 다른 존재들을 가능하게 만들지만 자기 자신은 어느 것에 의해서도 원인되어지지 않는 자기 충족 이유(sufficient cause)를 가지고 있다. 그래서 충족 이유로서의 유는 다른 존재들과 따로 별개의 존재(separated)로 있으며, 다른 존재들을 밑바닥에서 밑받침하고 있으며(underlying), 그리고 다른 존재들과 관계되지 않는 독립된(individual)상태로 있다. 이러한 'underlying separated individual'로서의 유(有)를 서양 철학은 '실체'(substance)로 정의했다. 이러한 실체는 중세기에 와서 신으로 바뀌었고, 절대, 필연, 그리고 불변(absolute, necessary, unchanging)의 속성(attributes)을 지니게 된다. 김상일, 「한국말의 과정 철학적 풀이」, 김경재 편, 『과정철학과 과정신학』(서울: 전망사, 1988), pp. 184-185.

266) 폴 니터, 『붓다 없이 나는 그리스도인일 수 없었다』p. 40.

267) 일반적인 그리스도교 신관은 초월적 신으로 알려져 있다. 그러나 이런 신은 마치 하늘 위의 어떤 초자연적 신령계에 좌정한 군주처럼 낮고 천한 속(俗)의 세계와는 거리가 먼 신인 듯 왜곡되어 있다. 이러한 왜곡에는 두 가지 원인이 있다. 하나는 팔레스틴에 뿌리를 둔 히브리적 전통의 초대 그리스도교가 헬레니즘 세계로 퍼져 들어가면서 그리스 철학의 영향을 받아 그리스화된 데 일차적 원인이 있고, 다른 하나는 17-18세기 계몽주의 시대에 뉴턴-데카르트 식의 기계론적 세계관이 당대를 풍미했을 때 영국의 이신론자들로부터 영향을 받은 데 이차적인 원인이 있다. 김경재, 『이름 없는 하느님』(서울: 삼인, 2002), p. 112.

268) 폴 니터, 『붓다 없이 나는 그리스도인일 수 없었다』p. 40.

269) ibid., pp. 40-41.

270) 길희성, 『신앙과 이성 사이에서』(서울: 세창출판사, 2015), pp. 23-24.

271) 폴 니터, 『붓다 없이 나는 그리스도인일 수 없었다』pp. 41-42.

272) 김승철은 무로부터의 창조를 다음과 같이 해석 한다: "기독교의 창조신앙이 말하는 무로부터의 창조에서의 무는 근본적으로 신 자신이다. 왜냐하면 신은 그의 창조를 위해 어떤 질료를 필요로 하지 않으며, 따라서 이 경우도 실체화된 신 밖의 존재가 아니기 때문이다. 무로부터의 창조가 신의 전일적(全一的)인 창조 그 자체인 이상, 신의 창조는 그 자신으로부터의 창조가 되어야 한다. 따라서 창조의 근원이 되는 무는 다름 아닌 신 자신이다." 김승철, 『무주와 방랑』p. 150.

273) 폴 니터, 『붓다 없이 나는 그리스도인일 수 없었다』pp. 43-44.

274) ibid., p. 44.

275) ibid., pp. 44-45.

276) 길희성, 『신앙과 이성 사이에서』pp. 64-65.

277) 사막종교인 셈족유형의 종교인 그리스도교가 이원론으로 갈 수 밖에 없는 환경적 배경은 다음과 같다: "유일신 신앙의 삶의 자리는 사막과 같은 척박한 땅이었으며 수시로 목초지를 따라 이동하는 유목민의 삶이었다. 그들은 길이 없는 곳에서 방황하기 일쑤였고 때로는 생사의 갈림길에서 중대한 결단을 내려야만 했다. 이런 위기를 돌파하는 길은 하느님과 대화하면서 그의 음성에 귀를 기울이고 그의 지시를 따르는 것이었다. 그들에게는 철학적 사변과 사유를 전개할 삶의 여유가 없었으며, 침묵과 명상도 그들의 삶과는 거리가 멀었다." ibid., pp. 32-33. 그러므로 그리스도교는 생존이 매우 어려운 사막 환경의 극복을 위해 인격적이고 전적인 타자로서의 초자연적인 이원화된 신이 필요했던 것이다. 이것은 종교가 풍토에 얼마나 의존적인가를 보여주는 것으로 여기서 종교의 풍토 의존성은 설득력을 얻는다. 이정배, 「기독교 믿음과 동양적 수행, 그 하나의 접점을 찾아서」, 변선환아키브 ·동서종교신학구소, 『동서종교의 만남과 그 미래』 (서울: 모시는 사람들, 2007), p. 77; 와쓰지 데쓰로, 서동은 옮김, 『인간과 풍토』 (서울 : 필로소픽, 2018) 참고.

278) 폴 니터, 『붓다 없이 나는 그리스도인일 수 없었다』 p. 46.

279) ibid., pp. 47-48.

280) ibid., pp. 46-47.

281) ibid., p. 47.

282) 니터와 마찬가지로 불교에 신이 없다는 생각에 동의하지 않는 또 다른 중요한 학자는 윌프레드 캔트웰 스미스이다. 스미스에 따르면, 불교는 아시아의 사람들에게 자신의 이웃과 우주를 초월적 차원에서 통찰하고 그에 따라 실천적으로 응답하는 역할을 해왔다. 그 통찰과 응답을 가능하게 하는 궁극적인 실재가 '다르마'(Dharma)이다. '다르마'는 그리스도교에서의 하느님에 해당한다. 그러므로 불교가 단순히 허무주의적 무신론으로 치부되어서는 안 된다며 불교의 유신론적 의미를 이렇게 주장한다: "불교는 현상적 차원에서 그리스도교의 인격적 유신론과는 다르지만, 심오한 의미에서 다르마라는 궁극적 실재를 통한 초월적 신앙을 유지해왔다는 점에서 명백하게 유신론적 종교인 것이다." 류제동, 『하느님과 일심』 (파주: 한국학술정보, 2007), 책머리에서. 이와 같이 스미스는 테라바다 불교의 '다르마'를 초월적 실재로 간주하고 불교가 무신론이라는 일반적 오해를 불식시킨다. 이런 통찰에 기초하여 류제동은 대승기신론의 진여로서의 일심을 초월적 혹은 궁극적 실재로 파악하여 "하느님과 다르마: 윌프레드 캔트웰 스미스의 佛敎觀과 大乘起信論을 중심으로"(2004)라는 박사논문을 썼다. 이 논문은 2007년 『하느님과 일심』 (2007)이라는 제목의 책으로 출판되었다.

283) 폴 니터, 『붓다 없이 나는 그리스도인일 수 없었다』 pp. 49-50. 붓다의 신의 존재 유무에 대한 인식은 두 가지 해석으로 나뉜다: 첫째, 초기 불교에서 붓다는 우주는 영원한가? 영원하지 않은가?

깨달은 자들이 죽은 이후에는 어떤 일들이 일어나는가와 같은 형이상학적 질문들은 깨달음에 도움이 되지 않는다고 보았기 때문에 아무런 대답도 하지 않았다. 붓다는 현세의 삶을 넘어선 궁극적 영역에 대해서는 회의적이었는데 만일 궁극적 영역이 있다고 해도 그것은 현세에서 찾을 수 있고 현세와 관련이 있어야 된다고 보았다. 이와 같은 붓다의 형이상적 영역에 대한 태도로 인해 불교에는 신의 개념이 매우 약하다고 할 수 있다. Gross, Rita M. *"Buddhist Ultimates? A Difficult Question."* Models of God and Alternative Ultimate Realities. (Springer Netherlands, 2013), pp. 745-753 참고, 둘째, 많은 사람들은 붓다가 이런 형이상적 질문들에 대해서 부정적인 태도로 가르침을 펼친 이유는 영적이거나 종교적인 차원에서가 아니라 인간적이고 심리적인 차원에서라고 말한다. 그런 점에서 많은 불교학자나 철학자들은 붓다가 초월적인 신의 존재를 부정했다고 보기는 어렵다고 말한다. 붓다는 직접 태어나지도 않고 죽지도 않고, 그리고 창조되지도 않는 것에 대해 말했는데 이것은 항구불변하고(permanent) 영속적인(imperishable) 것으로 정의되는 '니르바나', 공으로 정의되는 '순야타' 같은 초월적 용어들로 그리스도교의 하느님(God)에 해당될 수 있다고 보았기 때문이다. Lester Eugene Miller, *"Six religions' core views on God: A search for agreement and accord",* California State University the Degree Master of Arts , 2001, pp. 22-24.

284) 야기 세이이치 · 레너드 스위들러, 『불교와 그리스도교를 잇다』 p. 38.

285) 사목연구총서 7, 「한국불교의 신관」, 『신관의 토착화』 한국천주교중앙협의회, 1995, pp. 63-64. 뿐만 아니라 칸트는 자신의 주저 『순수이성비판』에서 신을 '구성적 이념'이 아닌 '규제적 이념'으로 표현했다. 전자는 세상을 창조하고 규제하는 실제로 존재하는 초월자를 말하는 반면 후자는 실제로 존재하는 신이 아니라 '없을 수도 있지만 있다'고 상정되는 신을 말한다.

286) 니터는 붓다의 가르침에 따라 만물의 무상성은 연기 때문이고 이것으로 인해 개별적으로 분리되고 독립되어 있는 존재는 없다는 점에서 모든 인간을 무아(無我, anatta)적 존재로 본다. 나아가 니터는 인간은 항상 상호 연관되어 있고 변하기 때문에 '존재'가 아니라 '생성', 즉 '함께 생성'(becomings-with)하는 존재로 파악하고 이것이 붓다의 체험이자 불자들이 원하는 체험이라며 만물의 무상성과 상호존재성의 실상을 깨달으면 고통의 원인이 되는 집착에서 해방되어 자유와 평화를 얻게 된다고 말한다. 폴 니터, 『붓다 없이 나는 그리스도인일 수 없었다』 pp. 52-53. 화이트헤드(Alfred North Whitehead)에 따르면, 만물은 정지해 있는 '존재물'이 아니라, 움직이고 있고 변하고 있는 과정적 실재이다. 변화에는 두 가지 형태가 있는데 단순한 '전변'(轉變, transition)과 목적인(目的因)을 실현해 가는 과정으로서의 새로운 실재를 창출해

가는 '합생'(合生, concrescence)이 있다. '현실재'(actual entities)
는 억 천만 가지 합생 또는 전변을 통해 서로 연결되고 얽혀져
'연계'(連系, nexus)를 이루고 연계는 또 억 천만 개의 전변이나
합생 과정을 통하면서 보다 큰 유기체적인 '조합적 사회'를 이룬
다. 화이트헤드는 이런 점에서 만물을 생성이요 과정이라고 말한
다. 김경재, 「틸리히와 화이트헤드」, 김경재 편, 『과정철학과 과
정신학』 (서울: 전망사, 1988), pp. 62-63.

287) 엔도 슈사쿠, 이성순 역, 『깊은 강』 (서울: 고려원, 1994), pp.
96-97; 황필호, "서평 : 카렌 암스트롱 저, 배국원 외 역 『신의
역사』 (I, II) - 신은 미래를 가지고 있는가", 『종교와 문화』
7(2001), pp. 7-8에서 재인용.

288) ibid., p. 7.

289) 폴 니터, 『붓다 없이 나는 그리스도인일 수 없었다』 p. 51.

290) 니터는 우리가 이기적으로 행동하고, 뭔가에 집착하고, 소유하려
하고, 그것을 우리 것으로 만들려고 하는 이기심 때문에 고통을
받는다며 그것은 물살을 거슬러 헤엄치거나 날고 있는 새를 붙잡
으려는 것과 같이 마찰을 일으키는 것으로 간주한다. 그러나 우리
가 무상성으로 인해 독립적 실체가 없는 상호 연관된, 함께 생성
하는 존재라는 실상을 깨달으면 고통의 원인이 되는 집착에서 해
방되어 자유와 평화를 얻게 된다고 말한다. ibid., pp. 51-52.

291) 민중불교의 연기론에 대한 이해는 다음과 같다: "연기론은 신적
환상과 계급적 지배질서가 인간의 사회적 관계를 규제하고 인간
의 자주성을 극도로 억압하던 고대시기에 초월 신을 부정하던 철
학이다. 연기론은 초월 신을 부정함으로써 인간의 자주성을 옹호
하고 계급적 지배의 질곡을 거부함으로써 억압이 없는 인간 공동
체를 지향한다. 연기론은 인간 활동에 외적으로 주어진 대상의 고
립성을 부정함으로써 사물에 대한 신비화와 소유관념, 타자에 대
한 소외된 관념을 부정한다. 그러므로 연기론은 대상의 신비화와
우상화를 거부함으로써 인간의 주체성을 발양한다." 법성 외,
『민중불교의 탐구』 pp. 18-19.

292) 폴 니터, 『붓다 없이 나는 그리스도인일 수 없었다』 p. 53.

293) ibid., p. 53.

294) ibid., p. 54.

295) 니터는 열반을 그 자체로 존재하는 무언가의 실체로 보지 않고 만
물이 존재하고 활동하는 방식에 대한 보편적 묘사라고 말한다.
ibid., p. 55. 니터는 공을 열반과 동일시 할 뿐만 아니라 법신, 불
성과도 동일시한다.

296) '무근거성'(Groundlessness)은 공(空)에 대한 다른 이름으로 티베
트 불교의 페마 초드론(Pema Chödrön, 1936-)이 사용한 용어로
아무것도 발 디딜 곳 없다는 뜻이다. 무근거성은 다른 모든 것과

상호의존하며 움직이기에 삶에는 견고하고 불변하는 기반이 없고, 영원히 서 있을 수 있는 것도 없다. ibid., pp. 54-55.

297) ibid., p. 56.

298) ibid.

299) 니터가 연기와 공인 상호존재를 에너지 장으로 묘사한 것은 카프라(Fritjof Capra, 1939-)의 현대물리학에서의 장(場)이론과 동양 신비주의의 허(虛), 공(空)이론과 유사한 면이 있다. 이에 대해 카프라는 다음과 같이 설명한다: 장(場)개념은 19세기 패러데이(Michael Faraday, 1791-1867)와 막스웰(James Clerk Maxwell, 1831-1879)에 의하여 전하와 전류 사이의 힘을 설명하기 위하여 도입 된 것으로 전기장은 그 공간에서 어떤 다른 전하에 힘을 산출 할 수 있는 전하체 주위의 공간이다. … "소립자들은 단지 그 장의 국부적인 응결들에 불과하다. 즉, 소립자들은 에너지 집결로서 그것들은 왔다가 가버림으로써 개체의 특성이 상실되고 바닥의 장으로 융합된다." 우리는 물질이라는 것을 장이 극도로 강하게 집중된 공간의 영역들에 의하여 성립하는 것으로 이해한다. … 현대 물리학의 장(場)이론은 우리로 하여금 물질적인 입자와 허공 사이의 고전적인 구별을 버리게 해 주었고 아이슈타인의 중력장 이론은 둘 다 소립자들이 그것들을 둘러싸고 있는 공간으로부터 분리 될 수 없다는 것을 밝혀 주었다. 한편 그것들은 그 공간의 구조를 결정하는 반면에 독립된 실체로 여겨질 수 없고 전 공간에 편만해 있는 연속적인 장의 응결로서 이해해야 한다. 양자장 이론에서 이런 장은 모든 소립자들과 그것들 서로의 상호 작용의 바탕으로 이해된다. 장은 언제 어디서나 존재한다. 그것은 결코 제거될 수 없다. "허(虛)나 공(空)은 단순히 아무것도 없는 진공 상태가 아니라, 소립자 세계의 모든 형태를 지닐 가능성을 갖고 있는 살아 있는 허(虛)요, 존재 가능성의 바다요, 생성의 잠세태(potential being)이면서도 모든 형태들의 본질이며 생명의 원천이다." 프리초프 카프라, 이성범·김용정 역, 『현대 물리학과 동양사상』(서울: 범양사, 2006), pp. 248, 262; 김경재, 「과정신학과 동양 신비주의」, 김경재 편, 『과정철학과 과정신학』 pp. 124-125에서 재인용. 그러나 김경재는 현대 물리학의 장이론과 동양 사상의 도(道), 태허(太虛), 공(空), 법(法), 범(梵) 등과의 비교는 유사성이 있으면서도 구별된다며 그 차이점을 이렇게 설명한다: "양자장 이론은 아원자적 세계의 물리적 현상 일부를 설명하는 것인데 비하여 동양 사상의 주요 실재 개념들은 이 세계에 있는 모든 현상들의 본질로서 여겨지며 모든 개념과 관념들을 초월해 있기 때문이다. 동양의 그 궁극적 실재들은 단순히 아원자적 세계의 생성·변화·소멸 현상뿐만 아니라 인간 정신세계의 심미적·도덕적 ·종교적 실재의 지반(ground)이기도 하다." 김경재, 「과정신학과 동양 신비주의」, 김경재 편, 『과정철학과 과정신학』 pp. 125-126. 틱낫한도 핵물리

학자들이 양자나 전자 등의 소립자 세계에서 자신들의 마음을 발견했다고 말한다. 왜냐하면 하나의 전자는 결국 그 전자에 대한 인간의 개념에 지나지 않기 때문이다. 인간이 연구하는 대상은 그 인간의 마음으로부터 더 이상 분리되어 있지 않다. 단지 마음이 그 안에 있다. 그래서 현대 물리학자들은 '관찰자'라는 말 대신 '참여자'라고 해야 맞는 말이라고 주장한다. 관찰자는 그가 관찰하는 대상으로부터 별개의 것이 아니기 때문이다. 틱낫한, 『틱낫한의 평화로움』 pp. 81-82.

300) 난잔종교문화연구소, 김승철 외 역, 『기독교와 불교, 서로에게 배우다』 (서울: 정우서적, 2015), p. 258.

301) 폴 니터, 『붓다 없이 나는 그리스도인일 수 없었다』 p. 57.

302) 니터는 이런 신비주의 체험이 불교의 공으로 이해되자, 토마스 아퀴나스의 '하느님이 창조에 참여 하신다' 혹은 '우리가 하느님의 존재에 참여한다' 그리고 칼 라너의 "초자연적 실존"과 같은 의미가 명확해 졌다고 밝힌다. ibid., pp. 57-63 참고.

303) 신인동형론은 신과 인간이 같은 모습을 하고 있다는 것으로 신과 인간이 같은 감정을 가지고 있다는 신인동감론(anthropopathism)과 짝을 이룬다. 그 이유는 신인동형이어야 신인동감이 되기 때문이다. 인도 신화와 그리스 신화에서처럼 고대 종교에서는 이런 형태의 신에 관한 이야기가 빈번히 등장한다. 그리스에서 신인동형론과 신인동감론은 아리스토텔레스(B.C. 384-322) 시대에 이르러 극복되었다. 기원전 6세기 현재의 터키 이즈미르에 해당하는 콜로폰에 살던 크세노파네스(Xenophanes, B.C. 570-475)는 신인동형적·신인동감적 의인법을 다음과 같이 신랄하게 비판한다: "… 그러나 가사자(可死者)들은 신들도 태어나고 자신들처럼 옷과 목소리와 형체를 갖는다고 생각한다네. 신들과 인간 가운데서 가장 위대한 하나인 신은 형체도 생각도 가사자들과 조금도 비슷하지 않다네. … 만일 소들, 말들 그리고 사자들이 손을 갖는다면 그래서 사람처럼 그림을 그리고 작품을 만들 수 있다면 말들은 말들과, 소들과 유사한 신의 모습을 그릴 것이고 각기 자기 모양대로 신의 형체를 만들 것이네. … 신에 대해 그리고 내가 지금 말하는 것을 확실히 말하는 사람은 이제껏 없었고 앞으로도 그럴 것이라네. 심지어 누가 그런 것들에 대해 완벽하게 옳은 말을 했다 해도 그 자신은 그것을 모르리라. 그저 추측으로 짜인 거미줄 일 뿐." 김용규, 『서양문명을 읽는 코드 신』 pp. 48-50 참고.

304) 폴 니터, 『붓다 없이 나는 그리스도인일 수 없었다』 pp. 77-80.

305) ibid., p. 80.

306) ibid., pp. 80-88.

307) ibid., p. 81.

308) 니터는 서양의 유(有)의 철학에서 발전한 신관을 비판하고 이런 유의 개념은 불교의 사상과는 정 반대되는 개념으로 이해한다. 그

는 불교가 철저하게 충족 이유 같은 모든 존재들에 독립하여 개체별로 존재하는 어떤 유(有)가 있다는 것을 부정한다. 그 대신 모든 존재는 위, 아래 어느 곳에서 독립 자존하는 별개의 존재로서 따로 있을 수가 없고, 반대로 티끌 하나도 빠짐없이 이것이 저것을, 저것이 이것을 잇 따라 일어나 연관되어 얽혀져 있다고 보는 불교의 연기(혹은 무아 공), 즉 틱낫한의 상호존재의 렌즈를 통해 그리스도교의 신관을 재정립한다. 그래서 니터는 상호존재로서의 하느님을 설파한 것이다. 김상일, 「한국말의 과정 철학적 풀이」, 『과정철학과 과정신학』 pp. 184-185.

309) 폴 니터, 『붓다 없이 나는 그리스도인일 수 없었다』 p. 88.

310) 하느님이 '나'라는 개체와 '너'라는 개체, 인격체와 인격체로 상호존재한다는 말은 설일체유부의 사상과 유사하다. 설일체유부는 연기는 하지만 다르마들은 자성적으로 실재한다고 보았기 때문이다. 반면 하느님은 상호존재라는 것은 나가르주나의 공사상과 맥락적으로 상통한다. 나가르주나는 연기하기 때문에 다르마들은 무자성이라고 주장한다. 모든 것이 무자성, 공인 것은 비존재가 아니라 모든 것이 연기하고 있기 때문이다. 공은 연기를 통해서 존재를 확립시켜 주며, 어떤 절대적 자기충족적인 것도 부인하는 공은 연기이기 때문에 오히려 모든 생성의 근본이 된다. 양윤희, "공(空)의 관점에서 본 『천 에이커의 땅』", p. 252.

311) 니터는 상호존재인 하느님을 말하면서 상호존재를 에너지로 이해한다. 그는 "내가 상호존재의 에너지 장의 일부라는 것을 알도록 자극한 체험은 이 에너지가 맹목적인 것이 아니고, 이 에너지 장이 생명이 없는 것이 아니라는 점을 알게 해 주었다. 이를테면, 그 에너지는 뭔가를 하려고 한다. 그 에너지를 인격체라고 부를 수는 없지만 그것에는 인격적인 뭔가가 있는 것"이라며 상호존재를 인격적인 무언가의 에너지라고 주장한다. 폴 니터, 『붓다 없이 나는 그리스도인일 수 없었다』 p. 104.

312) ibid., p. 104.

313) 류제동, 『하느님과 일심』 p. 26. 스미스는 사람을 인격적(personal)이라고 묘사하는 관행이 초월적 실재에 대한 인식에서 비롯되었다고 말한다.

314) 폴 니터, 『붓다 없이 나는 그리스도인일 수 없었다』 p. 64.

315) ibid., p. 62.

316) 마크스 보그(Marcus Joel. Borg, 1942-2015)는 내적 지혜인 참 자아(the Self, 대문자 S로 시작)를 하느님과 동등한 것으로 간주하고 참 자아와 하느님의 편재성과 연결하면 "'우리 안에 계시고, 우리가 또한 그 안에 있게 되는 분'으로서의 하느님 개념에 이르게" 된다고 말한다. 마커스 보그, 한인철 역, 『새로 만난 하느님』 (서울: 한국기독교연구소, 2001), p. 79.

317) 폴 니터, 『붓다 없이 나는 그리스도인일 수 없었다』 p. 65.

318) ibid., p. 66.
319) ibid., pp. 66-67.
320) ibid., p. 67.
321) 이찬수에 의하면, 여기서 영이란 귀신이나 죽은 이의 혼령 같은 것을 의미하는 것이 아니라 살아 있는 것들을 살아있게 해주는 생명력에 대한 종교적 표현이다. 이찬수, 『유일신론의 종말, 이제는 범재신론이다』 p. 12.
322) 폴 니터, 『붓다 없이 나는 그리스도인일 수 없었다』 p. 68.
323) ibid., pp. 68-69.
324) 이찬수, 『유일신론의 종말, 이제는 범재신론이다』 pp. 11-12; 마크스 보그. 『새로 만난 하느님』 p. 35.
325) 길희성, 「하나님을 놓아주자」, 『새길이야기』 p. 122.
326) ibid., pp. 122-123. 길희성은 하느님이 만물 위에 군림하는 초월자가 아니라 우주만물을 산출하는 궁극적 원천으로서의 무한한 힘으로 보고 신을 우주의 모태 같은 어머니(womb, matrix)로 규정한다.
327) 폴 니터, 『붓다 없이 나는 그리스도인일 수 없었다』 p. 69.
328) 이에 대해 니타는 『오직예수이름으로만?』에서 우리는 존재 상태에 있는 것이 아니라 생성 상태, 더 좋은 표현으로 말하면 생성의 과정에 있다고 말한다. 세계 내의 그 어떤 것도 예정된 계획에 따라 결합되도록 단순하게 주어지거나 미리 조립되어 있지는 않다. 오히려 우리와 우리 주위의 모든 것은 끊임없는 변화의 과정, 운동의 과정, 새로움을 추구하는 과정에 놓여있다. 이것은 인간의 사상의 무대 위에 나타난 전적으로 새로운 통찰은 아니다. 이미 2500년 전 헤라클리투스(Heraclitus of Ephesus)가 '만물은 유동한다'는 사실과 '사람은 같은 강물 속으로 두 번 다시 들어갈 수 없다'는 사실을 간파했다. … 이와 같은 현대의 재 진술들에는 과정을 통한 창조의 모험을 말하는 화이트헤드와 하트숀의 세계관, 생물권에서 정신권으로, 다시 오메가 포인트의 통일성에로의 고통스러운, 그러나 지속적인 진화를 말한 샤르댕의 우주관, 로너간의 '세계 질서의 출현 가능성', 그리고 신성에로의 진화를 말하는 아우로빈도의 힌두교적 세계관 등이 있다. 폴 니터, 『오직 예수이름으로만?』 p. 56.
329) 폴 니터, 『붓다 없이 나는 그리스도인일 수 없었다』 p. 73.
330) 상호존재신론은 'Interbeing'이 중국어로 '호재'(互在)로 표기된다는 점에서 '호재신론'(互在神論)으로도 칭할 수 있다. 한편 도올 김용옥은 한 불교 강좌에서 서양의 신관이 다신론(polytheism)에서 유일신론(monotheism)으로 발전했다며 서양의 신관이 다(多)에서 일(一)로 끝나서는 안 되고 인도의 숫자 영(零)개념, 즉 불교의 공관과 조우하여 새로운 신관이 탄생되어야 한다고 말한다. 그러

면서 도올은 多(다)→ 一(일)→ 零(영)을 거쳐 나온 새로운 신관을 '영신론'(零神論, sunya-theism)이라고 주장한다. 그러나 도올이 제기한 '영신론'은 아직까지는 아무런 이론적 논거를 제시하지 않아 정확히 무엇을 의미하는지는 알 수 없다. 하지만 앞으로 학문적 언술로 다시 제기된다면 상호존재신론과 비교연구 해볼 만한 가치가 있다고 판단된다. https://www.youtube.com/watch?v=95G2ZVpzhYQ, 제13강 "싯달타의 깨달음", (2017. 11.10 검색).

331) '접목 모델'은 유동식의 풍류도와 토착화 신학에 의거하여 김경재가 분류한 모델 가운데 하나이다. 김경재는 종교와 복음과의 관계를 파종 모델(박형룡), 발효 모델(김재준), 접목 모델(유동식), 합류 모델(서남동)로 분류하였는데, 이를 유동식은 다시 파종 모델을 배타주의, 발효 모델을 포괄주의, 접목 모델을 다원주의와 결부시 킨다. 자세한 설명은 김경재, 『解釋學과 宗敎神學: 福音과 韓國宗 敎와의 만남』(천안: 한국신학연구소, 1994), pp. 187-223; 김경재, 「종교간의 만남에서 해석학적 접목모델」, 素石 柳東植 博士 古稀 記念 論文集 出版委員會, 『韓國宗敎와 韓國神學』(천안: 한국신학 연구소, 1993) pp. 56-86을 참조하라.

332) 난잔종교문화연구소, 『기독교와 불교, 서로에게 배우다』pp. 179-190 참고.

333) 이찬수, 『유일신론의 종말, 이제는 범재신론이다』pp. 32-34.

334) https://www.youtube.com/watch?v=FyJSLFT6E68, 틱낫한 스님 특별법문-제14회 "진정한 본성이란" 중에서, (2017. 11.12 검색).

335) 위와 같은 인터넷 사이트.

336) 길희성, 『신앙과 이성 사이에서』p. 288. 니터 또한 하느님을 당신 이나 인격체로 대하는 모든 말은 상징이라고 주장한다. 폴 니터, 『붓다 없이 나는 그리스도인일 수 없었다』p. 102.

337) 틱낫한, 진현종 역, 『틱낫한 스님의 아미타경』(파주: 미토스, 2006), pp. 72-73.

338) 길희성, 『신앙과 이성 사이에서』p. 288.

339) 길희성, 『보살예수-불교와 그리스도교의 창조적 만남』p. 181.

340) 길희성, 『길을 달라도 같은 산을 오른다』(서울: 한겨레출판사, 2013), p. 109. 니체도 "신이 없으면 모든 것이 가능하다"고 고백 했다. 카렌 암스트롱, 배국원·유지황 역, 『신의 역사』I (서울: 동연, 1999), p. 698.

341) 김경재, 『이름 없는 하느님』p. 201.

342) 「대승기신론」11, "心眞如者 卽是一法界 大總相 法門體" 이홍우 번역 및 주석, 『대승기신론』(서울: 경서원, 1991), pp. 71-71; 김경재, 『이름 없는 하느님』p. 201에서 재인용.

343) ibid., pp. 200-202. 김경재에 의하면, 어떤 부분의 속성들도 어떤 근본적인 법칙에 의해서가 아니라 다른 모든 부분들의 속성과 인 간의 마음, 의식, 정신의 해석에 의하여 상호 영향을 받고 결정되

는데 이는 삼라만물이 연기적이기 때문이다. 그러면서 그 근거를
다음과 같이 열거한다: "그것은 원효가 깨달은 심생즉종법생(心生
卽種法生)이요, 심멸즉종법멸(心滅卽種法滅)이며 반야심경(般若心
經)에서 말한 대로 공즉시색(空卽是色), 색즉시공(色卽是空)이다.
개체는 공간적으로나 시간적으로 전 우주 전체와 상호 관련되고
의존되고 참여하고 있다. 폴 틸리히에 따르면, 개체와 참여, 형식
과 역동성, 자유와 제약은 존재의 구조적 구성요소들이다. 모든
존재자 중 최고로 진화 발달한 인간 생명 현상에서는 그 존재가
더욱 더 전 우주와의 유기적 관계, 전일적 참여 관계에서만 더욱
심원한 자기 개체성, 인격, 도덕, 가치, 종교의 세계를 형성 할 수
있다. 인간의 독존성(獨存性)은 사회성을 이미 그 속에 내포하고
있다." 김경재, 「과정신학과 동양 신비주의」, 『과정철학과 과정신
학』 p. 127.

344) 틱낫한, 『내 손안에 부처의 손이 있네-틱낫한 스님의 법화경』
pp. 12-16 참고. 그것의 방편이 다름 아닌 통찰과 수행을 통해
사회로 구현되는 사회 참여불교(Engaged Buddhism)이다.
345) 프리초프 카프라, 『현대 물리학과 동양사상』 p. 265.
346) 김경재, 「과정신학과 동양 신비주의」, 『과정철학과 과정신학』
pp. 126-127.
347) 폴 니터, 『종교신학입문』 pp. 30-31.
348) ibid., p. 31.
349) 김용규, 『서양문명을 읽는 코드 신』 pp. 161-165.
350) 불교평론, http://www.budreview.com/news/articleView.html?idxno=870
(2017.6.7 검색) 김상일은 화이트헤드의 내인적 관계는 주객이
분명하게 나뉘는 관계에 익숙한 서양들인에게 매우 생소한 것이
라며 이러한 전통적 방식의 논리는 불교와 과정사상을 이해하기
어렵다고 말한다. 그는 외인적 관계인 포함(包涵)은 A형 유형으로,
내인적 관계인 포함(包含)은 E형 유형으로 구분한다. A형이란 아리
스토텔레스(Aristoteles)와 아퀴나스(Aquinas) 같은 서양의 주류
철학자와 신학자들 이름의 첫 알파벳에서 유래한 것이고, E형은
에피메니데스(Epimenides)나 유브라이더스(Eubrides)의 이름의
첫 알파벳에서 유래한 것이다. 전자는 우리에게 잘 알려져 있지만
후자는 생소한 것이 사실이다.
351) 김용규, 『서양문명을 읽는 코드 신』 pp. 161-165.
352) 이정배, 「기독교 믿음과 동양적 수행」, 변선환아키브 · 동서종교
신학구소, 『동서종교의 만남과 그 미래』 p. 103.
353) ibid.
354) 폴 니터, 『붓다 없이 나는 그리스도인일 수 없었다』 p. 80.
355) ibid., p. 56.
356) 그러므로 상호존재신론은 "이것이냐 저것이냐"(Ent weder Order)

의 이원론적 양자택일에서 선택과 결단을 강조하는 사막의 종교적 특징이 아니라 "이것도 저것도"(sive sive, Sowohl als auch) 혹은 "이것도 아니고 저것도 아니다"(neti neti, Weder noch)라는 판단 중지의 포용적 관용주의를 강조하는 수답 문화의 특징을 가진 신관이라고 할 수 있다. 변선환 아키브 편집, 『불교와 기독교의 만남』 p. 139.

357) 상호존재신론은 무한한 자비로 모든 중생을 구제하는 법신(法身)이요, 진여(眞如), 절대 진리인 동시에 실재)이며, 우주 자체로 이해되는 대승불교의 절대적 일원론인 '편재불타론'(the Cosmic Buddha)과 맥락적으로 상통한다. 왜냐하면 여기서는 절대 진리의 세계와 현상계 사이에 구별이 없고 현실세계가 곧 열반의 세계이므로 윤회로부터 벗어날 필요도 없고 열반을 구할 필요도 없기 때문이다. 유동식, 『한국종교와 기독교』 pp. 37-38.

358) 김용규, 『서양문명을 읽는 코드 신』 pp. 82-83.

359) ibid., pp. 83-88 참고. 서양에서 최초로 만물의 궁극적 근거이자 신을 무규정자, 무한정자로 부른 사람은 밀레토스 학파의 아낙시만드로스(Anaximandros, B.C. 610- 546)이다. 그는 신을 무규정자, 무한정자로 칭하면서 무한자, 곧 '아페이론'(ἄπειρον)이라고 불렀다. 하지만 아페이론이 아무리 광대무변하고 신적인 것이라 해도 오늘날 양자물리학의 소립자의 장처럼 다분히 자연학적인 개념에 불과했다. 그러나 아페이론을 형이상학적 개념으로 비물질적이고 무한자이고 유일자의 '존재'로 바꾼 사람은 엘레아 학파의 파르메니데스였다. 그는 "존재는 생성되지도 않고 소멸되지 않으며, 온전한 일자이고 흔들림이 없으며 완결된 것이다. … 전체가 하나로 연결되어 있기 때문"이라고 했다. 이후 파르메니데스의 존재 개념을 플라톤이 이데아의 근거인 일자 혹은 선자체로, 이러한 플라톤의 철학 체계를 종교화한 플로티누스는 일자를 신으로 규정했다.

360) ibid., pp. 85-86.

361) 여기서 한글로 표기된 '야훼', '여호와'는 히브리어 발음으로 에흐예(הָיָה, ehyeh)이다. 히브리어는 자음만으로 표기하기 때문에 그것을 영어로 표시하면 야훼(YHWH)가 된다. '여호와'라는 유일신 이름이 나오게 된 배경은 유대인들은 거룩한 지존자의 칭호인 야훼(יהוה)를 함부로 발언하는 것이 금지되었기 때문에 야훼(יהוה)라는 글자가 나타나면 우리말 주(主)에 해당하는 히브리어 '아도나이'(אֲדֹנָי)로 읽었고, 기원전 3세기 무렵 성경이 헬라어로 번역될 때 히브리어 '아도나이'는 주(主)와 같은 의미의 '큐리오스'(κύριος)로 대체되어 읽혔다. 히브리어 자음인 야훼(יהוה)와 '아도나이'는 히브리 모음이 혼합하여 예호와(YeHoWaH)라는 혼성어 발음이 생겼고 이에 대한 영어식 알파벳 표기가 '예호와'(Jehovah)이고 그것의 한국어 발음 표기가 '여호와'이다. 김경재, 『이름 없는 하느님』 p. 58.

362) ibid., pp. 58-60, 86.

363) ibid., p. 61.

364) 존재의 장(場)은 현대양자물리학자들이 말하는 "퍼텐셜"potential이 아니다. 퍼텐셜은 고전물리학자들이 생각하듯이, 세계가 원자와 같은 입자들이 모여서 구성된 것이 아니라 플로티누스의 일자(一者)처럼 아직 나뉘지 않은 온전한 무엇이 먼저 있고, 그것이 분화하여 하위구조를 만들어내는 것이다. 여기서 온전한 무엇의 바탕인 소립자들은 물질과는 완전히 다른 것으로 물질이 아니라 장場,field이라고 불린다. 즉, 퍼텐셜은 스스로 물질이 되는 능력을 가진 우주 전체를 구성하는 비물질적 장(場)을 일컫는다. 비물질적 장인 퍼텐셜은 아우구스티누스가 『고백록』에서 언술한 "형상 없는 땅"에 가깝다. 형상 없는 땅은 무와 유(물질)의 중간에 있는, 무는 아니지만 거의 무에 가까운, 무형의 원물질로서 물리학자들이 말하는 퍼텐셜은 아우구스티누스가 언급한 형상 없는 땅을 의미한다. 따라서 현대양자물리학자들이 말하는 퍼텐셜은 존재의 장인 하느님이 아니다. 이에 대한 자세한 내용은 김용규, 『서양문명을 읽는 코드 신』 pp. 158-164 참조하라.

365) ibid., p. 157.

366) 하느님을 존재가 아닌 생성으로 명확하게 구분하는 니터의 주장과는 달리 김승철은 하느님을 존재와 생성의 역동적인 통일로 본다. 그리스도교에서 하느님을 존재로 표현할 때 사용하는 성서구절은 출애굽기 3:14절 "나는 나다"인데 여기서 히브리어 'הָיָה' 동사는 '존재하다'만을 뜻하지 않고 '되다', '활동하다', '일어나다'를 의미한다. 그래서 그는 하느님은 단순한 '존재'라기보다 '존재와 생성의 역동적인 통일'이라고 말한다. 그리스도교의 하느님은 먼저 존재하고 그리고 나서 활동하는 하느님, 즉 주체로서 이해되기 보다는 그의 활동이 바로 그 자체 가운데서 스스로를 드러내는 주체로서 이해되어야 하기 때문에 이런 경우에 존재하는 주체와 그의 행동이 서로 분리 될 수 없다. 그의 존재는 그의 행위이고 그의 행동이 그의 존재이기 때문이다. 김승철, 『종교다원주의와 기독교』 I (서울: 나단, 1993), pp. 161-162. 여기서 신을 주체와 활동의 역동적인 통일로 보는 김승철의 신관 역시 신을 하나의 존재론적 주체로 환원하지 않고 활동, 즉 행동을 곧 신의 행위로 묘사한다는 점에서 존재와 생성을 엄격히 구분하는 니터의 신관과 크게 다르지 않은 것으로 보인다.

367) 김종만 · 유광석. "'상호존재신론'(interbeing-theism)- 틱 낫한 (Thick Nhat Hanh)과 폴 니터(Paul F. Knitter)의 인터빙 (interbeing) 개념을 중심으로." 「신학과 사회」 32(2018), pp. 170-171.

368) Paul Knitter, *Without Buddha, I Could not be a Christian* p. 18. 하느님은 관계이며 상호존재라는 통찰은 하느님의 삼위일체로 연결된다. 상세한 내용은 ibid., p. 19 참조하라.

369) ibid., pp. 13-14, 20.

370) ibid., pp. 19-20.
371) 폴 니터, 『예수와 또 다른 이름들』 pp. 39-40.
372) ibid., p. 40.
373) 폴 니터, 『종교신학입문』 p. 26.
374) ibid., p. 33.
375) 폴 니터, 『예수와 또 다른 이름들』 p. 55.
376) Langdon Gilkey, "Plurality and Its Theological Implications", 48, In Hick and Knitter, 1987, pp. 37-53; 폴 니터, 『예수와 또 다른 이름들』 pp. 55-56에서 재인용.
377) 폴 니터, 『종교신학입문』 pp. 33-34; Paul Knitter, *One Earth, Many Religions: Multifaith Dialogue and Global Responsibility* p. 49. 미셸 푸코의 권력 개념에 대해서는 김은규, 『구약속의 종교 권력』 (서울: 동연, 2013), pp. 26-40 참조하라.
378) 폴 니터, 『붓다 없이 나는 그리스도인일 수 없었다』 p. 133.
379) 길희성, 『보살예수-불교와 그리스도교의 창조적 만남』 pp. 16-17.
380) 위르겐 몰트만, 곽미숙 옮김, 『세계 속에 있는 하나님』 (서울: 동연, 2009), p. 149; 김용규, 『서양문명을 읽는 코드 신』 p. 729.
381) John Hick, *The Second Christianity*(1983), 김승철 역, 『새로운 기독교』 (서울: 나단, 1991), p. 23; 김영태, 「존 힉의 종교다원주의 철학의 기초」, 서울대학교종교문제연구소, 『종교다원주의와 종교 윤리』 (서울: 집문당, 1994), pp. 126-127에서 재인용.
382) 박성용, 「존 힉의 종교신학 연구」, 이정배 외, 『宗敎多元主義와 神學의 未來』 (서울: 종로서적, 1989), p. 353. 힉의 호모 아가페는 1966년 발표된 "Christology at the crossroads"라는 소논문을 통해서 나온 개념이다. 이 논문에서 힉은 그리스도의 유일성이 정도의 유일성이지 전통적인 서구 신학에서의 유일성이 아니라고 반박한다. 이에 대한 자세한 설명은 제해종, "존 힉의 코페르니쿠스적 혁명 비평", 「한국콘텐츠학회 논문지」 14(2014)을 참조하라. 여기서 김경재는 힉과 같은 맥락에서 기독론을 다음과 같이 설명한다: 예수의 유일 신관은 인간과 신의 '존재적 일치'를 추구하는 동일성의 원리 (principle of identity)를 기반으로 하는 것이 아니라, 참여의 원리(principle of participation)를 기반으로 하여 역사의 변혁을 추구하는 모습으로 나타난다. 동일성의 원리를 기반으로 한 '존재의 일치'를 추구하는 종교는 '궁극적 실재' 그 자체와 인간의 본질이 근원적으로 차이가 있는 것이 아니므로 개체 인격의 특유성과 인격적 존재의 의미 추구 행위의 총체인 역사 등에 관심이 많지 않다. 오로지 '궁극적 실재'와 '현실적 개체' 사이의 근원적 합일을 가로막는 망상과 무명의 백내장을 걷어내고 자기의 본질이 '아트만'이고 아트만은 본시 '브라만'임을 깨닫는 일이 중요할 뿐이다. 그러나 참여의 원리를 기반 하여 역사의 변혁을 추구하는 종교는

인격의 책임성과 고유성, 역사적 실재의 과정과 그 지향성을 중시한다. 인간의 목적은 '신적본성'과 같아지는 것이 아니라, '신의뜻'을 구현하는 것이다. 김경재, 『이름 없는 하느님』 pp. 103-104.

383) 박성용, 「존 힉의 종교신학 연구」, 『宗敎多元主義와 神學의 未來』 p. 351.

384) 김용규, 『서양문명을 읽는 코드 신』 p. 726.

385) ibid.

386) ibid., p. 725.

387) 폴 니터, 『종교신학입문』 p. 69.

388) 오강남, 『예수는 없다』 (서울: 현암사, 2001), p. 230.

389) 존 쿠퍼, 김재영 역, 『철학자들의 신과 성서의 하나님』 (서울: 새물결플러스, 2011), pp. 53-54.

390) 요하네스 스코투스 에리우게나(Johannes Scotus Eriugena, 810년경-877년경)와 니콜라우스 쿠자누스(Nicolaus Cusanus, 1401-1464)와 같은 몇몇 예외를 제외하고 중세 신학자들은 안셀무스의 노선을 따랐던 고전적 유신론자들이었다. 존 쿠퍼, 『철학자들의 신과 성서의 하나님』 p. 54.

391) ibid., pp. 53-54.

392) 고전적 철학적 유신론은 전통적인 유대교 및 이슬람 신학자들도 지지했다는 점에서 그리스도교의 전유물이라고 할 수 없다. 예수와 동시대인이었던 필로(Philo, B.C. 25년경-AD 45)는 유대신학을 표명하기 위해 플라톤 철학을 사용한 고전적 유신론자였고, 유대교 랍비였던 마이모니데스(Moses Maimonides, 1135-1204)와 이슬람 신학자들인 아비센나(Avicenna, 980-1037)와 아베로스(Averroes, 1126-1198)도 고전적 유신론자들이었다. ibid., p. 25.

393) ibid., 24-25.

394) ibid., p. 25.

395) ibid.

396) 고전적 철학적 유신론이 지닌 첫 번째 모순은 악의 문제이다. 하느님이 영원 전부터 모든 것을 안다면 피조물들에게는 자유의지가 없고, 피조물들이 선택하고 행하는 모든 것은 영원 전부터 결정되어 있기 때문에 하느님은 악의 원인이 된다. 둘째 모순은 성육신이다. 전통적 정통주의는 예수 그리스도는 참 하느님이며 참 사람으로 영원하신 하느님이 시간 속으로 들어오셨다고 이해한다. 그러면 관계적 하느님에 대한 이해의 설득력이 떨어진다. 셋째 모순은 철학적 정합성이다. 하느님이 전적으로 영원하신다면 시간의 시작과 끝, 그리고 연속적인 개별행위를 하느님이 수행한다는 것은 비논리적이다. 또 다른 철학적 정합성의 문제는 자유와 필연성의 문제이다. 하느님이 영원 전부터 인간의 행위들을 알고 있지만 인간들은 여러 가능한 행위들 가운데 자유롭게 선택한다는 주장이다. 예를 들어 내일 아침 식사로 달걀을 선택한다는 사실을 하느님이 영원

전부터 안다면, 내가 그 선택을 자유롭게 한다 해도 나는 불가피하게 달걀을 선택할 수밖에 없다. 그러므로 자유와 필연성(불가피성)은 서로 양립할 수 없다. ibid., p. 28.

397) ibid., pp. 27-28.

398) 철학계에서는 헤겔, 셸링, 제임스, 베르크손, 화이트헤드와 같은 학자들과 그리스도계 내에서는 리처드 스윈번, 니콜라스 월터스토프, 윌리엄 크레이그, 그리고 복음주의 학자들에게는 "열린 유신론"(open theism, 개방적 유신론) 혹은 "자유 의지 유신론"(free-will theism)의 주장들이 있다. 뿐만 아니라 20세기 초에는 많은 수의 신학자들이 관계적 하느님의 입장을 따랐는데, 여기에는 종교다원주의에서부터 복음주의 그리스도교에 이르기까지 광범위한 스펙트럼이 존재한다. ibid., pp. 26-27.

399) ibid., p. 26.

400) ibid., p. 30.

401) 신플라톤주의는 플라톤 철학을 주축으로 하고, 아리스토텔레스와 스토아 철학을 융합해 만든 플라톤 철학의 종교적 형태이다. 후대인들은 그들을 신플라톤주의자(Neo Platonist)라고 부르지만 자신들은 플라톤주의자(Platonist)라 불렀다. 왜냐하면 신플라톤주의는 플라톤주의의 손자격에 해당되기 때문이다. 결국 플라톤 철학은 고전적 유신론과 범재신론의 사상적 뿌리 역할을 했다고 볼 수 있다. 신플라톤주의의 창시자는 암모니우스 사카스(Ammoninos Sakkas)이지만 이것이 확립되고 알려진 계기는 사카스의 제자 플로티누스(Plotinos)에 의해서이다. 김용규, 『서양문명을 읽는 코드 신』 p. 43; 존 쿠퍼, 『철학자들의 신과 성서의 하나님』 p. 53.

402) 존재의 사슬은 플라톤의 신학적 우주론을 플로티누스가 신적인 위계질서로 새롭게 만든 것이다.

403) ibid., p. 44, 198-199.

404) ibid., p. 44.

405) ibid., p. 45.

406) F. L. Cross and E. A, Livingstone, eds., *Oxford Dictionary of the Chritian Church*, 2nd ed. (Oxford: Oxford University Press, 1985), p. 1027; 김희헌, 『민중신학과 범재신론』 (서울: 너의 오월, 2014) p. 145에서 재인용.

407) 오강남, 『예수는 없다』 p. 168.

408) 『새로 만난 하느님』 의 역자인 한인철은 "포스터모던 신학과 영성 -과정신학을 중심으로"의 논문에서 과정신학자 데이빗 그리핀의 "자연주의적 유신론" 용어를 인용하여 과정신학적 입장에서 신학과 영성을 논구한다. 여기서 그는 신의 유형을 네 가지로 분류하면서 보그의 초자연적 유신론에 대한 비판을 지지한다. 첫째는 '초자연주의적인 유신론'의 유형이다. 이것은 인간이성의 능력을 부정하

고 초자연주의적인 하느님을 신앙적으로 수용하는 것으로, 보그에 따르면, 초자연주의적 하느님이란 "오래 전에 세상을 창조하고 그때 이후로는 종종 세상에, 특별히 성서에 기록된 사건들 속에 간섭하는 '저 바깥 계신' 초자연적인 존재"를 가리킨다. 이 유형의 대표적인 학자는 칼 바르트로 하느님이 인간에게 일방적으로 관계하여 전제 군주적 하느님으로 묘사된다. 보그 또한 초자연적 유신론의 하느님을 군주적 모델이라 칭한다. 둘째는 '초자연주의적인 이신론'의 유형 이다. 이 유형은 '초자연주의적 유신론'의 근대 초기의 대안으로 나왔다. 이 유형을 대변할 수 있는 학자는 존 로크(John Locke, 1632- 1704)이다. 그는 계몽주의 이후 인간 이성의 능력을 긍정 적으로 평가하고 초자연주의적인 하느님을 부정하지 않으면서 인간 이성의 능력을 인정하되, 하느님이 할 수 있는 일과 인간이 할 수 있는 일을 첫 창조를 기점으로 구분한다. 첫 창조의 주체는 하느 님이고, 첫 창조이후 우주의 실질적인 주체는 인간이다. 셋째는 '자연주의적 무신론'의 유형이다. 대표적인 학자는 포이에르바하, 마르크스, 니체, 프로이드 등이다. 여기서는 초자연주의적인 하느님을 부정하고, 인간이성의 능력을 무한대로 인정하되, 초자연주의적인 하느님을 인간이성의 외적인 투사로 이해한다. 마지막으로 한인철은 '자연주의적 유신론'의 유형으로 그리핀의 표현을 인용한다. 여기 서는 초자연주의적인 하느님을 부정하고, 그 대신 매순간 인간과 관계하면서 인간(이성)과 함께 세계 속에서 새로운 세계를 창조 하는 자연적주의적 하느님을 긍정한다. '초자연적 유신론'에서 하 느님과 인간의 일방적인 관계와 달리 여기서는 하느님과 인간이 쌍방적 관계이고 하느님과 인간은 매 순간 상호관계 속에서 새로운 삶을 창조하는 공동창조자이다. 한인철, "포스터모던 신학과 영성 -과정신학을 중심으로", 세계의 신학(56), 2002, pp. 79-93; 마 커스 보그, 한인철 역, 『새로 만난 하느님』(서울: 한국기독교연구소, 2001), p. 20, 106. 보그 뿐만 아니라 초자연적 유신론을 비판한 또 다른 학자는 폴 틸리히(Paul Tillich)와 존 로빈슨(John A. Robinson)이다. 틸리히는 하느님은 하나의 존재가 아니라 "존재 그 자체(Being-Itself)" 혹은 "존재의 근거"(the ground of being) 라고 주장한다. 그는 "실존한다"의 영어 단어 exist의 어원은 ex(out) + sistere(to stand)로 "바깥에 서다"는 것으로 이 말은 하나의 분리된 존재로서 실존의 근거로부터 떨어져 바깥에 서는 것을 의 미하다고 지적한다. 그러면서 하느님은 실존한다는 개념을 부정하 고 대신 "하느님은 존재한다"(God is)라는 개념을 긍정한다. 그는 사물들은(돌들, 별들, 사람들 등) 분리된 존재들로서 실존하지만 하느님은 그러한 의미로서 실존하지 않고 오히려 하느님은 존재 한다며 하느님을 다른 존재들과 나란히 있는 한 존재로, 그리고 그러한 존재를 실재 전체의 한 부분으로 보는 초자연적 유신론을 그릇된 신학으로 공격한다. 그러면서 틸리히는 하느님은 실재의 한 부분이 아니라 "궁극적인 실재"(ultimate reality)이며 "하느님

위의 하느님"(the God above God)이므로 초자연적 유신론의 하느 님이 사라져도 여전히 남게 되는 하느님이라고 말한다. 로빈슨은 『신에게 솔직히』(Honest to God)에서 "저 위에" 혹은 "저 바깥 에" 계신 하느님 관념은 더 이상 현대세계의 신 이해와 어울리지 않는다며 (초자연적) "유신론의 종말"을 선언하고 하느님은 "저 바깥에" 높은 곳(in the heights)에서 있는 존재가 아니라 인격적인 경험의 깊은 곳(in the depth of personal experience)에서 알려 진다고 말한다. 마커스 보그, 『새로 만난 하느님』 pp. 54-55.

409) ibid., pp. 33-34. 우리말로 '만유(내)재신론'이라고도 하는 신의 초월성과 내재성을 동시에 긍정하는 범재신론은 학자에 따라 다음과 같이 다르게 명명 된다: 매쿼리(John Macquarrie)는 그의 *In Search of Deity: An Essay in Dialectial Theism*, (New York: Crossroad, 1985)에서는 "변증법적 신론"(dialectical theism)으로, 그리핀은 그의 책 *God and Religion in the Postmodern World*, (Albany: State University of New York Press, 1989)에서 "자연주의적 유신론"(naturalistic theism)으로 부른다. 일부는 "자연주의적 유신론"을 하느님은 바로 여기에 계시다는 것을 주장하면서도 동시에 하느 님은 우주 이상이라고 주장하는 유신론이라는 점에서 "양극적 유 신론"(dipolar theism)이라고도 지칭한다. 또한 panentheism을 pansyntheism (만유공재신론)으로 사용하자는 논의도 있다. 전자 는 하느님은 모든 것 안에, 모든 것은 하느님 안에 있다는 주장을 강조한 것이고, 후자는 하느님이 모든 것들과 함께(with), 그리고 모든 사람들과 함께(with)있다는 것에 비중을 두는 입장이다. 오 강남, 『또 다른 예수』(고양: 예담, 2009), p. 176; 마커스 보그, 『새로 만난 하느님』 p. 272; 김대식, 『생태영성의 이해』(대전: 대장간, 2014), p. 54.

410) ibid., p. 65.

411) ibid., pp. 65-66.

412) 내재성은 라틴어 어원 manere(이 어원에서 "mansion"을 뜻하는 대저택, 아파트가 파생되었다)에서 나온 것으로 "~와 더불어", "~ 안에 거주함"을 의미한다. 보그는 이런 점에서 하느님의 내재성은 하느님의 무소부재(無所不在)라고 말한다. ibid., p. 59.

413) ibid., p. 66.

414) 범재신론의 정의의 다양성에서 파생되는 여러 종류의 구분법은 존 쿠퍼의 연구 결과에 따른 것임을 밝힌다. 앞서 밝혔듯이, 쿠퍼는 학자들마다 범재신론에 대한 이해가 다르다고 본다. 그래서 범재 신론의 종류를 크게 다섯 가지로 분류한다. 첫째는 명시적 범재신 론과 암묵적 범재신론, 둘째는 인격적 범재신론과 비인격적 범재 신론, 셋째는 부분-전체적 범재신론과 관계적 범재신론, 넷째는 의지적 범재신론과 본성적 범재신론, 다섯째는 고전적 범재신론과 현대적 범재신론이다. 그러나 이 책에서는 내용 전개를 위해 범재

신론의 용어 창안을 전후하여 이 표현에 동의하는 학자와 동의하지 않는 학자로 구분하는 명시적, 암묵적 범재신론과 하느님을 인격적 혹은 비인격적으로 구분하여 사용하는 인격적, 비인격적 범재신론, 그리고 피조물들의 자유가 신에게 영향을 주는가의 유무에 따라 구분되는 고전적, 현대적 범신론 등 세 부분으로만 나누어도 무방하다고 보고 세 가지만 기술하였다. 범재신론의 종류에 대한 더 자세한 설명은 존 쿠퍼, 『철학자들의 신과 성서의 하나님』 pp. 44-50 참조하라.

415) 알프레드 노스 화이트헤드, 문창옥 역, 『종교란 무엇인가』 (고양: 사월의 책, 2015), pp. 123-124.

416) 존 쿠퍼, 『철학자들의 신과 성서의 하나님』 pp. 271-272; 김희헌, 『민중신학과 범재신론』 p. 122.

417) 과정사상은 1927-1928년의 기포드 강좌와 『과정과 실재』(process and reality)에서 제안되고 발전한 유기체 철학에서 시작한다. 존 쿠퍼, 『철학자들의 신과 성서의 하나님』 pp. 271-272.

418) ibid.

419) ibid., pp. 272-273.

420) ibid., p. 273.

421) ibid., pp. 273, 281-282.

422) ibid., p. 283, 그러나 신은 모든 관점에서 변화는 것이 아니라 변하지 않는 측면, 즉 영원무궁한 측면인 원초적 본성, 혹은 추상적 상태가 있다. 반면 신이 변하는 측면은 결과적 본성, 혹은 구체적 상태라고 한다. 데이빗 그리핀, 장왕식 · 이경호 역, 『화이트헤드 철학과 자연주의적 종교론』(고양: 동과서, 2004), p. 259.

423) 김희헌, 『민중신학과 범재신론』 p. 122.

424) A. N 화이트헤드, 오영환 역, 『과정과 실재-유기체적 세계관의 구상』 (서울: 민음사, 1991), pp. 588-589.

425) ibid., p. 590.

426) 김경재, 「틸리히와 화이트헤드」, 『과정철학과 과정신학』 p. 55. 화이트헤드는 역사 가운데 나타난 신의 실재를 세 가지 유형으로 분류한다. 첫째는 신을 이 세계와 동일한 비인격적 질서로 보는 동양적 견해이다. 이것은 내재적 교리의 대표적 실례이다. 둘째는 신을 이 세상을 창조한 창조자와 초월적인 인격적 실재로 보는 유대적 신 개념이다. 이것은 초월성의 극단적인 실례이다. 셋째는 이상의 두 견해를 조화시킨 일원론적 입장이다. 이는 이 현실 세계를 신의 존재에 대한 부분적인 서술로, 이 우주를 신의 존재의 한 국면인 '나타남'의 상호성으로 보는 입장이다. 그의 하느님 이해는 세 번째 해당하는 일원론적 입장으로 세계와 우주는 신의 실재의 한 국면을 드러내는 한 표현이며, 신은 이 세계의 질서와 가치 부여자로서 세계의 전 창조 과정에 내재하기 때문에 이 세계와 만물은 신의

실재와 함께 그리고 그 안에 있는 것이다. 류기종, 「화이트헤드의 종교관」, 김경재 편, 『과정철학과 과정신학』 (서울: 전망사, 1988), pp. 215-216.

427) ibid., p. 215.

428) 그 이유는 다음과 같다: 화이트헤드는 전통신학에서 신의 '전능'은 세상의 움직임에 대한 신의 독단적인 결정으로 세상에 변화가 일어나는 유일한 힘을 신의 작용인으로 간주하지만 자신의 유기체 철학에서는 신의 힘은 '강압적인 작용인'(coercive efficient cause)으로서 그에 상응하는 필연적 결과를 가져오는 힘이 아니라, '설득적인 목적인' (persuasive final cause)으로서 세상의 창조성을 탄생키기는 신의 사랑의 힘으로 이해하기 때문이다. 김희헌, 『민중신학과 범재신론』 p. 152.

429) ibid., pp. 149-150. 정신적 축으로서의 '시원적 본성'과 물질적 축으로서의 '연관적 본성'을 우리말로 달리 표현하면 '원초적 본성'과 '결과적 본성'이라고도 한다. 전자는 '영원한'과 유사한 용어로 '원초적'이란 변화 할 수 없는 것을 의미하지만 신이 세계의 특정한 상태보다 앞서 있다는 것을 지칭하기 때문에 변하지 않지만 세계에 영향을 준다는 뜻이다. 반면 후자의 '결과적'이란 말은 신이 세계에 의해 영향을 받을 수 있다는 것을 의미한다. 여기서 그리핀은 화이트헤드의 신의 두 본성과 현실적 존재 양극에 대해 두 가지 모순을 지적한다. 첫째는 신의 원초적 본성이 세계에 영향을 주면서도 변화하지 않는다는 사실은 어떻게 전적으로 변화하지 않는 측면의 신이 최초의 지향을 제공할 수 있느냐는 것이다. 둘째는 신의 원초적 본성을 신의 정신적 극으로 이해하는 것은 최초의 지향이 존재론적 원리에 위배되는 단순한 추상으로부터 파생했다는 관념의 문제를 지적한다. 데이빗 그리핀, 『화이트헤드철학과 자연주의적 종교론』 p. 263.

430) 화이트헤드에게 초월은 고전형이상학에서 절대자의 특징과는 달리 제약에서 벗어나는 독립성, 혹은 타자의 간섭을 받지 않는 자율성을 의미한다. 알프레드 노스 화이트헤드, 『종교란 무엇인가』 p. 100.

431) 김희헌, 『민중신학과 범재신론』 p. 120.

432) 김희헌은 화이트헤드의 유기체 철학이 신학적으로 큰 함축성이 있다고 보고 유기체 철학은 '유신론적 형이상학'을 구축하고 있을 뿐만 아니라 기계론과 환원론, 그리고 무신론적 유물론 등의 근대 과학적 산물에 의해 형성된 신에 대한 부정적 이미지를 다시 복원하는데 큰 역할을 했다고 평가한다. 화이트헤드가 이렇게 할 수 있었던 원동력은 과학과 종교를 동시에 포괄하는 형이상학적인 웅대함 때문이라고 본다. ibid., p. 123.

433) ibid., pp. 122-123 참고.

434) 하트숀이 주창한 과정신학의 범재신론은 실체론적 형이상학에 기초한 단극적(monopolar) 신관에 대한 극복에서 기인한다.

435) 하트숀은 자신의 대표적 저서인 *The Divine Relativity: A Social Conception of God*을 통해 이 세계에 대한 신의 관계적(상관적) 특성을 강조하였다. 하트숀은 신의 내재성에 중심을 두면서도 신의 초월성 또한 포기하지 않는 자신의 신론을 범재신론으로 소개한다. 김찬홍, "범재신론으로서의 유영모의 하나님이해 – Charles Hartshorne 의 범재신론과 비교하여", 「한국조직신학논총」 44(2016), p. 149.

436) 김희헌, 『민중신학과 범재신론』 p. 146.

437) ibid., pp. 146-147.

438) ibid., p. 147.

439) 강영안에 따르면, 스피노자는 삶의 문제에 깊은 관심을 두었다. 그는 인간이 어떻게 자유인의 삶을 누리고 어떻게 행복(beatitudo)한 삶을 영위할 수 있는가에 관심을 두었기 때문에 결국 그의 철학적 문제인 윤리학은 실천적 영역의 성향이 강하다. 강영안, 「스피노자의 신」, 서강대학교 철학연구소, 『哲學的 神論』 (서울: 철학과 현실사, 1995), pp. 144-145.

440) Spinoza, Ethics, 여러 곳; 김희헌, 『민중신학과 범재신론』 p. 148에서 재인용.

441) 하트숀은 범재신론을 보편화시킨 이후, 범재신론이라는 용어가 과정신학만의 전유물이 될 수 없다고 말한다. 왜냐하면 오늘날에는 많은 신학사상이 범재신론을 공공연히 표방하고 있는데, 특히 클레이튼(Philip Clayton)은 범재신론의 구체적 양상을 13가지 유형으로 구분했기 때문이다. 따라서 범재신론을 어떻게 이해/해석할 것이냐 하는 문제는 매우 중요하다. 특히 문자적으로 "모든 것이 신 안에 담겨있다"는 범재신론의 주장에서, '안'(in)은 다양하게 해석 될 수 있다. 왜냐하면 옥스퍼드 사전에서 '안'(in)은 63가지 의미를 갖고 있기 때문이다. ibid., p. 145.

442) ibid., p. 152.

443) 김경재, 「최수운의 범재신론」, 김경재 편, 『과정철학과 과정신학』 (서울: 전망사, 1988), pp. 102-103; 김희헌, 『민중신학과 범재신론』 p. 153 참고. 대부분은 후자의 책에 의존하여 서술하였음을 밝힌다.

444) ibid., p. 154.

445) Chars Hartshorne, *A Natural Theology for Our Time*, (La Salle, IL: Open Court, 1967), pp. 25-25; 김희헌, 『민중신학과 범재신론』 p. 154에서 재인용.

446) 이 도표는 하트숀의 미출판 논문(1991년), "Peirce, Whitehead, and the Sixteen Views about God"에 나온 것을 Roland Faber가 *God as Poet of the World: Exploring Process Theologies* (Louisville: Westminster John Knox Press, 2008), p. 124에서 인용하였다. 이것은 다시 김희헌, 『민중신학과 범재신론』 p. 155

에서 재인용되었는데, 이 책에서는 『민중신학과 범재신론』에 나온 도표를 그대로 사용하였음을 밝힌다.

447) 이 도표를 설명하면 다음과 같다: A의 유신론에서 신은 필연성이 강조되는 신학적 초월주의이다. B의 신은 우연성과 상대성, 즉 비이원적 내재성이 강조된 신학적 내재주의이다. C에서 신의 속성은 A와 B를 둘 다 가져 초월성과 내재성을 가진 범재신론적이다. D에서는 신이 존재하지 않는다고 여기는 무신론이나, A와 B의 대비를 무의미하게 만드는 불가지론적 사유이다. 김희헌, 『민중신학과 범재신론』 p. 155.

448) ibid., pp. 155-156.

449) 하트숀이 전제하는 '절대적'이란 의미는 일반적 의미에서의 '절대적'이란 말과 다르므로 다음과 같은 주의가 요청된다: 하트숀은 Man's Vision of God the Logic of Theism에서 유신론의 유형을 세 가지로 정리한다. 첫 번째 유형의 유신론(절대론, 토미즘, 1880년 이전의 유럽신학) - 모든 면에서 절대적으로 완전하며 최고의 존재가 실재한다는 유형은 인간을 포함한 피조세계의 어떤 존재도 하느님에게 추가적인 가치를 부여하는 것은 불가능하다. 두 번째 유형의 유신론(오늘날의 많은 개신교 신학) - 모든 면에서 절대적으로 완전한 존재는 없으나, 어떤 면에서는 완전하고 어떤 면에서는 완전하지 않는 존재가 실재한다. 이것은 이 존재가 모든 면에서 절대적으로 완전한 것은 아니지만 모든 면에서 상대적으로 완전 할 수 있음도 암시하는 하느님의 상대적 완전함을 의미한다. 세 번째 유형의 유신론(몇몇 형태의 다신교, 무신론) - 어떤 면에서도 절대적으로 완전한 존재는 실재하지 않는다. 모든 존재들은 모든 면에 있어서 다른 존재들에 의해 혹은 다른 상황에서의 자기 자신에 의해서도 능가될 수(surpassable)있다는 유형은 절대적으로 완전한 존재는 없으며 따라서 완전한 하느님도 존재하지 않는다는 것을 의미한다. 그러므로 신은 숭배와 경외의 대상이 될 만한 가치가 없다. 첫 번째 유형은 고전적 유신론, 세 번째 유형은 무신론에 해당하는데, 하트숀은 둘 다를 반대한다. 왜냐하면 전자는 하느님을 절대적으로 완전한 존재로 정의하는 것은 모든 면에 있어서 하느님과 이 세계의 관계를 부정하는 것이므로 우리의 고통 가운데 함께 하시는 하느님이라는 성서적 하느님과 모순되기 때문이고, 후자는 모든 면에서 불완전하고 가변적인 신적 존재인 하느님에게는 어떤 사람도 절대적으로 의존하지 않기 때문이다. 하트숀은 고전적 유신론과 무신론의 두 극단적 입장의 대안으로 두 번째 유형을 수용하는데, 그의 하느님 이해는 고전적 유신론의 한계와 모순을 극복하려는 시도였다는 점에서 "신고전적 유신론(neoclassical theism)"으로 불린다. 따라서 여기서 '절대적'이란 말은 '상대적 절대' 혹은 '상대적 완전'이라고 규정할 수 있다. 그러나 '상대적 절대' 혹은 '상대적 완전'을 하느님이 완전하지

않다거나 불완전한 것으로 오해해서는 안 된다. 왜냐하면 하트숀에게 '상대적 완전'은 하느님 자신을 제외한 다른 어떤 존재로도 능가되지 않음, 즉 "모든 것에 있어 자기를 능가하는 자(the self-surpassing surpasser of all)"를 의미하는 것으로 하느님은 변화하지만, 이 세계의 존재들 중 하나가 아니며 동시에 이 세계 자체가 아님을 뜻하는 것이기 때문이다. 김찬홍, "범재신론으로서의 유영모의 하나님이해 - Charles Hartshorne의 범재신론과 비교하여", pp. 157-161 참고.

450) Whitehead, 김희헌 역, 『진화하는 종교』 (서울: 대한기독교서회, 2012), pp. 83, 87, Harshorne, *Divine Relativity: A Social Conception of God* (New Haven: Yale University, (1948) 1964), ix; *A Natural Theology for Our Time* (La Salle, IL: Open Court, 1967) pp. 1, 60, *Charles, Harshorne, Omnipotence and Other Theological Mistakes*, (Albany: State University of New York Press, 1984), p. 44; Creativity in American Philosophy, pp. 227, 248, 281; 김희헌, 『민중신학과 범재신론』 p. 156에서 재인용.

451) 김찬홍, "범재신론으로서의 유영모의 하나님이해 - Charles Hartshorne의 범재신론과 비교하여", p. 163. 하느님이 양극적 본성을 지닌 이유는 전적으로 필연적이고 불변하는 하느님은 우연적이고 가변적인 세계를 전혀 알 수 없기 때문에 하느님은 우연적인 면들을 가지고 있을 수밖에 없다. 그러나 하느님은 유한한 존재가 아니므로 전적으로 우연한 존재도 아니다. 따라서 하느님은 무제한적이고 제한적인 두 속성을 다 포함하는 양극적 본성을 지닐 수밖에 없다. 하지만 과정신학의 범재신론에서 하느님의 무제한성과 제한성의 양극적 본성을 전제하는 것에는 동의하지만 초월성과 내재성을 동시에 지닌다는 양극성에는 동의하기 어렵다. 왜냐하면 세계가 없고 인간의 인식이 결여된 초월성은 아무런 의미가 없기 때문이다. 그래서 상호존재신론은 과정신학의 범재신론의 초월성과는 달리 내재성에만 의미가 부여된다.

452) ibid., p. 162.

453) ibid. 화이트헤드는 그리스도교의 사랑의 복음이 공포의 복음으로 뒤바뀌었다고 본다. "주를 두려워하는 것이 앎의 시작이다"(잠 1:7)의 성서 구절은 만약 "하느님은 사랑이시다"는 말이 사실이라면 이상한 것이라며 하느님의 사랑을 강조한다. 알프레드 노스 화이트헤드, 『종교란 무엇인가』 p. 86.

454) 김찬홍, "범재신론으로서의 유영모의 하나님이해 - Charles Hartshorne의 범재신론과 비교하여", p. 165.

455) ibid.

456) 김희헌, "다석 유영모의 자연주의적 유신론에 대한 소고(小考): 과정 범재신론 및 심층범신론과의 대화", 「신학논단」 87(2017), p. 112.

457) 김찬홍, "범재신론으로서의 유영모의 하나님이해 – Charles Hartshorne의 범재신론과 비교하여", pp. 169-171 참고.

458) 김희헌, "다석 유명모의 자연주의적 유신론에 대한 소고(小考): 과정 범재신론 및 심층범신론과의 대화", p. 103.

459) 오강남, 『예수는 없다』 pp. 159-162.

460) ibid., p. 162.

461) 김희헌, "유영모와 민중신학– 한국적 범재신론과 실천적 수행종교", 「신학연구」 52(2015), p. 157.

462) 김희헌, "다석 유명모의 자연주의적 유신론에 대한 소고(小考): 과정 범재신론 및 심층범신론과의 대화", p. 107. 이런 시도는 사무엘 알렉산더(Samuel Alexander, 1859-1938)에 의해 이루어졌다. 화이트헤드는 알렉산더의 사상적 성과에 기초하여 자신의 사상을 전개하였다.

463) 마르크스주의는 형이상적 이분법을 거부하고 이 세상을 유산계급(bourgeoisie)과 무산계급(proletariat), 자본주의와 공산주의, 착취자와 비착취자, 정(正)과 반(反)의 계급투쟁으로 해석하는 투쟁적 이원론이다. 윌프레드 캔트웰 스미스, 김승혜 · 이기중 역, 『지구촌 신앙』(칠곡: 분도출판사, 1993), p. 104.

464) 더 자세한 내용은 ibid., pp. 101-103 참조하라.

465) 이원론(dualism)은 고대 이란의 투쟁적 이원론(conflict dualism) 외에도 중국 음양도의 보완적 이원론(complement dualism)이 있다. ibid., p. 103.

466) 여기서 한 가지 주목하여 살펴보아야 할 개념이 있다. 칸트의 '물자체(Ding an sich)'와 하이데거의 '현존재(Dasein)'과 틸리히의 존재 자체(being-itself) 개념이다. 칸트의 '물자체(Ding an sich)'는 알 수 없는 것의 총체로, 그것은 사물의 본질(essence)에 대한 인식불가능성을 의미한다. 이에 반해 하이데거의 '현존재(Dasein)'은 거기에(da) 있다(sein), 틸리히의 존재 자체(being-itself)는 존재(being), 비존재(nonbeing)라는 존재론적인 범주로 설명될 수 없는 '존재 그대로'를 가리킨다. 즉 물자체는 인식론적 영역에서 알 수 없다는 불가지론적 차원을 말하고, 현존재와 존재자체는 있다, 없다의 범주로 말할 수 없다는 부정적인(apophatic) 차원을 말한다.

467) 힉의 사상에 대한 부정적, 중립적, 긍정적 입장을 표방하는 학자들에 대해서는 박재순, "존 힉(John Hick)의 은유적 성육신 개념: 원인과 결과에 대한 개혁 신학적 고찰", 「한국개혁신학」 49(2016)을 참조하라.

468) 김영태, 「존 힉의 종교당원주의 철학의 기초」, 『종교다원주의와 종교윤리』 p. 130.

469) 폴 니터, 『종교신학입문』 p. 196.

470) ibid.

471) 김경재, 『이름 없는 하느님』 pp. 229-230.

472) 이 도표는 김영태, 「존 힉의 종교다원주의 철학의 기초」, 『종교 다원주의와 종교윤리』 pp. 130-131에서 인용하여 사용하였음을 밝힌다.

473) 존 힉, 『새로운 기독교』 pp. 107-108.

474) 류영모 지음, 김흥호 편, 『다석일지 공부』 2권 (서울: 솔, 2001), p. 446; 윤정현, 「없이 계시는 하느님 : 다석 류영모의 절대자 이해」 『생각하는 백성이라야 산다』 (서울: 나녹, 2010), p. 196; 박정환, "윌리엄 제임스의 회심이론을 통해 본 다석 류영모 연구 = A Study on Dasuk Ryu Youngmo(다석 류영모)through William James' Conversion Theory", 서강대학교 대학원 박사학위 논문, 2014, p. 240.

475) 공성(空性)을 과학적으로 이해하면 양자물리학과 상대성이론에 따라 설명할 수 있다. 이 두 이론에 따르면, 물질과 에너지는 상호 전환 될 수 있고 동등하다. 원자물리학은 더 이상 물질 개념을 다루지 않는다. 원자 내부에는 커다란 빈 공간이 있다. 그리고 소립자는 고도로 집중되고 안정된 상태에 있는 에너지에 지나지 않는다. 물질은 단지 경향적으로 존재 할 뿐이다. 아인슈타인의 공식은 물질과 에너지가 기본적으로 같은 현실의 두 가지 측면임을 의미한다. 레오나르도 보프, 김항섭 역, 『생태신학』 (서울: 가톨릭출판사, 1996), p. 46. 불교의 공성 이론이 오늘날 과학적 이론으로 대비하여 설명될 수는 있으나 공성은 존재론적 차원의 유·무를 의미하는 것이 아니기 때문에 과학적 이론으로 공성을 설명하는 것은 한계가 있다고 판단된다.

476) 틱낫한이 해석한 영어 원문은 다음과 같다. "All phenomena that arise interdependently, I say that they empty. Words come to an end, because their message is false. Words come to an end, because there is a Middle way. 틱낫한, 『중도란 무엇인가』 pp. 151-153.

477) 길희성, 『보살예수-불교와 그리스도교의 창조적 만남』 pp. 170-171.

478) 폴 니터, 『오직예수이름으로만?』 p. 88.

479) 이찬수 · 유정원, 『종교신학의 이해』 pp. 250-253 참고.

480) ibid., pp. 251-252.

481) 카렌 암스트롱, 『신의 역사』 II p. 606.

482) 김희헌, "다석 유명모의 자연주의적 유신론에 대한 소고(小考): 과정범재신론 및 심층범신론과의 대화", p. 105.

483) 폴 니터, 『붓다 없이 나는 그리스도인일 수 없었다』 p. 72.

484) 비이원적 신관은 단극적 신관(monopolar theism)과는 다르다. 단극적 신관은 신의 초월성을 강조하는 초월적 유신론의 입장에 있거나 반대로 신의 내재성만을 강조하는 범신론의 입장에서 초월성

이나 내재성으로 경도된 신의 한 측면적 관점에서 신을 논의하는 것이다. 반면 비이원적 신관은 초월적 측면과 내재적 측면이라는 편중된 관점에서의 하나가 아니라 둘이 아니라는 관점에서 접근하는 신관이다. 그래서 비이원적 신관을 과정신학의 양극적 신관과 대비해서 단극적 신관이라고 할 수 없다.

485) 김경재, 『이름 없는 하느님』 p. 188.

486) 틱낫한, 『귀향』 pp. 111-112.

487) 그 대표적인 예가 다석 유영모의 신관이다. 다석은 불교의 공과 도교의 무 개념을 그리스도교 신에 적용하여 불이적인 동양적 신관을 창출했다. 다석이 창안한 지역 신관의 장점은 지역 언어를 사용하여 자신 만의 독특한 언어체계를 통해 구성되었다는 데 있다. 하지만 서양의 신관과 융합하여 새로운 신관의 조어로 이어지 않았다는 아쉬움이 있다. 이에 반해 상호존재신론은 지역 신관이지만 다석의 신관처럼 지역 언어를 사용하지 않았다는 단점은 있으나, 새로운 신관을 조어하여 제시했다는 데 의의가 있다. 계속해서 다석의 신관은 "사물의 존재방식을 단순정위의 개념, 즉 어떤 실체가 일정한 공간을 점유하는 방식으로 이해했던 고전물리학적 사유와는 다른 동양의 역설적 존재론"이다. 그에 따르면 "무와 유는 언제나 같은 운명을 타고 있다. 무 없이 유 없고, 유 없이 무 없다. 유가 없는 무는 무가 아니다. 그것은 허무다. 유가 있는 무, 그것이 허공이다. 무가 없는 유, 그것은 유가 아니다. 무가 있는 유, 그것이 우주다. … 물심(物心)도 마찬가지다. 물을 통해서 심에 들어가고, 심을 통해서 물에 들어간다. 심은 물을 물 되게 하고, 물은 심을 더욱 심 되게 한다. 물 없이 심 없고, 심 없이 물 없다. 천과 인도 마찬가지다. 천인은 그 본성에 있어서 하나다." 그래서 다석에게는 있음과 없음, 물질과 정신, 신과 세계는 분리되지 않는 역설적 상호 포함의 관계를 형성한다. 또한 다석은 꽃과 허공에 관한 비유를 통해 꽃 중심의 인식에서 그 꽃을 둘러싼 허공 중심의 인식으로의 전환을 요청한다. "꽃을 볼 때 보통 꽃 테두리 안의 꽃만 바라보지 꽃 테두리 겉인 빈탕(허공)의 얼굴은 보지 않습니다. 꽃을 둘러싼 허공도 보아주어야 합니다. 무색의 허공은 퍽 오래전부터 다정했지만, 요새 와서는 더욱 다정하게 느껴집니다. 허공을 모르고 하는 것은 모두가 거짓입니다. 허공만이 참입니다. 김희헌, "다석 유영모의 자연적 유신론에 대한 소고(小考): 과정 범재신론 및 심층범신론과의 대화", pp. 96-97, 100. 이와 같이 다석의 비이원론적인 신에 대한 서술은 존재와 비존재를 모두 포함하는 하느님의 전체성을 나타낸다. 그래서 틱낫한은 하느님이 존재의 근거라는 틸리히의 말에 대해 그렇다면 비존재의 근거는 무엇인가라고 반박하며 하느님은 존재와 비존재의 근거가 된다고 말한다. 이렇게 하느님은 존재와 비존재를 모두 포괄하는 자연과 초자연, 신과 세계, 존재와 비존재를 나눌 수 없는 비이원론적인 전체이다.

488) 김승철 역, 『종교다원주의와 기독교』 Ⅰ p. 199.

489) 여기서 다원주의라 하지 않고 다원성이라 한 이유는 다음과 같다. 이 용어들을 종교적 차원에 국한하면, 다원주의(pluralism)는 사회적으로 종교현상을 보는 입장을 기술하는 것으로 가치판단이 들어가 있다. 특히 개신교 입장에서 배타주의와 포괄주의에 대한 반대 입장을 나타내는 개념이다. 반면 다원성(plurality)은 여러 종교가 공존하는 현상을 기술한 것으로 가치중립적이다. 다원화(pluralization)는 다원성으로 가고 있는 과정을 기술한 것이다. 그래서 가치판단과 입장이 내포된 다원주의는 이미 배타성이 함의되어 있기 때문에 가치중립적인 '다원성'이라는 용어를 사용했다.

490) 폴 니터, 『오직예수이름으로만?』 pp. 26-27.

491) 길희성, 「하나님을 놓아주자」, 『새길이야기』 p. 126.

492) 폴 틸리히도 모든 언어는 상징이라는 말에 따라 하느님도 하느님 너머의 하느님(God beyond God)이라는 표현으로 하느님이라는 단어의 진술도 여러 상징들 가운데 하나라고 생각했다. 그러나 틸리히는 초기에는 하느님이라는 진술은 상징적 언어에서 예외라고 생각했다. 폴 니터, 『붓다 없이 나는 그리스도인일 수 없었다』 p. 146.

493) 그러나 길희성은 모든 표전적 언사가 유비적이고 메타포이지만, 그렇다고 메타포나 유비가 신의 실재와 무관하다고 생각해서는 안 된다고 말한다. 왜냐하면 유비나 상징이나 메타포가 문자적 진리는 아니지만, 실재에 대한 무언가를 드러내주는 인식적 기능이기 때문이다. 길희성, 『신앙과 이성사이에서』 pp. 258-259.

494) 폴 니터, 『종교신학입문』 pp. 197-198.

495) 폴 니터, 『붓다 없이 나는 그리스도인일 수 없었다』 pp. 151-152.

496) 상호존재신론과 대비되는 과정범재신론은 신을 생성과 관계로 이해하는 점에서는 일치하지만 과정범재신론이 서구의 백인, 중상층 위주의 높은 수준의 철학적 신학이라는 점에서 운동성과 실천성이 결여되어있다. 그 점에서 과정범재신론은 해방신학을 비롯한 제3세계 진영의 노선에서 부르주아 신학이라는 비판에서 자유롭지 못하다.

497) 이 책에서의 상호존재신론의 기도와 영성, 예배 부분은 김종만·송재룡, "상호존재신론에서 보는 기도와 영성: 새로운 종교이해 전망을 위한 시론", 「사회사상과 문화」 21(2), 2018의 연구 논문과 김종만, "틱낫한의 'Interbeing' 관점으로 보는 개신교 재해석 –성육신, 원수사랑, 예배"「사회사상과 문화」 21(3), 2018을 수정 보완하여 기술하였음을 밝힌다.

498) 기도는 설교나 강론, 성례전, 찬양, 성전, 그리고 성직자가 없어도 지금까지 존속해 온 가장 중요한 종교적 요소이다. 일찍이 오리겐, 터툴리안, 니사의 그레고리, 키프리안, 테오도르, 아우구스티누스, 크리소스토무스 등과 같은 초대 교부들은 기도의 중요성을 인지하

고 주기도문 강해를 통해 기도를 가르쳤다. 그 가운데 크리소스토무스는 기도는 하느님과의 대화라며 기도의 중요성을 강조했고, 특히 오리겐은 『기도에 관하여』(De Oratione: On Prayer)에서 기도의 내용을 다섯 가지로 가르치면서 그 중요성을 상기시켰다: "하느님을 찬양하고, 은혜에 감사하고, 우리의 죄를 고백하고, 우리의 소원을 간구하고, 다른 사람을 위한 중보의 기도를 해야 한다." 이후 이러한 기도의 과정은 교회의 전통이 되었다. 또한 오리겐은 신자의 전 생애는 하나의 기도라며 그리스도인의 삶에서 기도의 삶이 얼마나 중요한지를 각성시킨다. 웨인 R. 스피어, 지인성 역, 『기도의 신학』 (서울: 대한기독교서회, 1990), pp. 7-8; 이후정 외, 『기독교 영성의 역사』 (천안: 도서출판 은성, 1997), p. 43.

499) 유동식, 『한국종교와 기독교』 (서울: 대한기독교서회, 2006), pp. 33, 52.

500) 기도에 대한 국내의 연구들은 대부분 그리스도교와 연관해 이루어져 종교 간 또는 타 종교와 연관해 이뤄진 연구는 거의 전무하다. 일부 행해진 종교 간 기도 연구는 다음과 같다:불교명상과 천주교 관상기도 경험을 현상학적으로 연구한 김혜옥의 박사학위 논문, 원불교의 21자 주문과 주기도문의 소통성을 연구한 김동호의 논문, 20세기 중국 그리스도교 사상가 오뢰천(吳雷川)의 기도와 유교의 수양론을 비교한 논문 등이 있다. 구체적으로는 김혜옥, "불교명상과 천주교 관상기도 경험에 관한 현상학적 비교연구 = A Phenomenological Comparative Study on the Experience of Buddhist Meditation and Catholic Contemplation", 서울불교대학원대학교 박사학위논문, 2016; 김동호, "동학의 21자 주문과 기독교 주기도문의 상징성과 소통성 고찰", 「원불교사상과 종교문화」 48(2011), pp. 273-314; 강현석, "개신교와 불교 기도문에 나타나는 호칭어와 지칭어의 비교 연구", 「사회언어학」 21(2013), pp. 25-54; 강현석, "기독교와 불교 기도문의 사회언어학적 비교 연구-문형, 화행과 청자 경어법을 중심으로", 「사회언어학」 20(2012), pp. 1-31; 강지연, "오뢰천의 기독교와 유교 비교 연구 — 논어, 중용 해석을 중심으로", 「동방학」 24(2012), pp. 265-287; 강지연, "오뢰천 기독사상 중 중국적 수양론", 「동방학」 37(2017), pp. 67-87 등이 있다.

501) 유동식, 『風流道와 韓國神學』 (서울: 전망사, 1992), p. 26.

502) 마크스 보그, 『새로 만난 하느님』 p. 34.

503) 기도에는 경배의 기도, 감사의 기도, 고백의 기도, 순종의 기도, 그리고 청원기도 등의 형태가 있지만 여기서는 청원기도에 집중한다. 웨인 R. 스피어, 『기도의 신학』 p. 17.

504) 이영미, "구약성서와 기도 — '우리'의 고백기도(애 3:40-47; 느 9:32- 38)를 통해 본 성서적 기도", p. 41; 김병훈, "기도의 본질에 관한 심층적 고찰", 「신학실천」 15(2008), p. 2; 길희성, 「하나님을 놓아주자」, 『새길이야기』 p. 119.

505) 틱낫한, 김은희 역, 『기도』 (서울: 명진출판, 2006), p. 157.

506) 이영미, "구약성서와 기도 — '우리'의 고백기도(애 3:40-47; 느 9:32-38)를 통해 본 성서적 기도", 「신학연구」 52(2015), p. 42, 웨인 R. 스피어, 『기도의 신학』 p. 17. 이영미는 이런 사전적 정의는 하느님과 인간과의 상호적 대화의 성격을 띠는 극히 일부분적인 기도 이해라고 말한다.

507) 마크스 보그, 『새로 만난 하느님』 pp. 192-193.

508) ibid.

509) 이수영, 「니체, 권력의지와 영원회귀의 철학자」 막시밀리아 르루아-미셸 옹프레, 임명주 역, 『프리드리히 니체』 (서울: 작은 길, 2014), p. 132; 김웅래, "무신론자들의 신", 「누리와 말씀」 38(2015), p. 203에서 재인용.

510) 김병훈, "기도의 본질에 관한 심층적 고찰", p. 4.

511) 마크스 보그, 『새로 만난 하느님』 p. 175.

512) ibid., p. 193.

513) 존 로빈슨, 현영학 역, 『신에게 솔직히』 (서울: 대한기독교서회, 1984), p. 115.

514) 마크스 보그, 『새로 만난 하느님』 pp. 193-194.

515) 니터는 교회 공동체가 드리는 전례기도나 개인기도에서 대화로서의 기도를 할 때면 강요받는 것 같아서 부적절함을 느끼고 말을 더듬게 되거나 따분함을 느꼈다고 고백한다.

516) 폴 니터, 『붓다 없이 나는 그리스도인일 수 없었다』 pp. 258-259.

517) ibid., p. 259.

518) 길희성, 「하나님을 놓아주자」, 『새길이야기』 pp. 119-121.

519) 폴 니터, 『붓다 없이 나는 그리스도인일 수 없었다』 pp. 260-261.

520) 유광석, 『종교시장의 이해』 (서울: 다산출판사, 2014), p. 29.

521) ibid., p. 42.

522) ibid., p. 41.

523) ibid. 이 입장을 대변하는 대표적인 학자로 스타크(R. Stark)와 핑키(R. Finke)가 있다.

524) 길희성, 『보살예수-불교와 그리스도교의 창조적 만남』 p. 179.

525) ibid.

526) 폴 니터, 『붓다 없이 나는 그리스도인일 수 없었다』 p. 262.

527) 유영모, 다석학회 역음, 『다석강의』 (서울: 현암사, 2006), p. 932.

528) 김희헌, "다석 유영모의 자연적 유신론에 대한 소고(小考): 과정범재신론 및 심층범신론과의 대화", p. 98.

529) 틱낫한, 이현주 역, 『기도의 힘』 (서울: 불광출판사, 2016), pp. 34-35.

530) 틱낫한, 『기도』 pp. 39-42 참고; 틱낫한, 『기도의 힘』 pp. 36-37 참고.

531) ibid., pp. 35-36.

532) 폴 니터, 『붓다 없이 나는 그리스도인일 수 없었다』 p. 51.

533) 폴 니터, 『붓다 없이 나는 그리스도인일 수 없었다』 p. 262.

534) 김혜옥, "불교명상과 천주교 관상기도 경험에 관한 현상학적 비교연구 = A Phenomenological Comparative Study on the Experience of Buddhist Meditation and Catholic Contemplation", 서울불교대학원대학교 박사학위 논문, 2016, pp. 173-174.

535) ibid.

536) 김혜옥은 이 경험을 불교에서는 '공'(空)으로, 천주교에서는 '탈혼' (脫魂)으로 표현하는데, 그 표현을 무엇이라고 하든지 이들의 경험은 마치 한 사람의 체험처럼 유사하게 진술되었다고 술회한다.

537) 틱낫한은 이런 결정론적 사고방식을 비판적으로 지적한다. 하느님이 우리의 운명을 결정해 놓았다면 하느님에게 기도하는 것은 모두 부질없는 노력이 아닌가? 만일 한 청년이 교통사고로 하반신이 마비가 될 예정이고, 한 남성은 몇 살에 사업에 실패하고, 한 여성은 몇 살에 암으로 죽을 예정이라면 그것이 하느님의 결정이고 변경될 수 없는 운명이라면 간절히 기도하는 것은 허사가 될 수 있다. 그 어떤 변신론적 수사학에도 불구하고 이런 결정론적 사고에서의 기도는 아무런 효과도 없고 오히려 시간 낭비에 불과하다. 틱낫한, 『기도』 pp. 24-25; 틱낫한, 『기도의 힘』 p. 26.

538) 길희성, 「하나님을 놓아주자」, 『새길이야기』 p. 125.

539) 폴 니터, 『붓다 없이 나는 그리스도인일 수 없었다』 pp. 261, 263. 예를 들어, 니터는 성서를 해석학적으로 접근하지 않고 "우리의 기도를 들어주는 전능한 하느님", "종말의 때에 구름을 타고 오신다"와 같이, 단순히 글자 그대로의 뜻으로 이해하는 문자주의는 그리스도교의 신비 체험에 방해가 되는 것으로 보고 경계한다.

540) ibid., pp. 267, 296. 무엇보다도 상호존재신론의 기도는 니터가 말하는 담화적 기도의 형식, 곧 (비)언어적 말과 형상을 통해 하느님과 관계하려는 기도 형태를 넘어선다.

541) 예를 들어, 예수의 생생하고 구체적인 삶을 '보고', '느끼기' 위해 그의 생애 중 특정한 장면, 즉 십자가 위의 예수를 응시하는 방식이다. ibid., p. 296.

542) ibid., pp. 268-269 참고. 그래서 니터는 묵상(meditation)과 관상(contemplation)을 비교하면서 관상이 하느님과의 합일에 더 적절한 수행이라고 본다: "묵상은 하느님과의 합일 체험을 바깥에서 들여다보는 것이라면 관상은 안으로부터, 곧 우리와 하느님의 합일 안에서 보는 것이다."

543) 폴 니터, 『붓다 없이 나는 그리스도인일 수 없었다』 pp. 296, 298-299.

544) 존 로빈슨, 『신에게 솔직히』 pp. 121-127.

545) 폴 니터, 『붓다 없이 나는 그리스도인일 수 없었다』 p. 309.

546) 틱낫한, 『기도』 p. 59.

547) ibid., p. 82.

548) 길희성, 「하나님을 놓아주자」, 『새길이야기』 p. 125.

549) 길희성, 『신앙과 이성사이에서』 pp. 304-305.

550) 폴 니터, 『붓다 없이 나는 그리스도인일 수 없었다』 pp. 282-283.

551) 틱낫한, 『기도』 pp. 32-33.

552) ibid., p. 133.

553) 폴 니터, 『붓다 없이 나는 그리스도인일 수 없었다』 p. 284.

554) ibid., pp. 284-285.

555) Fasching, Darrell J, Dell Dechant and David M. Lantigua. *Comparative Religious Ethics: A Narrative Approach* to Global Ethics, (Oxford: Wily-Blackwell, 2011), pp. 226-227에서 재인용. 기도를 타자되기로 정의하는 영어 본문은 다음과 같다: "To pray is. in a sense, to become the other."

556) 길희성, 「하나님을 놓아주자」, 『새길이야기』 p. 125.

557) 폴 니터, 『붓다 없이 나는 그리스도인일 수 없었다』 p. 65; 길희성, 『보살예수-불교와 그리스도교의 창조적 만남』 p. 158; 길희성, 「하나님을 놓아주자」, 『새길이야기』 p. 120; 길희성, 『신앙과 이성 사이에서』 pp. 304-305.

558) 폴 니터, 『오직 예수이름으로만?』 pp. 128-129.

559) 상호존재신론의 기도는 이것이냐 저것이냐가 아니라, 이것도 저것도의 논리를 지향한다.

560) 이찬수, 『불교와 그리스도교, 깊이에서 만나다』 (서울: 다산글방, 2003), p. 205. 중국의 그리스도교 사상가이자 교육가인 오뢰천(吳雷川)의 유가의 경(敬), 성(誠), 그리스도교의 기도의 공통점을 지적한 강지연은 "기독교인은 기독교의 정신을 중국 전통문화와 함께 발전시키는 방향으로 노력해야 한다"고 말한 것으로 보아 문화적 토대가 그리스도교가 아닌 비서구계에서의 그리스도교는 그 지역의 종교와 문화적 속성에 적합한 토착화된 그리스도교가 되어야 한다는 것이다. 이것은 단순히 두 종교 간의 공통점을 찾아 공통요소를 가진 종교를 만들자는 종교혼합주의가 아니라 상호 의존 가운데 통일적 다원성을 지향하자는 것으로 해석된다. 강지연, "오뢰천 기독사상 중 중국적 수양론", p. 13.

561) 예배의 성경적 이해에 대해서는 이명희, 「예배의 정의」, 한국복음주의 실천신학회 편, 『복음주의 예배학』 (서울: 요단출판사, 2001), pp. 26-31을 참조하라.

562) "내 백성을 보내라. 그들이 나를 섬길 것이다"(출7:16, 8:1, 9:1).

563) "애굽에서 신음하던 이스라엘 백성을 구하고자 하시는 하느님의 뜻을 따라 모세와 아론이 보냄을 받아 하느님께서 주신 모든 말씀을 백성들에게 고했다. 그때 백성들은 여호와를 믿으며, 여호와

께서 이스라엘 자손을 돌보시고 그 고난을 감찰하셨다 함을 듣고 머리 숙여 경배하였다"(출4:31).

564) 정장복, 『예배학개론』 (서울: 종로서적, 1994), pp. 7-8; 이명희, 「예배의 정의」, 『복음주의 예배학』 pp. 14-15.

565) 이 단어는 사단이 예수를 유혹할 때 "주 너의 하느님께 경배하고 다만 그를 섬기라"(마4:10)는 예수의 말과 수가의 여인에게 "하느님은 영이시니 예배하는 자가 신령과 진정으로 예배할 지니라"(요 4:24)는 예수의 말에서 사용되었다. 이명희, 「예배의 정의」, 『복음주의 예배학』 p. 16.

566) 정장복, 『예배학개론』 pp. 8-9; 이명희, 「예배의 정의」, 『복음주의 예배학』 pp. 16-17.

567) "여호와의 이름에 합당한 영광을 돌리며 거룩한 옷을 입고 여호와께 경배할 지어다"(시29:2), "죽임을 당하신 어린 양이 능력과 부와 지혜와 힘과 존귀와 영광과 찬송을 받으시기에 합당하도다"(계5:12).

568) 정장복, 『예배학개론』 p. 9; 이명희, 「예배의 정의」, 『복음주의 예배학』 pp. 17-18.

569) 예배에 대한 상세한 명제적 정의에 대해서는 이명희, 「예배의 정의」, 『복음주의 예배학』 pp. 19-26을 참조하라.

570) 예배의 정의는 교단에 따라 그리고 예전적 차이에 따라 다양하게 분류된다. 교단에 따른 정의의 종류에는 동방교회예배, 로마천주교회예배(미사), 루터교회예배, 성공회예배, 개혁교회예배, 감리교회예배, 침례교회예배, 오순절교회예배가 있다. 예전적 차이에 따른 예배의 종류에는 예전적 예배, 말씀중심예배, 은사중심예배, 경배와 찬양예배가 있다. 예전적 예배는 동방정교회와 로마가톨릭교회에서 행하는 것으로 예수 그리스도의 구속사건을 회상하는 것이 특징이다. 말씀중심예배는 개혁교회의 것으로 하느님 계시에 대한 회중의 응답이 특징이다. 은사중심예배는 오순절 교회의 것으로 성령의 역사에 대한 회중의 응답이 특징이다. 경배와 찬양 예배는 주님의 임재로 들어가고 찬양을 통해 회중 각자가 주님께 경배를 드리는 것으로 한국교회청년예배가 이런 종류의 예배를 선호한다. 교단별, 예전적 예배 정의에 대해서는 김세광. "하나님 나라의 시각에서 본 예배", 『신학과 실천』 10(2006)을 참조하라.

571) ibid., p. 87.

572) ibid., p. 88.

573) 존 로빈슨, 『신에게 솔직히』 pp. 118-119.

574) ibid., pp. 112-113.

575) ibid., pp. 113-118.

576) 화이트헤드는 고전적 전통주의자들의 하느님의 통치를 비판하며 우리가 예배하는 하느님이 예수의 하늘 아버지, 혹은 시편 기자나 이사야가 말하는 자비롭고 거룩한 분인가, 아니면 우주적 독재자인

하늘의 왕인가라고 묻는다. 찰스 하트숀, 홍기석 · 임인영 외 역, 『하느님은 어떤 분이신가: 하나님의 전능하심과 여섯 가지 신학적인 오류』 (서울: 한들, 1995), pp. 33-34.

577) 김용규, 『서양문명을 읽는 코드 신』 pp. 224-225.

578) 아퀴나스가 이런 발언을 한 배경은 다음과 같다: 아퀴나스의 오랜 친구이자 비서인 피페르노 레기날드는 1273년 12월6일 수요일, 성 니콜라스 축제일 아침에 아퀴나스가 겪었던 종교적 신비체험을 생생히 전한다. 아퀴나스는 미사를 집전하던 도중에 신비 체험을 하게 된다. 그는 15년 동안 해 오던 저술 가운데, 그 당시 신학대전의 3부 고해성사에 관한 부분을 쓰던 중이었는데 갑자기 대작을 중단하고 필기도구를 매달아 놓았다. 이를 안타깝게 지켜보던 레기날드는 아퀴나스에게 질문한다. "신부님, 당신이 하느님을 찬양하고 세상을 깨우치려고 시작한 그 같은 대작을 왜 치워 두고 계십니까?" 레기날드의 질문에 대한 아퀴나스의 답변이 이것이다. ibid., pp. 225-226.

579) ibid., p. 229.

580) 역사 속의 민중은 늘 한 순간에 소멸해 버릴 것 같은 스네(가시나무 떨기)와 같다. 뜨거운 태양열과 같이 스네(쎄네, הֹנֶה)를 한 순간에 태워 재와 먼지로 날려 버릴 것 같은 섬뜩한 태양신의 아들 파라오의 힘과 권력도 연약한 스네를 소멸 시킬 수 없다. 왜냐하면 스네 속에 함께 하는 야훼 때문이다. 모세는 파라오의 힘으로 상징되는 뜨거운 태양열도 스네로 상징되는 히브리인들을 보호하시는 야훼가 함께 하면 결코 소멸되지 않는다는 것을 종교적으로 경험했다.

581) "나는 내 백성이 이집트에서 고생하는 것을 똑똑히 보았고 억압을 받으며 괴로워 울부짖는 소리를 들었다. 그들이 얼마나 고생하는가를 나는 잘 알고 있다. 나 이제 내려가서 그들을 이집트인의 손아귀에서 빼내어 그 땅에서 이끌고 젖과 꿀이 흐르는 아름답고 넓은 땅으로 데려가고자 한다. 내가 이제 너를 파라오에게 보낼 터이니 너는 가서 내 백성 이스라엘 자손을 이집트에서 건져내어라"(출애굽기 3:7-10).

582) 한국신학연구소 성서교재위원회, 『함께 읽는 구약성서』 (천안: 한국신학연구소, 1991), pp. 81-83.

583) "일상의 카이로스화"는 이찬수의 『유일신론의 종말, 이제는 범재신론이다』 에서 인용한 개념이다. 이찬수는 범재신론의 시간관에서는 일상에서 특별한 의미를 읽어내며 사는 이, 즉 사람 앞에서 사는 것이 아니라 하느님 앞에 살면서 신의 음성과 시대의 목소리를 듣고 들은 대로 살고자 하는 자에게 크로노스는 카이로스가 된다며 예수도 시간을 범재신론적으로 살았고 성서의 시간도 범재신론적이기를 요청하고 있다고 말한다.

584) 존 로빈슨, 『신에게 솔직히』 p. 117.

585) ibid., pp. 113-114.

586) 그 점에서 상호존재신론의 예배는 엘리아데의 성현(聖顯, hierophany)과 상통하는 바가 있다.

587) 틱낫한, 『기도』 p. 64.

588) ibid., p. 65.

589) 폴 니터, 『붓다 없이 나는 그리스도인일 수 없었다』 pp. 280-281.

590) 유광석, 『종교시장의 이해』 p. 45.

591) 틱낫한, 『내 손안에 부처의 손이 있네-틱낫한 스님의 법화경』 p. 306.

592) 이에 대해 오강남은 "영혼 속에는 창조되지도 않았고 창조 될 수도 없는 무엇이 있다"는 마이스터 에크하르트의 말을 인용하여 그것이 바로 인간 속에 내재된 신적인 것을 가리킨다고 말한다. 중세 그리스도 신비주의에서는 이것을 우리 속에 있는 그리스도, 그리스도의 씨앗이라며 이렇게 내재된 신적 요소를 '불꽃', '섬광', '정점', '바탕', '영', '그리스도'라고 주장한다. 이어서 퀘이커교 속에는 우리 속에 신의 한 부분, 즉 '내적 빛'(Inner Light)이 있는데, 그것을 우리 속에 태어난 그리스도라 하고 그런 점에서 모든 인간은 그리스도를 잉태한 어머니라고 말한다. 이것은 여래장 사상과 상통하고 동양사상에서는 시천주, 함석헌의 씨올, 맹자의 성선설, 사단설, 왕양명의 양지(良知)와 같은 맥락에서 이해할 수 있다고 본다. 오강남, 『불교, 이웃종교로 읽다』 pp. 166-167.

593) 최준식, 『한국의 종교, 문화로 읽는다』 2, (파주: 사계절, 2012), p. 459.

594) ibid.

595) ibid., p. 458.

596) ibid.

597) Darrell J, Fasching · Dell Dechant · David M. Lantigua, *Comparative Religious Ethics*. (West Sussex: Wily-Blackwell, 2011), p. 315.

598) 미시의 세계는 끝없는 진동의 세계이다. 원자핵 상태에서는 1초당 10^{22}(2200조번)만큼 진동하고, 원자상태에서는 10^{15}만큼, 분자상태에서는 10^9만큼, 세포상태에서는 10^3만큼 진동한다. 물질이 겹칠수록 진동의 간섭 현상이 더해져서 진동수가 줄어든다. 인간은 10^3정도의 진동수 범위 안에 있는 것만 감지하고 그것을 넘어선 것은 감각의 대상이 아니다. 이찬수, 『유일신론의 종말, 이제는 범재신론이다』 p. 261.

599) ibid., pp. 260-262.

600) 존 로빈슨, 『신에게 솔직히』 p. 113.

601) 김상일, 『화이트헤드와 동양철학』 (서울: 서광사, 1993), p. 12; 조기연, 『예배갱신의 신학과 실제』 (서울: 대한기독교서회, 2000), p. 99. 조기연은 전통예배에서 예배를 드릴 때 하느님(성령)이 강

림하고 임재하여 예배자들이 그리스도의 몸에 동참하고 하느님과
연합하듯이 우주를 살아있는 유기체의 관점으로 보는 주역의 시각
에서 예배를 재해석한다. 그는 만물이 역 안에서 존재론적으로 끊
임없이 상통과 합일의 과정에 있듯이 예배를 상통과 합일이 충분
하고 온전하게 표현되는 사건으로 해석한다. 이와 같이, 그리스도
의 예배를 전통적인 서양적 관점이 아닌 동양철학의 관점에서 재
조명한 조기연의 연구는 상호존재신론에서의 예배의 의의와 상통
하는 바가 있다.

602) 틱낫한에 의하면, 진실한 사랑에는 네 가지 요소가 있다. 첫째는
'자애'(maitri)이다. '자애'는 산스크리트어로 친구를 의미하는 '미
트라'(mitra)에서 유래한 것으로 사랑은 우정임을 나타낸다. 연민
(compassion)은 접두사 '함께(with)'라는 'cum'과 '괴로워하다'인
'pati'의 합성어로 다른 사람과 함께 괴로워 한다는 뜻이다. 하지만
'카루나'는 괴로워한다는 의미는 내포되어 있지 않고 자기 자신과
다른 사람이 겪는 고통을 덜어주는 능력을 뜻한다. 셋째는 '무디
타'(mudita), 즉 '기쁨'으로 사랑에는 괴로움이나 슬픔이 아니라
기쁨이 동반되어야 함을 뜻한다. '무디타'는 더 정확하게 말하면
동정적이고 이타적인 기쁨을 의미한다. 마지막으로 네 번째 요소
는 '우펙샤'(upeksha), 즉 평온, 차별하지 않음, 자유를 뜻하는 것
으로 진정한 사랑은 그 누구도 배제되지 않음을 시사한다. 틱낫한,
신소영 역, 『틱낫한 스님이 전하는 섹스, 그리고 사랑』 (서울: 영
림카디널, 2014), pp. 118-130; Thich Nhat Hanh, translated by
Sherab Chodzin Kohn, *True Love* (Boulder: Shambhala
publications, 2006), pp. 1-4 참고.

603) 틱낫한, 『틱낫한 스님이 전하는 섹스, 그리고 사랑』 pp. 128-130.

604) 길희성, 『보살예수-불교와 그리스도교의 창조적 만남』 pp. 23-24.

605) 베트남은 기원전 2세기부터 기원후 10세기 까지 약 1000년 이상
중국의 지배를 받았고 제국주의가 창궐하던 시대에는 프랑스로부
터 식민지를, 마침내는 베트남 전쟁이라는 민족상잔의 아픔과 갈
등을 겪었다. 틱낫한의 고향 베트남에는 민족의 '아픔'이 스며있었
다. 틱낫한은 식민, 전쟁, 가난, 착취, 그리고 갈등을 통해 드러나
는 국가의 아픔, 민족의 아픔을 외면하지 않았고 증오와 폭력으로
얼룩진 베트남 전쟁이 한창일 즈음에는 고통 받고 있는 모든 이들
의 해방과 치유를 위해 전쟁의 포화 속으로 직접 뛰어 들었다. 그
는 관세음보살처럼 베트남의 모든 대중들이 겪고 있는 아픔의 소
리에 귀 기울임으로써 자비와 평화의 정신을 구현했고 불교의 한
선승이었지만 자신의 종교에만 얽매인 교조주의자가 아니라 절 담
벼락을 넘어 대중들의 눈물을 닦아주는 치료자이자, 전쟁의 종식
을 위해 백방으로 뛰어다닌 평화 운동가였다. 그에게 수행은 관념
이나 추상이 아니라 대중 가운데 용솟음치는 운동이자, 사건이었
다. 그는 불교의 종교적 자비를 세상의 피눈물 가운데로 옮겨놓은

실천적 지행 합일가였다. 이처럼 전쟁의 포화 가운데서 절 간 담
벼락 안에서 고체화된 불교의 추상적 자비심이 담벼락을 넘어 융
기되고 발현된 운동의 자비심으로 승화된 사건이 참여불교이다.
틱낫한이 자비와 평화를 입으로만 외치지 않고 구체적 실천으로
보여준 지행합일로, 이것의 가시적 운동인 참여불교가 세상에 모
습을 드러낼 수 있었던 배경은 다름 아닌 틱낫한의 종교 사상의
핵심인 '상호존재'(Interbeing) 때문이었다. 니터도 마찬가지이다.
그는 비록 종교 표층으로는 틱낫한과 전혀 다른 종교적 배경을 지
니고 있었지만 종교 심층으로 볼 때는 틱낫한과 유사한 종교적 심
장을 가지고 있었다. 그는 단순히 피안적이고 부르주아적인 종교
간 대화에 참여하는 종교 신학에 만족하지 않고 남미의 해방신학
과 연결하여 종교해방신학을 주창하며 가난한 자와 비인간에 대한
해방과 구원에 매진하였다. 그는 탁상신학자로서의 삶이 아니라
자신의 종교적 신념에 따라 크리스파즈(CRISPAZ)와 국제종교평
화위원회 등의 사회운동가로 참여함으로써 지행합일의 정신을 보
여주었다. 이러한 지행합일의 배경이 훗날 니터가 불교의 안경,
특히 공(空)을 상호존재인 하느님으로 묘사하는 계기가 된다.

606) 김은규, 『하느님 새로 보기』 (서울: 동연, 2009), p. 32.

607) 단지 니터의 표현처럼 '의심의 해석학'(hermeneutics of suspicion)
이 요구된다.

608) 틱낫한도 "불교는 하나가 아니다. 불교의 가르침은 여럿이다. 불교
가 한 나라에 들어올 때 그 나라는 언제나 새로운 형태의 불교를
채택"한다며 토착화된 불교를 이상적인 것으로 보았다. 틱낫한,
『틱낫한의 평화로움』 pp. 158-159. 마찬가지로 그리스도교 역시
유럽, 아프리카, 아시아, 오세아니아, 아메리카 등의 그리스도교가
획일화된 규범적 그리스도교가 아니라 지역의 문화와 환경의 조건
에 따라 생성된 토착화된 그리스도교 이듯이, 이제는 토착화된 지
역적 그리스도교의 신관이 창출되어야 한다고 판단된다.

609) 김명수, 『안병무의 신학사상』 (파주: 한울, 2011), p. 138.

610) 존 힉도 신을 실재로 파악함으로써 신의 인격성을 버렸고, 안병무
또한 신의 인격화를 거부함으로써 동양의 기(氣)개념에 주목하였
다. 안병무는 기(氣)를 숨, 바람, 생명, 에너지를 뜻하는 구약의
'루아흐'(רוח), 신약의 '프뉴마'(πνεῦμα)와 상통하는 개념으로 이해
하고 고정된 모양이 없는, 즉 상화(像化) 할 수 없는 '작용', '체'
(體)가 아닌 '용'(用)으로 파악한다. 그러나 다석은 하나의 인격으
로 하느님을 신앙하는 것에 반대하며 하느님의 공성을 강조하지만
신을 공으로 이해하는 불교에 대해서는 신의 인격성을 강조하기도
한다. ibid., pp. 205, 279. 같은 맥락에서 아베 마사오(阿部正雄,
1915- 2006)도 불교의 공은 정적이지 않고 매우 역동적이며 자
비로운 것으로 그리스도교의 인격적 하느님과 소통 가능한 것으로
간주한다. 왜냐하면 아베는 하느님을 무조건적인 사랑을 실현하는

자기비움으로 보기 때문에 비인격적이지만 않고 인격적인 것으로 파악한다. 존 캅 · 크리스토퍼 이브스, 황경훈 · 류제동 역, 『텅빈 충만: 空의 하느님』(서울: 우리신학연구소, 2009), pp. 5, 59. 이로 미루어 볼 때, 상호존재신론 또한 서양의 인격적 신을 비인격적으로 무화시켰다는 오해는 단견에 불과하다. 상화(像化)되는 인격적 신만을 그리스도교의 신이해의 표준이라 주장할 수 없기 때문이다. 하지만 다석의 이해처럼 신을 공으로 파악하는 불교에서는 신의 인격성을 지향하는 측면이 있다는 점에서 이에 대한 한층 더 심도 있는 논의를 통해 새로운 해석이 필요할 것으로 보인다.

611) 한인철, 『종교다원주의의 유형』 pp. 250-257 참고.

612) 유럽 중심주의를 토대로 형성된 많은 그리스도교 신관들이 유럽과 영어권 사용 국가라는 특정한 지역을 기반으로 해서 만들어진 지역적 신관이듯이, 상호존재신론 또한 동양이라는 지역을 기반으로 해서 형성된 신관이라는 점에서 '또 다른'이라는 수식어를 첨가했다. 다만 과거의 유럽 중심 그리스도교에서처럼 나름의 특정한 지역적 신관이 전 세계 모든 곳, 모든 시기를 초월해서 통용되는 신관인 양 행세하는 '신관의 보편화'는 지양될 필요가 있다. 그것은 토착화 신관이자 또 다른 지역 신관(local theism)인 상호존재신론에서도 마찬가지이다. 왜냐하면 모든 신관은 역사의식에 따라 절대적일 수가 없고 신관은 신을 담는 그릇에 불과하기 때문이다. 그 점에서 상호존재신론은 세방화 된 신관이라 할 수 있다. 세방화는 세계화와 지방화의 합성어로 영어의 글로벌global과 로컬local이 통합되어 글로컬glocal이라고도 한다. 상호존재신론은 신이 에너지 장이자 영으로서 만물에 편재, 침투되어 탈영토화되고 보편화 되어 있다는 점에서 세계화이고, 이러한 신은 각 시대와 지역의 종교와 문화를 통해 항상 새롭게 신관의 형태를 통해 구성되어 나타난다는 점에서 세방화 된 신관이라 할 수 있다. 즉 상호존재신론에서는 신은 탈영토화, 보편화이지만 신관은 영토화와, 지역화라는 점에서 세방화 된 신관이라 할 수 있다. 세방화에 관해서는 이찬석, "글로벌 그리스도교에서 글로컬 그리스도교로", 「신학논단」 73(2013), p. 289 참고.